中国社会科学院 学者文选
孙毓棠集
中国社会科学院科研局组织编选

中国社会科学出版社

图书在版编目(CIP)数据

孙毓棠集／中国社会科学院科研局组织编选. —北京：中国社会科学出版社，2007.3（2018.8 重印）
（中国社会科学院学者文选）
ISBN 978-7-5004-6084-8

Ⅰ.①孙… Ⅱ.①中… Ⅲ.①经济史—中国—古代—文集 Ⅳ.①F129.2-53

中国版本图书馆 CIP 数据核字（2007）第 012588 号

出 版 人	赵剑英	
责任编辑	季寿荣	
责任校对	朱小青	
责任印制	戴　宽	

出　　版	中国社会科学出版社	
社　　址	北京鼓楼西大街甲 158 号	
邮　　编	100720	
网　　址	http://www.csspw.cn	
发 行 部	010-84083685	
门 市 部	010-84029450	
经　　销	新华书店及其他书店	
印刷装订	北京市十月印刷有限公司	
版　　次	2007 年 3 月第 1 版	
印　　次	2018 年 8 月第 2 次印刷	
开　　本	880×1230　1/32	
印　　张	15.5	
字　　数	371 千字	
定　　价	89.00 元	

凡购买中国社会科学出版社图书,如有质量问题请与本社营销中心联系调换
电话:010-84083683
版权所有　侵权必究

出版说明

一、《中国社会科学院学者文选》是根据李铁映院长的倡议和院务会议的决定，由科研局组织编选的大型学术性丛书。它的出版，旨在积累本院学者的重要学术成果，展示他们具有代表性的学术成就。

二、《文选》的作者都是中国社会科学院具有正高级专业技术职称的资深专家、学者。他们在长期的学术生涯中，对于人文社会科学的发展做出了贡献。

三、《文选》中所收学术论文，以作者在社科院工作期间的作品为主，同时也兼顾了作者在院外工作期间的代表作；对少数在建国前成名的学者，文章选收的时间范围更宽。

中国社会科学院

科研局

1999年11月14日

目 录

编者的话 ··· (1)

19世纪中国近代工业的兴起与工业无产阶级的诞生
　　——《中国近代工业史资料第一辑》序言 ········ (3)
中日甲午战争前外国资本在中国经营的近代工业 ········ (65)
　　附录一　中日甲午战争前外国资本在中国经营的近代
　　　　　　工业简表（1840—1894） ················ (132)
　　附录二　1894年外国资本在中国经营的近代工业
　　　　　　的资本、投资额与雇佣工人人数的估计 ······ (142)
中日甲午战争前资本主义各国在中国设立的银行 ········ (152)
中日甲午战争赔款的借款 ······························ (162)
中日甲午战争后美国资本与芦汉、津镇、粤汉诸铁路
　　的借款（1895—1898） ·························· (184)
日俄战争后日、美、沙俄在中国东北铁路投资的竞争
　　（1905—1910） ································ (204)
粤汉、川汉铁路借款问题（1898—1911） ·············· (218)

币制实业借款（1903—1911） ……………………（245）
三都澳问题与所谓"海军借款"（1900—1922）………（261）

中国古代社会经济发展之趋势 ……………………（279）
战国秦汉时代的纺织业 ……………………………（292）
   附录一 《列女传·鲁季敬姜传》释文 ………（415）
   附录二 王逸《机妇赋》释文 ………………（419）
   附录三 春秋战国秦汉时代纺织品出土的主要
       地点和发掘或研究报告 ……………（425）
关于北宋赋役制度的几个问题 ……………………（429）

作者主要著述 ………………………………………（484）
作者年表 ……………………………………………（485）

编者的话

孙毓棠(1911—1985年)先生,史学家。江苏无锡人,1911年4月9日生于天津。1930年8月肄业于天津南开大学。1933年8月毕业于北平清华大学历史系。此后,在天津河北省立女子师范学院任史地系讲师。1935年8月东渡日本,1937年7月肄业于东京帝国大学文学部大学院。归国后历任昆明西南联合大学师范学院史地系教员、专任讲师、副教授,国立清华大学历史系副教授、教授。1945年8月应英国文化委员会之聘,与陈寅恪、洪谦、邵循正、沈有鼎等先生联袂赴英,任牛津大学皇后学院客座研究员。1947年8月赴美,先后任中国出席联合国代表团经社理事会专门助理、美国哈佛大学客座研究员。1948年8月归国,仍任清华大学历史系教授。1952年8月起任中国科学院经济研究所研究员。1959年1月起转入中国科学院历史研究所（后改为中国社会科学院历史研究所）任研究员,直至逝世。其间（1981—1982年）曾先后兼任美国得克萨斯州立大学和美国华盛顿威尔逊研究中心客座研究员。

孙毓棠先生自30年代起,长期从事历史科学的教育和研究。他最重要的贡献在中国经济史,特别是中国近代经济史方面。他编辑的《中国近代工业史资料》(第一辑)是中国近代经济史资料中较早出版的一种,在国内外产生过很大影响。全书凡90万字,汇集了鸦片战争到中日甲午战争期间有关中国新式工业基本情况的资料,征引中外档案、报刊、私人著述不下300种。他还发表了一系列有关中国近代经济史的论文,对中国近代工业的兴起、工业无产阶级的产生,以及19世纪帝国主义在工业、铁路、银行、借款等方面的对华侵略等中国近代史上的重大问题进行了开拓性的研究,其中重要的篇章已结集于《抗戈集》。在40年代出版的《中国古代社会经济论丛》一书,以及此后陆续发表的《战国秦汉时代的纺织业》、《汉末魏晋时代社会经济大动荡》、《关于北宋赋役制度的几个问题》、《清代的丁口记录及其调查制度》等论文,反映了他在中国古代经济史方面的深厚造诣。

先生还注重对外关系史的研究,他的学士论文便是《中俄北京条约及其背景》。他对中国近代经济史的研究,在某种意义上也属于对外关系史的范畴。他又是中国较早留心中非关系史和探讨中亚、欧亚历史的学者之一。1978年以后,他在历史研究所筹建并领导了中外关系史研究室(任室主任)和全国性的学术团体——中外关系史学会(任理事长),为推动中外关系史这个学科的发展作出了贡献。

1980年以后,他应邀兼任中国大百科全书总编辑委员会委员、《中国大百科全书·中国历史卷》编辑委员会副主任,擘划《中国历史卷》的全面工作,并亲任秦汉史编写组主编,为这一工作呕心沥血。

考虑到孙毓棠先生主要的成果在中国经济史、特别是中国近代经济史研究方面,这次编选的全是经济史的论文。《抗戈集》一书是他生前亲自编定的,集中了他在中国近代经济史方面最重要的成果，这次全部入选，作为文集的正编。此外，在篇幅许可的范围内，挑选了若干篇古代经济史方面的力作，作为附编。虽然本书远远不能反映先生的学识和才情，但可以认为，其传世作品的精粹已经大致收录在本书中了。

本书编辑过程中，得到李锦绣先生的帮助，谨致谢意。

余太山
2006 年 1 月 12 日

正编

19世纪中国近代工业的兴起与工业无产阶级的诞生
——《中国近代工业史资料第一辑》序言

19世纪中叶以后中国近代工业的发生与发展，是中国近代史里面的一个十分重要的问题。

在18世纪末叶和19世纪，近代机器工业的发生与发展在欧美资本主义各国里都曾引起巨大的生产技术的变革和社会的变革。这种变革使资本主义生产方式最后战胜了资本主义以前的一切生产方式，为社会生产力的蓬勃发展和劳动的大规模社会化铺平了道路。它促使世界资本主义进入了成熟的、兴盛的、统治的阶段；它使资本主义社会中的阶级关系——资产阶级和无产阶级的对立和矛盾，进入了新的尖锐化的阶段。

中国在鸦片战争后的100年间是一个半殖民地半封建的社会。在这样的社会里面，由于外国资本主义帝国主义的侵入，和国内封建买办势力的继续统治，资本主义不能按照一般规律正常地、顺利地发展。做为资本主义生产核心的近代工业，因遭受到多方面的压抑与阻挠，发展就比较困难、缓慢，成就也因而有限；其结果使得中国在现代世界里曾经长期停留为一个贫困落后的国家。然而，中国近代工业在它数十年艰难曲折的发展过程中，也引起了很大的生产变革与社会变革。它标志着社会生产力在某些方面有了新的发展，促进了新的社会生产关系的形成；它使近代中国产生了新的社会阶级——资产阶级和无产阶级。在半封建半殖民地中国特殊的社会情况下，由于阶级关系的复杂，在近代工业的发生与发展的过程中产生了许多特殊的错综复杂的问题。这些问题在社会经济生活中都是重要的基本的问题，贯串在全部中国近代历史进程里。

本书初步集录了从中英鸦片战争到中日甲午战争（1840—1895年）期间，有关中国近代工业的基本情况的零散资料。这50余年是中国近代工业的发生时期。它的发生过程是复杂的、艰难的、缓慢的。经过半个世纪的漫长时间，到了中日甲午战争时，它的成就还是很有限的。然而，它在这半个世纪的社会历史进程中，显然是一个新生的因素，它对当时和以后的中国社会经济起着重要的深刻的影响。编者在这篇序言里，打算就此时期中国近代工业的发生过程做一些简单的综合的叙述，以便利读者使用这部资料，并稍稍补充这部资料的不足。叙述拟分为六个部分：一、18、19世纪中国手工业的基本情况；二、外国资本在中国经营的近代工业；三、清政府经营的近代军用工业；四、清政府经营的采矿、炼铁与纺织工业；五、民族资本经营的近代工业；六、近代工业工人初期的情况。因为篇幅的限制，这叙述是很简略的。关于许多具体的史实，仍望读者阅读本书所集录的原资料，和本丛刊的其他各种资料。要叙述中国近代工业发生的历史过程，当然不可避免地须牵涉到中国近代经济史中若干重要的复杂的问题。对这些问题，编者在这篇序言里只能提出一些初步的不成熟的意见，聊备读者参考，并望读者指正。

一 18、19世纪中国手工业的基本情况

18世纪和19世纪初叶的中国已经发展到了封建时代的末期。

在那时的中国社会里,占支配地位的、决定社会性质的还是封建经济。社会生产的绝大部分是农业。地主与农民是社会中基本的对立阶级。小农经济居于统治地位。占人口绝大多数的无地和少地的农民,在地主阶级的压迫与剥削下,生产是分散的、落后的,生活是贫困的。在农业生产以外,为了自身生活的需要,农民须从事各种家庭手工业。农业与手工业是密切结合的,自然经济基本上仍占着统治地位。当然,封建社会发展到了末期,比起秦汉或唐宋时代,农村经济中已发生了不少新的变化。如农业技术的进步,农作物种类的增多,若干地区货币地租的出现,农产品商品化的加深,商人资本在农村中的活跃,以及农村对城市手工业依赖的加强等。但这些并没有改变农村经济的基本面貌。在全社会范围内,封建经济仍然顽强地占着统治的地位。

城市小手工业在中国封建社会里有悠久的历史,到了18世纪和19世纪初叶已很发达。手工业业别很多,分工很细,有些种手工业的技艺已达到很高的程度。城市小手工业的生产,一部分是为了广大人民的需要,产品销售于城镇和广大的农村;另一部分则是专为供应封建统治阶级的需要。随着当时商业的繁荣和市场的逐渐扩大,城市小手工业不仅普遍发展,而且某些行业和产品已有地域集中的现象,供应着全国以及国外市场。但是,城市小手工业在长期的封建社会里,始终是以个体的独立的小手工业者和小手工业作坊为单位,进行着商品的简单再生产。手工业行会在各地也普遍地存在;这种封建性的经济组织对手工业的发

展起着束缚作用。清代前期，商人资本已很发达，它在国内外贸易中，城市和农村中，都很活跃。这使得在某些经济特别发达的地区（如江苏、浙江、广东）的富商们，已能进行控制小手工业的某些重要行业，存在着包买主制度。商人资本的集中和它活动范围的日趋扩大，早已给封建经济的解体和资本主义生产关系的发生提供了条件。

城市小手工业以外，在各地方散在着手工业工场。工场手工业在中国历史上从何时开始出现，它发展的过程如何，以及它在不同时期中对社会经济的影响如何，尚有待于历史学家们仔细研究。但无论如何，到了18世纪和19世纪前半叶，在许多地区早已有手工业工场存在。在丝织、制毡、漂染、制茶、造纸、印刷、陶瓷、砖瓦、酿酒、榨油、制糖、皮革、锻冶、木材加工等行业中，都有手工业工场存在的记录。这些手工业工场规模大小不同，雇佣工人人数少的只有八九人，多的达几百人。在制盐业和采矿业中，也有不少类似的记录，雇佣工人人数少的有数十人，多的如四川井盐业，竟达数万人。手工业工场的存在，标志着在封建社会内部资本主义生产关系确早已萌芽。而且在某些行业中，工场手工业已开始排挤或控制城乡独立小生产者。

根据目前所能找到的记录来看，在18世纪和19世纪前半叶，工场手工业虽已散在于各地，但业别还不算多；经营规模，除个别企业外，一般地还不算大；它还没有发展到像西欧17、18世纪那样普遍和兴盛的程度。估计在当时全部手工业生产中，它还没有发展到占据支配的地位。由于封建经济的牢固统治，生产力水平的限制，和封建生产关系多方面的束缚和阻挠，工场手工业还未能开拓广阔的园地。然而，这些在各地区各行业中散在着的手工业工场，代表着新的资本主义的生产关系。这种新的经济关系对于已经发展到了末期的中国封建社会，起着一定的分解作用。手工业工场的存在,在经济发展中具有重要的意义。它是手工业与机器工业之间的中间环节。它给19世纪后半叶中国近代工业的发生准备了一定的条件。19世纪后半叶中国近代工业的发生,在不小的程度上是受了外国资本主义侵入的刺激和影响;但是如果当时国内工场手工业还没有发展到一定的水平,近代工业的发生,尤其是70年代以降民族资本近代工业的发生,将会是很困难的。

与一般民间工场手工业性质截然不同的是当时清政府经营的一些大的手工业工场。这种官府手工业在中国封建时代有悠久的历史传统。在西欧中古封建社会的历史条件下,领主的庄园手工业曾经大大发展过。在中国两千年来专制主义封建社会的特殊的历史条件下,历代封建政府经营的官府手工业便占有了特殊的地位。在清代,由官府经营的手工业工场主要的有江宁、苏、杭的"织造",景德镇等地的"官窑",北京和江、浙几处的"织染局",为宫廷制造建筑材料的各"窑厂",沿江沿海十多处"船厂",以及各地制造军器、火药的"军械所"、"火药局"等。这些官府手工业工场,有的规模很大,使用的工人很多,生产技术也发展到了很高的程度。但是,它们不是从事商品生产,而主要是为了封建统治者的使用而制造;它们所需要的庞大的经费全从清政府财政收入中开支。这种官府经营的手工业工场,从表面上看很像民间一般的手工业工场,但从本质上讲,却具有纯粹的封建性质。这种封建经济传统,对19世纪后半叶中国近代工业发生时期的历史有重要的影响。60年代以降,清政府官办的近代军用工业基本上是和历代的官府工业一脉相承的;而清政府及其官僚集团经营的采矿、炼铁与纺织工业,在一定程度上也受了官府工业的封建传统的影响。

鸦片战争以后,外国资本主义侵入,使中国开始一步步沦为半殖民地，封建经济也日益加速地趋于解体。从19世纪40年代至90年代，在新的社会历史条件下，中国一般经济情况起了不少的变化；对手工业来讲，也发生了重大的影响。

首先，这几十年间外国商品的输入日益加多，尤其是棉纱、棉布、鸦片、煤油、金属制品、食糖等物。大量外国商品的输入，开始破坏了中国农村家庭手工业和城市手工业，使若干地区的农民与手工业者沦于破产和贫困，使中国固有的纺织、榨油、制糖、铁冶等手工业受到了沉重的打击。其次，1851年以后国内10余年的战争，清军的到处蹂躏和破坏，对全国大部分地区的经济造成了严重的损害，因而使得许多地方的手工业遭受到摧残或沦于衰败；嗣后经过了约20年的休养生息，到1890年左右才得以渐次恢复。第三，自太平天国革命运动以后，清中央和地方封建政府加紧了对人民的榨取，建立了厘金制度，增加了多种苛捐杂税，严重地阻碍了国内商品流通，直接间接地破坏了手工业生产。这些情况对于这时期的手工业发展是不利的，使得不少地方的手工业陷于停滞、衰败或临近于消灭状态。这是一方面。

另一方面，外国资本主义侵入中国的目的之一是掠夺原料与特产；这几十年间外国商人从中国廉价掠取大量的茶、丝、棉花、草帽缏等物。对外贸易的逐渐扩展，促进了丝、茶等商品的生产，加速了国内农产品的商品化，同时使得缫丝、焙茶、轧棉和编草帽缏等手工业有了较迅速的发展。其次，外国资本在中国沿海沿江发展航运，运河的阻塞和中国内陆交通的颓败，使商品运输的路线发生了变化。交通运输不便的地区的手工业衰败了，便利的地区的手工业则转趋发达了。再者，国内10余年战争后，在经济恢复的长时期间，各地经济发展很不平衡，经济落后的内地各省手工业便沦于停滞或衰败，沿海沿江商品市场较活跃的地区内手工业也发展得较快。这些新的情况使得某些地区若干手工业行业获得了一定程度的新的发展。

鸦片战争后50余年间，一般手工业经历了上述诸变化。到了19世纪末叶，即民族资本开始陆续经营起一些近代工业的时候，手工业的基本情况，和鸦片战争前夕比较起来，有些差异，但大致可以说仍相仿佛。自然经济虽然在日趋解体，但过程很缓慢，与农业密切结合的家庭手工业在农村经济中仍占着极重要的地位。城市小手工业在某些地区的某些行业趋于停滞、衰败，甚至沦于破坏了，但另一部分则逐渐得到了恢复，而沿江沿海的地区有些行业在特殊经济条件下还得到了一定程度的发展。工场手工业的情况与城市小手工业的情况类似，它本身没有什么显著的发展或衰缩的征象。官府手工业则因清政府财政的困难和行政的日益腐化，显著地呈现出衰败的趋势。

在19世纪中国近代工业发生的前夕和发生的时期里，中国手工业的一般情况大致如此。就在手工业和工场手工业发展到这样的水平的时候，在中日甲午战争以前的半个世纪里，中国陆续出现了由外国资本、清政府官僚集团和新兴的民族资本所经营的二三百个大小不同的近代工业。这些近代工业的出现，在不小的程度上是受了外国资本主义侵入的影响和刺激。但是在它们的发生和发展的过程中，它们和中国固有的手工业的基础不能不具有密切的不可分离的联系。

二　外国资本在中国经营的近代工业

鸦片战争以后，外国资本主义侵入了中国，在中国境内经营近代工业的亦以外国资本为最早。中国民族资本的近代工业自19世纪70年代才开始发生，清政府官办的近代军用工业开始于60年代，而外国资本在中国经营的企业，则自鸦片战争后不久便在上海、广州等地出现。

自鸦片战争到中日甲午战争之间的50余年，正当西方资本主义的兴盛时期（19世纪40年代至60年代）和它向其最高阶段——帝国主义逐渐发展转化的时期（70年代至90年代）。这期间，资本主义各国对中国进行经济侵略是以商品输出为主要形态，它们在中国主要的企图是逐步开辟并扩大中国市场，把中国市场卷入世界资本主义流通范围。它们压迫中国订立不平等条约，在中国攫取便于进行掠夺性贸易的种种特权，强占便于进行侵略的根据地，好把棉纱、棉布、鸦片、煤油及其他廉价工业品大量推销于中国，并从中国廉价掠取茶、丝、棉花、牛皮等原料与特产。它们又在中国发展航运，开设银行，举办邮电，图谋修筑铁路开采矿山，和中国封建势力勾结，并在中国培植买办阶级，都是为了便利和扩大这种侵略，从而把中国一步步变成它们的商品市场和原料供给地。

为了同样侵略的目的，它们很早便开始在中国经营起各种近代工业。在这50余年间，它们在中国经营的近代工业大致可以分为以下4类。

首先，最早的是船舶修造业。

鸦片战争以后，外国资本在中国逐步攫得了沿海沿江的航行权，便大规模发展航运业。大的轮船公司，如美国的旗昌，英国的太古、怡和等，都陆续成立。出入中国各口岸的船舶也日益增多，自1865年以后30年间，进出口船舶数增加了一倍余，进出口船舶总吨数增加了3倍。为应航运业的需要，外国资本很早就在中国经营起船舶修造厂。19世纪中国航运业主要掌握在英国商人手里，所以这些船舶修造厂主要是英国资本经营的。

鸦片战争结束后3年，英人柯拜首先便在广州黄埔兴建了船坞。至第二次鸦片战争后，黄埔的外国资本经营的船坞船厂已增至五六家，每家各有船坞1座至3座。在香港，1863年成立了香港黄埔船坞公司。这公司挟其雄厚的资本和政治势力，10余年间陆续吞并了香港、九龙和黄埔的各船厂而形成了长期独占的局面。1886年它的资本已增加到1562500元。到了19世纪之末，它在香港、九龙共有8个大船坞，附有设备完整的工厂，经常雇佣着2500名至4500名中国工人。

上海自开港后，很快地便成为中国对外贸易的最重要的商埠和商品集散地。自60年代以降，上海进出口的船舶吨数常占中国全部进出口船舶吨数的四分之一；因此，从50年代起，英美商人便在这里建立了一些船舶修造厂。60年代，英商的祥生船厂与耶松船厂也相继成立了。这两家大企业历年不断扩充规模，改良设备，至90年代已能修造2000吨以上的汽船，雇佣着大约4000名以上的中国工人。甲午战争前几年两厂赢利皆很丰厚，所获"纯利"大致相当于其资本的17%—21%。1900年这两厂联合起来，资本增至557万两，成为外国资本在上海经营的最大企业。除祥生与耶松以外，上海也还有两三家外国资本经营的小的修船厂，但远不能与这两厂匹敌。

自50年代以降，厦门与福州是茶出口的中心地之一，外国船舶来此的也很多，因此外国资本在这两个商埠也建立了两三个船舶修造厂。但是它们和香港与上海的船厂比较起来，规模小多了。

英国资本在中国经营这些船舶修造厂的目的，是为了便利在中国发展并垄断航运业。而航运业正是资本主义国家霸占世界市场、把它们的廉价工业品输出到殖民地附属国与经济落后国家、并从这些地方掠取原料和特产的最重要的侵略工具。同时，这些外国资本的船舶修造厂数十年垄断着中国的船舶修造业；它们挤垮了中国固有的旧式造船业，并且压抑着中国民族资本经营的新式修船业,使它多年难以发展起来。

第二类是外国资本在中国为便利掠夺原料、推销商品而经营的各种加工工业。

外国资本在中国廉价掠取丝、茶、棉花等物,常常要进行一定程度的加工,以便载运出口,因此他们在中国建立了不少的加工工厂。例如砖茶厂。砖茶是中国向俄国出口的重要商品。早自60年代之初,俄国资本即在汉口附近产茶地区设立了几个砖茶厂,最初还只用手工制造。10年以后他们便在汉口陆续建立起使用蒸汽机的砖茶厂。机器制造比手工制造大大降低了成本并节省了时间和劳动力。至19世纪之末,汉口共有4个大厂,每厂雇佣工人自八九百人至2000人。汉口砖茶1895年出口量达354454担,主要输往俄国。汉口这几家俄商又在九江与福州设立了几个规模较小的分厂,但经营情况不如汉口诸厂那么成功。由于对中国工人与农民多年的剥削,这些俄国资本家成为当时在中国第一流阔绰的外国商人。

生丝也是外国资本从中国掠购的重要商品之一,出口量自1870年的5万担逐渐增加,至1892年超过10万担。主要出口地是上海与广州。外国丝商很早便企图在中国使用机器缫丝,以便运往欧美从事丝织。在60年代里,外国商人在上海曾两度试建缫丝厂,都未成功。1878年以后,大型的机器缫丝厂在上海陆续建立了。至甲午战争前夕已有怡和、宝昌、纶昌、信昌等7个厂,投资共约530万元,雇佣中国工人估计共达6000人。外国资本在中国经营的这些砖茶和缫丝厂,一方面剥削着广大的中国农民和大批的中国工人,另方面压抑着中国民族资本在这两个行业中难以顺利发展。

外国资本在中国为掠取原料而经营的加工工业还有曾在汕头开工了几年的怡和制糖厂,曾在上海进行大规模制革的上海熟皮公司，日、英、美、德4国资本合办的上海机器轧花局，德国资本一度在烟台试办的蛋粉厂，英商在台湾建立的樟脑压制厂，美商在台北建立的焙茶厂，上海的禽毛刷洗厂，天津的驼毛、羊毛刷洗厂，以及各口岸的规模较大的打包厂等。这些企业都雇佣了不少的中国工人。

为便利外国商品入口推销而经营的加工工业较少，因为绝大部分商品在入口前都已制成便于直接销售或消费的形式。但间或也有入口后需要进行加工或包装的。例如，为了煤油的便于推销，外国资本在上海、厦门、汕头等地建立火油池，附设有油箱制造厂。又如，为了鸦片的便于运销，它们在厦门和香港都曾设立鸦片制造厂。

外国资本为便利在中国掠夺原料、推销商品而经营的各种加工工业，是19世纪后半叶外国资本在中国经营的近代工业的最重要部分。他们在这方面所投资本最多，雇佣中国工人的人数也最多。这类企业已是外国资本在半殖民地中国重要的工业投资。然而，它的性质还不同于甲午战争以后帝国主义时代那样以向中国输出"剩余"资本为主要目的的工业投资。这些加工工业可以说还是外国资本主义对中国进行掠夺性的进出口贸易的从属物。它们和船舶修造业类似，表现着那时外国资本主义对中国尚以商品输出及掠取原料为主要经济侵略形态的时代特征。

第三类是外国资本此时期在上海等地建立的一些其他小规模的轻工业；有些出现得很早，在40年代及50年代，但较重要的大都成立于80年代及90年代。这些工业和上述两类已不相同。它们是外国资本在中国境内掠取廉价的原料，购买中国的廉价的劳动力，从事工业制造，所生产的商品则专为销售于中国市场。它们已不是从属于外国资本对中国进行的掠夺性的贸易，而是独立的工业投资。

这类的轻工业大部分集中在上海，因为上海是中国最主要的、发达最早的商埠，"租界"地区最大，外国商人与侨民聚集最多。自40年代至70年代，外国资本在此首先建立了一些食品工业和化学工业。这时期开办的有一家面粉厂、三四家汽水厂、两家酿酒厂、两家制药厂、一家制酸厂、一家砖瓦锯木厂和几家印刷厂。其中较大的如江苏药水厂、点石斋石印局、老德记药房、字林洋行等，后来都发展成为规模相当不小的企业。

1880年前后，外国资本在上海经营的工业逐渐增多，一时曾形成为一个短期的工业投资的热潮。除缫丝、制革等厂已如上述外，此时期建立的有制冰厂、火柴厂、制胰厂、机器造纸厂、玻璃制造厂、铁器制造厂和木材加工厂等。其中较重要的如燧昌自来火局、华章纸厂、祥泰木行等，都是规模较大的企业，每厂雇佣工人至数百人。中法战争时期，工业投资暂时稍稍停顿。但是到了1890年前后，外国资本在上海进行工业投资又急速增加。在前面已说过的各种原料加工工业外，它们又兴办了不少的轻工业，如制造饮料的泌药水厂、制药的屈臣氏药房、酿酒的福利公司酿酒厂、从事棉籽榨油的上海榨油厂、制造卷烟的美国烟草公司等，在当时都已是规模相当大的企业。1880年以后外国资本经营的这些工业的产品已不仅供应上海地方市场，而且广泛地销售于中国各口岸、城镇，并已深入到广大的农村。

上海以外，外国资本在牛庄、厦门、福州、广州、天津、汉口等地也都建立过一些轻工业，大都规模很小；其中有几个企业因当地中国人民的反对而不得不停止经营。

总括来说，外国资本经营的这些轻工业种类已经不少。它们已不是外国资本对中国进行的掠夺性贸易的从属物，而是独立的工业投资。这些工业的陆续建立，正说明中国的半殖民地社会性质的日益加深。这些工业在19世纪后半叶规模还不算大，投资数量也还有限，但它标志着外国资本主义向半殖民地中国输出资本从事独立的工业投资的活动已开始萌芽，标志着世界资本主义已向其最高阶段——帝国主义逐渐发展转化。

第四类是外国资本在中国为发展其强占的"租界"而经营的公用事业。

这类企业主要在上海。1864年英国资本在上海"公共租界"内建立了一个煤气公司，叫大英自来火房。这企业初办时规模很小，但30年间它的营业日趋兴盛，至1896年资本已增至30万两，煤气出售量达1.1亿立方英尺，经常雇佣的中国工人有200人至300人。甲午战争前七八年，公司历年所获得的"纯利"常相当于它的资本的20%以上。1866年上海"法租界"也建立了一个煤气公司，叫法商自来火行，规模较小，经营不善，至1892年终于被大英自来火房所吞并。

1881年成立的上海自来水公司是19世纪上海规模最大的公用事业。这公司开办后最初几年曾遇到不少的困难，但自1887年以后，营业一天天扩展起来；至甲午战争前夕，它的资本已自最初的75000英镑增至144000英镑，设备总值增加了4倍，供水面积包括外国"租界"的全部，直到上海县城城边。这公司的股票从发行那天起便有不小的部分被上海的带有买办倾向的中国资本家所抢购。与此同时，1882年英商李德创议集股组成了上海电光公司，在"公共租界"内供应电灯。这个企业最初经营不善，年年亏折，遂于1888年不得不改组，另集资本成立了新申电气公司。这新公司情况虽有改进，但因资本缺乏，难以扩展；至1893年终于由"公共租界"工部局以66100两的代价购买了它的全部设备，改成了工部局电气处。

上海以外，在中日甲午战争前只有天津有英商集股建立了一个煤气公司，它的资本比上海的大英自来火房少多了，规模也小多了。

19世纪后半叶外国资本在上海和天津"租界"兴办公用事业，十足地表现出中国的半殖民地性质。资本主义侵略者把在中国强占的"租界"当作他们打算长期占据的直属殖民地一样看待，因此他们肯在公用事业里大量投资。外国资本经营这些企业，一方面剥削它们所雇佣的中国工人，一方面剥削城市中广大的中国居民，以获取垄断性的高额利润。

中日甲午战争前外国资本在中国经营的近代工业的投资总额，我们曾粗略地做过估计，共达约2800万元。这数字和20世纪以来帝国主义各国向中国大量输出"剩余"资本进行工业投资时的情况比较起来，当然显得很小；但在19世纪后半叶的社会历史条件下，这数额已很可观了。当时外国资本在中国工业投资所攫取的利润是很优厚的。据我们所能找到的零星记录来看，各企业每年所获得的"纯利"，除了少数特殊情况外，对该企业的资本的比率一般地都在10%以上，高的竟达24%。这样的利润比当时外国资本在中国经营的银行保险业的利润略低，比航运业的利润高，和码头仓库业的利润约略相等。它和当时中国旧式的钱庄、银号的利润相差不多，甚至还要高些；它比当时中国"官督商办"的若干企业的利润高，有时且高很多。

外国资本在中国经营工业所以能获得如此高额的利润，原因很多。首先由于它们在中国享有种种政治、经济特权，有买办阶级的效力，并与封建势力相勾结；由于半殖民地中国已逐渐成为外国资本的广大的市场；由于中国有各种丰富的原料可以掠取；但是最基本的原因，则由于外国资本在半殖民地中国能够购买并剥削中国工人大量的廉价劳动力——残酷地榨取中国工人的剩余价值，这是它们优厚的利润的基本源泉。

外国资本除了经营上述各种工厂企业外，还曾企图在中国开采矿山。

在"五口通商"时期，外国资本已在东南沿海各口岸行驶汽船。为了供应汽船的需要，英美侵略者首先觊觎台湾的煤矿，都曾企图染指，但因清政府的一再拒绝而未能如愿。第二次鸦片战争后，外国资本在中国沿海沿江航行的汽船日益增多，他们对于燃料的需求益发迫切；同时他们又逐渐知道了中国各地金属矿产丰富，也图谋攫夺。在60年代和70年代初叶，外国商人、教士和"矿学家"如庞培理、庵特生、威廉逊、李希霍芬等人，深入中国内地到处考察矿产资源，纷纷写出报告，并建议外商应如何开采、如何修筑铁路以解决运输问题。与此同时，英美公使在他们的商人的督促下，不断地向清政府提出开矿的要求。1869年中英修约交涉中，清政府曾被迫允许了外人在3处开采煤矿，但因修约无结果而没有实行。资本主义各国侵略者不仅仅从事考察、交涉，而且他们不顾中国的反对，曾强行在山东境内开采金、银、铅矿。这种蛮横的行为终于引起了当地人民的坚决反对，方才停止。

这十几年外国资本在中国开采煤矿的企图未能得逞，便只好在中国各口岸暂行搜购些当地出产的煤炭。中国旧法开采的煤窑产量少，不能供应这种需要；自70年代中叶起，日本和澳大利亚的煤遂大量运到上海、天津各口岸行销。这种情况刺激了中国官僚和富商们打算大规模经营采煤业。自1880年左右起，中国的几个官办和商办的新式煤矿陆续产煤，部分地解决了各口岸对煤炭的需要。

中法战争后，外国资本在中国经营采矿业的企图又转趋积极。但因清政府对外国商人采矿久有禁令，他们遂图谋使用其他方法。他们曾企图用借款的办法逐步攫取，如平度金矿、石门煤矿等；有时企图利用买办出头代为经营，如四川的油矿；又有时企图勾结地方官吏以便获取租让权来经营，如基隆煤矿和奉天的煤矿等。这些企图，至中日甲午战争前夕，还没有收到什么实际的效果；因此，到了马关条约以后，帝国主义各国便露出强盗的真面貌，在中国开始了激烈的矿权争夺战了。

最后我们须略述外商在中国的设厂权问题。外国资本在中国开设工厂从事制造，是没有任何法律或条约根据的。清政府从来没有明令许可外商在华设厂，清政府与外国所订各种条约中也从来没有一条提到外商可以在华设厂。但是在1880年以前，清政府为了要和资本主义各国侵略者勾结，遂一味取放任政策，对外商在各口岸设厂不加干涉；在外商方面则岸然以特权享有者自居，认为在半殖民地中国设厂是理所当然的。因此长期以来外商在各口岸开设了许多工厂，并未引起什么交涉。

但到了1880年前后，情况有了改变。以李鸿章为首的封建官僚们开始打算经营些民用工业。他们为了保障自己小集团的利益，便企图在某些行业中建立独占势力。这时与李鸿章有利益关系的上海机器织布局刚刚成立，1882年春由李鸿章奏准10年专利，10年以内不准他人在上海另行设局与之竞争。就在此时，美商魏特摩已在上海集资筹建纱厂，李鸿章和左宗棠便坚持不许。这事在北京引起了外国公使团与总理衙门之间长期的交涉，在上海与南京也引起美国领事和左宗棠（时任两江总督）之间很多周折；交涉纠缠了一年多，美商的纱厂终于未能成立。这件事使得资本主义各国侵略者开始图谋要掠取在中国设厂的法律权利。

几年以后，日本大阪纺织会社筹划在上海建立轧花厂，因怕清政府干涉，遂纠合了英、美、德三国商人共同出头。1888年，他们只通知了上海道台一声，也不管后者是否同意，即在浦东购地建厂。李鸿章于是年8月曾下令禁阻，总理衙门也3次照会英国公使抗议，但毫无效果，此厂终于翌年正式开工。

1893年，日本商人打算把大批轧花机器运入上海，以扩展其在中国经营的轧花工业；李鸿章命令海关禁其入口。日商便又纠合了各国驻上海领事，并叫北京的外国公使团向总理衙门抗议，引起了繁杂的交涉。这交涉直到中日甲午战争爆发时尚未解决。同年，英商美查公司打算把榨油机器运入上海，以扩充其早已建立的造胰厂，李鸿章也曾令海关加以阻止；交涉纠缠了几个月，结果是李鸿章俯首屈服，"通融放行"了。

更蛮横的是怡和洋行。它在1894年不顾中国的禁令，坚决要把大批纺纱机器运进上海，企图设立纱厂。署两江总督张之洞和华盛纺织总厂的老板盛宣怀曾多方设法加以阻止；但这时甲午战争正在进行，英商态度强硬，交涉很困难。翌年交涉尚未完结，马关条约即被迫签订，外国资本从此遂"根据条约"获得了在中国自由设厂的权利，外商纱厂以及各种工厂便纷纷在中国肆无忌惮地建立起来了。

三　清政府经营的近代军用工业

19世纪后半叶，中国人采用机器经营近代工业，以清政府官僚集团创办的军用工业为最早，开始于60年代。这是中国近代工业发展初期的特征之一。这个特征是由中国封建社会传统和当时客观历史条件所决定的。

中国封建政府两千余年来为了以武力巩固封建统治政权、维持封建社会秩序、镇压人民起义，一向都采取垄断军器制造的政策。人民私造军器常以"大逆不道"论罪。封建政府为了垄断军器制造，甚至于进一步控制制造军器的原料——铜、铁、硝磺等物——的生产与运销。明代中叶以降，欧洲的耶稣教会把西洋制造枪炮的技术传入中国，使封建统治阶级获得了巩固其政权的更有力的武器，他们对军器制造的垄断遂益加严格。清政府为加强专制统治中国，对军器、军火制造的管制比明代更加重视。为了配备近百万的八旗、绿营和水师的武装，清政府在中央和地方各处建立军械所、火药局等机构，制造并储藏抬枪、鸟枪、铜炮、铁炮、火药以及旧式的刀、枪、弓、箭等军用品；同时在南方沿海沿江数省设有十几个船厂，修造战船。它对制造军用品的原料的生产与运输的管制，较以往历代更加严厉。清政府推行这种政策，目的在维持其专制统治，镇压人民起义和少数民族起义。

长期的封建统治使中国科学技术难以发达。到了19世纪初叶，中国制造军器、火药、战船的技术水平，已大大落后于欧美资本主义国家。英国侵略者掀起鸦片战争后，当时领导抵抗侵略的人如林则徐等，很快地认识到这一点，曾大力企图改进军器与战船的制造。林则徐一方面主张"师夷长技以制夷"，一方面发扬中国历史上前人已有的创造成果，进行试造新式的船炮。当时和他一起从事这种事业的，有官吏易长华、长庆等，有行商潘仕成，有工程家龚振麟、丁拱辰等。在鸦片战争期间，当时社会各阶级的这些爱国人士的共同努力，是有一定的进步意义的。

鸦片战争终以腐朽的清政府向英国侵略者投降而结束，签订了江宁条约，使中国开始沦为半殖民地。痛定思痛，进步的思想家魏源在战后仍继续主张中国应建立兵工厂与造船厂，以加强国防力量。但是清封建统治者在战后又回到奢靡苟安，把改善国防的职责早又忘记了。

清政府的战败投降，充分暴露了它的腐朽，同时激起了广大人民的愤怒。1851年爆发了伟大的太平天国革命运动。革命初期的顺利发展，使封建统治阶级惊慌恐惧了。负责镇压太平天国革命的刽子手曾国藩、左宗棠等发现自己的军器窳败、船只缺乏，他们便勾结外国侵略者，大量从国外购买西洋枪炮，并在湖南、江西等地设厂修造战船。然而，这些活动并不能达到压抑太平天国革命的目的。

1858年的天津条约和1860年的北京条约签订后，局势完全改变了。清政府不仅向外国侵略者屈膝投降，断送了国家的许多权益，而且和外国侵略者密切勾结起来，向太平天国大举进攻。外国侵略者直接出兵与清军并肩作战；供给曾国藩、李鸿章、左宗棠等以西洋新式的枪炮、弹药和轮船；派遣军官为清政府训练使用西洋新式武器的军队；并且帮助清军策划进攻太平天国。除此而外，外国侵略者还怂恿刽子手们建立军器军火制造厂，帮助他们制造各种新式武器。

就在这样的历史条件下，清政府的大官僚曾国藩、李鸿章、左宗棠等人，在60年代开始创办新式军用工业。1861年曾国藩创办的安庆内军械所是最初的尝试，主要仍以手工制造，还没有雇用外国人；但他不久即派容闳赴美国购办机器，准备建立近代军用工业。1862年李鸿章创办的上海炮局，及翌年迁移到苏州而开始使用机器的苏州洋炮局，则完全依赖英人马格里，其所制军器弹药供给李鸿章的淮军来屠杀太平天国革命军。

太平天国革命失败后，曾、李二人在外国侵略者的协助下，于1865年终于进一步建成了江南制造局与金陵制造局。左宗棠在杭州最初试造轮船虽然没有成功，但在法人日意格和德克碑的怂恿下，亦终于在1866年建立了福州船政局。所以，60年代清政府官办的近代军用工业，追根溯源，主要是为了镇压太平天国革命运动，勾结着外国侵略者并在他们的协助下，逐步建立起来的。

1864年清政府的军队攫取了南京以后，面临的首要问题是如何进一步在全国范围内巩固它的反动政权。当时中原一带的捻军起义，西北和西南等地区的用兵，以及南方各省太平天国的残余力量，向清政权的武装斗争又继续了好几年。从70年代到90年代，人民革命运动暂时转入了低潮。但是各地人民秘密结社的势力的扩展，小规模的分散的农民起义和少数民族起义，在全国各地波涛样地此伏彼起，仍然不断地在汹涌鼓荡。清中央和地方政府为了巩固其反动政权、维持封建社会秩序，曾不停地设法加强其军队的实力；他们认为有效的方法之一是使用新式枪炮，大量制造新式武器。直接掌握着湘军、淮军的官僚集团则为了培养自身的势力，更热衷于新式军用品的制造。这些情况使得1864年以后的30年间，洋务派的首领们十分注意经营近代军用工业。

　　清政府及其官僚集团在这30年间经营的近代军用工业中，规模最大的是上海的江南制造局。自1865年成立、1867年在高昌庙建厂以来，历年不断地扩充规模、改良设备，至中日甲午战争时已具有十几座装备着优良的机器的大厂房，一座中型的船坞，雇佣工人达二千数百人。它主要从事制造枪、炮、子弹、火药、水雷等军用品，兼营炼钢，并能制造简单的机器。它初期修造了十几艘轮船，但自1885年后即行停造。局中主要的技师是英国人。它历年生产的军用品主要供给南北洋，有时也调拨给各省的军队。它最初创办经费约银54万两，嗣后以江海关二成洋税为常年经费，每年少时达30余万两，多时达60余万两。在全国十几个大小不同的兵工厂中，它的经费是最充足的，因此它的生产数量和质量都优于其他各厂。

　　次于江南制造局的是金陵制造局和天津机器局，也是南北洋军用品的主要供应者。金陵制造局自1865年在南京建立以来，最初10年完全由英人马格里督办。马格里对军器制造外行，所造的大炮不能使用，遂于1875年离职，改由中国人自己监办。1881年两江总督刘坤一在南京又成立了金陵制造洋火药局，专造火药。中法战争后，清政府要整饬各省机器制造，两江总督曾国荃遂奏准扩充金陵制造局，增添了约值银10万两的新设备，局中雇佣工人约700人至1000人。金陵制造局的常年经费自1879年以降每年约11万两，金陵制造洋火药局的经费每年约56000两。比起江南制造局来，南京的这两局设备简单，经费较少，经营腐败，产品的数量和质量都很差。

天津机器局是1866年崇厚奉旨在天津创办的，原意在"拱卫神京"，以供应清中央军队的需要。1870年李鸿章任直隶总督，便进一步整顿扩充，建立了东西两局，历年增添设备，主要制造枪支、子弹和火药；90年代之初又增建了一座小型的炼钢厂。两局雇佣工人估计约1400人至2500人，规模仅次于江南制造局。局中主要的技师也是英国人。它历年生产的军用品主要供给李鸿章的军队使用。天津机器局最初创办经费约银22万两，常年经费每年约自13万两至42万两。由于经费比较充裕，它的生产情况虽然比不上江南制造局，但比金陵制造局效率较高。

1866年左宗棠创办的福州船政局是清政府官办的规模最大的船舶修造厂，专造轮船。此局创办时花费了约银47万两，设备比较齐全，经常雇佣工人约1700人至2000人。最初8年船政局由法国人日意格与德克碑任监督，雇用了几十名法国技师和工头，共造成大小炮船15艘。1874年日意格退职后，外籍技工人数减少，船政局在本国工程师的领导下继续造船，至1897年共又造成大小轮船21艘。福州船政局的设立，最初原为了要巩固海防，兼兴航运。但是实际上它没有达到预期的效果。它在这30年间所造的三十几艘船不能作战，也不适宜于商运，仅能供地方"巡防"、"缉私"之用。船政局经营腐败，技术落后，造成了极大的浪费，曾引起过不少的弹劾和指责。它初期每年经费达70万两；嗣后因关税欠解，逐年减少，至中法战争后，尤其是在左宗棠死后，因无人支持，遂不得不依靠邻省拨解协造费用来勉强维持。到了中日甲午战争以后，清政府财政益发困难，船政局实际上已濒于停顿状态了。

上述江南、金陵、天津3个机器制造局生产的军器、军火数量有限，不足以供给清政府全国军队的需要。中国土地广大，在兴修铁路以前，旧时代的交通运输很不方便，每逢各地军事紧急，军用品的供应便感到很大困难。加以，自从太平天国革命以来，清中央政府威信降落，各省督抚各在其辖境以内企图巩固自身势力，维持地方割据的趋势日强。为了这些原故，在上述3个机器制造局以外，各省督抚在应地方特殊需要的理由下，也都纷纷建立起机器制造局，进行军器、军火的制造。

各省的机器制造局设立较早的是在陕、甘和云南。它们的建立是为了清政府的军队在西北和西南维持地方治安之用。左宗棠为在西北军事的需要，1869年率领清军到陕、甘，先在西安临时建立了西安机器局。不久左氏行营西迁，便将此局迁移到兰州，成立了兰州制造局。兰州制造局规模不大，仅制造子弹、火药和旧式抬枪。西北军事形势逐渐缓和以后，该局即于1882年停办。在西南地方军事的末期，清军在昆明设立了云南机器局，规模很小，大约军事结束后即行撤销。到了中法战争爆发后，因地方临时需要，又重新开办。战后虽仍然继续维持，但技术落后，经营腐败，生产有限。

在捻军起义以后，山东巡抚丁宝桢为了在本省境内巩固封建统治，于1875年在济南泺口建立了山东机器局。它的规模不算大，创办经费约银18万余两，常年经费约36000两，主要制造子弹、火药，修理枪支。嗣后因山东地方财政困难，曾将此局渐行紧缩；至中日甲午战争时才又稍加扩充。丁宝桢创办山东机器局后不久便调任四川总督。四川是人民秘密结社势力很强的省份。为了巩固地方政权，他在成都也建立了一个规模较小的机器局，创办经费仅77000两。四川机器局的设备比较简陋，制造技术落后，生产效率很低，成效比不上山东机器局。

福建和广东两省为了"水陆巡防"，也很早就创办了机器制造局。福建机器局规模很小，且时开时停。广州机器局初办时规模也较小，仅能制造弹药、修理枪支。1876年两广总督刘坤一购买了英人在黄埔的旧船坞，用以修理舰艇；嗣后机器局又试造过几艘小型船只，为了"巡逻"和"缉捕"之用。名义上这两个局的成立都是为了"海防"，但实际上除了巩固地方封建统治外，在国防方面未曾起任何作用。与此类似的还有1881年吴大澂创办的吉林机器局。此局初建时系借口保卫东北、巩固边防，但经营了好几年，仅能制造子弹、火药和少许枪支，实际上只足以供给维持地方封建统治的吉林、黑龙江两省驻军之用。1883年，以奕譞为首的清中央统治集团企图加强北京中央驻军的武装配备，花了很大一笔钱在北京郊外建立了神机营机器局。但是几年以后此局便毁于大火，残余的设备便完全废弃了。

中法战争期间，清政府感到从外国购买军器、军火的困难，同时又感到本国各机器制造局的产品不敷需用，因此，在战争结束后即令各省积极整顿机器制造，加强军用工业。此后10年间，江南、金陵、天津三局陆续增添了一些设备，各省的机器制造局也分别进行了整顿和扩充。如福建机器局恢复了经常生产，广州机器局在两广总督张之洞的主持下进行了扩建。有的地方原来没有机器局的，也设立了机器局，如浙江和台湾；但规模都不大，只能制造些弹药和修理枪支。

中法战争后新建的规模最大的机构是张之洞在汉阳建立的湖

北枪炮厂。1888年张之洞在两广总督任内即筹划在广州兴建枪炮厂，并已筹款订购了机器。翌年张氏调任湖广总督，便和清中央政府商定将此厂移建于湖北，使与汉阳铁厂相联系。湖北枪炮厂从订购机器、兴建厂房，直到1895年正式开工制造，前后共费了6年的工夫。它的规模相当大，设备很齐全，能制造新型的枪、炮、子弹和火药。至1898年底止，7年中连创办带制造共费银210万两。在全国十几个兵工厂中，除江南制造局外，湖北枪炮厂是设备最新、规模最大的了。

对于19世纪后半叶清政府经营的这些近代军用工业，资产阶级的历史家曾有过各种不同的看法。有人认为这是清朝的"中兴大业"、"自强"、"新政"，或认为是李鸿章、左宗棠等个人的"丰功伟绩"。这种看法显然是站在封建统治者的立场。有人认为这是中国开始学习西洋文明，是中国"西化"或"现代化"的开端。当然，在那时的历史条件下，西洋资本主义文化中进步的东西，中国是应该学习的，但是这些"全盘西化论"者认为只要是西洋东西就都是好的，显然是买办阶级的论调。尤其是不学习当时西洋资本主义的好的部分而单学习军器制造以巩固封建政权，实际上是站在封建买办阶级的立场。有人认为这是近代中国工业化的开端。诚然，在那个时代中国人民确是需要工业化，但当时所需要的只能是有利于人民的资本主义的工业化，主要应是能促进资本主义发展的民用工业生产技术的变革，而不应是只便于封建统治阶级屠杀人民的单纯的军器、军火制造。

又有人认为这是近代中国资本主义工业的开端。这种看法也是不正确的。代表中国资本主义生产关系萌芽的，是早已发生并慢慢发展了数百年的民间工场手工业；而清政府经营的近代军用工业，只是两千余年来封建官府工业的直接继承者。这些军用工业不是资本主义的企业，因为它们并不从事商品生产，它们只是封建政府从榨取人民所得的财政收入中拨出经费，来进行生产只供封建政府使用的军器、军火；它的经营不为利润，产品不为交换。它们和资本主义的企业在本质上是毫无共同之处的。

此外，我们从旁的方面也可以看到它的封建性质。魏允恭说："中国以平定发、捻，利用西洋枪炮，始讲求兵工制造。"这句话概括了清政府最初经营近代军用工业的动机。嗣后30年间它的目的始终一贯是维护封建政权，镇压人民起义和少数民族起义。这些工业完全掌握在封建统治者之手，不肯归为人民所有。中法战争后，曾有人建议政府可试行招商集股经营军用工业，曾国荃便认为这个办法在西洋可行，在中国不可行。原因是明显的：在西洋统治者是资产阶级，而在中国是封建王朝。再从军用工业产品用途方面看，封建性更显明。当时十几个机器制造局所生产的军器、军火，全部为了装备清政府驻扎在全国各地的封建军队，以巩固反动统治政权，维持封建社会秩序。资本主义各国的军火商人生产军火是为谋利的，而清政府经营的各机器制造局生产军火完全是为使用的。

这些军用工业不仅具有十足的封建性质，而且具有买办性质。清政府官僚集团最初创办军用工业，是由外国人马格里、日意格、密妥士等怂恿而着手的。全国十几个兵工厂和造船厂的机器全部是从英、法、美、德各国订购来的，嗣后扩充、修理、配补机件便不得不完全依赖外国商人。几个规模较大的兵工厂、造船厂的技师与工头，都是用极高的薪水雇聘外国人担任；各省机器制造局不用外国人不是由于技术人员特别好，而是由于经费困难，无力雇聘。至于原料，一部分也要依靠进口的钢、铁、铜、铅、火药，甚至煤和木料；这些军用工业多年成了外国商人的大主顾。军用工业在生产资料与技术方面对于外国的买办性的依赖，正说明了封建统治阶级和外国侵略者的密切勾结。所以，这些军用工业可以说是在当时的特殊历史条件下，从国外人为地勉强移植过来的，而不是在本国社会经济发展的稳固基础上滋长起来的，因此它最后必然地要归于失败。

当时这些军用工业在国防方面是否完全没有起作用呢？也不是。在中法、中日战争时，或台湾、伊犁问题交涉紧张时，各机器制造局确在加工赶造军器军火，并曾运到前线上使用。但这只是暂时的而不是主要的。当时中国社会内部基本的矛盾是封建统治阶级和广大人民之间的矛盾，因此军用工业的矛头主要是对着国内的人民而不是对着外国侵略者。这一点在李鸿章心中很明确，所以在中法、中日战争时，稍稍交锋便屈膝投降了。当时也有人看到清政府经营机器制造30年而在国防上没有什么用处，便认为这些工业完全失败了，对社会未起过任何作用。这是没有认清本质的批评。实际上这些军用工业对倡办者来说曾起了很大的作用。它的作用一方面是为封建统治者的军队供给了新式武器，用以巩固反动政权，镇压人民起义；另方面又装备了李鸿章等所支配的军队，做了它们个人的政治资本。这是30年来洋务派经营近代军用工业的基本作用。

至于在国民经济发展方面，这些军用工业的性质和内容决定了它不能起任何积极作用，而只能起消极作用。它使清政府每年在财政上负担了庞大的经费支出；它使外国商人和中国买办赚了很多钱；它还给洋务派官僚集团增加了一个贪污中饱的机会。

然而，这些军用工业的经营也产生了一些次要的附带的作用，对19世纪后半叶的中国历史有一定的影响。首先，军用工业需要原料与燃料。这个需要刺激了清政府官僚集团和新兴的民族资产阶级积极筹划用新法开采煤、铁、铜、铅各矿。19世纪后半叶中国新式矿业的兴起，在一定程度上和军用工业是直接间接有关联的。其次，通过这些军用工业，中国产生了一批使用机器的近代工业工人。这些工人不同于一般资本主义企业中的工人。他们在封建官吏和军队以及外国技师和工头下受着各种的残害和压迫，他们身上还残存着封建工役制度的遗痕；但是另方面，他们毕竟已是近代工业的雇佣劳动者，在生产过程中他们又受着资本主义方式的剥削。第三，通过这些军用工业，中国产生了一批熟习机器制造的工程师，如赖长、徐建寅、曾昭吉、温子韶、宋春鳌等。他们是中国最早的一批钻研并运用近代科学技术的人员，而且曾表现出具有一定的创造能力；只是当时的社会历史条件使他们曾长期误为封建统治者服务。最后，这些机器制造局中较大的几个曾附设有训练技师的学校，翻译西洋科学技术书籍的机构，或派送留学生的制度；通过这些，中国培养出了最早的一批科学技术人员。这些人经过学习后，一部分即在原机构中从事制造，一部分则在洋务派官僚集团中做了走卒；但也有少数人因接触西洋事物而接触了新的思想，从而对中国封建制度心怀不满，倡议变法维新，这些人实际上成了戊戌变法的先驱者。

四 清政府经营的采矿、炼铁与纺织工业

清政府及其官僚集团从19世纪70年代中叶起开始经营一些采矿、炼铁与纺织工业。这些工业的资本的全部或大部分系由清政府筹措，并主要由清政府派官吏经营管理。它们为数不多，但规模较大。这类企业的出现也是中国近代工业发展初期的特征之一。这个特征也是由中国封建社会传统和当时客观历史条件所决定的。

这类企业中创办较早的是基隆与开平两个大的煤矿。

拿煤做燃料，在中国已有千余年的历史。到了18世纪和19世纪前半叶，旧法开采的煤窑在全国各地，尤其是北方诸省，已

普遍存在。官办的"官窑"很少,绝大部分都是"民窑"。清政府对采煤业的控制不像对其他各种矿业那么严格,主要只对煤的生产与运销课征赋税。采煤业在当时已基本上发展到了工场手工业的阶段。窑主是资本家,每个窑的资本需银二三千至万余两,雇佣工人自二三十人到二三百人。由于赋税苛重,运费昂贵,大部分的煤窑的生产只能供给地方狭小的市场;但是个别产煤兴盛地区,如湖南和山西,则能供给较大的市场。19世纪中叶中国的采煤业和当时资本主义各国的采煤业比较起来,显然是技术落后,规模狭小,生产率低,并且在经营方式上混杂着不少封建的残余的性质。

自19世纪60年代以降,中国社会经济的新情况逐渐对采煤业产生了新的要求。清政府经营的近代军用工业日益加多;外国资本经营的工厂也需要燃料;外国资本的航运业和清政府的军用炮船与招商局的轮船都需要煤。对于煤的大量需要,旧式的煤窑不能供给,因此各口岸都有"洋煤"大量入口,而且历年在增加。这情况使得外国资本企图在中国攫取采矿权,中国新兴的民族资本也想经营新式采煤业,同时清政府及其官僚集团为应各种官办企业的需要,也积极打算用机器开采煤矿。

从60年代之末起,热心倡办军用工业的李鸿章便开始打算用新法采煤,但在选择矿厂上遇到困难。至70年代中叶,李氏曾试图在直隶磁州和湖北广济、兴国开采,都没有成功。

与此同时,福州船政局为供给船厂和炮艇的需要,筹划利用台湾基隆的煤矿。1875年船政局雇用了英国矿师,在基隆凿井,3年后开始出煤。这个矿最初几年情况还好,产量历年增加,至1881年达54000吨,雇佣工人达千余人。它的经费系由船政局筹拨,每年约10万两;所产的煤一部分供船政局使用,另一部分出售于市场。这个企业纯粹是官办,几年后,经营管理便日渐腐败，生产效率低下，和船政局一样地造成了很大的浪费。中法战争时，因法国侵略者进攻台湾，基隆煤矿曾遭破坏。战后台湾地方财政困难，在刘铭传任台湾巡抚期间，此矿时而归商人承办，时而又由官府经营，生产情况始终未能恢复到战前的水平。1889年和1890年，英国资本打算乘机骗取此矿，曾和刘铭传签订租让合同，又企图叫买办出头代为经理，但因清中央政府一再反对，没有成功。中日甲午战争前几年此矿已陷于停顿状态。1894年再酝酿招商承办，还没有实现，中日战争便爆发了。基隆煤矿的历史典型地暴露了官办企业的各种严重的缺点。

以"官督商办"为名义而实际上由封建官僚买办集团所控制的轮船招商局，也迫切需要煤。1876年李鸿章命招商局总办唐廷枢勘察了直隶开平煤矿，不久便决定集资80万两着手开采。1878年开局凿井，至1881年开始出煤。为便利运输，矿务局挖掘了70里长的一条小运河，并修筑了一小段铁路。开平煤矿的设备在当时是比较完善的，煤质也好，日产量从1882年的六七百吨逐渐增加至1894年的1500吨。矿厂由英国人任技师；雇佣的工人，若连同1889年增开的林西矿厂合计，约共3500人至4500人。开平煤矿的资本是陆续凑集的，来源很杂。它公开集股约100余万两，再加上大量借拨的"官款"，共达230万两；而所谓公开集股，实际上和招商局一样，只是李鸿章、唐廷枢等一小撮封建买办官僚而已。它所产的煤首先供轮船招商局和天津机器局使用；但由于产量较多，可以大量销售于市场，并且能在天津抵制了洋煤入口，所以利润比较优厚，使这一小撮人达到了开办此矿的目的。中日甲午战争前官办和商办的新式煤矿一共有十余处，绝大部分都失败了，真正可以说得上是成功的，只有开平一矿。

清政府200年来对于各种金属矿的开采与运销，一向取严格控制的政策。这种政策在中国封建社会里已有两千余年的传统。在清代，由于金属矿产是军器制造和货币铸造的原料，所以封建统治者对它们绝不肯放松；又由于资本主义生产方式容易通过自由采矿发展起来，同时矿区必然会聚集起大批的采矿工人，这些也是封建统治者很不喜欢的。清政府对各金属矿的控制方法，因时期、地区和矿种的不同而不尽同。有的完全由政府经营开采，但这种情况很少。有的许可人民开采，政府仅课征"矿税"、限制运销地区，铁矿往往如此。有的则由"商人出资，官为督理"，即政府利用商人，许其出资"承办"，政府则监督生产，征收或征购一定数量的产品，严格控制运销，铜、铅等矿多用此办法。这也就是原始的"官督商办"。凡是采矿必须得呈请政府批准，政府又随时可以下令封闭。清政府对采矿业的政策基本上是不鼓励人民开采，有时且严令禁止。这种政策多年严重地阻碍了矿业的发展，使采矿技术落后，并使当时已发达的而且已开始转向工场手工业的商人资本很难投入各金属矿业。

自19世纪70年代以降，中国社会经济的新情况对各种金属产生了新的需要。清政府官办的军用工业和外国资本经营的一部分工厂都需要大量的钢、铁、铜、铅等物，当时金银比价的变动以及铸造银币铜钱的计划，使得清政府官僚集团和新兴的民族资本都打算用新法开采各种金属矿。

关于民族资本经营的采矿业，我们将在下节叙述。资本主要由清政府筹措，而经营管理权又主要掌握在清政府官吏手中的金属矿，在中日甲午战争前至少有6处。热河平泉州的铜矿是在1881年由李鸿章派遣朱其韶"集资试办"的。此矿原拟集股24万两，但其大部分疑系官款。它所产的铜大半供天津机器局使用。热河土槽子、遍山线银铅矿本来是民族资本开采的，后因失败停废。1887年李鸿章筹措官款，派朱其韶兼办，并重价雇用了美国矿师。此矿的接办主要也是为了天津机器局的需要。与此同时，李鸿章又建议叫山东巡抚张曜开采淄川铅矿，归地方政府经理。这3处铜、铅矿耗费了不少的资金，因经营不善，结果都归于失败。

署贵州巡抚潘霨创办的青谿铁厂是一个较大的企业。他在1886年奏准成立了贵州机器矿务总局，准备开采青谿铁矿，并购买机器炼铁，计划行销于汉口、上海各地。矿局原打算集商股30万两，"官督商办"，使此厂成为一个赢利的企业。但是商人们对潘霨此举缺乏信任，商股集不起来，资金的大部分遂不得不由地方政府筹措"腾挪"。1890年矿局开炉炼铁，更感到资金不足，曾打算"借洋款30万两"。但不久因铁厂督办病死，借款怕难以偿还，加以燃料运输等各种困难不能克服，至1893年炼铁工作遂完全停顿。

云南自雍正年间以来便是清代产铜的中心地，至19世纪中叶，因地方长期战乱而荒废。到了80年代，清政府打算规复云南的铜矿，以供应铸造制钱的需要。但政府财政困难，初拟招商承办，没有成功；1887年遂派唐炯督办云南矿务。唐炯雇用了日本矿师，购置了少量的机器，企图用新法开采。然而因为资金缺乏，经营腐败，采冶和运输都很困难，直到中日甲午战争时始终未能恢复到道光年间旧时的产量。

另一个较大的企业是黑龙江的漠河金矿。19世纪60年代以降，漠河一带地方早有俄国资本私自遣人越境挖金，后来被清政府派军队驱逐走了。1887年李鸿章和黑龙江将军恭镗开始筹划开采，派人勘察了矿址，奏定了章程，翌年成立了漠河矿务局。此局集商股7万两，借官款13万两，"官督商办"。这企业一起始即订明每年以赢利的30%呈交黑龙江将军衙门"报充军饷"。自1889年年初正式开工以来，采挖工作进行比较顺利，出产的金砂历年增多；它经常雇佣的工人达2000余人。矿局能够赢利，所以数年内陆续归还了所借的官款。在中日甲午战争前夕，漠河金矿是当时官办和商办的各金属矿中规模最大、经营最成功的一个企业。

炼铁工业方面主要的是张之洞经营的汉阳铁厂。在此厂建成以前，中国已有些小规模的新式钢铁工业：外国资本经营的各船舶修造厂有的附设有炼铁设备，江南制造局、天津机器局、福州船政局以及轮船招商局都附设有炼钢或炼铁厂，贵州青谿铁厂已开炉炼铁；但规模最大的是汉阳铁厂。

张之洞任两广总督时，1889年春即筹划在广州建立炼铁厂，最初目的只打算制造钢铁器物，以杜洋铁入口之漏卮。是年7月调他总督湖广，筹筑芦汉铁路，他便转移目的，打算叫铁厂铸造铁轨。炼铁厂原拟设在广州，但继任的两广总督李瀚章很不热心，张之洞便和清中央政府商定将铁厂移建于湖北。张氏到了湖北以后，一方面筹划建厂，一方面派遣了很多人员到各地勘察煤铁矿。经过几个月的勘察，决定开采大冶铁矿，并在矿区修筑了一小段铁道。当时最大的困难是湖北境内找不到好的煤矿。为了在沿江各地寻找煤矿，张氏曾做了很大的努力，但没有结果。最后决定开采大冶附近的王三石煤矿和江夏马鞍山煤矿，同时收购湖南各地煤窑的产煤。铁厂厂址则选定在汉阳大别山下。

铁厂从1890年年底动工兴建，一切机器和厂房工料差不多全部都是从英、比各国陆续订购来的，加以全厂规模庞大，直到1893年年底才大致完工。铁厂共有6个大厂、4个小厂、炼炉两座。1894年5月开始出铁。厂中雇用外国工程师约40人，雇佣工人约3000人。大冶铁矿储量丰富，产铁质量很好，雇佣采矿工人达1000余人。所产矿砂用铁路运达江边，然后溯江运到汉阳。大冶王三石的煤矿开采很困难，采挖两年后便因积水过多而停废。江夏马鞍山煤矿产煤情况较好,但不能供应铁厂的全部需要。

铁厂最初创办时,原估计购机建厂以及经营煤铁矿,共需银约280万两。清中央政府先决定由户部所筹铁路经费200万两项下拨给。此款并非由户部筹足拨解,而主要是由湖北地方政府把历年应解京款截留作抵。200万两不足,张之洞便从地方政府收入的各项厘金、盐税中罗掘;仍不足,便挪借官款、商款,并大量拨用了枪炮厂和织布局的经费。自筹办起至1895年8月止,铁厂一共支出了5829629两。这样庞大的经费开支所获得的结果却不能令人满意。张之洞自己承认铁厂的产品"品质不良","成本太重","销场未广",清中央政府谴责他"经营数年,未著成效"。所以如此的原因,主要由于湖北境内煤矿煤质不好,湘煤供应不足,只好购买外洋和开平的焦煤,价钱很贵;由于炼钢炉不宜于铸造铁轨,而其他产品也因技术不良,质量不高,不能与入口钢竞争;由于煤铁相距甚远,二者都得载运到汉阳,运费昂贵;又由于铁政局机构庞大,经营管理腐败,一方面经费筹措困难,而另方面在开支上又严重浪费。汉阳铁厂也典型地暴露了当时官办企业的各种严重的缺点。

这种情况自然很难维持下去。中日甲午战争结束后,清政府财政濒于破产,无力再为铁厂筹措经费。1895年6月上谕令将铁厂"招商承办"。张之洞奉命以后,曾打算把它偷偷地出卖给外国资本家,但未能如愿;翌年4月遂改为"官督商办",由大封建买办盛宣怀出头"接办"去了。

清政府出资经营的新式纺织工业,除了左宗棠曾一度兴办兰州织呢局外,主要的也只有张之洞经营的湖北织布纺纱官局和湖北缫丝局。

1878年左宗棠在兰州开始打算试办织呢局,目的在"为边方开此一利"。他托上海的德商代为订购机器并雇聘了十几个德籍技师，至1880年在兰州建厂开工。此厂创办经费约30万两，共有线锭1080枚，织机20张。这次试办很不成功。当时西北一带所产羊毛粗劣，产品质量很差；加以运输不便，水源不足，生产效率很低，而德匠的薪资却很高。开工后不到两年便因难以继续而停了工；至1884年陕甘总督谭锺麟便把这织呢局暂时裁撤了。

张之洞经营的湖北织布官局是一个大的企业。和倡办炼铁厂一样，张之洞任两广总督时便筹划在广州兴建织布局，目的在杜塞洋布入口之漏卮，"以保利权"。调任湖广总督以后，他便奏准把布局移设于武昌。布局的机器是从英国订购的，又雇用了不少的英国技师，厂房于1892年建成，正式开车。厂中共有纱锭3万枚，布机1000张，雇佣工人约2500人。布局的经费从一开始便十分困难，张之洞从多方面罗掘挪借，负担了沉重的债务。然而，这企业自开工后赢利很好，尤其是棉纱获利很厚。这使得张之洞决定扩充纱厂。当时张之洞正因为汉阳铁厂经费不足很发愁，他打算"扩充布局纱厂，以其盈余添补铁厂经费"。扩充纱厂也缺乏资金。他先打算向英商高利赊购机器，没有成功，遂改由比商、德商代购机器。为要吸收一部分商人的资本，他决定把这新的湖北纺纱官局由"官商合办"，双方各出银30万两。新厂计划规模相当大，订购的纱锭共9万余枚，拟分建南北两厂。机器在中日甲午战后才陆续运到。北纱局至1897年始建成开工，安装纱锭约5万枚；南纱局则没有兴建，它的机器后来由张謇接领开办南通大生纱厂去了。

1894年张之洞倡办的湖北缫丝局是一个尝试性质的企业，缫机只有二百车。此局最初资本约十万两，"官商合办"；比起上海各丝厂，它的规模较小，产品质量也差多了。

综合以上所述，可以看出自 1875 年以后，20 年来清政府官僚集团经营的这十几个采矿、炼铁与纺织工业，大部分是失败的。采矿业中只有开平、漠河两矿能够赢利；张之洞所办的各企业到甲午战争后主要的都因经费困难而不得不改归商办。失败的原因很多，各企业也不尽同。有的由于资金缺乏，周转困难，甚至拖欠大量的官商款项，须负担高额的利息；有的由于技术落后或缺乏生产经验，没有熟练的工程人员，不得不高价雇用大批外国技师；有的由于不会经营管理，不知道核算成本，造成严重的浪费；有的由于不考虑原料、燃料、运输、市场等条件，盲目进行生产；有的由于官僚主持，经营腐败，冗员杂沓，贪污中饱；有的也由于在中国市场已被外国资本所控制的情况下，产品不易和入口洋货竞争。这些原因的任何一个都会使企业沦于失败。

然而，把这些企业总起来考察，我们可以看到它们失败的原因基本上在于这类企业的性质。和上节所述军用工业不同，这类企业已基本上是资本主义的近代企业。不管它们是"官办"、"官督商办"或"官商合办"，它们主要都是为了销售于市场而进行商品生产；并且在开始经营的时候，倡办者都期望该企业多少能赢获一定的利润。它们已基本上具有资本主义企业的特质。不过，它们的性质不纯。在这些资本主义性质的企业里面混杂着或多或少的官府工业传统的封建性。它们的所有权的全部或一部分仍属于清政府；其经营管理权主要仍掌握在官僚的手中。企业经营的目的虽然主要是为了赢利，但同时仍不得不服务于封建政府特殊的目的或需要。例如开平煤矿的开采主要是为赢利，但同时也为了招商局和天津机器局的需要。汉阳铁厂也是为赢利，为了"开利源"、"杜漏卮"，但同时也为了芦汉铁路和军用工业的需要。湖北织布纺纱官局为了赢利，但同时它赢利的目的则在补足汉阳铁厂和枪炮厂的经费。因此，这类企业实际上没有完全摆脱清代官府工业的封建传统的影响。

性质既然不纯，这些企业本身便存在着不可调和的矛盾，即资本主义和封建主义两种不同的生产方式的矛盾。资本主义企业的经营是为了剥削雇佣劳动的剩余价值，为了利润，为了积累资本好进行扩大再生产。封建官府经营企业的目的则在生产能供它使用的产品，如铸造铁轨，获取铸钱的原料，寻找军用工业等所需要的原料与燃料等。二者截然有别。

性质既然不纯，便要看那一方面占上风。封建性较强的企业必然要沦于失败。如基隆煤矿，它的产煤首先须供应福州船政局的需要，只将剩余的部分销售于市场，所以每月需10万两的经费开支；而经营腐败，贪污中饱，到了财政困难的时候，便无法维持。又如汉阳铁厂，目的之一是打算铸造铁轨兼供军用工业的需要，其结果是一般产品成本高、品质劣，在市场上不能和入口的外国钢铁相竞争。湖北织布官局能够赢利了，但其倡办者没有把它当作一个独立的资本主义企业去经营，它所赢得的利润并未用于本身的扩大再生产，而都用来补贴了汉阳铁厂，以致弄到负债累累；一旦经费无法筹挪，铁厂和布局就都垮台了。

封建性较弱的企业便可以赢利，但也受到不少的牵累。漠河金矿比较成功，利润丰厚，开工数年后陆续还清了官款；但是它须把每年"纯利"的30%"报充军饷"，慈禧过生日它又须"报效"数万两。开平煤矿是这一类企业中最成功的一个，原因由于在它开办之初拟定章程时，唐廷枢就把它完全当做一个资本主义企业来经营，不叫官府参入过多的干预。然而，此矿的产煤仍须给予天津机器局和轮船招商局以优先购用权，仍须订明"官利"10%，慈禧过生日亦须"报效"3万两。这些封建的干扰自然降低了它的利润率。加以，此矿既能赢利，所以它始终掌握在一小撮封建买办官僚之手，而不能是纯粹民族资本的企业。

因为混杂着或多或少的封建性，依附封建势力而参加了这些企业的一部分民族资本便感到利润过低，或遭遇到亏折失败；因而每逢这类企业招商集股时，民族资本往往踌躇畏缩，不肯参加。同时，在 80 年代及 90 年代，民族资本的舆论日益增强地反对并抨击官办与官督商办，要求官府不要干预商办企业而应给与完全的自由，他们要求在近代工业经营中彻底消除封建性，使资本主义从封建束缚中解放出来。

这类工业虽然由于混杂着封建成份而大部分沦于失败，但是它们在中国近代工业发展的初期阶段具有一定的积极意义。在 19 世纪后半叶中国的社会历史条件下，这类工业的出现是必然的。它们在当时构成新兴的中国资本主义近代工业的一个重要部分。它们和民族资本经营的近代工业一样，代表着当时社会生产力的新的发展。它们对当时的社会经济起过一定的积极作用。它们的存在刺激并影响了与它们相联系的若干新式工业的发展。通过它们，中国又出现了一批近代产业工人。通过它们，中国又锻炼出一批使用机器的工程师和工头。并且，它们 20 年来的成功和失败的经验，使新兴的民族资产阶级认识到了经营近代工业基本上应循的方向，即摆脱一切封建桎梏而独立发展资本主义的方向。

五　民族资本经营的近代工业

在外国资本主义侵入的影响与刺激下，从 19 世纪 70 年代起中国有一部分商人、地主和官僚开始投资于新式工业。他们逐渐转化成为近代中国早期的民族资产阶级。这新兴的民族资产阶级在当时外国资本主义和国内封建主义双重阻碍下，经营新式工业是很困难的。经过 20 余年的努力，至中日甲午战争时止，他们前后一共创办了 100 多个企业。其中有些失败了，夭折了；又有些是成功的，但规模较小，成绩有限。然而，他们在当时社会经济中代表着一种新生的力量，他们的尝试给民族资本近代工业开了端绪，给它未来的发展打下了初步的基础。

民族资本的兴起有它的历史根源。在 18 世纪和 19 世纪前半叶封建时代末期的中国社会里，占全国人口极少数的统治剥削阶级积累着大量的货币财富。首先是地主。大的地主常常握有几千、几万乃至几十万亩肥沃的土地。通过实物地租（个别地区有货币地租）和各种超经济的强制，他们剥削着广大的农民，积累起货币财富。他们在农村以及城市中都有根深蒂固的支配势力。和地主血脉相连的是封建官僚。庞大腐朽的官僚集团对广大人民施行着蛮强专横的统治。压榨、掠夺、贪污、欺骗已成为官僚的一套惯行的"制度"；他们通过这些，很容易地积累起货币财富。其次是豪商大贾。他们中间有在广大地区内经营商运的粮商、布商、丝绸商、香药商、皮货商、木商、船商；有囤积居奇、把持交易、控制中小工商业者的"坐贾"和牙行；有独霸一方、享受特权的盐商、茶商、鸦片商等包卖商；有专从事边疆贸易、欺压少数民族的商人；有包揽进出口贸易的广东 13 行行商和"下海通番"的商人。这些商人资本家通过贱买贵卖、欺诈掠夺积累着货币财富。再次是高利贷者。票号、银号、钱庄、典当和农村高利贷者，通过各种形式的盘剥讹诈积累着货币财富。这 4 种人——地主、官僚、豪商、高利贷者——是四位一体的。他们中间虽然有时也有矛盾，表现出相互的排斥、吞噬和倾轧；但基本上他们是血脉相连的，密切结合成一个强有力的榨取人民血汗的统治剥削阶级。他们经常使用着超经济的暴力掠夺奴役广大人民而积累起大量的货币财富。

大量的货币财富被他们积累起来以后，并不利用于促进生产，这是封建经济的特质。一部分在奢靡淫逸的生活中被消费掉了；一部分进入农村，使土地所有权转手并集中；一部分被用于扩大商人资本与高利贷资本的活动。但是，在资本主义生产关系业已萌芽的封建末期的社会里，也开始有一小部分被用来投资于包买主制度的手工业制造和工场手工业。这部分是原始积累的货币财富向资本的开始转化。这个转化过程是散漫的、曲折的、迟缓的，因而主要以工场手工业为代表的资本主义生产关系的存在也是有限的。当时有些手工业工场虽然已是独立经营的企业了，然而大部分手工业工场主在身份上则还没有和商人、地主分离。资本缺乏完整性与独立性，使得这般早期的企业经营者还不能形成一个名实相符的资产阶级。

到了19世纪后半叶，由于外国资本主义的侵入，中国社会经济逐渐起了重要的变化。这些变化给资本主义生产关系的发展创造了新的客观条件，起了刺激和促进作用，并且使得新一代的货币财富的积累者具有了投资于新式工业的可能。

第一个新的条件是商品市场的扩大。在封建时代末期，因为商品经济的发展和商人资本的活跃，中国的商品市场已在逐渐扩大，但它的过程是十分缓慢的。鸦片战争后外国资本主义的侵入大大加速了这个过程。19世纪后半叶，外国资本一方面把鸦片、棉纱、棉布、煤油及其他各种廉价工业品大量推销于中国，另方面则从中国廉价掠取茶、丝、棉花、牛皮、大豆等各种原料与特产。1870年中国的进出口贸易总额是1.3亿两，至1894年已跃进至2.68亿两。通过推销商品与搜购原料，外国资本的势力已遍及于各口岸、城市，并深入到内地广大的农村。它逐步破坏了中国自给自足的自然经济的基础，破坏了城市的手工业和农民的家庭手工业；它促进了中国农产品的商品化；它使农民被迫放弃了农村副业生产而日益加多地购头廉价工业品，同时又使农民为购买而不得不日益加多地出卖其各种农产品；它促进了中国城乡商品经济的发展；它迫使中国农民日益贫困化。城乡商品经济的发展使中国的商品市场日益扩大，并已逐渐被卷入了世界资本主义流通范围。因此，在 70 年代至 90 年代，民族资本开始经营近代工业的时候，他们所需要的市场业已存在，并且在日渐扩大之中。民族资本发现在这已开辟的市场上不难推销他们生产的棉纱、棉布、火柴等商品，并且感到这市场对工业品存在着日益增长的要求。这种情况给民族资本经营近代工业创造了有利的客观条件。

第二个新的条件是劳动力市场的扩大。在封建时代的末期，中国早已开始出现丧失了生产资料而不得不出卖劳动力的人，他们成为当时工场手工业所需要的雇佣劳动者。同原始积累的货币财富转化为资本的过程一样，独立小生产者被剥夺生产资料与生活资料的过程也是散漫的、曲折的、迟缓的。鸦片战争后外国资本的侵入加速了这个过程。上述 19 世纪后半叶商品市场的扩大过程实际上和劳动力市场的形成过程有着密切的联系。外国资本主义的侵入，外国廉价工业品在中国的倾销，首先在沿海沿江各省逐渐破坏了城市手工业和农民的家庭手工业，促使大量的农民和手工业者沦于破产。这些破产的、被剥夺了生产资料与生活资料的农民与手工业者，给民族资本的（以及外国资本和清政府官僚集团的）新式企业造成了日益扩大的劳动力市场。劳动力市场的存在给民族资本近代工业的兴起准备了必要条件。

第三个新的条件是 19 世纪 60 年代至 90 年代里中国出现了一批新的货币财富的积累者；在当时的社会历史条件下，这般人手中的货币财富比较容易转化为资本。他们至少包括以下这些人：一、太平天国革命运动与捻军起义对当时的地主阶级给了沉重的打击，其后 30 年间各地小规模的农民起义对地主阶级仍是威胁。虽然同治、光绪年间清政府推行保护地主政策，使地主在农村中又逐步恢复了势力；但是由于惧怕农民起义，一部分官僚、地主、商人便不想再把已积累的货币去购买土地，而把它留在城市找机会投资，新式工业是他们投资的对象之一。二、同治、光绪年间的官僚集团已和嘉庆、道光时代的有些不同。由于外国资本的侵入和"洋务"的增繁，不少的官僚受到了外人的影响，对资本主义的谋财之道发生了兴趣，也想拿出他们聚敛所得的一部分投资于新式企业。三、随着通商口岸的增加和进出口贸易的发展，中国产生出来了一批新的经营"洋庄"买卖的大商人，如丝商、茶商、鸦片商、洋货商等；这些商人也受了外人的影响，打算把他们积累的资本投资于新式企业。四、各口岸的银号、钱庄的经营者，在这时期已逐渐和外国资本在中国设立的银行发生了密切的关系，并逐渐被后者所控制。这般封建的又具有买办性的高利贷者也受到外人的影响，打算把他们积累的货币资本投资于新式企业。五、买办在太平天国革命以前虽早已存在，但势力还很有限。自60年代以降，随着外国资本对中国的侵略的日益扩大，买办阶级便迅速形成。他们往往积累起大量的货币资本，一有机会便也试图投资于新式企业。六、19世纪后半叶华侨在美国、日本、南洋各地本早已有经商致富的。自80年代末期以降，清官僚如张之洞等开始鼓励他们回国投资，于是一部分爱国的华侨便也试谋投资于新式工业。以上这些人是民族资本近代工业的最早的资本供给者。他们的存在构成民族资本近代工业兴起的另一个重要的条件。

　　这些条件的逐渐成熟，使民族资本从70年代至90年代日益加多地兴办起各种近代工业。

　　根据目前初步收集的资料，我们可以看到民族资本经营近代工业从1872年便已开始。在70年代里创办的企业数目还少，只有20个左右。80年代里逐渐增多，绝大部分是小型的企业。中日甲午战争前数年更多，规模较大的企业已陆续出现，同时民族资本呈现出企图投资于新式工业的强烈的热诚和愿望。至1894年止，民族资本前后一共创办过100多个大小不同的企业。

在这些企业里面，机器缫丝业出现得最早。1872年陈启沅在广东南海创办了第一个缫丝厂。两年后广州附近已有缫丝厂5家，10年后共发展到11家；至90年代初叶更发展到了"五六十家"，其中大厂每厂雇佣工人达七八百人。广州生丝出口本有悠久的历史，至此时广州一带已成为民族资本机器缫丝业的重要中心地，生产的厂丝远比手工缫丝品质优良。广州缫丝业的兴盛是民族资本初期经营近代工业的一大胜利。上海从1882年以降民族资本也设立了几家缫丝厂，每厂也有缫机二三百车，雇佣工人达数百人。江苏、浙江两省原是中国产丝最兴盛的地区，上海又是最重要的生丝出口地，条件本优于广州。然而上海的这几家缫丝厂经常处在外国资本的压抑与竞争下，经营遇到很多困难。它们在技术方面，甚至在资本方面，都终于不得不依赖外人，所以情况远不及广州。

棉纺织业的经营比缫丝业略晚数年。1878年上海的几个绅商倡议兴办上海机器织布局，呈请南北洋大臣批准，最初主要是由民族资本合股集资。但是这企业由于遭受到外国资本与封建官僚的干扰和参与，再加上织布局本身经理不得人，资本不充裕，一再拖延，直到1890年才建成厂房、正式开车。1893年织布局毁于大火，翌年由盛宣怀主持重建，改为华盛纺织总厂。这企业很能赢利。它在后期，在资本与经营方面，李鸿章及其集团的势力已经渗入。在90年代初叶，唐松岩的华新纺织新局和朱鸿度的裕源纱厂先后在上海建立。1894年严信厚在宁波筹建通久源纱厂，至1896年方正式开车。此外，在福州、重庆、天津、镇江、扬州、广州都曾有本地"绅商"酝酿兴办纺纱厂，但在甲午战争前都未能实现。在轧花业方面，宁波的通久源轧花厂设立于1887年。其后上海也先后建立了3个轧花厂，每厂有轧花机数十至百余台。

面粉、火柴、造纸、印刷等业的经营也相当早。天津、上海、福州、北京等地设立的机器面粉厂都是小型的企业，仅能供应地方狭小的市场。80年代以降，上海、天津、重庆、广州、福州、慈谿、太原等地都建立了火柴厂；其中上海的燮昌火柴公司、天津的自来火公司（后改为中外合办）、重庆的森昌泰、森昌正火柴厂等，规模较大，雇佣工人各约数百人，所制硫磺火柴销行于内地各省，价格比进口的火柴便宜。广州和上海的两家造纸厂是投资较多的企业，全部使用外国机器，但经营都不很成功。在印刷业方面，由于石印和铅印技术的传入，上海、广州、杭州、北京各地曾创办了十几家新式印刷厂。其中规模较大的如同文书局等，雇佣工人各达四五百人，营业都很兴盛。此外，汕头开设了两家豆饼制造厂，福建和台湾开设过机器制茶厂和制糖厂，上海开设过玻璃、制冰、制药、轧铜、碾米等厂，都是规模较小的企业；有的营业比较成功，也有的创办不久即因亏折或技术上遇到困难而停业。

为应航运业的需要，民族资本在上海、广州、汉口也经营了几家船舶修造厂。上海的两家规模较大，曾修造过小型汽船。广州的几家小厂则只能从事船舶的装配和修理。上海也有几家"机器厂"，规模都很小，只从事机器修理、配制零件和简单的铁工，谈不上机器制造。当时的记载，祝大椿的源昌机器厂规模较大，今已考实，乃系虚报。上海、香港、厦门等地外国资本经营的船舶修造厂势力雄厚，民族资本在这方面很难和它们竞争。在公用事业方面，1890年华侨黄秉常等曾在广州创办了一个电灯公司，勉强维持了10年，终于因为资本缺乏而亏折停业。广州、汉口、沙市、南京、扬州等地的地方"绅商"曾筹划试办自来水公司，但因地方政府不肯支持，都没有成功。

与经营制造业的同时，民族资本也经营了一些新式的采矿业。当时促使民族资本企图投资于新式采矿业的各种原因，已在上节里叙过，这里不再重复。采煤业开始较早。安徽池州煤矿和贵池煤矿、湖北荆门煤矿、山东峄县枣庄煤矿、广西富川贺县煤矿、直隶临城煤矿，以及曾一度探察而未开采的奉天金州骆马山煤矿等，都是在1880年前后创办的。这些煤矿的资本少的只有2万两，使用很少的机器；多的达二三十万两，有较多的机器设备，并雇用外国矿师。1882年由左宗棠奏准开办的江苏徐州利国驿煤铁矿，最初计划很大，原打算集资50万两同时开采煤铁；但因集股困难，仅收足10余万两，先办采煤。它的主要出资者和经理者是胡恩燮父子。这企业开办数年以后，由于资本缺乏，运输不便，经营遭遇到很多困难，只能勉强维持，无法发展。不仅利国驿一矿如此，上述各煤矿都遭到类似的命运。或由于资金不足，技术落后，或由于经营不良，生产困难，都未成功；有的仅能勉强维持，或不免于亏折，有的开办不久即行停闭了。这些失败的经验曾经使得民族资本长时期对于采煤业失掉了信心。

民族资本在各种金属矿业中投资比采煤业稍晚。这些矿的开采是由于当时各方面对于金、银、铜、铅等金属日益增长的需要。从80年代以降，10余年间民族资本创办了约10个矿。热河承德府三山银矿、福建石竹山铅矿、直隶顺德铜矿、广东香山天华银矿等，都系集资试采不成功，不久即停业。湖北长乐、鹤峰和施宜铜矿、海南岛琼州大艳山铜矿、广西贵县平天寨银矿、吉林珲春天宝山银矿、热河建平金矿和吉林三姓金矿等，则维持开采时间较长。这些企业规模都比较小，大部分都只使用少量的机器，主要仍承袭旧法开采，依靠人工。金属矿中规模最大的是

1883年"广东巨富"李宗岱等创办的山东平度招远金矿。这企业开采的区域曾达好几个县，前后投资总额达80万两，其中包括不少借贷的官款、商款，还有汇丰银行的借款，以及招徕的华侨资本。但是此矿因经营不善，加以地方政府不肯支持，最后完全归于失败。从投资数量方面来讲，山东平度招远金矿可以说是中日甲午战争前民族资本经营的最大的一个企业。

从以上所述中日甲午战争前20余年间民族资本初期经营近代工业的历史过程中，我们可以看到有以下几点值得注意的特征：

第一，民族资本经营近代工业主要是从轻工业和小规模的采矿业开始的。原因很显明：经营轻工业需要的投资比较少，企业建设的时间比较短，资本周转比较快，容易获得较高的利润。这20余年的历史事实证明了初期民族资本经营的缫丝业、棉纺织业、火柴制造业和新式印刷业等，大部分都很成功，得到了良好的结果。在重工业方面，此时期民族资本几乎可以说没有任何成就。采矿业如果认真经营，当然需要较多的资本、较复杂的先进技术和较高的组织能力与经营能力。当时民族资本缺乏足够的条件，他们大都只能凑集较少的资本，购置少量机器，进行小规模的开采；加以运输困难，缺乏生产经验，其结果遂沦于失败。

第二，大部分企业投资较少，规模较小。在这20余年间创办的100多个企业中，大部分企业的资本都在10万两以下，少的只有几万两甚至几千两。广州、上海两个造纸厂的资本各15万两，大的缫丝厂资本达20万两，个别的矿的资本达二三十万两，上海机器织布局资本最初集至50万两，已是很高的了。山东平度招远金矿投资达80万两是极特殊的。这种情况和当时外国资本在中国经营的大型企业比较起来，民族资本的力量显然是微弱的。民族资本的企业不仅资本少，而且独资经营的少，绝大部分都采取集股经营的方式。股份公司当然是一种较进步的企业组织形式，然而当时民族资本采用这种形式并不能表示经营方式的进步；实际上却反映着民族资本资金的不足，同时反映他们向近代工业投资时惧怕困难、惧怕亏折失败，畏葸不前。资本既然少，所以企业规模小，因而设备简陋，生产效率低，资金周转困难，生产成本高，结果往往是产品很难和入口洋货相竞争。

第三，在生产工具和生产技术方面，中国近代工业在发生时期显然是采用西洋已有的成果，但是它和中国固有的手工业发展水平有着密切的联系。中国某些部门的手工业早已发展到工场手工业阶段。到了19世纪70年代至90年代，受到外国资本主义侵入的影响和刺激后，在这些部门中添置些外国机器或采用些新的技术是很自然的。例如印刷、造纸、缫丝、玻璃及豆饼制造等便是如此。再者，民族资本最初经营轻工业有时并不是一步便购置大量机器，而是逐步从手工制造发展到使用机器。例如宁波的轧花厂最初仅购用日本的手摇机，成功以后才进一步购用蒸汽机。印刷业中也有同样的情况。火柴业则除了采用一些新的原料和技术外，基本上仍以手工制造为主。广东的缫丝业采用外国机器以后，曾引起当地手工织工的激烈反对，因此陈启沅等不得不"改创"手摇的"缫丝小机"，以便利小生产者"归家自缫"。采矿业也是如此，此时期民族资本经营的小规模的矿业，最初只使用少量机器，生产仍以手工为主，嗣后才陆续增添些机器设备。这些事实说明新式工业在其初期往往仍须经历一段从手工向机器逐步发展的过程。例外的只有棉纺织业。这种情况使得此时期民族资本经营的近代工业比起旧日的手工制造技术当然是迈进了一步，但比起当时西方资本主义各国的工业来，显著地呈现出技术落后的现象。

第四，在工业的布局方面也有值得注意的情况。此时期中民族资本经营的100多个工厂的地域分布，显著的是大部分集中在上海和广州两地；其他零星各厂也都是建立在通商口岸或邻近通商口岸的地方。造成这样情况的原因很多。首先是为便利出口——缫丝、制茶和轧棉等厂实际上都是为了原料出口加工而创设。其次是为了运输的便利，原料获得与技术依赖的便利，或地方市场特殊的需要——棉纺织、火柴、造纸、印刷、面粉各业都是如此。此外，有些企业建立在上海、天津等外国"租界"区内，目的在依靠外国势力的"保护"；又有些企业，如船舶修造和机器修理业，则只是附庸于各口岸的航运与工厂而存在。这种情况说明了民族资本近代工业发生时期在布局方面一起始便带有半殖民地的性质。

第五，从此时期民族资本近代工业的创办人方面来考察，我们可以看出主要的是商人、买办、官僚和地主。从我们初步收集的资料中可以看到许多企业的创办人或投资人是广州、上海、宁波、福州等通商口岸的商人。多年在南洋经商的陈启沅、在上海经营丝业的黄佐卿、"久业淮鹾"的李培松等都是典型的例子。买办也很不少。唐廷枢和祝大椿都曾是怡和洋行买办，郑观应曾是太古洋行买办，徐润曾是宝顺洋行买办，吴懋鼎是汇丰银行买办，李文耀曾是"轮船买办"，杨德曾是汉口洋行的买办。当时这种人积累的资本是很多的。华侨有黄秉常、张廷钧、林道琚等人。官僚地主也很多。李鸿章、左宗棠等人是官僚集团的最上层。更多的是洋务派的中层人物，如朱其昂、戴恒、龚寿图、李松云、杨宗濂、严信厚、盛宣怀、朱鸿度、胡恩燮等人。官僚大半都是地主。有些企业主已完全是工业资本家了；但大部分企业主则是一方面拿出一部分财富投资于新式工业，另方面仍握有大量的土地，经营着钱庄、典当、商号，并且同时还是在职的或候补的官僚。这民族资本近代工业的发生时期是旧社会的商人、地主、官僚通过新式企业的经营开始逐渐蜕变转化为民族资产阶级的时代。这蜕变转化的过程是复杂、曲折而缓慢的。到了19世纪末叶，这转化过程还只开始不久，距离它的完成还很远很远。

在以上列举的这几点特征以外，最后我们还需要简单地叙述一下民族资本在此时期经营近代工业的过程中，和封建势力与外国资本的相互对立与结合的关系。

清政府及其官僚集团的传统政策是对各种工业进行不同程度的控制与约束。在采矿业方面控制较严，基本上不鼓励人民开采；在手工业方面比较松弛，主要利用旧式的行会、行帮对手工业者施行约束。到了19世纪后半叶，这种封建传统政策以及其背后的封建思想，在顽固保守的官僚群中仍占着统治地位。他们排斥一切新事物，企图维护封建社会秩序终古不变。60年代以降兴起的洋务派则主张与外国侵略者携手，采用外国生产技术，经营军用工业以及民用工业，晚期且主张"鼓励"并"保护"新式企业。但是洋务派所向往的是依靠外国资本势力以巩固本国封建统治，对于工业传统的控制、干预与约束政策则不放弃。他们主张采用新的生产技术，但只许它为封建主义服务。除了统治阶级这种压抑政策外，封建主义多年的牢固统治久已使社会经济内部凝固起许多复杂紧密的封建传统、习惯、制度、法律与观念，这些对于新的经济发展也起着阻碍与束缚作用。70至90年代民族资本近代工业发生时，便面临着这许多严重的障碍。对于这些，新兴的民族资产阶级需要进行并曾经进行了一定程度的斗争。斗争方式是多种多样的。他们须抗拒或躲过封建政府的法律和政策，打破传统的习惯、制度与观念，才能逐步建立起自己的阵地。这斗争过程是带有进步性的。

但是，在民族资本近代工业初发生时，这斗争并不容易。为了达到眼前赢利的目的，维护自身的利益，民族资本往往便转而依靠封建势力。例证是很多的。民族资本要投资于新式采矿业，就得依赖封建政府。它需要政府的批准和有势力的官僚的支持，需要地方代为保护矿厂、管束和镇压工人，需要获取减免税厘的特权，以便利运销，有时甚至于需要政府保证一定的销售市场和资本的支援。这些问题不解决，企业便无法开办。因此，民族资本便只得依赖并勾结封建势力，呈请"官督商办"。一般的矿"官督"的成份还浅。愈是大的企业，如开平煤矿与漠河金矿，其中的民族资本部分愈是只能依附于封建势力的卵翼之下而存在。民族资本要投资于新式制造业，困难比采矿业略少些，但较大规模的企业问题仍然类似。上海机器织布局最初原是民族资本倡议的。然而要使这企业成功，首先仍须在收购原料、运销产品方面获得减免税厘和遏制竞争的特权，因此一起始它的倡办者就得依附李鸿章，请求"官督商办"，使得这企业终于被李鸿章集团的势力逐步渗入。重庆和天津的火柴厂也有类似的依靠政府获取特权的情况。广州的电灯公司的建立主要依靠两广总督张之洞的支持。上海均昌（发昌）船厂的存在是依靠轮船招商局；公和永缫丝厂等是依靠上海丝业公所的势力；伦章造纸厂是依靠李鸿章的支持。至于得不到封建势力支持的企业计划，往往归于失败，重庆的纱厂和广州、南京的自来水厂都是具体事例。

民族资本与外国资本之间也呈现出矛盾与依存的关系。在19世纪，外国资本主义对半殖民地中国进行经济侵略，主要是向中国推销大量廉价的商品，并从中国廉价掠取原料和特产。为了达到这种目的，它们以武力强迫中国订立不平等条约，开辟商埠，压低关税，控制中国海关，强占"租界"，建立"治外法权"，在中国发展航运，开设银行，举办邮电，经营各种工业，培植买办阶级，并与封建势力相勾结。外国资本在中国攫得的这些便利进行掠夺性贸易的特权以及各种蛮横狡诈的活动，对于民族资本经营近代工业是十分不利的。日益增多的进口的廉价外国商品支配了半殖民地中国的市场，使民族资本近代工业的产品难以和它们竞争。在享有种种特权的外国资本的强大压力下，民族资本近代工业很难立足；他们切身感到在重要的工业行业中很难和外国资本抗礼争衡，他们只好在外国资本势力的残余的空隙中寻找出路。对于这种严重的障碍，新兴的民族资产阶级需要进行并曾经进行了一定程度的斗争。斗争的方式也是多种多样的。他们不断呼吁提高关税，斥责外国资本的特权，要求享受与外国资本同等的待遇，要求保护本国工业，抵制外国资本势力的扩展，并在若干部门中创办新企业，和外国资本展开勇敢的竞争。这斗争过程是带有进步性的。

然而，在民族资本近代工业初发生时，这斗争也很不容易。为了达到眼前赢利的目的，维护自身的利益，民族资本往往便转而依靠外国资本。例证也是很多的。首先在技术方面依靠外人。他们须购买外国机器甚至于原料，高价聘用外国技师。愈是规模较大的较重要的企业，对于外人的依靠就愈多。在这样情况下，投资的一部分首先先被外国资本剥夺了利益。其次在工业建设的地点上也依靠外国势力。显著的事例在上海。不少的民族资本的企业建设在上海外国"租界"地区内，依附外国势力的"保护"；或建立在外国企业的左近，以寻求依附外国资本的便利。再者，不少的民族资本企业的存在，是依靠外国资本对中国进行的掠夺性的出入口贸易，缫丝、制茶和轧花业都是如此。又有些主要是为了"租界"内地方的消费，如上海的制冰厂和木材加工工厂。这些情况使一部分民族资本带有半殖民地性。还有些民族资本近代企业在资本方面也依靠了外国势力。例如山东平度招远金矿即从汇丰银行大量借款；天津自来火公司依靠了德、英两国的资本；烟台缫丝局对德华银行负过沉重的债务；上海华商诸缫丝厂大约混杂着外国资本；上海机器织布局大约也曾向英国资本借贷过大宗款项。又有个别的厂经营困难时便为外国资本所吞并，如上海制冰厂和上海玻璃厂。在外国资本的压抑与诱引下，新兴的民族资产阶级中也有一部分很早便丧失了民族立场，甘心依附外国资本，不独立创办企业而投资于外国资本在中国经营的企业。在80年代和90年代，很多外国资本在中国（尤其是上海）经营的航运、保险、金融、商业、工业甚至于"开发"南洋的企业里，都有不少的中国资本参加。这部分人已走上买办的道路。

综合以上所述，我们可以看出在19世纪70年代至90年代民族资本经营近代工业的初期的过程是艰难的、缓慢的。至中日甲午战争前夕，他们的成绩还很有限。国内封建主义束缚着民族资本向近代工业中顺利地投资。外国资本主义的侵入刺激了但同时也阻碍着民族资本近代工业的发展。民族资本在这样的双重压制下，不得不左依右附，一面斗争一面又依靠地在多种困难中开辟出自己的道路，使民族资本近代工业逐渐萌芽滋长。这初步萌芽滋长的民族资本近代工业，在当时的社会历史条件下，代表着一种新生的力量，推动着中国社会向前发展；然而同时，在其发生的历史过程中，却已呈现出民族资本的懦弱性、动摇性和两面性。

六 近代工业工人初期的情况

19世纪后半叶，随着近代工业的建立，出现了中国的近代工业工人，出现了中国的工业无产阶级。在近代中国半封建半殖民地社会里，这个新兴的阶级从诞生之日起，便身受着外国资本、封建势力和民族资本3种的压迫与剥削，因此他们在革命斗争中任务特别艰巨，意志特别坚决。

中国近代工业无产阶级的形成有它特殊的历史根源和社会条件。

上节里已经简单地说过，在18世纪和19世纪初叶中国封建时代末期的社会里，地主、官僚、豪商、高利贷者四位一体的剥削统治阶级如何通过暴力掠夺积累着货币财富。这个货币财富积累的过程，同时也就是独立小生产者——主要是农民，其次是小手工业者——被剥夺他们原有的生产资料与生活资料，逐渐转化为无产阶级的过程。

和西方各国封建时代的情况不同，在中国的封建社会里长时期以来农业的直接劳动者早已不是农奴而是农民。中国的占人口绝大多数的无地或少地的农民，和隶属于封建领主的土地的农奴不同，农奴牢固地与土地相联系，而农民则在法律上是"自由"的，随时可以和他们佃耕的一小块土地相分离。租佃关系是契约关系，地主到一定时候甚至随时可以退佃、换佃，使农民丧失生计。然而农民要求耕作，要求土地，生活迫使他们不能也不愿和土地分离。因此，在封建制度的压迫下，在沉重的地租剥削和超经济的强制下，他们过着奴隶样贫困艰苦的生活，并不比农奴好多少。很多农民终年耕作，并从事农村副业劳动，仍不得温饱，有时还须出卖一部分劳动力来维持生活。小手工业者比农民景况也好不了很多。他们自有简单的生产手段，"自食其力"，在法律上也是"自由"的。手工业的"行会"和"行帮"对他们的生活起些许保障作用，同时对生产则起着束缚作用。但因为工资低廉，竞争剧烈，很多小手工业者也是终年操作仍不得温饱，有时也须出卖一部分劳动力来维持生活。农民和小手工业者出卖部分劳动力这件事，构成最原始的不完全的劳动力市场。

农民和小手工业者经常生活在极不稳定的经济状况中。许多情况可以使农民被迫而不得不离开土地，丧失他仅有的一点生产资料和生活资料。地主、恶霸的压榨和剥削，商人、高利贷者的欺骗和盘剥，官僚胥吏的暴敛、专横和掠夺，赋税的苛重，徭役的频繁，以及天灾、饥馑、兵祸等等，这些中的任何一种祸害随时都足以使得贫苦的农民荡产倾家、离乡背井，而成为一无所有的人。小手工业者的境遇也好不了很多。同类的祸害常常也使他们沦于和农民同样的命运。

破产的农民和小手工业者需要别谋生计。农民破产后，离开乡土，有的流亡到山区、海岛，做了"蓬户"、"寮户"，或流徙到东北、内蒙、新疆等地，从事私垦。有的在十分艰苦的条件下流徙到海外。有的投靠了"富贵人家"做了仆役、随从。有的失掉了人身自由，卖身沦为奴婢、娼妓。有的终身做了职业兵。有的成了僧、尼、道士。又有些流入城镇，成了乞丐、"流氓"、"游食江湖"、游民无产者。遭遇好些的，做了肩挑摊售的小贩。又有些着实无法谋生，遂流为盐枭、私冶，以至"流为盗贼"。破产的小手工业者和破产的农民的境遇是类似的。在封建末期的社会里出现了种种贫苦无告的"被社会遗弃的人群"。

又有一些破产的农民和小手工业者，破产后或仍留在本乡，或流落到他乡，做了雇农——长工、短工、零工，他们当然和资本主义农业中的雇佣劳动者还有很大的差别。有些流入城镇做了苦力、脚夫、轿夫、车夫、粪夫等，成了都市苦力工人。有的沿水陆交通大道做了纤夫、挑夫、脚行、搬运夫等运输工人。有的做了盐丁、灶丁等制盐工人。有的做了砂丁、矿丁等矿冶工人。有的做了瓦工、木工等建筑工人。有的被包买主所支配，做了半独立的手工业劳动者。又有的投身手工业工场，学得些许技艺，做了织工、纸匠、茶工，以及各种"工匠"，即工场手工业工人。这些人在资本主义生产关系业已萌芽的封建末期社会里，成为原始的雇佣劳动者、近代工业无产阶级的先驱。他们是早期的被剥夺了生产资料和生活资料，而变为除了劳动力以外一无所有的人。这些人被迫出卖劳动力，构成原始的劳动力市场。他们的存在给封建末期社会里资本主义生产关系的萌芽提供了条件和可能，并使这种萌芽逐渐滋长。

鸦片战争以后，外国资本主义侵入中国，使中国社会经济起了新的变化，大大加速了农民与小手工业者被剥夺生产资料而转化为无产阶级的过程。外国资本把大量的鸦片、棉纱、棉布、煤油、金属品和各种廉价工业品推销于中国，逐步破坏了中国农民的家庭手工业和城市手工业。中国的手工业最初曾顽强地抵抗外国工业品的侵袭，但是到了19世纪最后20年终于失败。这个破坏过程在"五口通商"时期首先在东南沿海四省开始。自60年代以降，随了通商口岸的日益增多和外国商品的日益大量深入内地，这破坏过程也便日益扩大，日益猛烈，而农民和小手工业者的破产也便日益严重。大量破产的农民和小手工业者涌进了日益扩大的新的劳动力市场，做了近代工业无产阶级的后备军。

此外，还有其他一些因素。鸦片战争后，尤其是60年代以后，日益腐朽的封建统治阶级对人民残酷的剥削日趋沉重。封建赋税的繁苛，官吏的贪暴，地租的提高，商人与高利贷盘剥的加重，都比19世纪初叶还要剧烈。这些加速了农民与小手工业者的破产。同治、光绪年间自然灾害频繁，灾区广大，因为封建政府的腐败无能，坐视不救，造成大量农民的死亡、流离与破产。太平天国与捻军起义时，清政府曾临时组织了庞大的军队，事后紧缩裁汰，被解散的兵勇实际上无家可归，成了游民无产者。还有，外国资本在中国经营航运业的结果，改变了中国旧日商品流通的路线，影响了不少地区运输工人的生计，使他们沦于破产失业。这些情况也使得大批破产的农民和小手工业者以及流亡失业的人涌入城市，做了近代工业无产阶级的后备军。

这些丧失了生产资料与生活资料的人需要找谋生之路。除了上文已说过的那些旧社会中的各种凄惨的"出路"外，在19世纪后半叶新的社会经济情况下，他们开始向资本出卖自己仅有的劳动力。有些人投向航运业做了海员；有些因铁路的开始修筑（甲午前仅约360公里）而做了铁路工人；有些因各通商口岸的发展而做了码头搬运工人；最重要的一部分则投入了新式的工厂矿山，做了近代工业工人。

近代工业工人是随了近代工业的建立而成长起来的。鸦片战争后不久，外国资本便首先在广州、上海等地经营起近代工业。他们发现在中国雇佣工人并不困难，"而且廉价的有技术的劳动力很充足"。这个条件大有利于他们在中国各口岸建立工厂，因此他们从40年代至90年代陆续兴建了100多个工厂。在这些工厂里出现了中国最早的一批近代工业工人。从60年代起，清政府开始经营近代军用工业，30年间创办了十几个兵工厂和造船厂。在这些企业里产生了另一批近代工业工人。从70年代中叶起，清政府及其官僚集团又开始经营一些采矿、炼铁与纺织工业。在这些企业里也产生了一批近代工业工人。最后，从1872年以降，民族资本开始陆续经营起近代工业，至1894年一共前后创办了100多个企业。在这些企业里产生了另一批近代工业工人。民族资本和清政府官僚集团开始经营近代工业时，也和外国资本一样，发现国内劳动力市场业已存在，人数众多，工资低廉，而且这个市场还在日益扩大之中。这样，从鸦片战争到中日甲午战争的50余年间，在各个不同阶级手中的近代工业日益增多地建立起来了；同时中国的近代工业工人的人数也日益增多了，中国的近代工业无产阶级也逐渐形成起来了。

在资本主义生产关系业已萌芽的封建末期的社会里，工场手工业中的雇佣劳动者还不是完全形成起来的无产阶级，他们只能称做前无产阶级。名副其实的无产阶级是随着近代工业的兴起而最终形成起来的。近代工业工人和他的先驱者工场手工业工人都是出卖劳动力的雇佣劳动者，这是他们基本的共同之处，然而他们中间还有差别。工场手工业工人还是比较分散的；而近代工业工人在地域上、组织上、企业里都比较更集中，团结得更紧密。前者人数比较少，人数的增长比较缓慢；而后者人数比较多，且随着近代企业的发展，人数的增长比较迅速。前者劳动强度比较低；后者因使用机器而劳动强度大大被提高。前者需要较高的手工技艺；后者因生产过程的简化而减低了技艺成份。前者被剥削的程度还比较浅；而后者被剥削的程度则大大加深。近代工业中的剩余价值率远超过工场手工业。还有，工场手工业中还残存着不少的封建工役制的成份，而在近代工业中，除了清政府官办的企业外，封建的遗痕已很少了。这些情况使新兴的近代工业工人比他们的先驱者工场手工业工人大大跨进了一步，具有高度的集体性、组织性、纪律性、革命性、斗争性、坚决性，形成为一个"具有特殊利益和负有特殊历史使命的特殊阶级"（恩格斯语）。

在19世纪后半叶中国近代工业的发生时期，由于外国资本主义和国内封建主义的阻挠，工业成长的速度比一般资本主义国家是缓慢的，因而近代工业工人人数的增长也比较缓慢。关于近代工业工人人数，我们在本书第五章里做了一个初步的粗略的估计。我们估计在1870年前后，中国近代工业工人大约不到1万人；到了1894年，约共有9万数千人。这9万多人的分配约略如下：

外国资本在中国经营的近代工业	34000 人
清政府经营的近代军用工业	9100—10810 人
清政府经营的炼铁与纺织工业	5500—6000 人
近代矿业	16000—20000 人
民族资本经营的近代工业	27250 人
共　　计	91850—98060 人

这是比较低的估计。如果稍稍提高，估计1894年中国全国的近代工业工人人数为10万人，也许距离实际不至于太远。

从这将近10万的近代工业工人的产业业别分配来看，机器缫丝业占首位，约占工人总数的20%。这是由于广州、上海两地缫丝业发达所致。其次是船舶修造业、军用工业、棉纺织业和采煤业，各约占10%上下。若把可以算做重工业的各业合在一起，则重工业中雇佣的工人占工人总数约44%强。然而，这并不能表示当时重工业如何发达。当时的所谓重工业主要只是矿产采掘，以及封建政府的军用工业和外国资本的船舶修造业。前者尚在从手工生产向机器生产的过渡阶段，所以使用工人较多；后二者则是当时社会历史条件下的特殊的企业。至于一般的机器制造、化学、冶金等重要工业还很不发达，或尚未出现。在另一方面，这情况正表示当时民族资本轻工业的建立才刚刚开始，数量不多，规模不大，还没有十分扎稳根基。

从近代工业工人地域集中的情况来看，因为当时各不同阶级所办的工厂企业大都设在少数通商口岸，所以工人便显然集中在上海、汉口、广州三大都市。三地的工人占全国工厂工人总数的76.7%，其中上海一地即占46.4%。这种情况说明中国近代工业在其发生时期即带有半殖民地性质；另方面又说明中国近代工业无产阶级一起始便在地域分配上呈现出较高度的集中。地域的集中有利于工业无产阶级的组织和团结，因而有助于他们革命思想的传播和革命力量的增长。

再从大型企业雇佣工人人数的情况来看，可注意的是在中国近代工业发生时期，雇佣500工人以上的大企业已不算少。最大的企业雇佣工人达三四千人。所以如此的原因有二：一、中国近代工业初兴起时，一部分大企业是外国资本创办的，他们把在西洋已习惯的大规模生产的企业组织直接移植到中国；另一部分中国人创办的大企业显然是受了外国的影响，袭用外国生产技术，购买来外国全套的机器，仿效外国工厂的规模，所以一起始便有上海机器织布局、开平煤矿、汉阳铁厂、江南制造局等大型厂矿出现，雇佣着大量的工人。二、中国近代工业初兴起时，大部分企业资本的有机构成较低。由于中国工资特别低廉，所以能够不用机器而可用人工代替的地方，即仍然使用人工。当时不仅一般企业如此，即便是已使用很多机器的大企业，也普遍实行着这个办法。资本的有机构成低下，使得不少的企业都在使用着较多的工人。所以雇佣工人人数多，在当时并不完全表示企业规模大、产量多，而相反地正表示着工业的落后性。对工人来说，这种情况却提高了工人在大型企业里集中的程度，有利于工业无产阶级的组织和团结，因而有助于他们革命思想的传播和革命力量的增长。

在这将近10万的近代工业工人中间，很不小的一部分是女工和童工。马克思曾经指出，女工和童工是使用机器的资本家们首先追求的对象。在工场手工业生产中早已有女工和童工，如缫丝、丝织、制茶等业。但是随着机器的使用，生产过程简化了，女工和童工便更多地出现于工厂。在19世纪后半叶新兴的缫丝、棉纺织、火柴、造纸、卷烟等新式企业里，都在普遍地大量地使用着女工和童工；即便在极艰苦的采煤业中，也有不少的童工参加着劳动。妇女与儿童被使用在新式工业里从事生产，不仅扩大了被剥削的雇佣劳动者的范围，而且使工资水平降低，因而更提高了对工人剥削的程度。

这10万人的绝大部分是非技术工人，只有很少的一部分是熟练工人。机器的使用既然简化了生产过程，它对一般工人所需要的技术水平常比工场手工业要低，这便促使没有什么技术的工人更大量涌现于劳动力市场，因而使工资水平下降到很低的程度。这在当时采矿、船舶修造、制茶、火柴，以及理废丝、捡禽毛和打包各业中都很显明。熟练工人人数少，工资水平也较高。广州、上海、厦门等地是中国最早的熟练工人的诞生地，因为这些地方遭受外国资本主义侵略的历史久，建立的新式企业多，在其中工作年代较久的就成了技术熟练的工人。自80年代以降，各地建立新企业时，常常都以较高的工资到上海、广州来觅雇工人。不少的资料说明当时各地普遍感到技术工人缺乏。这情况反映着当时中国近代工业工人还很年轻，技术的锻炼还比较幼稚。另一些资料则说明中国新兴的近代工业工人学习快、能力强、效率高，就是剥削他们的外国资本家也不得不承认"他们显然具有控制和使用机器工具的天赋能力，……在这方面，中国人是一个敏慧的民族"。

大量农民与手工业者的破产，无产阶级后备军的日趋扩大，使工资水平降落到最低的程度。19世纪后半叶零散的史料中残留下一些工资的记录。大致说来，从70年代中叶至90年代中叶，一般普通工厂工人的工资是每人每日1角5分至2角。有训练的男工和工头超过2角，较高的可达2角七八分。普通女工的工资大致每人每日1角至1角6分。在纱厂和火柴厂里最低的女工工资只有5分甚至不足5分。采矿工人多半用计量工资制，其低廉的程度更甚于工厂工人。拿当时的物价来衡量，这样的工资水平可以说是被压到了最低限度。在上海每日 2 角钱上下的收入很难维持一个壮年男工的温饱，自然更谈不上养活妻子和儿女了。劳动力的价格如此低廉，意味着资本对劳动的剥削已提高到了十分残酷的程度。不仅如此，而且这样微薄的工资还常常被克扣和拖欠。工人当时在法律上没有任何人权的保障，工人自身的组织力量还比较薄弱。企业主便倚仗其政治和经济的权势，往往长期拖欠工资，不与支付。不管是工厂还是矿山，都普遍存在着封建把头制度。封建把头残酷地克扣工人的工资，使工人的实际收入更低于上述的工资水平。

为了如此微薄的工资，工人支付出全部劳动力。他们的劳动很繁重，劳动日很长。根据当时各大企业残留的记录，我们知道在 80 年代及 90 年代，一般工厂的劳动日低的是 11 或 12 小时，较高的达 13 小时。采矿业中劳动特别艰苦，一般采取昼夜轮班制。这样长的劳动日消耗工人精神体力到了最高限度。工资之低，劳动强度之高和劳动日之长，给企业主提供了极高的剩余价值率，使他们获得了丰厚的利润。

近代工业工人初期的生活情况是十分艰苦的。他们出卖全部劳动力换来的是最粗劣的饭食、茅棚土屋和褴褛的衣服。他们每日得跋涉长远的路程才能从住处到达工厂、矿厂。工作的条件是十分恶劣的。一般厂矿都严重地缺乏卫生设备和安全设备。工作十分劳累。工作中常常得冒着生命的危险。不管是工厂还是矿厂，灾害不断在发生。官办的各机器制造局常发生爆炸事故。基隆煤矿曾因工人死亡率过高而找不到足够的工人。机器造成的死伤也是常有的事。一般工人在残酷的剥削与压迫下，经常生活在饥寒与死亡的边缘上。湖北织布官局的英国工程师描写该厂工人情况时说，工人们"离开工厂出去散散步的机会很少，因为厂中做工是从早晨 5 点钟直至下午 6 点钟，每隔一个星期日才休息一天。这些工人很可怜，因为他们瘦到只有皮包着骨头，50人里面也找不出一个体格康健的人。"其实不仅这一厂如此，这情况足以代表当时全部近代工业工人的境遇。

和他们同时代的资本主义各国的工人不同，中国新兴的近代工业工人生存在一个封建势力还很强的落后国度里，他们身受着残酷的封建的压迫与束缚。当时在许多厂矿中都驻扎着封建军队以"弹压"、"部勒"、"监督"、"管束"工人。官办与"官督商办"各企业往往如此，甚至于在某些纯粹民族资本的厂矿中也不例外。再者，在一些官办与"官督商办"的大型企业里，存在着官府特许的封建刑罚。如开平矿务局，除大的案件须送县署外，一般的鞭笞枷栲即在局内行刑；至于官办各兵工厂就更不用说了。各厂矿中又普遍存在着封建把头制度。这制度是工人们无形的沉重枷锁。"把头"、"管工"、"工头"、"夫头"对工人有着几乎无限的"约束"权利，掌握着工人的命运。不管是外国资本还是清政府官僚以及民族资本，当时都利用着这个封建制度来镇压管理工人。此外，旧的封建行会、行帮制度对工人有时也还有束缚作用。有些小手工业者原来参加了行会、行帮，因破产失业而转化为工人以后，却一时仍摆脱不掉旧的组织，被迫还得向原有的行会、行帮交纳会费。上述这些封建残余势力使初期的近代工业工人经常生活在恐怖和悲惨的境遇里。

在种种残酷的剥削与压迫下，工人展开了英勇的斗争。1882年开平煤矿开始全年出煤，就在这年夏天开平的矿工为了要求平等的工资待遇而举行了罢工。1891年，因为外国工程师欺压工人，开平的矿工又展开了大规模的反压迫斗争，逼令所有的外籍技师离开了矿厂；最后李鸿章使用武装力量逮捕了"首犯"，对工人进行了残酷的镇压。在这次斗争中，开平工人表现出高度的组织能力。事后外籍技师回厂后，"他们发现矿厂上没有外国人时（约10天），一切工作也进行得很好"。

再如1883年和1890年，江南制造局工人都因总办要延长劳动日而发动过罢工。在封建政府官办的兵工厂里进行罢工是很困难的，结果是"工人们受了严重的责罚，并被驱散了"。1879年耶松船厂工人因把头克扣工资而进行过罢工。同年祥生船厂工人因外籍监工欺压工人而进行过罢工。1891年上海机器织布局工人举行过罢工，终于因为罢工的领袖被督办杨宗瀚"送官按律惩治"而失败。1895年汉阳铁厂的工人因为厂中翻译委员"笞责"工匠而举行了罢工，铁厂的负责人会同地方政府"调营勇二百余"，对工人进行了武装镇压。这次罢工使铁厂督办认为工人们"非兵威约束不能驯伏"，张之洞遂决定"调江南一营来厂驻扎"。

我们初步收集的关于中国近代工业工人早期的罢工运动和反压迫斗争的史料还很贫乏。但是从上述这些零散记录中已可看出，在19世纪末叶，工人罢工主要还不是要求提高工资、改善待遇的自发的经济斗争，而是反对外国技师、封建官吏以及封建把头的蛮横专恣、欺诈与压迫。他们斗争的目标首先是维护自身最低限度的一点人权，还来不及提出改善经济生活和待遇。这情况说明当时新兴的近代工业无产阶级，身受外国资本主义与国内封建势力的压迫到了如何残酷难忍的程度；同时也说明这个阶级自其诞生之日起，除了身受资本的残酷剥削以外，首先便已认识到外国侵略者和国内封建势力是他们当前最大的敌人了。

〔本文所根据的资料，主要的都已集录在《中国近代工业史资料第一辑（1840—1895年）》（1957年科学出版社初版，1962年中华书局修订版）一书中，所以本文未加脚注。〕

中日甲午战争前外国资本在中国经营的近代工业

前　言

中英鸦片战争到中日甲午战争之间的50余年，正当西方资本主义的兴盛时期（19世纪40年代至60年代）和它向其最高阶段——帝国主义逐渐发展转化的时期（70年代至90年代）。这期间，资本主义各国对中国进行经济侵略是以商品输出为主要形态，它们在中国主要的企图是逐步开辟并扩大中国市场，把中国市场卷入世界资本主义流通范围。它们在中国攫取便于进行掠夺性贸易的种种特权，强占便于进行侵略的根据地，好把棉纱、棉布、鸦片、煤油及其他廉价工业品大量推销于中国，并从中国廉价掠取茶、丝、棉花、牛皮等原料与特产。它们最初与中国订立的不平等条约中，特别着重开辟商埠、压低关税等等，就是为了便于这种侵略；它们又在中国发展航运，开设银行，举办邮电，图谋修筑铁路开采矿山，与中国封建势力勾结，并在中国培植买办阶级，更是为了扩大这种侵略，从而把中国一步步变成它们的商品市场和原料供给地。

同样为了这种侵略的目的，它们很早便开始在中国经营起近代工业。在这50余年间，它们在中国经营的近代工业大致可分为四类：（一）最早的是为了便于在中国发展航运业而经营的船舶修造厂，这些厂主要设在香港、广州、上海、厦门与福州等地。（二）稍迟些的是为了便于在中国掠购原料与特产而经营的加工工业，如制砖茶、缫丝、制糖、轧花等厂。（三）在中国廉价购买原料与劳动力，制造商品专为销售于中国市场的若干轻工业，其中有些主要是为了外国在华商人侨民、中国买办和部分封建统治者的需要，如制药、制酒、制冰、印刷、家具、砖瓦木材等厂；又有些是为了销售于广大的中国市场的，如火柴、肥皂、玻璃、造纸、纸烟、铁器等厂。（四）为发展它们在中国强占的"租界"而经营的公用事业，如煤气、电灯、自来水等企业，这些企业主要设在上海。外国资本在这些工业里的投资，比起甲午战争后以资本输出为主要特征的帝国主义时代的情况来，其数量还不算大，但也已有数十个大小不同的企业。这些企业的性质及其经营情况，一方面表现着外国资本主义对中国尚以商品输出与掠取原料为主要经济侵略形态的时代特征，另方面表现着这时期中国的半殖民地性质及此种性质的逐步加深。因为半殖民地中国有丰富的原料可以掠取，有廉价的劳动力可以剥削，所以外国资本在中国不管经营哪一类工业，它所获得的超额利润都远超过在它们本国所能获得的利润。

自鸦片战争以后，外国资本主义的侵入，使中国一步步沦为半殖民地，同时也刺激了中国在封建社会内部已孕育着的资本主义萌芽，使它加速生长和发展。"外国资本主义对于中国的社会经济起了很大的分解作用，一方面，破坏了中国自给自足的自然经济的基础，破坏了城市的手工业和农民的家庭手工业；又一方面，则促进了中国城乡商品经济的发展。这些情形，不仅对中国封建经济的基础起了解体的作用，同时又给中国资本主义生产的发展造成了某些客观的条件和可能。因为自然经济的破坏，给资本主义造成了商品的市场，而大量农民和手工业者的破产，又给资本主义造成了劳动力的市场。"[1] 这些客观条件的渐次成熟，使中国自19世纪70年代以降，就开始有一部分商人、地主和官僚投资于近代工业，从此中国民族资本主义便慢慢地生长和发展起来。但是，中国民族资本投资于近代工业，一开始便遇到外国资本主义在中国侵略势力的多方面的阻挠与压迫，最直接的是外国资本在中国经营的近代工业。这些外国资本的企业依仗其政治经济特权与雄厚的资本力量，勾结着中国封建势力，"直接利用中国的原料和廉价的劳动力，并以此对中国的民族工业进行直接的经济压迫，直接地阻碍中国生产力的发展。"[2]

在19世纪，随着近代工业的建立，出现了中国的近代产业工人，出现了中国的无产阶级。"中国民族资本主义发生和发展的过程，就是中国资产阶级和无产阶级发生和发展的过程。……它们是两个互相关联又互相对立的阶级，它们是中国旧社会（封建社会）产出的双生子。但是，中国无产阶级的发生和发展，不但是伴随中国民族资产阶级的发生和发展而来，而且是伴随帝国主义在中国直接地经营企业而来。"[3] 中国民族资本的近代工业自70年代才开始发生，清封建政府官办的军用工业开始于60年代，而外国资本在中国经营的企业，则自鸦片战争后不久便在上海、广州等地出现。因此，外国资本在中国经营工业比中国民族资本早30年。自从外国资本在中国开始经

---

[1] 《毛泽东选集》第二卷，人民出版社1952年第二版，第620—621页。
[2] 同上书，第623页。
[3] 同上书，第621页。

营近代工业以来，即有一部分中国破产的农民与手工业者，丧失了他们原有的生产资料，脱离了原有的社会阶级，转变成中国最早的近代产业工人。"所以，中国无产阶级的很大一部分较之中国资产阶级的年龄和资格更老些，因而它们的社会力量和社会基础也更广大些。"① 中国无产阶级一开始便遭受着外国资本主义侵略者及与之勾结的中国封建势力的残酷的剥削和压迫，因此他们从诞生之日起就充满了反对帝国主义和封建主义的革命的斗争精神。

为了说明甲午战争前外国资本在中国经营的近代工业的具体情况，本书拟根据初步收集的一点资料，把上述四类工业做一简单的叙述，然后拟将其投资总额、利润和工人人数做一粗略的估计。

一　外国资本在中国为便利发展航运而经营的船舶修造业

外国资本在中国经营的近代工业，最早的是船舶修造业，集中在三个地区：广州、香港和九龙地区；上海地区；厦门和福州地区。

鸦片战争后，实行"五口通商"，英美各国到中国来运售鸦片和工业品并掠购丝茶的船舶日渐增多。1830 年广州进口的外国商船是 109 艘，1833 年是 189 艘，② 鸦片战争后便显著增加。1845 年广州进口的外国船舶为 302 艘，136850 吨；1854 年为

---

① 《毛泽东选集》第二卷，人民出版社 1952 年第二版，第 621 页。
② 马士：《东印度公司对华贸易系年录》（H. B. Morse: The Chronicles of the East India Company Trading to China）卷四，第 223、343 页。

320艘，154157吨，其中英籍船舶约占一半。① 上海在1847年进口的外国船舶为102艘，26735吨；1855年为437艘，157191吨；1858年仅下半年即进口421艘，137311吨，其中英籍船舶亦约占一半。② 那时船舶尚以帆船为主，汽船吨位小，数目还少。迨至第二次鸦片战争后，中国被迫又开了十来个商埠，英、美各国来华的船舶更急速增加。它们攫得中国沿海与长江的航行权，因而在中国经营的航运业更迅速发展，大的轮船公司如美国的旗昌（1862年）、英国的太古（1867年）、怡和（1877年）等，都陆续成立，霸占了中国沿海沿江的航运，因此中国各商埠进出口的外国船舶急遽增多（见下表）：③

年代	进出口船舶数	进出口船舶总吨数	英籍船舶吨数在进出口船舶总吨数中所占百分比（%）
1865	16625	7136301	43
1870	14136	6917828	45
1875	16994	9867641	52
1880	22970	15874352	61
1885	23440	18068177	65
1890	31133	24876459	65
1893	37902	29318811	65

① 《中华丛报》（Chinese Repository）卷一五，第165—172页；《美国对外商业关系》（Commercial Relations of the United States）1856年，卷一，第524页。
② 葛理芬：《飞剪船与领事馆》（E. Griffin: Clippers and Consuls），第264页；马士：《中华帝国对外关系史》（H. B. Morse: The International Relations of the Chinese Empire）卷上，第357页。
③ 资料来源是历年《海关贸易报告册》。1872年以后数字包括中国招商局的轮船及中国少数其他船只，如1885年进出各口岸的中国船舶吨数为2243534吨，1893年为6839950吨。

上表说明自 1865 年以后 30 年间，进出口船舶数增加了一倍余，而进出口船舶总吨数则增加了 3 倍。此外，关于外国的船舶还有几点需要注意：在 60 年代，远洋航船中帆船与汽船约各占一半；其后帆船迅速减少，至 90 年代之初，帆船在总吨数中只占到三十分之一了。在中国沿海沿江航行的，自 60 年代起即以汽船为主，但汽船与帆船的比例犹为三比一；至 90 年代，帆船可以说完全绝迹了。在第二次鸦片战争前后，外国船舶平均每艘的吨位不过 430 吨，其后船舶吨位渐增，至 90 年代则平均每艘为 800 吨了。在进出口船舶总吨数中，专在中国从事沿海沿江航运业的外国船舶，在 1865 年约占百分之七十，至 1890 年，连同中国招商局的船只共约占百分之七十七，由此可见沿海沿江航运在中国进出口船舶总额中是如何重要。①

英美各资本主义国家进出中国各口岸的船舶，不管是从欧美来的，或是在中国专从事沿海沿江航运的，都经常需要修理。垄断中国沿海沿江航运的大轮船公司如太古、怡和，或在中国重要口岸从事拖驳业的驳船公司，② 都经常需要增添和修理船只。因此自鸦片战争以后，外国资本便在中国开始经营起船舶修造厂。19 世纪中国的航运业主要掌握在英国商人手里，所以这些船舶修造厂主要都是英国资本经营的。

英国资本所经营的船舶修造厂，首先以广州、香港、九龙地区为中心。广州黄埔原为中国旧式造船业的中心地之一，有若干旧式船坞修造中国帆船。鸦片战争前后，英国商船来到广

---

① 历年《海关贸易报告册》；爱兰与丹尼桑：《远东经济发展中的外国企业》(G. C. Allen and A. G. Donnithorne: Westen Enterprises in Far Eastern Economic Development, China and Japan) 第七章。

② 如英商会德丰（Wheelock & Co.）的上海拖驳公司，与天津的大沽驳船公司，均成立于 60 年代。

州，常委托中国船坞修理。1845 年，英国大英轮船公司（Peninsular and Oriental Shipping Company）开辟中国航线，它到广州的船只也常在黄埔修理，并派一个名叫柯拜（J. Couper）的职员监管修船。不久，柯拜见修船业有利可图，便从中国人手中租得了几个船坞，雇佣中国工人从事修船，并且建了一个新石坞，名柯拜船坞（Couper Dock）。① 这是英国资本在广州经营的最早的工业。

在第二次鸦片战争期间，这个船坞遭到了破坏，柯拜本人也死在战争中。战争结束后，英国强令清政府付给柯拜的家属 12 万元"赔偿费"。柯拜的儿子立即把这个船坞重新修整起来，并扩充设备，成立了柯拜船坞公司（J. C. Couper & Co.），共掌有 4 个船坞。英美资本乘战争胜利，在战后数年内陆续在黄埔又建立了好几个船舶修造厂，如旗记铁厂（Thos. Hunt & Co.）、高阿船厂（Gow & Co.）、福格森船厂（Ferguson & Co.）等，这些船厂都各有船坞一座至三座。这些外国资本的"船舶修理业已促使很多的广东本地居民（指工人——引者）移住到黄埔沿岸来了。"②

英国侵略者自攫得香港以后，便在香港岛上建起船坞，从事修造船只。1843 年英商榄文（J. Lamont）即在香港造了一只 80 吨的小商船。1857 年榄文与德忌利士轮船公司（Douglas Lapraik & Co.）的老板拿蒲那（D. Lapraik）在香港南岸阿柏丁（Aber-

---

① 魏尔特：《二十世纪之香港、上海及中国其他商埠志》（A. Wright：Twentieth Century Impressions of Hongkong, Shanghai, and other Treaty Ports of China, 1908），第 196 页；光绪二十六年《东西商报》，商三九，第 6 页。
② 威廉：《中华商务指南》（S. W Williams：The Chinese Commercial Guide, 1863），第 157 页；魏尔特：《二十世纪之香港、上海及中国其他商埠志》，第 196 页；《中国指南》（The China Directory），1864 年香港版，第 29 页。

deen）修建了阿柏丁船坞，营业很兴盛。第二次鸦片战争后，英国资本企图大规模在中国发展航运业，从事贩卖鸦片发了横财的英商怡和洋行（Jardine, Matheson & Co），便会同大英轮船公司与德忌利士轮船公司，于1863年收买了黄埔的柯拜船坞与香港的阿柏丁船坞，以24万元的资本成立了香港黄埔船坞公司（Hongkong and Whampoa Dock Company）。4年后，它的资本增加到75万元；并扩充改建了黄埔的柯拜船坞，使能修理大型远洋航船。这时香港另有一个新成立的于仁船坞公司（Union Dock Company），资本50万元，在九龙和黄埔都建有船坞，企图和香港黄埔船坞公司相竞争。香港黄埔船坞公司挟其雄厚的资本和政治势力，于1870年吞并了于仁船坞公司，并增资到100万元。[①] 60年代英国资本在黄埔经营的几个船坞船厂营业相当兴盛，不少的外国商船在这里进行修理；它们雇佣着很多中国工人。[②]

70年代之初，香港又出现了两个新的船坞公司企图和香港黄埔船坞公司相竞争。香港黄埔船坞公司乃改变方针，决定放弃黄埔的分厂，集中力量扩大它在香港的事业。1876年，它把黄埔的当时已嫌陈旧狭窄的几个船坞，以8万元的高价卖给了两广总督刘坤一，并且订了一个契约，只准中国船只在黄埔船坞修理。这几个船坞及其附属设备，从此便成为广东地方封建政府所控制的军事工业的一部分，广州的轮船局、水雷厂和机器局的一

[①] 魏尔特：《二十世纪之香港、上海及中国其他商埠志》，第196页；《中国指南》，1864年香港版，第29页；艾德：《香港史》（E. J. Eitel: Europe in China, the History of Hongkong, 1895），第196、350、386、453页；马耶等：《中日商埠志》（W. F. Mayers: Treaty Ports of China and Japan, 1867），第15—16、74、127页；阴格拉姆：《香港》（H. Ingrams: Hongkong），第141—142页。

[②] 《英国驻华各口岸领事商务报告》（Commercial Reports from Her Majesty's Consuls in China），1867年，第54—55页；《海关贸易报告册》，1867年，第97页。

部分,不久便都设在这里,从事军器火药和小型炮船的修理与制造。①

香港新兴的两个船坞公司敌不过香港黄埔船坞公司的雄厚势力,至1880年终于都被后者吞并了。② 从此以后,香港黄埔船坞公司在香港造船业中形成了20年独占的局面(直到1900年太古船坞公司成立)。这20年间,它在香港九龙两地大事扩充设备,建造新坞新厂,营业十分兴盛。1882年上半年它获得的"纯利"即相当于它的资本的百分之七·七,③ 嗣后历年的赢利较此更高。1886年它增资至1562500元,是年所获"纯利"相当于它的资本的百分之二十四。④ 它经常得到英国海军部和香港政府的支持和津贴。到了19世纪之末,它在香港九龙共有8个大船坞,附有设备完整的工厂,经常雇佣着2500名至4500名中国工人。⑤ 甲午战争前10余年,李鸿章大买外国"铁甲兵船",但苦于腐败的江南制造局与马尾船厂都不能修理,因而经常成为香港黄埔船坞公司的"阔绰"的主顾。⑥

---

① 魏尔特:《二十世纪之香港、上海及中国其他商埠志》,第196页;陈忠倚:《皇朝经世文三编》卷六六,第8页;艾德:《香港史》,第519页;《海关贸易报告册》,1876年,第183页;《海关贸易十年报告》第一辑,第574—576页;《刘忠诚公遗集》,书牍卷六,第19—20页;《张靖达公奏议》卷五,第12页;《合肥李勤恪公政书》卷一○。

② 魏尔特:同前引书;艾德:《香港史》,第565页。这两个被吞并的船坞,一个是Cosmopolitan Dock Co. 另一个是 Caotain Sand's Slips.

③《北华捷报》(North China Herald),1882年,下卷,第213页载该公司是年上半年的营业报告。

④《北华捷报》,1886年,下卷,第215页;《北华捷报》,1887年,上卷,第231页。

⑤ 魏尔特:前引书,第196—198页;诺曼:《远东》(H. Norman: The Far East, 1895),第24页。

⑥《李文忠公全集》,海军函稿卷一,第3页;李作栋:《新辑时务汇通》卷八○,第12页;《北华捷报》,1890年,上卷,第132页。

外国资本所经营的船舶修造业的另一个中心地是上海。上海自开港以后,很快地便成为中国对外贸易的最重要的商埠和商品集散地,资本主义各国有很多商人都到上海来贩卖鸦片与工业品,掠购茶、丝;自60年代以降,上海进出口的船舶吨数常占中国全部进出口船舶吨数的四分之一左右,[①] 因此英、美商人很早便在上海经营船舶修造业。

外国资本在上海创办修船厂,似以美国商人为最早。在1850年,上海便已有一个美国的修船厂名 Purvis & Co.,又有一个叫杜那普(Dewsnalp)的美国商人在虹口江岸建了一个泥坞修船。1856年一个美国军官曾雇佣宁波工人在吴淞造过两只40吨的小汽船,[②] 同时期另一美国人包德(M. L. Potter)在上海经营下海浦船厂而大发横财,后来他把在中国赚得的许多钱,投资于美国西部开发事业。[③] 不过,美国资本所经营的这些小规模的船舶修造厂基础都比较薄弱。

英国资本在上海创办船舶修造厂也很早。1853年英商已在浦东建立董家渡船坞,不久即以此为基础成立了浦东船坞公司(Pootung Dock Company),资本94000两;50年代之末,另有英商在虹口修建了老船澳(Old Dock)的两个船坞,成立了上海船坞公司(Shanghai Dock Company),资本22万两;这两个公司都是英商的股份公司。60年代之初,英美资本所经营的船厂铁厂,如旗记铁厂(Thos. Hunt & Co.)、祥安顺船厂(E. Hawkins & Co.)等,愈益增多。即在此时,资本较雄厚、规模较大的船舶修造厂

---

① 根据历年《海关贸易报告册》计算。
② 兰宁与高玲:《上海史》(Lanning and Couling: History of Shanghai),第384—385页;爱兰与丹尼桑,《远东经济发展中的外国企业》,第167页。
③ 葛理芬:《飞剪船与领事官》,第20—21页;《上海总览》,1857年(Shanghai Almanac, 1857)。

也陆续出现了：1862年英商祥生船厂（Boyd & Co.）成立，在浦东建有大型船坞与造船厂；1865年英商耶松船厂（S. C. Farnham & Co.）也成立了，它长期租用上海与浦东两船坞公司的设备并加以修建。美商早期的规模较小的船厂因不能和它竞争，后来逐渐都被挤垮了，英商的小规模的修理厂也逐渐歇业，上海的船舶修造业遂完全掌握在祥生与耶松两大船厂之手。①

自70年代至90年代之初，外国资本的航运业在中国急速发展，为了便利发展航运业，船舶修造业便也随着蒸蒸日上。从这时期的记录中我们常可以看到祥生与耶松两船厂营业十分兴盛，历年不断地扩充规模，改良设备，增强其修造船舶的能力。② 它们不仅可以修理当时远航来华的各种最大的船舶，而且经常为太古、怡和等轮船公司，上海、天津的拖驳公司，以及中国海关、招商局、清政府，修造各种汽船、拖船、炮艇和货船。1879年祥生船厂已能修造1000吨的轮船，它"经常雇佣着1000名至1400名中国工人；工厂系由苏格兰人经营，但只要把设计和说明交给中国工人手里，他们便有能力完成一切必需的工作"。③ 耶松船厂的规模比祥生船厂还大些，它在虹口、浦东、董家渡三

---

① 兰宁与高玲：《上海史》，第384—385页；马耶等：《中日商埠志》，第385、410页；《海关贸易报告册》，1865年，第133—134页；《北华捷报》，1873年，上卷，第117页；同上书，1875年，上卷，第270—271页。据《上海总览》1857—1863年：在1860年前后，上海修造船舶的英美船厂、铁厂约有六七家，其中稍大的一家旗记铁厂，是美国资本所经营。1865年李鸿章、丁日昌购买了这个铁厂，并以此为基础建立了江南制造局。见《李文忠公全集》，《奏稿》卷九，第31—35页；《北华捷报》，1893年，上卷，第821、864页；同上书，1906年，卷三，第91页。

② 历年《北华捷报》报道两船厂的营业与发展情形；光绪十三年十月二十九日《申报》，载《游耶松船厂记》。

③ 《北华捷报》，1881年，上卷，第339—340页，载1879年英国驻上海总领事斯宾士（W. D. Spence）致英国政府的商务报告。

地建有数个船坞，雇佣着比祥生船厂更多的中国工人。在 1884 年它已能为怡和洋行修造 2000 吨的汽船。① 祥生船厂于 1891 年，耶松船厂于 1892 年，先后都改组成股份有限公司，祥生资本 80 万两，耶松 75 万两。

甲午战争前几年，两厂历年赢利皆很丰厚，所获"纯利"大致相当于其资本的百分之十七至二十一。② 这两家英国资本所经营的船舶修造厂，实际上垄断着上海全部的船舶修造业。它们的船坞船厂具有相当完整的现代设备，能修理大型轮船，并能建造拖船、货船及中型汽船。在 90 年代的 10 年间，它们除造了许多拖船、驳船外，还造了 10 余只相当大的沿海沿江航行的汽船，并曾接受美国的订货，为菲律宾造了 10 只小型炮船。③ 这时，上海也还有两三家外国资本经营的规模较小的修船厂，如亚古船厂（Acum's Boatbuilding Yard）和大成机器厂（The Hungkew Engine Co.），但远不能与耶松、祥生两厂匹敌。④

1896 年，上海英商又合股成立了一个和丰船厂（Shanghai Engineering, Shipbuilding, and Dock Co.），资本 60 余万两。但刚刚成立了三四年，便因资金周转困难而宣告破产；耶松船厂见有机可乘，即出资全部并为己有，而改成了耶松的分厂。30 余年来，耶松与祥生两船厂在上海始终是处在相互竞争的局面下。但至 1900 年，两船厂即联合起来，改组成为新的耶松船厂公司（S·C·Farnham, Boyd, & Co.），增资至 557 万两（约合 75 万

---

① 《北华捷报》，1884 年，上卷，第 677 页；字林报馆：《上海今昔观》（Shanghai, Past and Present, 1893），第 10 页；道特梅：《扬子江》（J. Dautremer: La Grande Artère de la Chine: le Yangtseu, 1911），第 67 页。
② 《北华捷报》，1892—1895 年各卷所载两厂的营业报告。
③ 《海关贸易十年报告》第二辑，上卷，第 517 页。
④ 《北华捷报》，1888 年，下卷，第 675 页；同上书，1889 年，上卷，第 71 页；下卷，第 288 页；同上书，1894 年，上卷，第 631 页。

英镑），进一步扩充设备，整顿业务，规模比以前更大了。它拥有 6 个大船坞、一个机器制造厂，及仓库码头等各种附属设备，能修理 3000 吨以上的大轮船，并且已经建造过 10 艘千吨以上的汽船。1906 年，公司整理财务，重新注册，改名耶松有限公司（Shanghai Dock and Engineering Co., Ltd.）。[①] 从此这家公司又继续垄断着上海船舶修造业 30 余年，为英帝国主义在中国工业投资中的最大企业之一。

自 1850 年以降，厦门与福州是中国茶出口的中心地之一；它们位于香港、上海之间，来此掠购茶叶的外国茶商和船舶较多。为便利航运，英国资本很早也在这一带经营起修船厂。

远在 1858 年，英国资本便在厦门建立了厦门船厂（Amoy Dock Company），当地人俗称"大船坞"。它在厦门"租界"附近有两个船坞，至 1867 年又在鼓浪屿建起第 3 个船坞。比起香港、上海的船厂来，它的规模小得多，但在 60 年代，它的设备尚能应付各种船只修理的需要。船坞附近设有机器厂、金工木工厂与仓库，修理各种帆船和汽船。它主要的营业是修理船舶，但在 1867 年也曾建造过一艘小型的汽机拖船。这个修船厂自成立以来，营业一直很兴盛。至 1892 年，改组为有限公司，并在香港注册，改称厦门新船坞公司（New Amoy Dock Company, Ltd.），资本为 67500 元，但它多年累积的资产则远超过此数。

---

① 《海关贸易十年报告》第二辑，上卷，第 517 页；魏尔特：《二十世纪之香港、上海及中国其他商埠志》，第 456—457 页；日本外务省通商局：《清国事情》（1907 年），第三卷，第 561—562 页；杜克：《中国视察记》（J. Duckerts: La Chine en 1899），第 170、192 页；《北华捷报》，1896—1906 年各卷，和丰、祥生、耶松三船厂的营业报告；《海关贸易报告册》，1896 年中文版，第 40 页。

它经常雇佣着中国工人约200人。① 至1893年，另一个叫做厦门机器公司（Amoy Engineering Company, Ltd.）的修船厂在厦门成立，并在香港注册，资本3万元，规模很小，只能从事船舶的局部修理。这公司名为英商经营，实际上它的资本主要出自厦门的洋行买办，其工程师则为爱尔兰人。②

60年代之初，在福州罗星塔也有一个英国资本创办的修船厂，叫福州船厂（Foochow Dock Company），规模比厦门的船厂更小些，但在80年代它也能修理数百吨的汽船，并曾建造小型拖船。这个修船厂大约在90年代之初便停业了。③

综合以上所述，我们可以看到英国资本在中国经营的船舶修造厂，历史很久，规模很大，资本很雄厚。到了甲午战争前夕，祥生船厂、耶松船厂和香港黄埔船坞公司是外国资本在中国经营的、雇佣中国工人最多的三大工业机构，三厂共雇有约8000工人。它们经营船舶修造业的主要目的是便利英国资本在中国发展并垄断航运业，而航运事业正是资本主义国家霸占世界市场，把它们的廉价工业品输出到殖民地附属国与经济落后国家，并从这些地方掠取原料的最重要的侵略工具。"在1894年，中英贸易占中国全部对外贸易的百分之六十五，而中国出入口货物的百分之

---

① 魏尔特：《二十世纪之香港、上海及中国其他商埠志》，第820、826—827页；马耶等：《中日商埠志》，第247、255页；《英国驻华各口岸领事商务报告》，1878—1880年，第4页；《海关贸易报告册》，1867年，第68、71页；同上书，1868年，第73页；《同治朝筹办夷务始末》卷六三，第77页；威廉：《中华商务指南》，第183页；《中国指南》，1864年香港版，第35页；《沈文肃公政书》卷四，第32页。

② 魏尔特：前引书，第827页。

③ 马耶等：《中日商埠志》，第286页；《英国驻华各口岸领事商务报告》，1869—1870年，第80页；《北华捷报》，1880年，下卷，第490页；同上书，1885年，下卷，第342、395页；《福建通志·福建船政志》，第17页。

八十五皆由英国船舶载运",① 由此亦可见英国资本当时在中国航运业中的势力,以及英国资本在中国经营船舶修造厂的意义了。19世纪英国资本所经营的这些船舶修造厂,数十年间垄断着中国的船舶修造业。它们挤垮了中国具有千余年传统的旧式造船业,压抑着中国民族资本经营的新式修船业,使它难以发展,并迫使它成为自己的附庸。清政府为了军事目的而兴办的各船厂、船坞,经营腐败,技术、机器与材料全部依靠外人,于是英国资本的这几个船舶修造厂无形中就成了清政府军用工业的重要靠山;清政府创办海军,更全部依靠外人,大型兵船的修理,小型炮艇的建造,大部分也都依靠英国资本的这几个船舶修造厂。在这两方面,英国资本主义侵略者与清封建政府多年携手"合作无间",李鸿章、左宗棠、曾国荃、刘铭传、张之洞等封建官僚们都是英商各船厂的第一流主顾和朋友。

二 外国资本在中国为便利掠夺原料、推销商品而经营的加工工业

19世纪资本主义各国对半殖民地中国的经济侵略,一方面是把大量的商品输出到中国,另方面从中国大量掠夺廉价原料与特产,通过这样的不等价交换,中国劳动人民所受的剥削是十分深重的。它们掠得原料与特产后,常常要进行一定程度的加工以便载运出口。因此,外国资本在中国经营的近代工业,比船舶修造业稍晚一些,就是这种为便利在中国掠取原料和特产而经营的各种加工工业,主要的有砖茶厂、缫丝厂、制糖厂、制革厂、轧

---

① 朗格:《帝国主义之外交》(W. L. Langer: The Diplomacy of Imperialism)卷上,第167页。

花厂以及打包厂等。

砖茶的制造与贩卖，在中国有悠久的历史。自宋以来，历代中国商人都经常把砖茶运售给蒙古和西藏，封建政府对此严格监督并课征重税。19 世纪初叶以来，汉口的砖茶即经山西商人之手由樊城陆路运到北通州，然后经张家口运售于蒙古，或再北运至恰克图，由俄国商人运售于西伯利亚、中亚细亚及俄国的广大地区。鸦片战争前后，砖茶已成为对俄贸易中最主要的出口商品。那时的砖茶都用中国旧式手工方法制造，便于陆路长途运输。汉口是当时砖茶制造与交易的中心。① 因此，俄国商人很早便注意中国的砖茶。

第二次鸦片战争后，汉口开为商埠，俄国商人便凭借他们新获得的贸易特权，直接来汉口贩茶，并建立砖茶制造厂。1863 年俄商首先成立了顺丰砖茶厂（S. W. Litvinoff & Co.），1866 年成立了新泰砖茶厂（Tokmakoff, Molotkoff & Co.），至 1868 年汉口一带已有 3 个俄商砖茶厂，雇佣中国工人从事制造。最初的这 3 个厂并不在汉口，而是设在汉口附近产茶地区——崇阳、羊楼峒和羊楼司。其制造仍系用手工方法，但据说其成本比中国旧式砖茶作坊较低，产品质量亦好。② 1872 年一个英国茶商见砖茶业有利可图，曾试图在汉口也建立一个砖茶厂，但不能与俄商竞争，不久即亏折停业了。③

1874 年，一个俄商砖茶厂首先从产茶区迁到汉口"英租

---

① 德庇时：《中国战时与战后》（J. F. Davis：China, during the War and since the Peace, 1852）卷二，第 93—98 页；马丁：《中国》（M. Martin：China, Political, Commercial, and Social, 1847）卷二，第 415—428 页。

② 《海关贸易报告册》，1865 年，第 40 页；同上书，1869 年，第 21 页；同上书，1871—1872 年，第 55 页；同上书，1876 年，上篇，第 64—65 页；魏尔特：《二十世纪之香港、上海及中国其他商埠志》，第 716 页。

③ 《海关贸易报告册》，1871—1872 年，第 56 页。

界"，建立了一个新式的使用蒸汽机的砖茶厂；此后3年间其他俄商亦在汉口陆续建厂。至1877年，汉口共有4个厂了，其中两个已开始用蒸汽机制造；翌年增至6个厂，3个使用蒸汽机制造。① 这些砖茶厂采用机器生产，因此降低了制造成本并节省了时间和劳动力：旧式"手工压机日产60筐（每筐约一担半），百分之二十五为废品，蒸汽压机日产80筐，废品只占百分之五；使用机器使每筐产品节省银一两，每日可节省银80两"。② 生产方法的改变，加重了对中国工人的剥削。至80年代，汉口诸厂已并为3个厂，手工制造已全为机器制造所代替，各厂不断改良设备，生产规模亦逐渐扩大。③ 至1893年，又有一新厂成立，4厂均有新式机器设备，"共有砖茶压机15架，茶饼压机7架，前者日产120筐，后者日产21筐"。④ 顺丰砖茶厂经常雇佣中国工人800人至900人，年产15万筐，在九江、福州设有分厂。阜昌砖茶厂（Molchanoff, Pechatnoff & Co.）经常雇佣中国工人1300人至2000人，在福州、九江、上海、天津等处也都设有分厂。其余两厂规模也近似。它们使用的原料主要是湖北、湖南、江西的末茶；自80年代以降，它们有时也输入些印度红茶掺和

---

① 《英国驻华各口岸领事商务报告》，1875年，第46页；《海关贸易报告册》，1876年，下篇，第20、22页；同上书，上篇，第64—65页；同上书，1877年，下篇，第14—15页；同上书，1878年，下篇，第42—44页；同上书，1879年，下篇，第269页；吉尔：《金沙江》（W. Gill: The River of Golden Sand, 1883），第47—48页。

② 《海关贸易报告册》，1878年，下篇，第43页；同上书，1879年，下篇，第269页。

③ 《海关贸易报告册》，1881年，《汉口》，第6页；同上书，1886年，下篇，第76页；《海关贸易十年报告》，第一辑，第172页；同上书，第二辑，上卷，第302页；《北华捷报》，1888年，下卷，第256页；同上书，1891年，上卷，第525页；《英国驻华各口岸领事商务报告》，1878—1880年，第19—20页。

④ 《海关贸易十年报告》，第二辑，上卷，第304页。

制造。①

因为俄商砖茶厂的建立，汉口更成为砖茶制造与出口的重要中心地，出口额1865年为14538担，1875年为110468担，1885年为181990担，1895年为354454担，制造与出口几乎全部被俄商所垄断。汉口砖茶的运输路线，自70年代以降，由海路输出的日益增多，但因蒙古与西伯利亚是主要销售市场之一，所以从张家口至恰克图的陆路运输线仍然占有相当重要的地位。②

19世纪后半叶，福建也是一个砖茶出口的重要地区。1872年俄商在福州开始设立砖茶制造厂，1875年福州及福建内地俄商已设立了五六个厂，1876年更发展到9个厂之多。这些厂大半设于内地产茶地区，有的还是手工制造，规模远比汉口诸厂小。③ 福建茶商为与俄商竞争，1875年曾建了3个小厂，但初萌芽的民族资本敌不住外国资本的压抑，翌年便有两厂停闭了。俄商建厂对福建人民制茶业的发展带来了很大的妨碍，因此时常引起当地人民的坚决反对，如建宁的两厂便被当地人民驱逐而不得不他迁。④ 再如1881年在西津的阜昌分厂（雇佣着200名中国工人），也因当地人民的反对而遭到焚毁。⑤ 福建人民的反对，使

---

① 魏尔特：《二十世纪之香港、上海及中国其他商埠志》，第694、712、716页；水野幸吉：《汉口》（1907年），第136页；日本外务省通商局：《清国事情》第四卷，第854页。

② 历年《海关贸易报告册》。

③ 《海关贸易报告册》，1875年，第198—199页；同上书，1876年，上篇，第64—65页；同上书，1876年，下篇，第78页；同上书，1879年，下篇，第269页；《英国驻华各口岸领事商务报告》，1873年，第39页；同上书，1877年，第58—59页。

④ 《海关贸易报告册》，1876年，下篇，第78页；同上书，1879年，下篇，第269页。

⑤ 《北华捷报》，1881年，下卷，第343、351、622页。按日本东亚同文会：《支那之工业》，第371页，及承袭此书的其他各书，均谓1861年，福建茶商即购置英国机器制造砖茶，此说无根据，且征诸历年《海关贸易报告册》，显系错误。

俄商在福州一带的活动不能像在汉口那样顺利（因汉口有"租界"做它们的保障）。加以自80年代以降，印度、日本茶在国际市场上排挤了中国茶，福建的茶业渐趋衰落，砖茶的制造与出口虽继续维持到甲午战争时，但嗣后便急速衰败。俄商各厂有时输入锡兰的茶叶掺和制造，但仍然无法挽救这衰败的局势。①

1872年以前，福州没有砖茶出口。自俄商在福州及福州附近产茶区设厂以后，出口始渐多：出口额在1872年仅727担，1875年为47000担，1879年已增至102000担了。②自1880年至1895年，福州砖茶出口大致每年有数万担，但情况远不及汉口的兴盛。甲午战争后五六年，出口缩减了三分之二。福建茶业的衰落使得俄商这些小规模的砖茶厂不久就陆续停业了。③

九江也是俄国资本活动的地区。1870年汉口的俄国茶商即派人到九江经营砖茶；1875年，新泰砖茶厂在九江正式建立了分厂，1882年，顺丰砖茶分厂也在九江设立。两厂雇佣"很多的中国工人从事制造"。④自此以后，九江砖茶的出口逐渐增加：1872年至1881年共出口86000担，1882年至1891年共出口259000担。但甲午战争后，情况与福州相似，出口额急速减少，于是九江俄商的砖茶制造业也和福州一样地衰败了。⑤

---

① 《海关贸易十年报告》第二辑，下卷，第99页。按80年代及90年代历年《海关贸易报告册》均报告福建茶业衰落情况。

② 《海关贸易报告册》，1879年，下篇，第164页。

③ 历年《海关贸易报告册》。

④ 魏尔特：《二十世纪之香港、上海及中国其他商埠志》，第716页；《英国驻华各口岸领事商务报告》，1875年，第61页；同上书，1882年，第四篇，第98页；《海关贸易报告册》，1870年，第31页；同上书，1875年，第112页；同上书，1879年，下篇，第61页；同上书，1884年，下篇，第109页；同上书，1889年，下篇，第119页。

⑤ 《海关贸易十年报告》第一辑，第201、203页；同上书，第二辑，上卷，第331页。

自 1863 年以来，俄国资本在中国设立的砖茶厂，是外国资本主义在中国为掠购特产而经营的加工工业的很显明的一例。90 年代之初。俄商经营砖茶制造业规模最大的时候，估计汉口、福州、九江三地在俄国资本剥削下的中国工人，至少不下 7000 人。由于对中国工人与农民多年的剥削，这些俄国资本家成为当时在中国第一等阔绰的外国商人，使同时期英、美在华商人对他们十分羡慕并嫉妒。这些俄国商人凭借雄厚的资本势力，使中国民族资本在砖茶制造业中始终未能抬起头来。

19 世纪资本主义各国到中国来大量掠购生丝，使中国生丝出口在出口总额中所占地位仅次于茶。19 世纪末叶，茶出口渐趋衰落，生丝出口则升到第一位，出口量逐渐增多：1870 年约 5 万担，1880 年为 8 万担，1892 年超过了 10 万担。主要出口地是上海与广州。中国旧式手工缫丝原是农村中重要家庭手工业之一，多年供应国内外广大市场的需要。其产品的主要缺点是条纹不均，不适宜机器织绸，常常需要重缫；而且损耗过多，色泽不净，废丝不能利用。因此，到中国来掠取原料的外国丝商很早便企图在中国使用机器来缫丝，以便运往欧美从事丝织。[①]

远在 1861 年，当时英国最大的丝出口商怡和洋行即委托英人美哲（J. Major）运入意大利式的机器，在上海建立了一个 100 架缫车的缫丝厂，名纺丝局（Silk Reeling Establishment）。[②] 但因厂址离内地产丝区较远，贮茧方法不善，以致茧季感到技工不足

---

① 历年《海关贸易报告册》；瑶林馆主（陈炽）：《续富国策》卷一，第 12 页；《北华捷报》，1872 年，上卷，第 417—418 页。

② 字林报馆：《上海今昔观》，第 10 页，说美哲这个缫丝厂设立于 1859 年；《上海总览》，1861 年，首次著录此厂，名纺丝局；《海关特种调查报告——丝》（1881 年），第 70 页，说这个厂成立于 1862 年。因为 1861 年以前数年的《上海总览》都未著录此厂，今从 1861 年《上海总览》。

而季后又不得不长期停工，加以上海丝业公所坚决反对，于是在经营上感到困难。① 1866 年另一家外国（大约是法国）丝商在上海也开设了一个缫丝厂，缫机仅 10 车，是试验性质。是年正遇到港、沪金融风潮，外国银行、商行纷纷倒闭，上海经济萧条，于是怡和洋行的丝厂遂从此歇业，而另一小丝厂开工只几个月便把机器拆卸运往日本去了。②

至 70 年代，广州的中国资本所开办的机器缫丝厂逐渐发达，获得了良好的成绩。1828 年美国在华最大的丝出口商旗昌洋行（Russell & Co.）在上海创立了一个规模较大的机器缫丝厂，叫旗昌丝厂（Kee Chong Silk Filature）。它最初用缫机 50 车，试验了两三年后即增加缫机至 200 车，由法国蚕丝专家卜鲁纳（Paul Brunat）任顾问，雇佣了数百名中国工人从事制造，营业日渐扩展。③ 同时期，另有外国丝商拟在杭州建立缫丝厂，但未成功。④ 1882 年，随着生丝出口的日趋增加，上海又有缫丝厂成立了。是年英国资本的公平丝厂（Iveson & Co.）在苏州河北建厂开车，共有缫机 200 车，雇佣了数百名中国工人，年产量约 300 担。几个月后，中国资本家黄佐卿创办的公和永丝厂也开车了，地址也在苏州河北，规模与公平丝厂差不

---

① 《海关特种调查报告——丝》（1881 年），第 70 页；《北华捷报》，1875 年，上卷，第 301 页；同上书，1882 年，上卷，第 63 页；麦仲华：《皇朝经世文新编》卷一三，第 28 页；《英国驻华各口岸领事商务报告》，1869 年，第 22 页；同上书，1872 年，下篇，第 145 页。

② 《海关特种调查报告——丝》（1881 年），第 70 页。

③ 同上；《海关贸易报告册》，1879 年，上篇，第 58 页；《北华捷报》，1879 年，下卷，第 290 页；字林报馆：《上海今昔观》，第 10 页；《美国外交文件》（Foreign Relations of the United States），1883 年，第 159—160 页；光绪五年八月初九日《申报》；日本东亚同文会：《支那之工业》，第 177 页。

④ 《海关特种调查报告——丝》（1881 年），第 112 页。

多。① 与此同时，旗昌丝厂亦大事扩充，设备增加了约一倍，雇佣中国女工550人，男工约五六百人，并增雇意大利技师与监工。② 同年怡和洋行也卷土重来，在上海新闸设立了怡和丝厂（Ewo Silk Filature），最初也有缫机200车，使用法国式的机器，并任用意大利人为工程师。③ 外国资本新设立的这几个丝厂，每个厂"都用中国蚕茧缫丝，雇佣着好几百名中国工人，主要是女工和童工"。④ 这时中国封建官僚们正以"官督商办"名义打算在棉纺织业中建立独占势力，因而试图对外国资本在华设厂稍加限制。因为这个缘故，从1881年起，总理衙门、南北洋大臣与各国间引起了繁杂的交涉；翌年两江总督左宗棠曾令上海道台对英、美资本的这些新建的丝厂以及其他工业进行干涉，但除开阻住了一个美商的纱厂和一个英商的织绸厂的开办外，对外商缫丝等厂没有发生任何效果。⑤

80年代的初期，上海缫丝业在经营上和技术上还存在不少困难。自80年代的末期以降，这些困难渐次解决，经营缫丝业获取的利润逐渐增加，厂丝出口也日益增多。于是，1891年英国资本又建立了纶昌丝厂，资本20万两，缫机188车，雇佣中

---

① 《北华捷报》，1882年，上卷，第63页；同上书，1902年，下卷，第131页；字林报馆：《上海今昔观》，第10页；缪钟秀：《上海丝厂业概况》，载《国际贸易导报》第一卷，第三号（按缪文所记错误较多）。

② 字林报馆：《上海今昔观》，第10页；《北华捷报》，1882年，上卷，第63页；同上书，1883年，下卷，第19页；同上书，1886年，下卷，第106页；同上书，1890年，下卷，第256—257页。

③ 《北华捷报》，1883年，下卷，第196页；魏尔特：《二十世纪之香港、上海及中国其他商埠志》，第573页。

④ 《英国驻华各口岸领事商务报告》，1882—1883年，第一篇，第18页。光绪八年十一月二十一日《申报》；《北华捷报》，1888年，下卷，第210页。

⑤ 《美国外交文件》，1881、1882、1883年；《北华捷报》，1882—1883年各卷；中国科学院经济研究所所藏档案。

国工人250人。1892年美国资本又设立了乾康丝厂，缫机280车，但不久即转售与华商。1893年，法国资本设立了信昌丝厂，资本53万两，有缫机530车，雇佣中国工人约1000人。1894年德国资本也设立了瑞纶丝厂，资本48万两，有缫机480车，雇佣中国工人约1000余人。① 旧日的旗昌丝厂发展得规模最大，1891年因旗昌洋行总行倒闭，旗昌丝厂改归卜鲁纳经营后，已具有缫机近1000车，改名为宝昌丝厂（Shanghai Silk Filature, Ltd.）。公平丝厂则因更易股东，未得发展。② 怡和丝厂营业始终很兴盛，它在1888年又设立了一个大的废丝清理厂，名怡和丝头厂（Ewo Silk Spinning, Weaving, and Dyeing Co.）。嗣后怡和丝厂历年扩充设备，规模日大，至19世纪之末，资本增至50万两，有缫机500车，雇佣中国工人（大半为女工）1100人，年产量达750担，为外国资本各丝厂中根基最巩固的了。③ 同时期上海中国资本家也继公和永丝厂之后建立了四五个丝厂，但大半资本较少，规模较小，远不敌外商丝厂势力的雄厚。

  1877年一个德国洋行Crasemann & Hagen在烟台设立了一个缫丝厂——烟台缫丝局，使用手摇机，并有手工织绸机200架，织造茧绸。1882年，中国资本家与德商合股组织了一个公司

---

  ① 日本东亚同文会：《江南事情经济篇》，第150—152页；魏尔特：《二十世纪之香港、上海及中国其他商埠志》，第573页；麦仲华：《皇朝经世文新编》卷一三，第28页；藤户计太：《扬子江》（1901年），第38—39页。按此4厂车数与工人人数皆系20世纪最初几年的记录，前此数年各厂初开设时可能少些。

  ② 《北华捷报》，1890年，下卷，第256—257页；同上书，1891年，下卷，第727页；同上书，1893年，下卷，第525页；字林报馆：《上海今昔观》，第10页。

  ③ 字林报馆：《上海今昔观》，第10页；日本东亚同文会：《江南事情经济篇》，第151页；魏尔特：《二十世纪之香港、上海及中国其他商埠志》，第573页；日本华北综合研究所：《怡和洋行天津支店调查报告书》，第26页；《北华捷报》，1894年，上卷，第62页。按上海丝厂增多使厂丝出口日增，1892年厂丝出口仅1000担，至1895年已增至6276担（《海关贸易报告册》，1895年，第202页）。

（其中大部分是华股，只有少量德股），接办了此厂；但经营不善，负债累累，至1885年即准备歇业。翌年东海关道盛宣怀以3万元购买了此厂，另组织了一个公司来经理，并于1892年开始使用蒸汽机缫丝，产量每日达70斤。但因经营腐败，原料也时感缺乏，营业情况远不及上海诸丝厂。①

甲午战争前中国机器缫丝业的发展主要在广州与上海两地，20余年间逐渐兴盛起来。广州的缫丝业全部为中国民族资本所创设。这时中国民族资本近代工业方在初生时期，资本积累有限，因此广州各丝厂资本都很薄弱，规模也小；厂数至甲午战争前夕虽已达五六十家，但只有一部分使用蒸汽机，此外似仍用手摇机。②上海的缫丝业，主要势力则掌握在外国资本之手，各厂规模较大，资本雄厚。中国民族资本虽也创设了五六个厂，但资本与规模均敌不过外商丝厂，前者在后者的竞争与压抑下，营业常感到很大的困难，基础颇不稳固。此时中国资本家中便有一部分走上买办的道路，甘心依附外国资本，放弃独立经营的企业，而投入外商丝厂做股东。③估计甲午战争前夕，在上海外商丝厂残酷剥削下的中国工人应不下五六千人，其中大半是女工，他们的工资极低，每日仅1角6分，劳动日却长达11小时以上，劳

---

① 《海关贸易报告册》，1879—1889年各册；《海关特种调查报告——丝》，第25、27页；《海关贸易十年报告》，第一辑，第41、75页；同上书，第二辑，第46、80—81页；《北华捷报》，1885年，下卷，第395页；《李文忠公全集》，海军函稿卷三，第2页。《英国驻华各口岸领事商务报告》，1877年，第39页；同上书，1884年，第一篇，第297页；徐润：《徐愚斋自叙年谱》，第73页；光绪九年六月二十二日《申报》。

② 《南海县志》卷二一、卷二六；《北华捷报》，1874年，上卷，第526页；《海关贸易十年报告》第一辑，第554、576—577页；同上书，第二辑，下卷，第176—177、264页；徐赓陛：《不慊斋漫存》卷六。

③ 《美国外交文件》，1883年，第132页；《北华捷报》，1881年，上卷，第498页；同上书，1882年，下卷，第433页；同上书，1883年，上卷，第115页。

动安全毫无保障。①大封建官僚李鸿章对这种情形又羡慕又赞赏,他说:"鸿章曩在上海亲见旗昌、怡和各洋行皆设有机器缫丝局,募千百华人妇女于其中,工贱而丝极美!"因此他也曾想发动封建官府"招商集股"办一两个丝厂,②但没有成功。

外国资本在中国经营的缫丝厂,是外国资本主义在中国为掠购原料而经营的加工工业的又一显明的实例。

为掠购原料而经营的加工工业的另一种是制糖业。广东、福建、台湾是中国东南沿海产糖的地区,出产的蔗糖,自19世纪初期以来即大量供给华北及长江下游各省,南方远及南洋。汕头是这地区的制糖业的中心,制造技术仍限于旧式手工榨浆的方法,产品质量较低,损耗较大。③在60年代,香港英商即曾设立机器制糖厂,掠购福建、广东、台湾的甘蔗与粗糖进行精制。④60年代末,欧美各国渐感制糖原料缺乏,便陆续到南洋和华南一带来廉价搜购甘蔗和粗糖,于是福建、广东、台湾的糖在世界市场上渐趋重要,出口日增。1869年即有英商曾企图在汕头设立一机器制糖厂,但未能实现。⑤70年代以来,欧洲产糖益少而需要激增,英、美商人到中国来掠购蔗糖的更多了,中国蔗糖出口因而陡增。⑥为把掠购所得的蔗糖原

---

① 麦仲华:《皇朝经世文新编》卷一三,第28页;《北华捷报》,1886年,下卷,第106—107页;同上书,1893年,下卷,第822页。
② 《李文忠公全集》,海军函稿卷三,第2—3页。
③ 《海关贸易报告册》,1868年,第89—90页;同上书,1869年,第87—88页。
④ 艾德:《香港史》,第491页;《海关贸易报告册》,1870年,第129页;《英国驻华各口岸领事商务报告》,1872年,第一篇,第16页。
⑤ 《海关贸易报告册》,1869年,第88页。
⑥ 《海关贸易报告册》,1876年,上篇,第32页:"1876年中国糖的出口量,较1867至1870年的平均年出口量大8倍。"

料加工出口，英国资本便企图在香港及华南一带设立机器制糖厂。

1875年英商怡和洋行即在香港设立了一个规模很大的制糖厂，叫中华火车糖局（China Sugar Refining Co.，1878年改组为股份有限公司），资本90万元，1887年复增资至150万元。它自福建、广东、台湾大量搜购蔗糖原料，或已制的粗糖再加工精制。继怡和洋行之后，英商太古洋行（Butterfield and Swire）亦以20万英镑的资本于1883年在香港建立了规模更大的太古糖房（Taikoo Sugar Refining Co.，Ltd.）。[1] 怡和洋行感到香港距离产蔗地区太远，1877年即在汕头购买土地，建筑厂房，筹设分厂。这分厂于1880年7月安装完毕，正式开工，营业很兴盛；厂中有英籍职员6人，雇佣中国工人约100人。此厂只制粗糖，出品全部运往香港加工精制。[2] 次年自汕头输出至香港、新加坡、英国、美国的蔗糖共29万担，而其中经怡和糖厂运往香港的即有9万担。此厂每日产量最初约四百担；因为赢利丰厚，所以1883年即扩充规模约一倍。[3] 80年代的前半，汕头怡和糖厂营业始终兴盛，但自1886年下半年起，因香港各糖厂已能以更低的价格自南洋各殖民地地区掠取砂糖原料，又因欧美精糖生产已渐趋增多，世界砂糖市场情况起了变化，汕头怡和糖厂遂被迫停工。从此以后，此厂多年即未再开工；对这停工的空厂，汕头外商管它

---

[1]《海关贸易报告册》，1876年，下篇，第176页；《北华捷报》，1875年，下卷，第84页；同上书，1881年，下卷，第625页；同上书，1882年，上卷，第181、319页；同上书，1883年，上卷，第521页；同上书，1887年，上卷，第312页；魏尔特：《二十世纪之香港、上海及中国其他商埠志》，第235页。

[2]《海关贸易报告册》，1877年，下篇，第193页；同上书，1880年，下篇，第245页；《英国驻华各口岸领事商务报告》，1882年，第四差，第112页。

[3]《海关贸易报告册》，1881年，第9页。上注引《英国驻华各口岸领事商务报告》，载1880年每日产量为25吨，1883年春增至50吨。

叫做"白象"。①

在70年代及80年代外国商人群起到华南掠购甘蔗和粗糖的时候，英、美商人也曾企图在台南和厦门开设机器制糖厂，但因当地人民的反对，都未能实现。②香港的糖厂则在远东的制糖业中始终占着很重要的地位，经常从华南和南洋掠取原料，制成精糖再销售于中国及南洋。香港无形中成了中国消费的砂糖的大作坊。③

以上所述70年代至90年代蔗糖的贸易与制造情况，正典型地表现出中国市场已完全被卷入世界商品市场，半殖民地中国已成为资本主义各国的原料供给地，并完全被置于外国资本主义的经济控制之下，而丧失了生产的独立性。自从英国资本在香港建立了制糖业的中心后数十年间，它一直阻碍着中国民族资本在制糖业方面应有的发展。

外国资本在中国搜刮原料进行加工的另一种工业是制革业。自70年代后半期起，资本主义各国在中国掠购牛皮日益增多，1871年中国牛皮出口仅300担，至1884年已增至88000担，1893年增至95000担。这时期外国商人在中国各口岸都进行搜购牛皮。④为便利掠取此种原料加工出口，上海一些英商于1878年即已酝酿投资于硝皮工业；至1881年秋天终于成立了

---

① 《海关贸易报告册》，1882—1889年各册；魏尔特：《二十世纪之香港、上海及中国其他商埠志》，第830页；《英国驻华各口岸领事商务报告》，1883年，第二篇，第143页；同上书，1884年，第一篇，第45页。

② 《海关贸易报告册》，1876年，下篇，第102页；同上书，1877年，下篇，第165、185页；同上书，1880年，下篇，第203页；《北华捷报》，1886年，下卷，第80页；光绪十二年六月二十一日《申报》。

③ 雷麦：《中国对外贸易》（C. F. Remer: The Foreign Trade of China），第50—51页。

④ 历年《海关贸易报告册》。自汉口出口最多。

上海熟皮公司（Shanghai Tannery Company），实缴资本为112500两。翌年初在浦东建筑起一个规模相当大的硝皮工厂，附有大型仓库，雇佣着很多的中国工人从事制造。生产量每月约500担，产品绝大部分装船运往伦敦，一小部分留在上海就地销售。公司的主要出资者是英国在华大进出口商仁记洋行（Gibb, Livingstone & Co.），但股东中有不少中国资本家。① 然而是年8月浦东新建的工厂遭遇大火，全部设备毁于一炬，② 生产遂完全停顿。不久，德商禅臣洋行（Siemssen & Co.）曾一度打算收买残厂接办，但招股未能足额，这公司遂于1883年正式宣告解散。③

为掠取原料加工出口的工业的又一例是轧花厂。

19世纪后半叶，英、美资本主义国家年年把棉纺织品输入中国，日益严重地破坏着中国农村家庭手工业与城市小手工业，使大批农民与手工业者沦于破产和贫困的境地，而英、美资本家却赢得高额利润。他们欣喜之余，望着半殖民地中国这片广大市场，自然企图进一步在此投资，好廉价购买中国的原料与劳动力，就地经营棉纺织业。远在1865年，英商义昌洋行的老板施盖格（C. J. Skeggs）即曾企图在上海设立纺纱厂，1875年，在印度经营纱厂大发横财的另一英国资本家也曾到上海"视察"，同样企图建厂，但因条件尚不具备，都未能实现。1877年，施盖格再度努力，谋在上海就地以"中英合股"的方法集资20万两，创办一所兼营纺纱织布的工厂；这计划将近成熟的时候，上

---

① 《北华捷报》，1878年，下卷，第541页；同上书，1882年，上卷，第599—600页；同上书，下卷，第293页；《美国外交文件》，1883年，第132页。

② 《北华捷报》，1882年，下卷，第138—139、402页。

③ 同上书，1883年，下卷，第76—77页；同上书，1888年，上卷，第439、576页。

海布业公所坚决表示反对,因此又未能如愿。[1] 1878年秋,上海几个中国资本家戴恒、郑观应等筹备创办上海机器织布局,[2] 不久这织布局就全为李鸿章所控制,并于1882年春由李鸿章奏准10年专利,10年以内只准华商附股搭办,不准另行设局与之竞争,[3] 以保障他这一小集团的独占的利益。就在这年,一个久在上海经营进出口的美商丰泰洋行(Frazer & Co.)的老板魏特摩(W. S. Wetmore),已在上海集资30万两(其中一部分是中国资本)准备开设一个纱厂,两江总督左宗棠坚持不许,为此曾引起了复杂的交涉。交涉纠缠了一年多,魏特摩的纱厂终于未能成立。[4] 李鸿章、左宗棠等虽一时阻住了美商的建厂企图,但资本主义各国侵略者是不肯罢休的。在魏特摩事件以后10年间,外国资本曾不断地试探在中国开设纱厂。[5] 至1894年,怡和洋行便不顾中国的禁令,坚欲运纺纱机器入口,为此又引起了繁杂的交涉。翌年交涉尚未完结,马关条约即被迫签订,外人从此遂"根据条约"获得在华自由设厂的权利,外商纱厂便纷纷在中国

---

[1] 《北华捷报》,1875年,上卷,第60页;同上书,1879年,上卷,第267页;《英国驻华各口岸领事商务报告》,1877—1878年,第17—18页;光绪元年二月十五日及光绪五年二月二十七、二十九日,三月二十一、二十三日《申报》。

[2] 上海机器织布局系于1878年创议,1879年组成,见《北华捷报》1879年,上卷,第168—171页;光绪六年十月十六日《申报》;《刘忠诚公遗集》,书牍卷七,第65页;《曾忠襄公奏议》卷三一,第12—15页。郑观应在此以前,曾做过太古洋行买办,见郑观应:《盛世危言》卷三,《商船》下篇;《北华捷报》,1882年,下卷,第454页。

[3] 郑观应:《盛世危言》卷三,《纺织篇》;《李文忠公全集》,奏稿卷四三,第43—44页;《英国驻华各口岸领事商务报告》,1881年,第二篇,第144—145页。

[4] 《美国外交文件》,1883年,第129—208页;中国科学院经济研究所所藏档案;《李文忠公全集》,朋僚函稿卷二〇;《左文襄公全集》,书牍卷二六;《英国驻华各口岸领事商务报告》,1882—1883年,第一篇,第21页。

[5] 历年《北华捷报》。

建立起来了。①

外国资本在甲午战争前虽然未能达到在中国开设纱厂的目的，但它却不顾中国的反对，在上海强行开设了轧花厂。自80年代以来，日本应其本国棉纺织业的需要，从中国大量掠买棉花。为便利掠买中国原料加工出口，日本的大坂纺绩会社于1888年即筹划在上海建立一个轧花厂。但是根据规定，轧花也包括在上海机器织布局的专利范围以内，为打破这种专利，它便勾结在上海有势力的外国资本家们一起出头。它找的是与李鸿章素有交谊的祥生船厂的经理格兰特（T. V. Grant）。格兰特只知会了清政府一声，也不管清政府是否同意，即在浦东购地建厂。② 李鸿章于是年8月初为此曾下命令禁阻，总理衙门亦三次照会英国驻华公使抗议，并望此厂停办，③ 但英、日等资本家全不理会，继续进行，终于翌年正式开工。这个上海机器轧花局（Shanghai Cotton Cleaning & Working Co.）资本仅75000两，但为壮声势，英、日、美、德4国商人纠合起来共同出资，由日本三井物产会社负责经营。它的规模不大，只有轧花机32部，产量每日约90担。甲午战争后，上海大规模的外资纱厂纷纷设立起来，上海机器轧花局遂于1902年歇业。④ 在1893年，日本拟把轧花机大量运入上海，李鸿章又企图命海关阻止其进口，为此

---

① 《李文忠公全集》，电稿卷一五；《张文襄公全集》，卷一四二至卷一四四；中国科学院经济研究所所藏抄本《张之洞电稿》。

② 中国科学院经济研究所所藏档案；《北华捷报》，1888年，下卷，第225页；同上书，1890年，上卷，第71页。

③ 1888年8月6日《天津时报》；《北华捷报》，1888年，下卷，第139—140页；光绪十五年十月十五日《申报》。

④ 日本东亚研究所：《日本对支投资》，第4页；《海关贸易十年报告》，第一辑，第340页。

与外国公使团又引起了繁杂的交涉。① 但这交涉还未结束，马关条约就被迫签订了，外国资本为建厂而带来的机器便大量运进中国各口岸了。

甲午战争前日本在中国经营轧花厂，只是日后外国资本大规模在华投资于棉纺织业的滥觞；但是，它在当时正反映出中、日两国的经济关系。自80年代以来，日本棉纺织业兴起很快，但缺乏原棉，美国棉花价格又高，它便到中国来大量廉价掠买棉花。因此自1888年起，中国棉花出口陡增：1887年出口仅69000担，翌年即增至20万担，1892年为50万担，1895年将近90万担。②出口地主要是上海。"日本大量购买中国原棉是使中国手工纺纱不复存在的主要原因之一。"③ 手工纺纱既全被资本主义国家所破坏，中国便益发成为它们的棉纱棉布的销售市场。棉纱入口增加尤快：1887年为59万担，翌年为68万担，1892年为130万担，1896年达到160万担；它主要来自英国、美国、印度与日本，而日本纱入口年年有很大的增加。④ 这种情况显著地说明半殖民地中国已完全成为资本主义国家的商品市场与原料供给地，同时也说明了何以日本资本家急于要在中国经营轧花厂了。

综合以上所述，我们可以看到自19世纪60年代以降，外国资本为便利在中国掠夺原料与特产——茶、丝、蔗糖、牛皮、棉花——而经营的加工工业，已陆续建立了不少。此外，与此同一性质的，还有其他的工业。1872年，德国资本曾在烟台设立了一

---

① 中国科学院经济研究所所藏档案；《李文忠公全集》，电稿卷一四、一五；李作栋：《新辑时务汇通》卷五二，第3—4页；薛福成：《出使日记续刻》，卷一，第9页。

② 历年《海关贸易报告册》。

③ 雷麦：《中国对外贸易》，第87页。

④ 历年《海关贸易报告册》。

个蛋粉厂，在山东农村搜购鸡鸭卵试制蛋粉出口。此厂规模较小，属于试验性质，制造方法则严守秘密。① 这个厂在烟台大约存在不久，即行停闭；但它是日后外国资本大规模地在汉口、芜湖等地设立蛋粉厂的先声。1877 年，英商在台湾南部建立了一个樟脑压制厂，② 1888 年，美商旗昌洋行在台北建立了一个机器焙茶厂，③ 都是为了掠取台湾的原料与特产加工出口的，两厂规模都较小。天津是外国资本在华北掠取驼毛、羊毛的主要口岸，外商为将这些原料初步加工，也"自设机器，将货制妥，运往外洋"。④ 在上海，外国资本搜购禽毛，也雇佣着很多的女工拣选刷洗然后出口，但这种加工工作只使用少量机器，而大部分是手工操作。⑤

与出口贸易有密切联系的工业还有打包厂。多年在中国从事掠夺原料与特产的大的外国洋行，如怡和、宝顺、旗昌、瑞记、仁记，泰来等行，多半附设有打包厂，雇佣相当数目的中国工人。此外，也有专从事包装业的，如 1870 年成立的英商平和洋行 (Birt & Co.) 和更早些的英商隆茂洋行 (Mackenzie & Co.)，都在上海设立了较大的打包工厂，使用水力压机，并在汉口、天津等地设有分厂。1887 年德商在天津设立的德隆打包厂，规模也不小。⑥ 打包工业对于外国资本在中国掠夺原料与特产给予很大的便利，"打包工厂推动了皮革、羽毛、猪鬃、毛皮和棉花等货物的贸

---

① 《海关贸易报告册》，1871—1872 年，第 51 页。
② 《海关贸易报告册》，1877 年，下篇，第 165 页；《英国驻华各口岸领事商务报告》，1877 年，第 145 页。所指英商大约是怡和洋行。
③ 《美国外交文件》，1888 年，第 329 页。
④ 《海关贸易报告册》，1891 年，中文版，第 43 页；《北华捷报》，1887 年，下卷，第 98 页。
⑤ 《北华捷报》，1893 年，下卷，第 822 页；《李文忠公全集》，电稿卷一五，第 24 页。
⑥ 日本东亚研究所：《诸外国对支投资》，中卷，第 66、101 页；《上海公共租界工部局年报》(Annual Report of the Shanghai Municipal Council)，1880 年，第 50 页。

易,因为它能使包装完善,载运便利,使货物出口减少损害",①给外国商行保证了利润。

为便利外国商品入口推销而经营的工业较少,因为绝大部分商品在其本国都已制成便于直接销售或消费的形式。但间或也有入口后需要进行某种加工或包装的,例如煤油。自80年代以降,煤油的入口急速增加。1885年英商怡和洋行即曾企图在上海老宁波码头建立火油池,未能如愿。② 1893年,德商瑞记洋行(Arnhold, Karberg & Co.)未得中国官方许可即在上海浦东购地兴建火油池。当地中国居民坚决反对,会禀请地方政府要求禁阻。大约因为这种事业并不像纱厂那样妨害到中国官僚集团的垄断利益,所以清政府并没有积极干涉。上海道台聂缉椝也曾去查勘了一番,但他报告刘坤一、李鸿章说:"该栈外筑围墙,内设圆桶三,其高约三丈有奇,围圆二十丈有奇,悉用钢板制成……一切做法均尚周密坚固。"③ 这样就不顾人民的反对,向外国资本家屈服了。这上海火油池规模很大,附设有大型的工厂制造铅铁煤油箱。此厂在1894年建造完工,开始营业后,经常雇佣中国工人约600人。④ 上海以外,1894年英美煤油商在厦门和汕头也开始建筑了类似的火油池,皆附设有制造煤油箱的小型工厂。⑤

---

① 《海关贸易十年报告》,第一辑,第322—323页。
② 《北华捷报》,1885年,下卷,第297—298页。
③ 《上海研究资料》,第313页。
④ 同上书,第312—314页;《北华捷报》,1893年,上卷,第863页;同上书,下卷,第192页;同上书,1894年,上卷,第76、429、432、464、487、503页;《刘忠诚公遗集》,奏疏卷二二,第1—3页;《李文忠公全集》,电稿卷一五。
⑤ 《海关贸易报告册》,1894年,第403、430页;爱兰与丹尼桑:《远东经济发展中的外国企业》,第100页。

为入口商品加工的工业中，最可注意的莫过于1870年英商在厦门开设的一个鸦片制造厂，它的业务是"把生鸦片制成烟膏"。① 厦门的这个"工业"并不特殊，更大的鸦片制造厂开设于香港。② 19世纪以来，英、美商人把大量鸦片倾入中国，使鸦片在入口商品总值中长期占着第一位。③ 这种毒化政策使广大中国人民迅速沦于破产和贫困，严重地损害了健康，而侵略者则尚不以贩卖偷运为满足，竟进一步在中国国土上建厂制造以便利推销。厦门、香港的鸦片制造厂的设立，最具体地说明了侵略者的恶毒政策。

以上所述外国资本为便利在中国掠夺原料、推销商品而经营的各种加工工业，是19世纪后半叶外国资本在中国经营的近代工业的最重要部分。他们在这方面所投资本最多，雇佣中国工人的人数也最多。这些工业已经是外国资本在半殖民地中国重要的直接工业投资。然而，这种工业投资的性质还不同于甲午战争以后帝国主义时代那样以向中国输出"剩余"资本为主要目的的工业投资。经营这类工业的目的在便利廉价掠取原料与特产，大量推销商品，它主要还是外国资本主义对中国进行掠夺性贸易的从属物。这种情况，和上节所述船舶修造业类似，表现着那时外国资本主义对中国尚以商品输出及掠取原料为主要经济侵略形式的时代特征。这特征，到了甲午战争后，随着帝国主义的发展和帝国主义各国向中国大量输出"剩余"资本而发生了本质上的变化。

---

① 《海关贸易报告册》，1870年，第102页。
② 魏尔特：《二十世纪之香港、上海及中国其他商埠志》，第235页。
③ 历年《海关贸易报告册》。

三 外国资本在中国为廉价购买原料与劳动力就近生产商品销售于中国市场而经营的各种轻工业

除了以上所述规模较大的船舶修造业和便于进行掠夺性的进出口贸易的各种加工工业以外，外国资本在19世纪后半叶在上海等商埠还建立了一些其他小规模的轻工业。从时间上讲，这些工业出现得很早，在40年代及50年代便已开始，但较重要的则大都成立于80年代及90年代。从性质上讲，这些工业和上两节所述的船舶修造业及便利进出口的加工工业已不相同。它们是外国资本在中国境内掠取廉价的原料，购买中国的廉价的劳动力，从事工业制造，所生产的商品则专为销售于中国市场。其中有一些主要是为了外国在华商人侨民、中国买办与部分封建统治者的需要而经营的，如饮食、酿酒、制药、制冰、印刷、家具、砖瓦木材等厂；又有些是为了销售于广大的中国市场的，它既剥削中国工人，又剥削广大的中国人民，如火柴、肥皂、玻璃、造纸、卷烟、铁器等厂。这些工业已不是从属于外国资本对中国进行的掠夺性的进出口贸易，而是独立的工业投资。甲午战争前，外国资本在这些工业中投资的数量还不大，但它标志着外国资本主义向半殖民地中国输出资本从事独立的工业投资的活动已开始萌芽，标志着世界资本主义已向其最高阶段——帝国主义逐渐发展转化。

19世纪50年代至70年代，外国资本首先在外商聚集的中心地上海陆续创办了一些饮食工业和化学工业。1855年，英商埃凡（H. Evans）在上海开设了埃凡馒头店，制造面包、糖果、汽水，并从事酿酒，很快地便"发了财"。① 不久，又有英商建立了一个机器面粉厂，叫得利火轮磨坊（Shanghai Steam Flour Mill），和两个小型的汽水制造厂——末士法汽水公司（Farr, Brothers & Co.）与卑利远也荷兰水公司（H. Peel & Co.）。② 这几个厂店规模都很小，供给上海"租界"里最早的一些外国商人的需要。1864年，规模稍大的英商正广和洋行（Caldbeck, Macgregor & Co.）成立，主要从事制酒及各种饮料。③ 化学工业中最早的是制药业。英商老德记药房（J. Llewellyn & Co.）于1853年即在上海成立，售药并制药。嗣后德商的科发药房（Voelkel & Schroeder，1866年成立）及其他一两家小药房也接踵而兴。④ 这些药房最初仅从事药品、化妆品及其他化学品的制造，后来也兼营用机器制造汽水及其他饮料。老德记药房起初规模并不大，但因历年赢利丰厚，至1889年业已发展成为一个拥有12万元资本的股份公司，并设有专门制造汽水与饮料的工厂，在天津、汉口、芜湖各地都设有分店；1890年它的"纯利"已达15000余元。⑤ 外商为了谋利，招摇撞骗无所不为，制卖假药

---

① 《上海总览》，1858年；字林报馆：《上海今昔观》，第12页；《北华捷报》，1890年，下卷，第271页；李作栋：《新辑时务汇通》卷三七，第13—14页。

② 《上海总览》，1863年；《中国指南》，1864年香港版。按有些书如龚骏：《中国新工业发展史大纲》讲，1886年德商在上海曾设立正裕面粉厂，没有可靠的根据；又有些书如杨大金：《现代中国实业志》、安原美佐雄：《支那之工业与原料》等讲，1896年英商（一说德商）在上海设立的增裕面粉厂是中国最早的面粉厂，也不正确。外国资本在上海设立面粉厂以得利火轮磨坊为最早，设立于1862或1863年。

③ 日本东亚研究所：《诸外国对支投资》中卷，第52页。

④ 日本东亚研究所：《诸外国对支投资》中卷，第42、85页；《北华捷报》各卷；《上海研究资料续集》，第699页。

⑤ 《北华捷报》，1888年，下卷，第239页；同上书，1890年，上卷，第505页；同上书，1891年，上卷，第523页。

是这些外国药房的惯技。连外国报馆的记者都不得不承认："港、沪诸药房在中国生意兴隆，假药颇投华人脾味……百分之数百的厚利不能不使人垂涎三尺。"①

在上海早期化学工业方面最特殊的是坐落在苏州河岸的江苏药水厂（原名 Major's Acid Works，后改名为 Kiangsu Chemical Works），亦成立于60年代。此厂初为英商李德（Little）所创设，不久由英商美查（E. Major）接手承办。它的主要业务是用化学方法提炼并熔铸金银。当时中国币制混乱，银两成色不齐，假银元也随处皆是。在这种情况下，美查的这个行业浑水摸鱼，获得了大利。至1879年它扩充并建起了宽大的厂房，经常为上海各外国银行熔铸金银，无形中成了外国银行公共的"银炉"；至于制造各种酸碱，反成了它的副业。至20世纪之初，它经常雇佣中国工人约250人。② 在70年代，汉口也有英商经营的一个与此类似的工厂，但数年后即因"原料缺乏"而停业。③

外国资本在上海经营印刷业，开始得比饮食工业还要早。第一家印刷厂是英国传教士麦都思（W. H. Medhurst）在1843年所创设的墨海书馆（London Missionary Society Press），以铅字印刷中、英文传教用的书籍。④ 50年代，大约是葡萄牙人创办的望益

---

① 《北华捷报》，1883年，上卷，第460页。
② 字林报馆：《上海今昔观》，第11—12页；魏尔特：《二十世纪之香港、上海及中国其他商埠志》，第578、584页；《北华捷报》，1884年，上卷，第237—238页；同上书，1891—1895年各卷所载美查兄弟有限公司历年营业报告及股东年会报告；葛元煦：《沪游杂记》卷二，第3页。
③ 《英国驻华各口岸领事商务报告》，1875年，第46页；同上书，1878—1880年，第29页。
④ 《上海研究资料》，第24、680—682页；张静庐：《中国近代出版史料初编》，第258页。

纸馆（J. H. Carvalho）也在上海开业了。① 1845 年在宁波开始从事印刷业的美华书馆（Mei Hwa Printing Office，美国长老会所设），10 余年后亦迁至上海。接着，其他传教士们设立的印刷机构如清心书馆等也都陆续成立。② 英商奚安门（H. Shearman）创办的《北华捷报》周刊（North China Herald）于 1850 年起开始印行，最初只使用手摇印刷机。10 年后此报由字林洋行（Pickwoad & Co.）接办，并于 1864 年起发行《字林报》；1882 年又发行中文版的《字林沪报》，印刷规模逐渐扩大，拥有设备完善的印刷工厂。③ 自 50 年代以降，上海外国商人、教士出版的报纸、期刊种类很多，或用外文，或用中文，大半出版一个时期即行停闭，也有出版年月延续很久的，可惜其印刷情形无从详考。④ 1872 年发刊的《申报》是江苏药水厂的老板英商美查所创办的，为上海重要的中文报纸。最初《申报》印刷全用手摇机，至 1891 年才开始使用煤气机。申报馆除了印售《申报》以外，还兼营规模较大的印书事业。⑤ 在申报馆使用机器以前，上海新闻业中最早使用煤气机的是 1879 年发刊的英文《文汇报》（Shanghai Mercury）。⑥ 19 世纪上海中文报纸期刊，较早的有用

---

① 《上海总览》，1857—1863 年。
② 张静庐：《中国近代出版史料初编》，第 259—260、355 页；《上海研究资料续集》，第 324 页。
③ 戈公振：《中国报学史》第三章；胡道静：《上海的日报》（《上海通志馆期刊》第二年）；《北华捷报》各卷；《上海研究资料》，第 423—424 页。
④ 胡道静：《上海的日报》、《上海新闻事业之史的发展》、《上海的定期刊物》（《上海通志馆期刊》第一年、第二年）；《上海研究资料》，第 379—397、413—424 页；《上海研究资料续集》，第 304—340 页；戈公振：《中国报学史》第三章。
⑤ 胡道静：《上海的日报》（《上海通志馆期刊》第二年）；张静庐：《中国近代出版史料初编》，第 268 页；戈公振：《中国报学史》，第 78—79 页；丁韪良：《中西闻见录》第 17 号；《北华捷报》，1891 年，上卷，第 66 页。
⑥ 胡道静：《上海的日报》；《上海研究资料》，第 383 页。

旧式木板镌刻印刷的，稍后则皆用铅印、石印。中法战争后，李鸿章的亲信德璀琳（G. Detring）在天津创办的《时报》是机器印刷业中规模较大的企业。① 上海、天津以外，厦门、福州、汉口等地也都有外国资本经营的地方报纸，它们的印刷情形与规模则不得其详了。

英商别发洋行（Kelly & Walsh, Ltd. 1870 年成立）是 19 世纪外商在上海专门从事西文书籍出版业的唯一的洋行，它也兼营纸张文具的制造。② 70 年代，徐家汇天主堂的土山湾印书馆首先使用石印方法印书；继则申报馆和江苏药水厂的老板美查于 1876 年创立了点石斋石印局（Tien Shih Chai, Photo‐Lithographic Publishing Works），翻印中国旧版书并石印各种书籍，获利极厚。它使用蒸汽机，雇佣工人至 200 人。一两年后，中国资本家也仿效着成立了同文书局等数个书局，用石印从事印刷。③ 点石斋影印古书，有时找不到好版本，便指使买办到江、浙藏书家家里去偷窃元、明版书。④

外国资本在中国经营印刷出版业，主要目的在进行文化侵略，使中国封建统治者和知识分子对欧美侵略者逐渐产生崇拜、依赖和恐惧的思想。它达到了这个目的。此外，这些报刊

---

① 《北华捷报》，1886 年，下卷，第 613 页；同上书，1890 年，下卷，第 147 页；戈公振：《中国报学史》，第 79 页。按《时报》停刊后，1894 年英人在天津创办《京津泰晤士报》（Peking and Tientsin Times）。

② 日本东亚研究所：《诸外国对支投资》中卷，第 48 页；《北华捷报》各卷。据《上海总览》，1863 年，Walsh 于是年已在上海经营印刷业。

③ 张静庐：《中国近代出版史料二编》，第 356—357 页；张静庐：《中国近代出版史料初编》，第 269—272 页；吴友如：《申江胜景图》卷上，第 60 页；徐润：《徐愚斋自叙年谱》，第 31 页；《海关贸易十年报告》第一辑，第 315—316 页；《北华捷报》，1889 年，上卷，第 633 页；同上书，1891 年，上卷，第 66 页；字林报馆：《上海今昔观》，第 11 页。

④ 《北华捷报》，1884 年，下卷，第 472—473 页。

广布通讯网汇报中国政治经济情况以便进行各种活动,并经常对中国封建统治者用文字进行迷惑、恫吓,在这些方面都起了很大的作用。

60 年代以降,上海"租界"发展得很快,为应上海房屋建筑的需要,英商创办了一个上海砖瓦锯木厂(Shanghai Brick & Saw Mill Co.),是这时期一个较大的企业,在 1867 年因亏折而转手时,资产已逾 10 万两。① 此外,在上海还存在其他规模较小的机器锯木厂。②

1880 年以前,外国资本在上海以外的中国各商埠所经营的近代工业,大致均已在前两节里叙述过了。此外还有一个企业可以注意,即英商曾一度在牛庄试办的豆饼厂——牛庄豆饼厂(T. Platt & Co.)。牛庄是东北大豆、豆饼、豆油的出口地,每年有大批豆饼运往福建、广东作为肥料。牛庄开港后不久,有一家英商见这方面有利可图,便回国订制机器,准备使用蒸汽机制造豆饼与豆油。1867 年这机器豆饼厂在牛庄建立起来,开始生产。最初曾遇到些技术上的困难,数月后即得到改进,所产豆油、豆饼的品质都优于旧法制造。然而这工厂的建立损害了当地中国人民的利益,引起了牛庄很多榨油作坊的竭力反对,当地的豆商也都联合起来对它加以抵制,于是这工厂在收购原料上感到很大的困难,到 1870 年终于被迫停业。③

---

① 马耶等:《中日商埠志》,第 374 页。
② 《上海公共租界工部局年报》,1877 年,第 21、78 页。
③ 《海关贸易报告册》,1866 年,第 107 页;同上书,1868 年,第 6—7 页;同上书,1869 年,第 10 页;同上书,1881 年,第 13 页;《海关贸易十年报告》,第一辑,第 24—25 页;《北华捷报》,1875 年,上卷,第 301—302 页;李士霍芬:《中国》(Richthofen: China) 卷二,第 145—146 页;《英国驻华各口岸领事商务报告》,1866—1868 年,第 4 页;同上书,1869 年,第 89 页;同上书,1873 年,第 71—72 页。

以上所述是40年代至70年代外国资本在上海以及牛庄、汉口等地所创办的小规模轻工业及其发展的大致情况。除上海砖瓦锯木厂外，其余饮食、化学、印刷、豆饼各企业在70年代末叶以前规模都很小，资本有限，雇佣中国工人人数也不多；至80年代以后，有些厂才发展成为规模较大的企业。

1880年前后，外国资本在上海经营的工业逐渐增多。那几年上海外商设立缫丝、制革等厂的情形已如上述，此外则还有一些新的企业在这时期陆续出现。1878年，上海外商合股组织了一个上海机器洗衣局（Shanghai Washing Co.），规模不大，资本5480两。① 1880年，另一些外商合股组织了一个上海机器制冰厂（Shanghai Ice Association，改组后改名为Co-opera-tive Ice Company），资本3万两。② 这两个企业的建立，使得上海以洗衣与窨冰为生计的中国劳动人民很受打击。同年，前面一再提到的英商美查又建立了上海第一个火柴厂，叫燧昌自来火局（Sui Chong Match Factory），开始用机器制造火柴，雇佣中国女工300人，男工百余人。此厂的生产逐年增加，产品销行于华中各省。③ 在此前后，美查还经营起一个小型的肥皂作坊，雇佣中国工人制造肥皂（大约主要用手工）。至1889年，美查已赚了大笔的钱，准备回国，便把他所办的各种企业总绾起来，组成了一个美查兄弟有限公司（Major Bros., Ltd.）来负责经营，资本30

---

① 《北华捷报》，1878年，上卷，第663页；同上书，1882年，上卷，第434页；同上书，1888年，下卷，第184页。

② 《北华捷报》，1880年，上卷，第66、144页；同上书，1884年，上卷，第132—133页；同上书，1886年，上卷，第387页。

③ 字林报馆：《上海今昔观》，第11页；《北华捷报》，1886年，下卷，第305页；同上书，1888年，上卷，第749—750页；光绪十三年七月二十四日《申报》。

万两，①至1894年，公司的已缴资本为275000两。美查在60年代初到中国来时，只是个微不足道的小茶商，而且一度亏折几乎破产，他依靠他的买办们的"效劳"，在上海20余年经营了6个企业，②还购置了房地产，回国时总计剥削中国人民所得，已是个百万富翁了。

80年代之初，外国资本积极想在上海建立机器造纸厂，有两三个洋行曾经筹划试办，但未能实现。建立成功的只有美国资本集股创办的上海华章纸厂（Shanghai Paper Mill Co.），它自1881年开始集资，经过两年多的筹划，终于1884年正式开工，最初资本为75000两。这是一个设备较新、规模较大的企业，在上海杨树浦路有宽阔的厂房，雇佣不少中国男女工人，能生产各种品质优良的纸张，产量每24小时约两吨，它使用的原料主要是就地收买的毛竹与破布。1891年至1893年，它扩充设备，产量日增；生产的纸张"全部适应华人的需要"。③ 这个造纸厂发展到20世纪之初，已增资到45万两，每月产量约65万斤，成为一个赢利极丰厚的企业了。④ 与此同时，英商在上海建立了两个玻璃制造厂。较大的一个名叫上海玻璃公司（Shanghai Glass Works Company），成立于1882年，主要出资者是平和洋行（Birt

---

① 《北华捷报》，1889年，下卷，第263页；同上书，1890—1895年各卷所载美查兄弟有限公司历年的营业报告与股东年会报告；《上海市通志馆期刊》第二年，第244页；戈公振：《中国报学史》，第78页。

② 这6个企业是：江苏药水厂，燧昌自来火局、美查肥皂厂、申报馆、点石斋石印局和申昌书局。

③ 字林报馆：《上海今昔观》，第11页；《北华捷报》，1883年，上卷，第419页；同上书，1884年，下卷，第203、676—677页，报道此厂设备及生产情况甚详。

④ 日本外务省通商局：《清国事情》第三卷，第565页。

&Co.）。① 此外，在 1882 年年底以前建立的，还有一个铁器制造厂，大约是伍德铁厂（G. A. Wood & Co.）。② 1884 年，上海的一个英籍犹太财阀的沙逊洋行（E. D. Sassoon & Co.）创办了一个规模较大的锯木厂，叫祥泰木行（China Import and Export Lumber Co.），厂址在上海杨树浦路，占地 173 亩，有完整的新式机器设备，供给上海及各地以建筑木材。至 20 世纪之初，它的规模更加扩大，每日可生产 7 万英尺木料，经常雇佣中国工人 400 余人。③ 上海外商经营的最大的百货商店福利公司（Hall & Holtz Co－operative Co.），于 1885 年建立了一个机器制造家具厂，也雇佣不少中国工人。④

上海以外，外国资本在厦门建立的铁锅制造厂最值得注意。1881 年一个德国洋行 Gerard & Co. 在厦门建立了一个铁锅厂，不久，一个英国洋行的买办，假托华侨资本名义但打着"英商"

---

① 《北华捷报》，1883 年，上卷，第 363、574 页；同上书，1883 年，下卷，第 673—683 页、703—714 页；同上书，1882 年，下卷，第 293 页；《美国外交文件》，1883 年，第 136 页。

② 《北华捷报》，1891 年，上卷，第 3 页。按据《美国外交文件》，1883 年，第 136 页，美商魏特摩 1882 年 9 月致美国驻上海领事的公函中说，是年外国资本在上海已建有缫丝、制酸、砖瓦、制革、面粉、铁器、火柴、玻璃、制纸等工业。同年英国驻华代办格维讷（Grosvenor）致英国外交部的报告中说到上海外国资本已设有火柴、制纸、煤气等 15 个工厂（包括船厂），其中英国 11，美国 2，德国 1，法国 1，见克南：《英国对华外交 1880—1885》（E. G. Kiernan：British Diplomacy in China, 1880—1885），第 260 页，可惜报告原文不得见。同年夏英国驻上海领事的商务报告中曾列举了 14 个主要的厂，其中包括船厂。见《英国驻华各口岸领事商务报告》，1882—1883 年，第一篇，第 20 页。根据目前收集的材料，3 人所述诸厂大致均已可考，只有魏特摩所说的铁器厂及格维讷说的德国一厂尚难十分确定。笔者疑魏特摩说的铁器制造厂即英商的伍德铁厂，格维讷说的德商所办的工厂，似指禅臣洋行此时正谋接办的上海熟皮公司。

③ 魏尔特：《二十世纪之香港、上海及中国其他商埠志》，第 578—579 页。

④ 《北华捷报》，1887 年，上卷，第 86、442 页；同上书，1888 年，上卷，第 767—768 页。

的招牌，在鼓浪屿也建立了一个同样的铁锅厂。福建这一省情况特殊，自清初以来一切铁器的制造都被封建官府严行管制，因此铁锅制造无形中发展成为一种垄断事业，办法类似引盐，由豪商向地方政府缴纳巨款，享受制造与运销的独占权，获利甚丰，所制成品不仅销售于内地，且出口远销到南洋。外国资本挟其进步的生产技术来设厂争利，当然便引起了厦门豪商强烈的反对，他们请求地方官府向德、英两国驻厦门领事交涉，不准这两个铁锅厂在厦门营业，但德、英方面全不理会。① 1882年11月20日厦门的厘捐局扣留了德商铁锅厂的一些产品，德商立即报告了德国驻厦门领事及驻华公使巴兰德（M. Von Brandt），巴兰德回电指示他们采取强硬态度。于是在12月29日，一艘德国军舰便应德领事之邀开到了厦门，当日"一大队武装士兵就登了陆，枪头装着刺刀，一直开到了厘捐局，找到了被扣留的那些铁锅，强行运到德国领事馆去了"。② 德国侵略者为了"保护"它们在中国强行设立的工厂，蛮横地使用了武力。清中央和地方政府对于这次事件的态度是俯首屈服。

上文提到上海外国资本建立了机器制冰厂，不久，福州和广州也都有外商开设了类似的制冰厂。福州制冰厂成立于1882年。③ 广州沙面"租界"的制冰厂成立于1883年初。是年一艘在广州停泊的英船上的外籍船员，无端把一个同船上雇佣的中国海员踢入江中溺死，这事件激起了广州人民的愤怒，反帝运动迅

---

① 《海关贸易报告册》，1881年，第14页；《海关贸易十年报告》第一辑，第495页；《北华捷报》，1882年，上卷，第93页；《英国驻华各口岸领事商务报告》，1881年，第一篇，第2—3页。

② 《海关贸易十年报告》第一辑，第495页。《美国外交文件》，1883年，第161页；《北华捷报》，1883年，上卷，第39—40页。

③ 《北华捷报》，1882年，上卷，第397页。

速高涨，广州人民组织起来攻入了沙面"租界"，首先烧毁了"租界"里这唯一的英国工厂——广州制冰厂，同时捣毁了十余处洋行。① 对这次人民的反帝斗争，两广总督竟立即派出大批军队来镇压，并急为外商"保卫"沙面；事后北京的总理衙门还送了每家洋行大宗的"赔偿费"，并行道歉。②

从上述情况我们可以看到在中法战争前数年，外国资本在上海及其他商埠经营近代工业的活动日益活跃，企业的种类也日益增多。尤其是在外国侵略者经济政治势力最强、半殖民地化最深的上海，这时已开始呈现出明显的征象，有从商业金融中心地逐渐向工业中心地发展的趋势。这种发展完全被外国资本势力所控制。

在中法战争期间及其后一两年，因为中国政治局势的波动和上海经济暂时的"萧条"，外国资本的活动稍稍停顿；但自1887年，尤其是1890年以后，投资建厂的活动又复活跃起来。1890年前后，外国资本在上海、汉口等地争先恐后地建立缫丝、轧花、制砖茶、造船等厂的情形，已如以上两节所述，这几年可以说是甲午战争前夕外国资本在中国从事工业投资最活跃的时期。此外，轻工业方面还有几个企业也在此时期开始建立。

1886年拥有245000元资本的屈臣氏大药房（A. S. Watson & Co.）在香港成立后，立即在上海开设了分店，从事售药兼制药，并在中国数个口岸陆续开设了分店。③ 同年，上海大百货商

---

① 《美国外交文件》，1884年，第46—47页；《李文忠公全集》，译署函稿卷一四、卷一五；同上书，电稿卷一。
② 《美国外交文件》，1884年、1885—1886年所录诸有关文件。
③ 格尔：《英国在远东的经济利权》（E. M. Gull: British Economic Interests in the Far East），第80页；《北华捷报》，1890年，上卷，第588页；同上书，1894年，上卷，第760页。

店福利公司收买了埃凡馒头店的酿酒厂加以扩充，建立一个更大的酿酒厂 Empire Brewery。① 1890 年，德国商人集资成立了新上海制冰厂（The New Shanghai Ice Co.），资本 36000 两，合并了旧的上海机器制冰厂，扩充设备，在苏州河边建立了新厂，每日产量达十吨。② 与此同时，英商上海洋灰公司（Shanghai Concrete Co.）也成立了，以入口的洋灰加工制造建筑材料。③ 重要的企业之一是 1892 年英商正广和洋行在上海建立的一个规模较大的饮料制造厂，名叫泌药水厂（The Aquarius Company）。它具有精良的蒸汽机设备，使用最新科学方法，制造汽水、啤酒、柠檬水及各种饮料，雇佣很多有经验的中国工人。此外，上海还有几家外国资本经营的与此同类的制造厂，但规模都比泌药水厂小得多。泌药水厂与福利公司酿酒厂的产品，不仅销售于上海，而且远销于香港及中国其他各口岸。④ 1893 年，美查兄弟公司输入机器，把旧日的肥皂作坊改为机器造胰厂。为了此厂的需要，它又建立了一个上海榨油厂，从事棉子榨油，兼制酒精。棉子榨油这种工业，李鸿章、盛宣怀等所办的纱厂原也计划附带兼营，所以李鸿章和总理衙门在 1893 年及 1894 年曾企图阻止美查公司运输榨油机器进口。但是他们和英国公使、领事交涉了几个月，毫

---

① 《北华捷报》，1889 年，上卷，第 476 页；字林报馆：《上海今昔观》，第 12 页。

② 《北华捷报》，1890 年，下卷，第 35、66、224 页；同上书，1892 年，上卷，第 683 页；同上书，1893 年，上卷，第 47 页；同上书，1894 年，上卷，第 51 页。

③ 《北华捷报》，1891 年，下卷，第 300 页；同上书，1892 年，上卷，第 101 页。

④ 字林报馆：《上海今昔观》，第 12 页；《北华捷报》，1893 年，上卷，第 945 页；同上书，下卷，第 111—112 页；魏尔特：《二十世纪之香港、上海及中国其他商埠志》，第 586 页；日本东亚研究所：《诸外国对支投资》中卷，第 51 页。

无效果，最后也就只好"通融放行"了。① 上海以外，1891年，英商在汉口"租界"里也创办了一个汉口机器制冰厂。②

90年代之初，外国资本在天津和上海开始了一种新的工业——卷烟。1891年，天津的英国进出口商老晋隆洋行（Mustard & Co.）输入了卷烟制造机，开始制造卷烟，③ 规模虽然很小，但它在中国给这种新企业开了端。两年后，上海美商建立了规模较大的美国烟草公司（Mercantile Tobacco Co.），使用美国邦塞克（Bonsack）机器，并输入美国烟叶做原料，雇佣中国工人大量制造卷烟。"公司不仅制造某些牌子的纸烟专为外侨消费，而且大量制造其他牌子为了华人的消费，运销中国各地"。④ 这两地的卷烟工业只是小的开端，迨至马关条约签订后，日商和英商在上海也立即开始"设厂制造"。⑤ 它们可以说是给日后英美烟草公司垄断资本的侵入打了先锋。

综合以上所述，我们可以看到在船舶修造业与为便利进出口贸易的各种加工工业外，甲午战争前外国资本在中国建立的各种轻工业种类业已不少。这些轻工业，如上面所说，已不是从属于外国资本对中国进行的掠夺性的进出口贸易，而是独立的工业投资；它们廉价购买中国的原料与劳动力，制成商品专为销售于中国市场，以剥削中国广大人民。这些工业的陆续建立正说明中国的半殖民地社会性质已日益加深。这些工业在19世纪后半叶规

---

① 《李文忠公全集》，电稿卷一五；《北华捷报》，1893年，下卷，第994页；同上书，1894年，上卷，第470、554、631页；日本东亚同文会：《江南事情经济篇》，第158页。
② 《北华捷报》，1891年，下卷，第10页；同上书，1892年，上卷，第848页。
③ 小林庄一：《英美烟草托拉斯》（油印稿本），第57页；《北华捷报》，1894年，下卷，第920—921页。
④ 《北华捷报》，1895年，上卷，第929页。
⑤ 瑶林馆主（陈炽）：《续富国策》卷一，第33页。

模还不大，投资数量也还有限，但是它们已经给甲午战争后帝国主义对中国大规模输出"剩余"资本进行工业投资开了端绪。外国资本在中国经营的工业种类愈多，阻碍中国民族资本发展的面也就愈广。自80年代以降，中国民族资本的工业已开始有些滋长，但是在外国资本和封建势力双重压迫下，遭受到许许多多的阻挠和困难，无法顺利发展。清封建官僚们此时正打算以"官督商办"名义在一两种新式工业里，尤其是在棉纺织业里，扩展自己的势力，建立封建性的独占，因而试图对外国资本在华经营的某些企业稍加限制，以便分肥。然而这点企图亦未能实现，《马关条约》签订后，他们便向外国资本彻底屈服了。但是，外国资本在中国各地强行建立工业，引起了中国广大人民的反抗。在上海因为外国商人有"租界"和他们自己的武装力量，中国人民的反抗与抵制受到了蛮横的压抑和破坏。但在其他地方建立的工业，如上文所述牛庄的豆饼厂、广州的制冰厂、福建内地的砖茶厂、台南的制糖厂等，都因为中国人民坚强的反抗而被毁，或被迫停闭、迁移，或根本不能建立。中国人民在这方面的反帝斗争的经验及其胜利是我们应该记忆的。

四 外国资本在中国为发展其强占的"租界"而经营的公用事业

资本主义列强为了对半殖民地中国进行侵略，在各通商口岸曾用各种不同方式强占"租界"，做为它们进行侵略活动的根据地。其中最早的是上海的"租界"，它在40年代即已被"划定"，嗣后侵略者又一再强行扩充面积。第二次鸦片战争后，各通商口岸被占有"租界"的渐多。至甲午战争前夕，英、法等国在上海、天津、汉口、牛庄、镇江、九江、厦门、广州等地都已攫有了"租界"。"租界"的存在，不仅严重地损害了中国的主权，而且它成为享有种种政治、经济、法律特权的外国侵略者和中国买办、商人及一部分封建统治者的蝇集蚋聚之地，他们把奴役剥削中国人民所得的金钱，在此建起高楼大厦，过奢靡享乐的生活。在19世纪后半叶，上海的"租界"发展得最早最快，外国侵略者的洋行和侨民的数目也最多。1849年上海"法租界"与"英租界"（后与"美租界"合并而称"公共租界"）内所住的外国侨民仅175人，1870年为1666人，1880年为2197人，1890年为3821人，至1895年为4684人；同时期在"租界"内居住的中国人，1870年为75047人，1880年为107812人，1890年为168129人，1895年为240995人。① 其他各通商口岸的"租界"面积较小，外侨较少，均不能与上海匹敌。

上海"租界"发展得很快，外国资本从很早起便在此经营公用事业，以满足"租界"内居住的外国侵略者和中国买办、部分封建统治者生活的需要。远在1864年，一些英商便在"公共租界"集股建立了一个煤气公司，叫做大英自来火房（Shanghai Gas Company），制造煤气以供街灯和住户照明炊爨之用。最初资本仅10万两。工厂原设于上海汉口路，铺管仅8600码，供给58家用户。1866年工厂移至上海新闸路，开始扩充规模。自此以后，30年间营业一年比一年兴盛，设备逐年增加，1866年售出煤气仅530余万立方英尺，1886年则为4200余万立方英尺，至1895年增至1.1亿立方英尺。同时期公司资本亦逐渐增加：1885年增至20万两，1896年复增至30万两。甲午战争前七八年，公司历年所获得的"纯利"常相当于它的资本的百分

---

① 《费泰姆致上海工部局报告书》（Report of the Hon. Mr. Justice Feetham, to the Shanghai Municipal Council）第一卷，第一篇，第50—53页。

之二十以上，分付的股息经常为百分之十二至十六。在这个企业的董事会中，怡和洋行的经理多年占着重要的席位。至19世纪末，它的工厂和营业部共有英籍职员20余人，经常雇佣的中国工人有200人至300人。①

外国侵略者在上海强占"租界"的初期，"法租界"当局和英美"公共租界"当局之间存在矛盾。"公共租界"设立了煤气公司，不肯供给"法租界"，于是"法租界"公董局便决定也建立一个煤气公司，名法商自来火行（Compagnie du Gaz de la Concession Francaise de Changhai），最初资本3万两，于1866年开始营业。公董局准许自来火行专利25年，同时掌握着它的一部分股票，因此自来火行可以说是半官办性质的。它主要供给公董局与街灯之用，居民用户很少，因此它的设备规模与售出煤气数量都远不如大英自来火房。它曾两度增资，但最后也只有5万两，股票付息也较低。1882年"公共租界"里成立了电灯公司，"法租界"不能自办，只得请求"公共租界"给予供电的便利。自从电灯进入"法租界"以后，法商自来火行营业更行衰败，终于在1892年宣告解散。解散后，"法租界"所需煤气遂亦由大英自来火房供给。②

在19世纪时，上海规模最大的公用事业是英国资本所经营的上海自来水公司（Shanghai Waterworks Company, Ltd.）。自70年代之初，英国商人们便酝酿创办一个自来水厂，"以改善上海

---

① 魏尔特：《二十世纪之香港、上海及中国其他商埠志》，第396页；历年《北华捷报》载大英自来火房营业报告及股东年会报告；葛元煦：《沪游杂记》卷二，第37页；王韬：《瀛壖杂志》卷六，第11—12页。

② 董枢：《法租界公用事业沿革》（《上海市通志馆期刊》第二年）；历年《北华捷报》载法商自来火行营业报告及股东年会报告；梅滂与福莱德：《上海法租界史》（Maybon et fredet：Histoire de la Concession Française de Changhai），第290—291、341—342页。

的饮水问题"。1875年曾筹划集股成立一个自来水公司。① 但这种企业规模较大，所需资本较多，资金周转较慢，因此投资者踌躇观望，股份迟迟集不起来。至1880年，上海工部局在几家大的洋行的怂恿之下，决计进行此事，公开征求兴办的具体方案。方案提出并经审查后，"公共租界"纳税者年会即决议举办，并决定不由工部局官办而交给商人组织公司经营。所采用的方案规模较大，预计设备能供给各外国"租界"及其近郊，以及上海县城。②

1881年春，上海自来水公司正式在伦敦成立（因怕上海集资困难），资本10万英镑（约为40万两），最初实缴只75000英镑。自1881年至1883年，公司积极在上海购买地皮，建筑厂房，安装机器，铺设水管。在当时的上海，这企业的兴办是一桩轰动一时的大事。对于这个公司的成立，当时中国社会不同阶级的人表现出完全不同的态度。自70年代末期以来，中国即有一部分从商人、地主、官僚转化而来的资产阶级开始创办了一些新式工业，但这个新兴的资产阶级中也有一部分自始即有依附外国资本的倾向，甘心投资于外国资本在中国经营的企业。当时很多外国资本在中国（尤其是上海）经营的航运、保险、工业，甚至于"开发"南洋的企业里，都有中国资本参加。③ 这时自来水公司亦被视为一大利薮，因此一部分中

---

① 字林报馆：《中国情况之回顾，1868—1872年》（A Retrospect of political and Commercial Affairs in China, 1868—1872），第61页；《北华捷报》，1875年，上卷，第116、243、302、613页。

② 《北华捷报》，1880年，上卷，第523—526、543—548页；同上书，1880年，下卷，第604页；《上海公共租界工部局年报》，1878—1883年。

③ 航运如旗昌洋行的上海轮船公司；保险如北华保险公司、扬子保险公司等；工业如缫丝、制革、造纸等厂；"开发"南洋的企业如马来糖业垦殖公司、婆罗洲垦殖公司；其他如上海的码头仓库业与拖驳业，亦均有中国资本参加。

国资产阶级，追随着买办和封建官僚们，争先恐后地抢购这公司的股票，弄得英国资本家们都觉得奇突。[1] 与此相反，被公司雇佣来建筑厂房水塔、铺设水管的中国工人则认识外国侵略者的本质，他们曾利用自己旧式行帮的力量，联合起来要求较高的工资，并且获得了胜利，使公司最后支付的工资总额，大大超出了它原定的预算。另方面，很多多年在"租界"以挑水为生计的劳苦人民则协力对公司进行坚强的抵制，使公司开业后长时期感到很大的困难。[2] 至于封建官僚便又不同了。1883年8月公司开始供水的那天，李鸿章正在上海，他应公司老板之请，跑去参加了开张典礼，对公司还大大赞美夸奖了一番；[3]上海道台则受公司的嘱托，不断筹划如何把公司的势力引入上海县城。

上海自来水公司开始营业以后，最初几年还感到用户过少的困难，同时上海挑水夫有组织的坚强抵制曾给了它不小的打击。但自1887年以后，随着上海经济的繁荣，用户逐渐增多，营业一天天扩展起来。到甲午战争前夕这10年间，它的资本从75000英镑陆续增加到144000英镑，设备的总值增加了4倍。它的供水面积已包括外国"租界"的全部，直到上海县城城边。它支付的股息已自1886年最低的1厘5，提高到1889年以后经常的八九厘。为了经营的便利，它的董事会亦自伦敦移至上海。它经常以极低的工资雇佣着很多的中国工人。到甲午战争前夕，

---

[1] 《北华捷报》，1881—1883年，载公司股东年会报告。由于抢购，在公司尚未开始正式营业以前，其20英镑的股票已涨价至38英镑以上。

[2] 《北华捷报》，1881—1883年，载公司股东年会报告；同上书，1882年，上卷，第586—587、605—606页；同上书，1885年，下卷，第16—18页。

[3] 《海关贸易十年报告》第一辑，第336页；《北华捷报》，1884年，上卷，第675页。

这自来水公司在上海已是营业很兴盛的一大企业。①

和自来水公司稍稍不同，上海"租界"最初的电气事业在19世纪发展比较缓慢。它开始也很早，在1882年，英国商人李德（R. W. Little）便创议集股组成了上海电光公司（Shanghai Electric Company），资本10万两，最初实缴只5万两。一起出资的有上文提过的曾经谋办纱厂的美商魏特摩，同时亦有中国资本参加。② 厂址初设于上海南京路，机器购自美国，公司初成立时规模很小，只供给弧光灯15盏。李德不久即与工部局订立合同承办"公共租界"的路灯，并于翌年迁移到上海乍浦路较大的新厂址。至1884年实缴资本增至63500两，机器厂房计值48000两，供给弧光灯60盏。此时电灯刚发明不久，技术上还有很多缺陷，而且成本过昂（每灯每年需银200余两），所以除了少数公共的街灯和最大的洋行外，几乎无人使用，一般商行住户仍燃煤气灯。加以经营腐败，没有好的工程师，所以这公司自成立以来便几乎年年亏折。李德等见局势难以维持，曾请求工部局以公款接办，但工部局对此也很踌躇。③

这公司勉强维持了几年，营业不振，负债累累，遂于1888年改组，另集资本成立了新申电气公司（New Shanghai Electric

---

① 历年《北华捷报》载上海自来水公司的董事会报告与股东年会报告；魏尔特：《二十世纪之香港、上海及中国其他商埠志》，第392—394页；历年《上海公共租界工部局年报》；伦敦工程学会：《中国与日本的自来水业》（Institute of Civil Engineers, London: Water Works, in China and Japan, 1890）。

② 《北华捷报》，1882年，上卷，第498页；同上书，1882年，下卷，第233—235页。上海电气事业开始得相当早，按各国中最早的是英国，始于1881年，美国亦始于1882年。1934年《中国经济年鉴》、《现代中国实业志》等书均谓上海电光公司的创办人为德人依巴德，误。根据当时资料，知创办人系英商李德。李德曾多年任工部局董事长。日本外务省通商局：《美国对华经济势力全貌》，第48页，不误。

③ 《北华捷报》，1882—1888年，载关于公司消息及公司的营业报告与股东年会报告；《上海公共租界工部局年报》，1882—1888年。

Co，Ltd.），旧公司把全部资产折成2万元出卖与新公司。这新公司资本亦定为10万两，但最初实缴仅3万两，后增至47700两，共供给弧光灯百余盏、白热电灯2900盏。新申电气公司成立后因能供给普通白热电灯，营业情况比以前旧公司时期略好些，但因资本缺乏，营业无法扩展。[①]

电气事业与"公共租界"的统治者关系密切，工部局终于决定接办。1893年它以66100两的代价购买了新申电气公司，把它改为工部局电气处。购买时此厂厂房原已感到窄狭，电气处接办后，即着手在虹口斐伦路建立新的发电厂，准备扩充设备；这新厂于1896年开始发电。[②] 这企业在工部局电气处的管理经营下，最初七八年仍大半在亏折状态中，但自20世纪初叶以后，随着帝国主义侵略势力的日益深入中国，和上海经济的急速发展，电气处的设备与营业规模日益扩大，逐渐变成为利润极优厚的一大企业。至20年代，上海是中国最大的工业城市，而工部局电气处则控制着上海百分之八十以上的工业动力；因此到了1929年，它终于被美帝国主义垄断资本摩根财阀所攫占而改成为上海电力公司了。

甲午战争前，外国资本在上海以外的地方经营的公用事业只有天津的天津煤气公司（The Tientsin Gas Company, Ltd.）。1882年，天津的外国商人曾纠合中国的资本家开平矿务局总办唐廷枢等，谋共同集资创办一个煤气公司，但迟迟未能实现。[③] 至1889年，英国商人乃集股正式成立公司，建造厂房，翌年开始营业。这公司至甲午战争前夕，已缴资本为30900两，主要为

[①]《北华捷报》，1888—1893年，载公司的营业报告与股东年会报告。
[②]《上海公共租界工部局年报》，1893年，第220—227、270—273页；又，历年《上海公共租界工部局年报》所载电气处的报告。
[③]《北华捷报》，1882年，上卷，第156、188页。

英商出资，但亦有中国资本参加。因为当时天津"租界"的发展还远不及上海的"租界"，外国商人侨民亦少，所以这个煤气公司规模比上海的大英自来火房小得多。至1894年它铺管仅8000码，售出煤气仅230万立方英尺。然而，这企业虽小，它是年的"纯利"亦高到相当于它的资本的百分之一四·五。①

19世纪后半叶外国资本在上海和天津"租界"兴办公用事业，十足地表现出中国的半殖民地性质。资本主义侵略者把在中国攫得的"租界"完全当作它们打算长期占据的直属殖民地一样看待。外国资本经营这些企业，一方面剥削它所雇佣的大量的中国工人，一方面剥削城市中广大的中国居民，以获取垄断性的高额利润。起初，经营公用事业的目的仅在于供应"租界"中侵略者与统治者的奢侈生活的需要；但一二十年以后，性质便逐渐改变了，外国资本竟能通过控制水电而控制着上海与天津等地绝大部分工业，以及这些工业发展的趋势与可能。而且它部分地影响到中国近代经济发展的地域上的不平衡。在甲午战争前，外国资本控制上海的公用事业的经济效果及其重要性，已日渐显著。迨至甲午战争后，事实益发证明外国资本控制上海的水、电、煤气即是控制上海的经济命脉。不仅上海一地如此，20世纪以来天津、汉口等大工业都市的公用事业也都和上海一样，逐步为帝国主义资本所独占。中国各大都市的近代工业在电气动力与水源供给方面，首先便被置于依存外国资本的地位，这种情况的严重性及其给中国人民带来的损害，又迥非外国资本经营的一般的轻工业可比了。

---

① 《北华捷报》，1889年，上卷，第289—290页；同上书，1889年，下卷，第440页；同上书，1890年，上卷，第63页；同上书，1890年，下卷，第243、271页；同上书，1891—1894年载公司的营业报告。

五　外国资本在中国经营的近代工业的投资额、利润与雇佣工人人数的估计

上文已经把甲午战争前外国资本在中国经营的近代工业的具体情况及其性质与作用，做了简要的叙述。现在根据这些具体情况，把甲午战争前夕外国资本在中国的工业投资总额，投资后攫取的利润，以及在这些工业中被奴役、剥削的中国工人的人数，做一初步的估计。

要估计甲午战争前外国资本在中国经营的近代工业的投资数额，最大的困难在于史料缺乏。我们目前所能找到的与此问题有关的史料，较详细的只有19世纪上海外文报纸上所刊载的个别企业的营业报告与股东年会报告。但历年发表这种报告的企业仅限于上海少数几家股份有限公司，其余独资的、合伙的厂号，或"私人公司"（Private Companies）[1]都从来不发表任何报告，而且有些企业（如缫丝厂）为了竞争，把自己的生产与营业情况严守秘密。[2]因此，关于大部分的企业，我们只能依靠零星的不很完全的记载。有些我们只知道该企业创办时的原始资本额，其中少数我们知道它若干年后的增资额；但这些企业多年不断进行扩大再生产而增值的资产，则找不到记录。又有些企业资料过少，我们只能大致估计它们规模的大小，其他均难征考；甚至还有少数企业我们仅知其曾经存在，

---

[1] 如怡和、旗昌等洋行及其所经营的若干企业，和美查兄弟公司1889年以前所办各企业等。

[2] 《北华捷报》，1882年，上卷，第63页。

连规模大小和创办年代都不易确定。这种资料缺乏的情况使我们目前对投资额的估计感到困难。但是，从另方面说，甲午战争前夕外国资本在中国经营的百余个企业中，规模较大和较重要的，则大抵记录较详较多，记录少的大半是一些规模较小的次要的企业。关于这些记录缺乏的企业，虽然已难确考其资本与投资额，但从零星记录中大部分还能推测其经营的规模。因此，拿目前初步收集的这一部分资料为基础，大致还可以做一个粗略的估计，虽然这估计在将来我们能收集更多的史料时需要修正和补充。

我们估计的方法是首先以记录较详、在资本与经营规模方面尚能察考的若干企业为基础，将同类的或类似的各企业，依照其规模大小、生产水平、经营情况，先逐一估计其资本额；然后再以此为根据，依照企业年代久暂，以及资产增值的可能等，逐一估计其投资额。[①] 所谓投资额，包括各企业所支配的财产——主要是固定资产——的价值。一般说来，一个企业经营年代稍久，积累资本不断进行扩大再生产的结果，它所支配的资产一定比它最初创办时的原始资本多，而且常常多很多。[②] 我们估计各企业

[①] 详见本文末附录二。

[②] 抗日战争前数年，中国资本经营的92个厂的资产总值，除去各该厂对外投资及融资额，约当其原资本额的1.99倍（汪馥荪：《中国工业资本估计的几个基本问题》，见《中国工业》月刊第一卷第8期，换言之，即投资额较资本额多99％。19世纪外国资本经营的工业，我们也可举几个实例：美查兄弟有限公司，1893年已缴资本为275000两，资产为304566两，即资产为资本的1.11倍；新上海制冰厂，1894年资本为36000两，资产为43929两，即资产为资本的1.22倍；上海大英自来火房，1875年资本15万两，资产187950两，即1.25倍，至1893年资本为20万两，资产则为351235两，即1.75倍；祥生船厂，1892年，即改组为有限公司后第一年，资本80万两，资产仅973019两，即1.22倍，至1895年，资本仍旧，资产则为1111882两，即1.39倍，至1899年，资本仍旧，资产则更增至1911373两，即2.39倍，资产增殖得很快。

的资产，是依照不同的情况逐一估计出来的。低的，估计其资产为其资本的 1.1 倍至 1.25 倍，较高的，达到 1.4 倍，少数则达到 2 倍。这样估计的结果，我们认为 1894 年外国资本在中国经营的近代工业的资本与投资额约略如下：[1]

业　　别	资本（元）	投资额（元）
船舶修造业	4943000	8112000
砖茶制造业	4000000	5600000
机器缫丝业	3972000	5173000
便利进出口的各种加工工业（砖茶缫丝业除外）	1493000	1938000
其他各种轻工业	3793000	4910000
公用事业	1523000	2045000
共　　计	19724000	27778000

因为上文所述的困难，我们这个估计当然只是大致的数字，而不是详确的数字；但因为规模较大和较重要的企业的资本与投资额已大部分掌握了，所以这数字距离实际情况也许还不太远。

总投资额将近 2800 万元，这数字初看来似乎不算很大。把这个数字和 20 世纪以降帝国主义各国向中国大量输出"剩余"资本，进行工业投资时的情况比较起来，1894 年外国资本在中国的工业投资总额当然显得很小。雷麦曾估计 1914 年帝国主义各国在华工业投资总额为 110600000 美元；[2] 我们估计的 1894 年的数字以当时汇率折合，为 14245128 美元，相差当然很远。然

---

[1] 本文末附录二所列各项数字，千元以下四舍五入。
[2] 雷麦：《列国对华投资》（C. F. Remer: Foreign Investments in China），第 70 页。

而，不同的时代，货币的价值也不相同。若拿甲午战争前夕中国的物价与工资来衡量，这数字在当时那样的历史条件下，便已不算小了。拿物价来说，1894年上海海关对进出口商品的估价：米，每担（百斤）2.8元；豆油，每担（百斤）6.54元；洋斜纹布，每匹2.34元；棉花，每担（百斤）15.35元；煤，每吨10.12元。这个估价与同年上海商品的批发价格略相近似。① 再拿工资来说，甲午战争前夕上海耶松船厂已有相当训练的男工每日工资2角6分；② 各缫丝厂女工每日工资1角6分；③ 上海华商纱厂中男工每日工资1角5分至2角3分，女工每日工资5分至1角5分；④ 武昌湖北织布官局已有训练的男工每日工资2角3分；⑤ 开平煤矿矿工行计量工资制，大块煤每吨4角，中块煤每吨3角，小块煤每吨只1角5分。⑥ 我们若以当时如此的物价与工资来衡量外国资本在中国将近2800万元的工业投资总额，在那个时代这数字便显然不能算小了。

关于外国资本在中国工业投资所攫取的利润，我们目前已找到的记录更少，能征引的史料仅限于当时上海外文报纸上所刊载的几家股份有限公司的历年营业报告。这些营业报告中的账目，表面上看虽然像是还详细，但实际上它隐瞒了许多重要的项目和

---

① 《海关贸易报告册》，1894年，下篇，第231—258页。以《海关贸易报告册》中所载上海海关对进出口商品的估价与1894年《北华捷报》各期"商情汇报"栏所载批发价格比较，二者很接近。

② 《北华捷报》，1892年，上卷，第363页。按福州船政局1874年的工资与此相近，见日意格：《福州船政局》(P. Giquel: The Foochow Arsenal, 1874)，第14页。

③ 麦仲华：《皇朝经世文新编》卷一三，第28页。

④ 沙见德：《中英商务与外交》(A. J. Sargent: Anglo-Chinese Commerce and Diplomacy, 1907)，第261页，记1894年上海某华商纱厂的工资。

⑤ 《北华捷报》，1893年，上卷，第433页。

⑥ 《英国驻华各口岸领事商务报告》，1882年，第三篇，第88页。

情况。从这些仅仅便利于资本家审阅的账目里面，我们现在无法准确地核算出各企业的不变资本、可变资本与剩余价值，因此也就无法科学地计算出正确的利润率。在这种情况下，我们只好权且拿这些账目中所报告的账面上的"纯利"（net profit）对该企业的已缴资本的百分比做为它的"利润"。这是当时外国资本家结账的惯例，它自然没有包括隐藏的利润，并且在支出项下列入许多不应入账的开支，所以这账面的利润实远比真正的利润低。① 然而，从这账面的利润中，我们已经可以看出外国资本在中国工业投资历年所获得的"纯利"是如何的优厚了。我们选几个重要的和具有代表性的企业举例如下：②

企业	年代	资本	"纯利"	"纯利"比资本	股票付息
香港黄埔船坞公司	1886	1562500 元	375049 元	24.0%	16%
同上	1893	1562500 元	322386 元	20.6%	14%
祥生船厂	1891.5—1892.4	800000 两	139903 两	17.5%	12%
同上	1893.5—1894.4	800000 两	138964 两	17.4%	12%
耶松船厂	1892.7—1893.6	750000 两	101128 两	13.5%	9%
同上	1893.7—1894.6	750000 两	157259 两	21.0%	11%
美查兄弟有限公司	1889.11—1890.10	275000 两	32471 两	11.8%	10%
同上	1892.11—1893.10	275000 两	15796 两	5.7%	—
老德记药房	1892	120000 元	21422 两	17.9%	7%
新上海制冰厂	1893	36000 两	5138 两	14.3%	9%
上海大英自来火房	1874	150000 两	23121 两	15.4%	11%

---

① 魏子初：《英国在华企业及其利润》，人民出版社版，第 25—28 页。
② 历年《北华捷报》载各企业的营业报告与股东年会报告。

续表

企业	年代	资本	"纯利"	"纯利"比资本	股票付息
上海大英自来火房	1889	200000 两	43476 两	21.7%	12%
同上	1894	200000 两	49456 两	24.7%	12%
上海自来水公司	1884	119639 镑	4885 镑	4.1%	4%
同上	1890	143926 镑 =610017 两	55630 两	9.1%	8%
同上	1894	144000 镑 =665711 两	71355 两	10.7%	9%

从以上所举诸例可以看出，甲午战争前外国资本在中国经营工业所获得的"纯利"，除了少数特殊情况外，对各该企业的资本的比率一般地都在百分之十以上，高的竟达到百分之二十四。即使较难赢利的自来水公司，自1883年开始供水以后，10年间它的"纯利"也逐渐高到超过了百分之十。以上我们列举的企业虽然不多，但它们是具有一定代表性的，由此我们也可以估计其他各种工业投资所获取的利润，也一定与此大致相当。

我们还可以进一步拿工业投资的利润和其他企业的利润做一比较。试以银行、保险、航运和码头仓库业为例：[1]

---

[1] 历年《北华捷报》载各企业的营业报告与股东年会报告。

企业	年代	资本	"纯利"	"纯利"比资本
汇丰银行（Hongkong and Shanghai Banking Corporation）	1890	7500000 元	2676074 元	35.7%
同上	1892	10000000 元	1629217 元	16.3%
同上	1894	10000000 元	2819083 元	28.2%
扬子保险公司（Yangtsze Insurance Association, Ltd.）	1893	416880 元	245562 元	58.9%
怡和轮船公司（Indo-China Steam Navigation Co., Ltd.）	1894	495890 镑	42287 镑	8.5%
公和祥码头仓库公司（Shanghai and Hongkew Wharf and Co.）	1893	286700 两	42275 两	14.7%

这些企业的利润高低不等。汇丰银行是当时外国资本在中国势力最雄厚的一大国际高利贷机构，它的利润多年一向是最优厚的，其他银行都比不上它。19世纪香港、上海保险业一般较银行业的利润尤高，这种行业特殊，带有很大的投机性。怡和轮船公司的利润较低，这是由于航运业中竞争激烈，然而航运是当时外国资本为达到它输出商品、掠取原料的目的而使用的重要侵略工具，所以资本主义各国都竭力在中国发展航运；虽然它的利润较低，但它可以获得本国政府的津贴与支持。码头仓库业利润高而稳固，主要由于这种企业在当时长期残酷地剥削着数目很大的中国码头工人与运输工人。拿外国资本的工业和这些企业比较，我们可以看出工业的利润比银行保险业低，比航运业高，和码头仓库业约略相等。

若与当时中国旧式的信贷业来比较，便更可看出外国资本在中国经营工业的利润是如何优厚。高利贷资本是中国封建经济的构成部分。封建的农村高利贷的剥削带有极强的暴力的掠夺性，不易比较。在城市里的高利贷资本主要掌握于典当、票号、银号与钱庄手里。依照《大清律例》，清政府法定典当的利息不得超过年利3分，一般则均在2分与3分之间。① 银号、钱庄放款利息，法定亦不得超过年利3分，一般则均在1分5厘上下，稍低或至1分2厘或更低些。② 票号营业特殊，其赢利不全靠信贷，但其一般商业放款利息则例较钱庄、银号为低。这是说营业的收入，若从其中减去各种必要的开支，其获取的"纯利"应较上述利率稍低。据1893年的记录，上海典当利息2分，除去开支则纯利为1分；银号、钱庄是年营业不振，利息1分，除去开支则纯利仅为5厘。③ 这记录较一般情况偏低。如果我们估计当时典当业与钱庄、银号的利润平均大致为1分至1分5厘的话，那么，外国资本在中国投资工业所攫取的利润，一般已达到了、有时甚至于超过了中国封建的高利贷利润的水平。

若再与当时中国"官督商办"的几个工业来比较，益发可以看出外国资本在中国投资工业的利润的优厚。1886年贵州巡抚潘霨主持开办青谿铁厂，拟集资30万两，招商集股时便声明保障股息8厘，④ 但因商人对封建政府不信任，集股集不起来。1888年李鸿章与恭镗主持开办漠河金矿，拟集资20万两，招商集股时声明保障股息7厘，最初集股仅得三分之一，翌年第一次

---

① 丁日昌：《抚吴公牍》卷三一，第8—9页；同上书，卷四七，第13页；《张文襄公全集》卷一三四，第31页。

② 《海关贸易报告册》，1866年，第37页；《海关贸易十年报告》，第一辑、第二辑，各口关于钱庄、银号的报告；德庇时：《中国》（J. F. Davis: China），第362—363页；艾约瑟：《中国金融与物价》（J. Edkins: Banking and Prices in China, 1905），第31—34页。

③ 《北华捷报》，1893年，下卷，第822页。

④ 李作栋：《新辑时务汇通》卷九三，第5—6页载贵州机器矿总局公启；光绪十三年六月八日《申报》。

分付股息为百分之七·五。① 开平煤矿在 1888 年第一次分付股息，因利润较低，仅能付息百分之六；1893 年分付股息则为百分之一〇·五。② 上海机器织布局开车后头两年赢利较厚，据说高达百分之二十五，③ 这是由于该局在李鸿章的庇护下享有特权的关系，但织布局从未正式分付过股息；至甲午战争后，上海华商各纱厂一般获利便低了。这样比较，我们可以看出外国资本在中国工业投资所获得的利润，一般地说，比中国"官督商办"各企业的利润高，有些企业且高很多。

以上所述情况可以说明外国资本当时在中国不管投资于哪一类工业，大致都能获得高额的利润，而这样高额的利润无疑地都远超过它们在本国所能获得的利润。利润所以能如此之高，原因很多：首先由于外国资本在中国享有种种政治经济特权，并与封建势力相勾结；并且由于半殖民地中国已逐渐成为外国资本广大的商品市场；由于中国有各种丰富的原料可以掠取；但是最基本的原因，则由于外国资本在半殖民地中国能够直接剥削中国工人大量的廉价劳动力——残酷地攫取中国工人的剩余价值，这是它们优厚的利润的基本源泉。这些显著的事实连当时外国资本家也都是普遍地公开承认的；资本主义各国的侵略先锋队常常说中国原料富、工资低、利润厚，来号召他们本国的资本家到中国来经营企业。④ 其中尤其是可以把中国工人的工资压到极度低廉——上文已列举了一些记录——这一点，特别能刺激他们侵略的胃

---

① 《黑龙江漠河筹办矿务章程》；薛福成：《出使日记续刻》卷二，第 64 页。
② 《北华捷报》，1888 年，下卷，第 58—59 页；同上书，1893 年，上卷，第 743 页。
③ 《海关贸易十年报告》第二辑，上卷，第 513 页。这只是估计而不是根据实际的账目。
④ 《北华捷报》，1879 年，上卷，第 45 页。

口，也是资本主义侵略者总念念不忘的。①

鸦片战争以后，中国最早的近代产业工人首先出现于外国资本在中国经营的近代工业里。经过50年的发展，到甲午战争前夕，在外国资本经营的工业中被奴役、剥削的中国工人的人数一共有多少，我们应该做一个估计。这种估计不很容易，因为史料缺乏。目前我们能找到的只是些零星的记录。所幸当时规模较大和较重要的企业大致还有些记载。我们用同样的估计方法，首先以记录较详的和尚能察考的若干企业所雇佣的工人人数为基础，将同类的或类似的各企业逐一估计其规模的大小、生产的水平、经营的情况，然后再以此为根据大致估计其雇佣工人人数的多寡。② 这样估计的结果，我们认为1894年在外国资本经营的工业中的中国工人人数约略如下：

业　　别	工人人数
船舶修造业	9000人
砖茶制造业	7000人
机器缫丝业	6000人
便利进出口的各种加工工业（砖茶缫丝业除外）	6000人
其他轻工业	4600人
公用事业	1400人
共　　计	34000人

当然，这只是一个很粗略的估计。估计不容易详确，不仅由于目前我们收集的史料还很不足，也由于当时有些工业的生产带

---

① 《北华捷报》，1892年，下卷，第52页；摩尔：《新中国与旧中国》（A. E. Moule: New China and Old, 1902），第190页。

② 详见本文末附录二。

有季节性，淡季雇佣的工人人数少，旺季便较多；① 又有些工业因营业性质关系，经常雇佣着的工人人数较少，常要看营业的闲忙而增加或减少临时工人。② 这情况更增加了我们估计的困难。

甲午战争前夕外国资本在中国经营的近代工业所雇佣的中国工人，在当时中国全部近代工业的雇佣工人中占多大的比重，也可试做一估计。按甲午战争前，清中央和地方政府所办的军用工业共有10余个大小不同的工厂；官办的炼铁、纺织业，主要是张之洞在湖北创办的，也有3个厂。官办与"官督商办"的煤、铁、金、银、铜、铅各矿，具有近代机器设备的已共有20余处。70年代以降，民族资本开始创办的轻工业，规模大小不同，总计也有一百来个企业。以上这些工业中规模较大的都雇佣着不少工人，如福州船政局约1700人，江南制造局约2800人，漠河金矿约1000人至1500人，开平煤矿约3000人，继昌隆缫丝厂约700人，上海机器织布局近4000人；规模很小的则仅雇佣工人20人上下。这些工业雇佣工人的人数，我们也曾做过粗略的估计。综合起来，我们估计在1894年中国全国的近代工业的工人人数约略如下：③

外国资本在中国经营的近代工业	34000人
清政府官办的军用工业	7000—10000人
清政府官办的炼铁与纺织工业	6000人
官办与"官督商办"的近代矿业	16000—20000人
民族资本经营的近代工业	20000—23000人
共　　计	83000—93000人

---

① 如缫丝厂、制冰厂等。
② 如船舶修造厂、打包厂等。
③ 这个估计表所根据的资料较多，涉及的方面较广，若加详细的说明，非本书篇幅所许可。表中所列各类工业及工人人数的估计，拟将来分别撰文详述。

这是比较低的估计。如果稍稍提高，估计1894年中国全国的近代工业工人人数为10万人，也许距离实际不至于太远。那么我们便可以说，甲午战争前夕外国资本在中国经营的近代工业所雇佣的中国工人，约占当时中国全国近代工业工人人数的百分之三十五至四十。这个比重显然不能算小。

这34000工人，连同数千海员和数万码头运输工人（他们的人数现在还不易估计）的大部分，即是在近代中国半殖民地半封建社会里、在中国近代产业工人兴起的初期历史里，遭受外国资本残酷的奴役和剥削的最早的工人。

初稿刊于1954年10月《历史研究》第一卷，第五号；1955年4月修改补充，作为专著由上海人民出版社出版。

附录一

中日甲午战争前外国资本在中国经营的近代工业简表(1840—1894)

企业	国别	设立年	所在地	情况
墨海书馆(London Missionary Society Press)	英	1843	上海	英国伦敦会传教士所办的印刷所。
柯拜船坞(Couper Dock;J. C. Couper & Co.)*	英	1845	广州黄埔	修理船舶,1860年后有船坞4座。1863年售与香港黄埔船坞公司。
美华书馆(Mei Hwa Printing Office)	美	1845	宁波	美国长老会所办的印刷所,后移至上海。
字林报馆(North-China Herald Office)	英	1850	上海	出版《北华捷报》、《字林报》、《字林沪报》等。(按自50年代以降上海、厦门各地外人所办报纸杂志很多,印刷情况不详,除较重要者外,不悉列。)
美商伯维公司(Purnis & Co.)	美	1852前	上海	修理船舶,50年代停业。(按在此以前,上海应已有外商经营的小型修船厂,纪录不详。)
浦东船坞公司(Pootung Dock CO.)*	英	1853	上海	修理船舶。初名董家渡船坞,后改为浦东船坞公司,资本94000两。其船坞经常租与耶松船厂。
老德记药房(J. Llewellyn & Co.)	英	1853	上海	制造药品、化妆品、汽水,使用机器。1889年资本12万元,有工厂。

续表

企业	国别	设立年	所在地	情况
埃凡馒头店（H. Evans）	英	1855	上海	制造面包、糖果、汽水,并经营酿酒。
下海浦船厂（M. L. Potter）	美	185？	上海	修造船舶,有干船坞。1858年（？）停业。
望益纸馆（J. H. Carvalho）	葡（？）	1857前	上海	印刷。
浦东铁厂（M. Lamond & Co.）	英（？）	1857前	上海	修理船舶。
上海船坞公司（Shanghai Dock Co.）*	英	1858	上海	修理船舶。资本22万两。其船坞经常租与耶松船厂。
厦门船厂（Amoy Dock Co.）	英	1858	厦门	修造船舶,有船坞3座。1892年改组为厦门新船坞有限公司,资本67500元,工人约200人。
隆茂洋行（Mackenzie & Co.）	英	1858（？）	上海	打包厂,使用水力压机。
祥安顺船厂（E. Hawkins & Co.）	英（？）	1860	上海	修理船舶。
纺丝局（Silk Reeling Establishment）	英	1861	上海	英商怡和洋行嘱英人美哲（J. Major）所建,缫机100车。1866年停业。
祥生船厂（Boyd & Co.）	英	1862	上海	修造船舶。1879年工人1000人至1400人。1891年改组为有限公司,资本80万两,在浦东有大型船坞与机器厂。
旗记铁厂（Thos. Hunt & Co.）	美	1863	上海	修造船舶,有船坞。1865年为李鸿章、丁日昌所购买,成为江南制造局的基础。

续表

企业	国别	设立年	所在地	情况
得利火轮磨坊（Shanghai Steam Flour Mill）	英	1863	上海	用机器磨面粉。
末士法汽水公司（Farr, Brothers & Co.）	英（?）	1863	上海	制造汽水。
卑利远也荷兰水公司（H. Peel & Co.）	英（?）	1863	上海	制造汽水。
香港黄埔船坞公司（Hongkong & Whampoa Dock Co.）	英	1863	香港与黄埔	初设时资本24万元，在香港与黄埔皆有船坞。1876年将黄埔的设备售与广东地方政府。1886年增资至156万余元。19世纪末，工人2500人至4500人。
顺丰砖茶厂（S. W. Litvinoff & Co.）	俄	1863	汉口	最初雇佣工人以手工制造砖茶，至1868年俄商在汉口一带共有3个砖茶厂。1873年移至汉口，建立使用蒸汽机的砖茶厂。
福州船厂（Foochow Dock Co.）	英	186?	福州	修造船舶。大约90年代初停业。
旗记铁厂（Thos. Hunt & Co.）	美	1863	广州黄埔	修理船舶，有船坞3座。
高阿船厂（Cow & Co.）*	英（?）	1863	广州黄埔	修理船舶，有船坞2座。
船厂（Bellamy & Co.）	英	1864前	厦门	修理船舶，有船坞1座。
柴工师文（Botefuhr & Co.）	?	1864前	汕头	修理船舶。
正广和洋行（Caldbeck, Macgregor & Co.）	英	1864	上海	主要从事制酒及各种饮料。

续表

企业	国别	设立年	所在地	情　况
大英自来火房（Shanghai Gas Co.）	英	1864	上海	制造煤气。最初资本10万两,1896年增至30万两,工人200人至300人。
於仁船坞公司（Union Dock Co.）	英	1864	九龙与黄埔	修造船舶。资本50万元,黄埔有船坞4座。1870年为香港黄埔船坞公司所并。
耶松船厂（S. C. Farnham & Co.）	英	1865	上海	修造船舶。长期租用上海浦东两船坞公司的船坞。80年代已能修造2000吨的汽船。1892年改组为有限公司,资本75万两,约有工人2000余人。
江苏药水厂（Major's Acid Works; Kiangsu Chemical Works）	英	186?	上海	制造酸碱,熔铸金银。20世纪初约有工人250人。
上海砖瓦锯木厂（Shanghai Brick and Saw Mill Co.）*	英	186?	上海	制造砖瓦与机器锯木。
缫丝局*	法(?)	1866	上海	缫机10车,系试验性质。开张后数月就迁往日本。
科发药房（Voelkel & Schroeder）	德	1866	上海	售药兼制药。
法商自来火行（Compagnie du Gaz de la Concession Française du Changhai）	法	1866	上海	制造煤气。最初资本3万两,1890年增至5万两。1892年停业。
新泰砖茶厂（Tokmakoff, Molotkoff & Co.）	俄	1866	汉口	规模及发展情况与顺丰砖茶厂类似。

续表

企业	国别	设立年	所在地	情　　况
福格森船厂(Ferguson & Co.)*	英(?)	1867前	广州黄埔	修理船舶,有船坞1座。
牛庄豆饼厂(T. Platt & Co.)*	英	1867	牛庄	用机器榨油及制造豆饼。1870年停业。
别发洋行(Kelly & Walsh, Ltd.)	英	1870	上海	印刷西文书籍兼制文具。
厦门鸦片制造厂*	英	1870	厦门	把生鸦片制成烟膏。
平和洋行(Birt & Co.)	英	1870	上海	打包厂。
申报馆(Shun Pao Office)	英	1872	上海	英商美查(E. Major)所创办。初用手摇轮转机,1891年始用煤气机。
烟台蛋粉厂*	德	1872	烟台	制造蛋粉,系试验性质,不久即停闭。
英商砖茶厂*	英	1872	汉口	制造砖茶。不久即停闭。
福州俄商砖茶厂*	俄	1872	福州	1872年俄商开始在福州建立砖茶厂。至1875年俄商在福州一带已有五六个厂,1876年有9个厂,规模皆较小。
汉口熔金厂*	英	187?	汉口	熔炼金银,与上海江苏药水厂类似。数年即停业。
阜昌砖茶厂(Molchanoff, Pechatnoff & Co.)	俄	1874	汉口	至1877年,汉口有阜昌、顺丰、新泰等3个俄商茶行所办的4个砖茶厂,1878年有6个厂,80年代之初复并为3个厂。
九江新泰砖茶厂(Tokmakoff, Sheveleff, & Co.)	俄	1875	九江	制造茶砖,系汉口新泰砖茶厂的分厂。

续表

企业	国别	设立年	所在地	情　况
点石斋石印局(Tien Shih Chai, Photo-Lithographic Publishing Works)	英	1876	上海	英商美查所创办,石印书籍。工人约200人。
美查肥皂厂(Major's Soap Factory)*	英	187?	上海	英商美查所创办,初用手工制造,90年代之初始用机器。
烟台缫丝局(Crasemann & Hagen)	德	1877	烟台	缫丝织绸。初用手摇机,有织机200架。1882年改为中德合办,1886年复改组。1892年始用蒸汽机。
台湾樟脑压制厂*	英	1877	台南	压制樟脑以便利出口。
上海机器洗衣局(Shanghai Washing Co.)*	英	1878	上海	规模较小,资本5460两。
旗昌丝厂(Kee Chong Silk Filature)	美	1878	上海	美商旗昌洋行所办,最初缫机50车,数年后扩充至400车,工人1100余人。1891年由法商接办,改名宝昌丝厂。
汕头怡和糖厂(Swatow Sugar Refinery)*	英	1878	汕头	香港英商怡和洋行中华火车糖局的分厂,工人200余人。1886年停业。
文汇报馆(Shanghai Mercury Office)	英	1879	上海	印行《文汇报》,使用煤气机。
上海机器制冰厂(Co-operative Ice Co.)*	英	1880	上海	资本3万两。
燧昌自来火局(Sui Chong Match Factory)	英	1880	上海	英商美查所办,制造火柴。工人400余人。

续表

企业	国别	设立年	所在地	情况
上海熟皮公司（Shanghai Tannery Co.）	英	1881	上海	资本112500两。1882年毁于火，翌年公司解散。
上海华章纸厂（Shanghai Paper Mill Co.）	美	1881	上海	最初资本75000两，至20世纪初，增至45万两。
上海自来水公司（Shanghai Waterworks Co., Ltd.）	英	1881	上海	最初资本75000英镑，1894年增至144000英镑。
厦门铁锅厂（Gerard & Co.）*	德	1881	厦门	制造铁锅。
英商铁锅厂（Ewe Boon & Co.）*	英	1881	厦门	制造铁锅。
伍德铁厂（G. A. Wood & Co.）*	英	1882前	上海	制造钢铁器具与机器。
公平丝厂（Iveson & Co.）	英	1882	上海	缫机200车，工人数百人。
怡和丝厂（Ewo Silk Filature）	英	1882	上海	英商怡和洋行所办，最初缫机200车，至19世纪末，资本50万两，缫机500车，工人1100人。
上海玻璃公司（Shanghai Glass Works Co.）*	英	1882	上海	主要出资者为平和洋行，不久即停业。
九江顺丰砖茶厂（S. W. Litvinoff & Co.）	俄	1882	九江	制造砖茶，系汉口顺丰砖茶厂的分厂。
上海电光公司（Shanghai Electric Co.）	英	1882	上海	资本5万两。1888年改组为新申电气公司，1893年由上海公共租界工部局接办，改为工部局电气处。

续表

企业	国别	设立年	所在地	情　况
福州机器制冰厂*	英	1882(?)	福州	制冰。
广州机器制冰厂*	英	1883	广州	制冰。是年为广州人民所毁。
祥泰木行(China Import & Export Lumber Co.)	英	1884	上海	英商沙逊洋行所创设,从事木材加工。
苏尔兹榨油厂(Schultze & Co.)*	丹	1884	牛庄	把蓖麻子榨成油。不久即停业。
福利公司家具厂(Hall & Holtz Cooperative Co.)	英	1885	上海	用机器制造家具。
天津时报馆(Chinese Time Office)	德	1885	天津	机器印刷,规模较大,印行中英文《天津时报》。1893年停业。
福利公司酿酒厂(Empire Brewery)*	英	1886	上海	福利公司收买埃凡馒头店的酿酒厂扩充而成。
屈臣氏大药房(A. S. Watson & Co.)上海分店	英	1886	上海	售药兼制药及饮料。总店在香港,上海天津各地设有分厂。
德隆打包厂	德	1887	天津	打包。
亚古船厂(Acum's Boatbuilding Yard)*	英(?)	188?	上海	修造船舶,规模较小。
大成机器厂(The Hungkew Engine Co.)	英	188?	上海	修理船舶。
怡和丝头厂(Ewo Silk Spinning, Weaving, and Dyeing Co.)	英	1888	上海	怡和洋行所创办,清理废丝,系与怡和丝厂相联系的企业。

续表

企业	国别	设立年	所在地	情况
上海机器轧花局（Shanghai Cotton Cleaning & Working Co.）	日、英、美、德	1888	上海	资本75000两，轧花机32部。1902年停业。
旗昌机器焙茶厂*	美	1888	台北	美商旗昌洋行所创办。
新上海制冰厂（New Shanghai Ice Co.）*	德	1890	上海	资本36000两，收买上海机器制冰厂扩充而成。
天津煤气公司（Tientsin Gas Co., Ltd.）*	英	1890	天津	资本30900两，其中有中国资本参加。
宝昌丝厂（Shanghai Silk Filature）	法	1891	上海	法商继承旗昌丝厂，缫机近1000车。
纶昌丝厂（Lun Chong Silk Filature）	英	1891	上海	资本20万两，缫机188车，工人250人。
汉口机器制冰厂*	英（?）	1891	汉口	制冰。
老晋隆洋行（Mustard & Co.）	英	1891	天津	小规模制造纸烟。
上海洋灰公司（Shanghai Concrete Co.）*	英（?）	1891（?）	上海	以入口的洋灰加工制造建筑材料。
乾康丝厂	美	1892	上海	缫机280车。不久即转售与华商。
泌药水厂（The Aquarius Co.）	英	1892	上海	英商正广和洋行创办，制造汽水、啤酒等饮料。规模较大。
上海榨油厂*	英	1892	上海	美查兄弟公司所创办，经营棉子榨油，兼制酒精。
美国烟草公司（Mercantile Tobacco Co.）*	美	1893	上海	机器制造纸烟，规模较大。

续表

企业	国别	设立年	所在地	情况
信昌丝厂（Sin Chong Silk Filature Co.）	法	1893	上海	资本53万两，缫机530车，工人约1000人。
厦门机器公司（Amoy Engineering Co., Ltd.）*	英	1893	厦门	修理船舶。资本3万元。
上海火油池（Arnhold Karberg, & Co.'s Oil Tank）	德	1893	上海	德商瑞记洋行所设，附设工厂制造铅铁煤油箱，工人约600人。
瑞纶丝厂	德	1894	上海	资本48万两，缫机480车，工人约1000余人。
天津印字馆（The Tientsin Press）	英	1894	天津	出版《京津泰晤士报》。
厦门火油池*	英（?）	1894	厦门	附设小规模的工厂，制造铅铁煤油箱。
汕头火油池*	美（?）	1894	汕头	附设小规模的工厂，制造铅铁煤油箱。

凡标*符号者，都是现在尚未找到中文行名，或原来没有中文行名的厂号，因此不得不暂时用音译或意译。其他未标*符号者，都是原有的中文行名。

附录二

1894年外国资本在中国经营的近代工业的资本、投资额与雇佣工人人数的估计

中日甲午战争前夕外国资本在中国经营的近代工业的资本、投资额与雇佣工人人数，这一估计工作的困难，以及进行估计的方法，已在本书正文里说过了。下面把估计列成一表，做为正文122页及129页所列两表的较详的说明。本书所根据的资料均已见正文脚注；各企业的资本与雇佣工人人数，可考的亦已见正文及附录一。这些估计只包括1894年存在的企业，凡1894年以前已经停闭的企业均不包括在内。估计表中包括了香港黄埔船坞公司，因为它在历史上与营业上和中国有较密切的关系；也包括了屈臣氏药房，因为它在香港、上海、天津等地的投资不易分开；此外，香港的英国企业均未包括在估计表内。因为史料缺乏，下列估计数字所根据的资料，有些是不够充足的，尤其是（四）（五）两类工业。所以这个估计是很粗略的，只能算是初步的尝试，尚望读者多多指正。表中凡估计的数字，均标 *；未标 * 者，均系有记录的数字。银两与银元的折合率为1元等于0.72两。

（一）船舶修造业

企业	资本	资产	说明	雇佣工人人数	说明
祥生船厂	800000 两	1111882 两	根据此厂 1895 年 7 月的资产负债表	*2200 人	1879 年祥生船厂工人为 1000 人至 1400 人。耶松因坞厂分散，工人可能更多些。两厂规模近似。今估计每厂约工人 2200 人。
耶松船厂	750000 两	955052 两	根据此厂 1894 年的资产负债表。	*2200 人	
浦东船坞公司	94000 两	*188000 两	两船坞公司多年租与耶松船厂使用，依据租约，耶松历年给两船坞所增设备，均归两公司，故资产增值较多。	——	两船坞公司因系将设备租给耶松船厂，故本身无工人。
上海船坞公司	220000 两	*440000 两		——	
亚古船厂	*200000 两	*300000 两	两厂均系中型的船舶修造厂。	*250 人	
大成机器厂	*200000 两	*300000 两		*250 人	

续表

企业	资本	资产	说明	雇佣工人人数	说明
上海及汕头的两三个小铁厂,约共	*100000 两	*125000 两	汕头一厂,上海厂数不明。	*300 人	
以上合计	2364000 两	3419934 两			
折合为	3283333 元	4749908 元			
厦门新船坞公司	67500 元	*200000 元	此厂年代较久,以 67500 元资本在香港注册,仅为受香港法律保护,实际资产估计应远超过此数。	200 人	
厦门机器公司	30000 元	*37500 元		*100 人	

续表

企业	资本	资产	说明	雇佣工人人数	说明
香港黄埔船坞公司	1562500元	*3125000元	此公司年代较久，规模较大，以19世纪末祥生与耶松资产增值情况推测，此公司资产至少应为其资本的2倍，参阅第121页注②	3500人	魏尔特:《二十世纪之香港、上海及中国其他商埠志》谓公司工人为2500人至4500人，今取中数。
共计	4943333元	8112408元		9000人	

（二）砖茶制造业

砖茶制造业的资本额缺乏记录。据安原美佐雄：《支那之工业与原料》（1919年版第一卷下，第946—947页），俄商在汉口的三个大砖茶厂资本共为400两。此记录过晚，不能依据。但自1895年至1919年，砖茶制造业并无很大发展，故推测在1894年，俄商在砖茶业中的投资应很不少。此处我们暂估计1894年俄商在汉口（4厂）、九江（2厂）、福建（数厂，确数不明）三地的砖茶制造厂及天津等地的分厂的资本共为400万元；俄商各砖茶厂年代均较久，但此类工业的资本的有机构成较低，故估计其资产约为其原资本额的1.4倍，即560万元。

雇佣中国工人人数：汉口4厂估计共约5000人（参阅本书第81页）；九江二厂估计共约1000人；福建数厂（确数不明），各厂规模较小，估计共约1000人。共计约7000人。

（三）机器缫丝业

企业	资本	资产	说明	雇佣工人人数	说明
宝昌丝厂（旗昌丝厂的继承者）	*800000 两	*1120000 两		1200 人	
公平丝厂	*200000 两	*280000 两	据已知资本额的4厂平均计算，大致缫机每10车资本1万两，见附录一。今即据此估计宝昌、公平两厂之资本。各厂资产，凡80年代成立者，估计资产为其资本的1.4倍，90年代初叶成立者，估计资产为其资本的1.25倍。	*350 人	缫丝业有5个厂有工人人数的记录。公平丝厂缫机300车，估计工人至少有350人。废丝清理需要工人较多，故估计怡和丝头厂至少有工人1000人。
怡和丝厂	500000 两	*700000 两		1100 人	
怡和丝头厂	*150000 两	*210000 两		*1000 人	
纶昌丝厂	200000 两	*250000 两		250 人	
信昌丝厂	530000 两	*662500 两		1000 人	
瑞纶丝厂	480000 两	*600000 两		1100 人	
共计折合为	2860000 两 3972222 元	3822500 两 5309028 元		6000 人	

(四)便利进出口的各种加工工业(砖茶缫丝业除外)

企业	资本	资产	说明	雇佣工人人数	说明
汕头怡和糖厂	*300000 两	*390000 两	此厂自 1886 年停工,但系暂停性质,非停闭,故仍须计算在内。	250 人	
上海机器轧花局	75000 两	*105000 两		*150 人	
台湾樟脑压制厂	*50000 两	*70000 两	此两厂记录不详,但估计规模不大。	*300 人	此两厂使用机器不多,但使用的人工较多。
旗昌机器焙茶厂	*50000 两	*70000 两		*300 人	
天津、上海、汉口各地驼绒、羊毛、禽羽、牛皮出口加工估计有数厂,共约	*100000 两	*140000 两	此两类厂数不详,它们所用的机器较少,但各厂需用的厂地、厂房、仓库等皆较多。	*4000 人	此两类工厂使用机器不多,但雇佣从事手工操作的工人甚多,10 余厂应至少有工人 4000 人。
隆茂、平和、德隆 3 个打包厂及各大贸易洋行附设的打包部,估计至少有 10 厂,共约	*400000 两	*500000 两			

续表

企业	资本	资产	说明	雇佣工人人数	说明
上海瑞记洋行火油池及厦门汕头火油池附设的制箱工厂,估计共约	*100000 两	*120000 两	此项估计仅包括各火油池附设的铅铁油箱制造厂,不包括火油池全部设备。	*1000 人	瑞记洋行火油池制箱厂工人约600人,见附录一;其他两厂估计各200人。
共计折合为	1075000 两 1493056 元	1395000 两 1937500 元		6000 人	

(五)其他各种轻工业

企业	资本	资产	说明	雇佣工人人数	说明
美华书馆、望益纸馆、别发洋行等印刷所,估计在上海及其他商埠共五六家,共约	*300000 两	*400000 两	有些教会的印刷所亦兼营印刷业。	*220 人	估计每厂自20余人至50人不等。
字林报馆、天津印字馆等报馆兼印刷业,估计在上海及其他商埠至少有10家,共约	*500000 两	*700000 两	较大的报馆兼印刷部,如天津印字馆,估计其资本应在10万两以上。有些则较小,资本亦少。	*550 人	估计大的报馆约达100人,小的约30人至50人。

续表

企业	资本	资产	说明	雇佣工人人数	说明
美查兄弟公司所经营的6个企业	275000两	304566两	根据公司1893年度的资产负债表。	*1200人	已知者,江苏药水厂250人,点石斋石印局200人,燧昌自来火局450人,估计申报馆与申昌书局100人,肥皂与榨油厂200人。
上海砖瓦锯木厂	*100000两	*150000两		*300人	
上海机器洗衣局	5460两	*7600两		*30人	
新上海制冰厂	36000两	43929两	根据公司1894年度的资产负债表。	*50人	
福州、汉口两家制冰厂,共约	*60000两	*75000两	估计规模皆与上海制冰厂近似。	*100人	
上海华章纸厂	450000两	*540000两	纸厂资本增至45万两,似应在甲午战争以前。	*600人	参照此厂生产情况,估计雇佣工人较多。
伍德铁厂	*100000两	*125000两		*100人	
祥泰木行	*100000两	*140000两	1894年祥泰木行的规模尚不如20世纪初叶那样大。	*300人	
福利公司机器制造家具厂	*50000两	*70000两	根据福利公司营业报告估计	}*200人	
福利公司酿酒厂	*30000两	*42000两			

续表

企业	资本	资产	说明	雇佣工人人数	说明
正广和公司	*50000两	*100000两		*100人	
泌药水厂	*100000两	*120000两	此厂规模较大。	*300人	
上海洋灰公司	*30000两	*36000两	公司主要经营进口贸易，兼营制造。此估计仅包括兼营部分。	*50人	
老晋隆洋行	*10000两	*12000两	此估计仅包括兼营小规模制造卷烟部分。	*50人	
美国烟草公司	*200000两	*250000两	此厂规模较大。	*300人	
以上合计	2396460两	3116095两			
折合为	3328417元	4327910元			
老德记药房	120000元	*168000元		*50人	
屈臣氏药房	245000元	*294000元	包括香港总店及上海天津分店全部。	*50人	
科发药房	*100000元	*120000元		*50人	
共计	3793417元	4909910元		4600人	

(六)公用事业

企业	资本	资产	说明	雇佣工人人数	说明
大英自来火房	200000两	351235两	根据公司1893年度的资产负债表。	300人	
上海自来水公司	665711两	866883两	根据公司1894年度的资产负债表。	*700人	
工部局电气处	*200000两	*220000两	估计包括购买新申电气公司的全部资产及斐伦路新厂建设的投资。	*300人	
天津煤气公司	30900两	33961两	根据公司1893年度的资产负债表。	*100人	
共计	1096611两	1472079两			
折合为	1523071元	2044554元		1400人	

中日甲午战争前资本主义各国在中国设立的银行

鸦片战争后五口通商，上海很快地便代替了旧日的广州而成为中国对外贸易的第一个重要商埠，每年大宗丝、茶由此出口，大量的鸦片和各种工业品由此进口。经营进出口贸易的，主要是战胜国和侵略者的英国商人，依靠其新攫得的政治经济特权，在此活动。他们为了对战败的中国进行掠夺性的贸易，感到有设立金融机构的需要，遂于1848年开始在上海设立了第一个外国银行——东方银行（初名Oriental Bank，1851年改称为Orien tal Banking Corporation，中名亦曰丽如银行、金宝银行、东亚银公司）的分行。①

东方银行总行原在印度孟买，1845年改设于伦敦，是当时英国在印度及远东各地进行经济掠夺的一个重要金融机构。这银行于1845年4月在香港首先建立了分行，3年以后又在上海开设了分行。1851年它自英国政府获得了"皇家特许状"（Royal

---

① 有些书上讲外人在华设立的银行最早的是麦加利银行，显系错误。这错误恐由于麦加利在上海设立分行后便一直继续下来，而先于麦加利的东方和有利两行，前者于1884年歇业，后者于1892年改组的原故。

Charter），受权"在好望角以东任何地区建立机构经营兑换、存款与汇划事业"①。当时资本为60万英镑。东方银行分行在上海开业后，营业很兴盛，获得了高额的利润，成为英商在上海重要经济活动的中心。过了些年，它在福州也开设了分行。

在太平天国革命时期，上海英、法、美诸国派遣武装力量"保卫租界"，与太平天国起义军为敌。江南大批的官僚、地主、富商、买办蜂拥到上海租界"避难"，使上海租界地价陡增，物价涌涨，造成了10余年的畸形的繁荣，使英国商人大发横财。追随着这种繁荣，英国资本家在上海又设立了有利与麦加利两银行的分行。

有利银行（原为 Chartered Bank of Asia，1858年与 Mercantile Bank of India，London and China 合并，改组为 Chartered Mercantile Bank of India，London and China）与麦加利银行（Chartered Bank of India，Australia and China，亦曰喳叮银行）的总行（均在伦敦），皆从英国政府获得"皇家特许状"而成立于1853年。这两个银行的成立，正当英国资本家在远东经营贸易与金融事业获利极丰厚的时候。这时有利银行先于1854年在上海开设了分行②。麦加利银行随着于1857年也在上海和香港各设了分行，嗣后并设分行于汉口（1863年）与天津（1895年）。这两个银行，尤其是后者的势力伸入中国后，便成了东方银行有力的竞争者。从它获得的特许状看，它享受的特权异常广泛。

① 巴士德：《帝国银行》（A. S. J. Baster, The Imperial Banks），第105页。
② 有利银行在中国开设分行的年代，各书记载分歧。有的说在1875年的，毫无根据。有的说在1892年的，那是把有利银行改组改名当做了开设年代。正确的年代是1854年。按有利银行是年在上海初设分行时，它的名字是 Mercantile Bank of India, London and China，其总行在孟买，是一个合伙组织而非有限公司。1858年其孟买总行与 Chartered Bank of Asia（获得"特许状"而成立于1853年者）合并改组，并改名为 Chartered Mercantile Bank of India, London and China，其在中国之分行也随着改了名字，但其中名则始终未改。余见下。

当时在远东的英国商人，经常把本国的纺织品输入印度销售，从印度运大量鸦片来中国，然后从中国掠取茶、丝运回本国。这三角贸易使英国商人获得了高额的利润。为进行这样的贸易，他们经常需要大宗汇划，这是当时他们在上海设立银行的主要目的和主要利源。此外，麦加利银行在上海开业，与大英轮船公司（P. & O. Steam Navigation Co.）有密切联系。当时中国进出口贸易的绝大部分商品都由英国商船装载，大英轮船公司控制着中国大部分的远洋航运。

有利银行在中国初期营业很顺利，但至1892年因受银价跌落的影响而遭遇困难，遂于是年变更组织，取消了"特许状"，按英国公司条例重行注册，并改变英文名称（改为 Mercantile Bank of India, Ltd.）而中文名称不改。不久，上海分行暂时歇业，只留代理处，直到1915年分行才又重新开设。为了这些变动，它在中国的业务活动大大缩小。麦加利银行则自从在上海开业以来，一直继续着，逐渐扎下了坚固的根基，始终维持为英国在中国最老的金融侵略机构。

以上所述3个英国银行，都是从英国政府领受"皇家特许状"的海外银行，属于英国资本家所谓"殖民地银行"或"帝国银行"的类型，其活动重心仍在其殖民地印度、马来、澳大利亚各地。1860年前后，英国政府颁布了"股份公司条例"，改变了银行政策，英国银行的发展进入了新的阶段，新型的银行一时簇出。在60年代之初，许多新型的海外银行——以对外国营业为主的所谓"国际银行"，超出其本国与殖民地的地域界限，而伸展势力到经济落后国家与半殖民地；其中到香港开设分行的便有7家，到上海开设分行的也有呵加剌银行（Agra and United Service Bank, Ltd.）、汇隆银行（Commercial Bank of India）、汇川银行（Central Bank of Western India）等6行。此外，英国多年对中国进行经济侵略之大本营汇丰银行,也在此时期应时成立了起来(1864年)。这些新兴的银行在香港、上海才开设了一两年,业务还没有展开,便遇到了1866年孟买的巨大金融风潮(Overend Gurney Crisis),两地新开设的诸银行为此纷纷倒闭清理。风潮过后,英国在上海的银行遂仅剩了4家——东方、有利、麦加利与汇丰。

剩余的4家银行中,最可注意的是汇丰银行(原名 Hongkong & Shanghai Banking Company,1866年正式注册后改名为 Hongkong & Shanghai Banking Corporation),于1864年成立于香港;1865年在上海设立了分行,是年港、沪两地同时开业。汇丰银行的成立,正当英国新型的"国际银行"急速发展,侵袭世界各地的时候。同时,在中国,英、法两国在第二次鸦片战争中打败了清政府的军队,沿海沿江新辟了十来个商埠,攫取了更多的政治经济特权;英、法、美三国又勾结清政府,摧抑了太平天国革命运动,正准备积极开发沿海与长江的贸易。为加紧对中国进行经济侵略,一部分在香港的英国大商行,如大英轮船公司、宝顺洋行(Dent & Co.)、太平洋行(Gilman & Co.),结合了当地的德国、美国以及印度商人,共同创立了这个汇丰银行,[①] 在香港政府注册,总行即设于香港。资本原定为港洋500万元,初开业时仅缴足一半。从

---

① 关于汇丰银行成立的年代,各书记载分歧。有1864、1865、1866、1867、1881年诸说。盖汇丰于1864年在香港正式组成,1865年香港总行与上海分行同时开业,1866年在香港政府登记、改名(中名始终未变),1867年登记手续完毕,取得法律地位,而其在上海开设分行则确在1865年。1881年的说法完全无稽。参阅高玲:《中华汇典》(S. Couling, The Encyclopaedia Sinica),第235页,及艾特尔:《香港史》(E-. J. Eitel, History of Hongkong),第386页。又,有的书讲汇丰初立时,英商怡和洋行(Jardine, Matheson & Co.)为发起人之一,此系错误。汇丰初立时,怡和洋行实不赞成,并反对汇丰享有广泛的外汇经营权。怡和与汇丰的合作,当在80年代以后。参阅巴士德:《国际银行》(A. S. J. Baster, International Banks),叙汇丰较详。

它最初的组成而言，似带有国际性质（起初且有华商股份参加），但经营权则操于英国资本家集团之手，其次德国资本亦有部分势力；直到1915年德人退出，遂变成为纯粹英国资本的银行。

汇丰成立后二年，正遇到孟买金融风潮，港、沪两地许多新兴的英国银行纷纷倒闭，但汇丰则渡过了难关。自70年代起，它的实力一天天增长，逐渐超过了东方、有利、麦加利诸银行。1872年它缴足资本港洋500万元，1883年增资至750万元，1890年增资至1000万元；同时它在汉口（1868年）、天津（1880年）与北京（1885年）都开设了分行。1870年汇丰的存款仅800余万元，至1890年已跃进至9000余万元。同年代的放款及贴现，亦自600余万元跃进至6000余万元。汇丰的成立表示英国的银行资本势力在中国发展进入一新阶段。以前英国各银行的活动主要都以其殖民地印度为中心，在中国不过是附带营业；汇丰则以向中国进行经济掠夺为主要目的，它代表英国资本对中国侵略活动显著的加强。

与汇丰成立的同时，法、德两国也在上海开设了银行。在第二次鸦片战争以后，法国和英国同样地以战胜国的地位，企图对中国发展生丝贸易。因此，大约在1863年，① 法兰西银行（Comptoir d'Escompte de Paris）便在香港和上海设立了分行，从此成为法国在中国唯一的金融机构，直到1889年歇业。德国则在普法战争后全国统一之后，德意志银行（Deutsche Bank）于1872年即在上海开设了分行，以协助德商在中国经营丝茶贸易；但开业不到3年，因德商投机亏累，于1875年即行倒闭。

---

① 法兰西银行在上海开设分行年代不易确定，大约在1863年。参阅徐愚斋：《上海杂记》，第7页；葛元煦：《沪游杂记》，第33页；1865年《海关贸易报告》，第135页；巴士德：《国际银行》，第162页。

中法、中德的贸易远不及中英贸易发达，所以两国虽在中国设置了金融机构，其势力及活动范围远逊于英国诸银行。因此我们可以说从1848年至1889年，在中国的外国金融业是英国一国垄断控制的时代。英国在中国的4家银行，东方银行于1892年歇业，[①] 有利银行则在营业上屡感困难，因此对中国进行经济侵略最活跃的，首先是汇丰，其次是麦加利。

自19世纪80年代以降，世界局势逐渐起着变化，世界资本主义渐次过渡向帝国主义。新兴的德国与美国，产业急速发展，与英、法两国，尤其是英国，日益加紧地争夺世界市场。军事的封建的帝国主义沙俄与日本，也先后大踏步登上了资本主义国际间尖锐斗争的舞台。半殖民地的中国遂更进一步沦为这些资本帝国主义国家侵略的目标和斗争的场所。自80年代以来，中国对外贸易起着本质上的变化，棉纱、棉布、煤油及各种廉价工业品的进口与日俱增；出口则除丝、茶外，棉花、大豆、牛皮等原料品日益加多。中国已全然成为资本主义各国的原料供给地和廉价工业品的销售市场。进出口贸易总额已自1870年的1.3亿两跃进至1894年的2.68亿两，而且自1877年以后经常每年入超。沿海沿江各商埠外国商人与洋行逐年增多，其中仍以英国商人为最多，但其他各国则也在显著地增加。不只贸易方面有这样急剧的变化，而且资本主义各国已不断向清政府提出要求，图谋在中国境内修筑铁路，开采矿山，举办电讯，建立工厂。对这些要求，清政府虽然表面上不断在搪塞，但实际上在中日甲午战争前，他们在中国已曾修筑过铁路，举办了电讯，开采矿山，并已在各商埠建立了近百个大小不同类型的工厂。

在这样新的历史条件下，自1889年，资本主义各国在中国

---

① 《海关贸易十年报告（1892—1901）》，第487页。

开设银行也便进入了一个新的阶段——各国纷纷到中国来设立银行，展开了竞争，银行的性质也很快地起了变化。

首先，1889 年德国 13 家银行合资在上海创设了德华银行（Deutsch-Asiatische Bank），① 资本 500 万两，总行设于上海。它代表着当时德国银行界的大部分利益和德国政府的政策，协助德国商人进行对中国（以及远东）的掠夺性的贸易，寻找各种机会对中国进行经济侵略活动，并企图与英国的汇丰银行相竞争。它的性质很像汇丰，但有时更显著地得到德国政府直接的支持。这个银行到了中日甲午战争后，便更进一步成为德国帝国主义侵略中国的最重要的机构了。

德华成立后，英国应着它在急速扩展中的中英贸易的需要，又在上海开设了两家银行——惠通银行（Bank of China, Japan and the Straights, Ltd.），开设于 1890 年；中华汇理银行（National Bank of China），开设于 1892 年。这两家银行都是商业银行。前者系原来英国商人设立的大东惠通公司所改组，总行设于伦敦，资本 25 万余英镑。后者系由英商旗昌洋行（Shewan, Tomes & Co.）发起设立，总行设于香港，在上海和厦门开设分行，资本 50 万英镑。二者的业务都以汇兑及存款放款为主。但这两个银行规模不大，寿命都不长，惠通于 1902 年即倒闭清算，中华汇理则于 1911 年歇业。②

新兴的资本主义国家日本，自 1875 年以后经济发展很快，尤其是轻工业制造品在东亚市场上渐占重要地位。为了争夺市场，它对半殖民地的中国特别觊觎，它急于要从中国攫取原料

---

① 一说 1891 年，误。关于德华银行，参阅《德国的股份银行》（P. B. Whale, Joint Stock Banking in Germany）上篇。

② 《海关贸易十年报告（1892—1901）》，第 487 页。

（如原棉、大豆、铁），并把中国变成它的销售市场（如棉纱、棉布）。1875年以后中日贸易额历年增加。为经营贸易，发展航运，在70年代三菱商会和三井物产会社便到上海和天津设立洋行，进行各种活动。在这样的情况下，日本最重要的"特殊银行"——横滨正金银行遂于1893年5月在上海开设了分行。[①]中日甲午战争后，横滨正金银行便成为日本帝国主义对中国进行各种侵略活动的大本营之一。正金银行与欧洲各国银行不同，它更直接地受日本政府支配，所以它的政治侵略活动有时不亚于其经济侵略活动。

　　法国虽自60年代之初，法兰西银行即在西贡、香港、上海开设了分行，但因种种条件，未能充分展开活动。当时法国正积极进行侵占越南，在远东的法国军人、官僚、商人等都主张在远东设立一特殊的"殖民地银行"，法国银行界也有同样的提议。酝酿的结果，由法国国内3家主要大银行（其中包括法兰西银行）联合了几个其他银行共同出资，于1875年正式组成了东方汇理银行（Banque de l'Indochine，总行设于巴黎）。这个银行代表着法国大部分银行资本的利益，在远东享有广泛的自由的权力，其主要目的在控制并榨取越南的劳动人民，并向中国进行各种侵略活动。中法越南战争后，此银行在越南已发展成为一极有力的经济侵略机构。它于1894年在香港设立了分行；中日甲午战争后，为应加紧侵略中国的需要，于1899年开始在上海开设了分行。[②]从此以后，多年成为法国帝国主义侵略中国的大本营之一。

---

　　① 《海关贸易十年报告（1892—1901）》，第487页。
　　② 东方汇理银行在中国设立分行的年代，一说为1875年，显系误将其总行成立年代混为上海分行设置年代；一说为1898年，亦误。

自 70 年代以降，美国资本家便认为中国是它未来的最重要的市场。中日甲午战争前 10 余年，美国以棉纺织品、煤油、烟草、面粉等输入中国，自中国输出丝、茶、羊毛、皮货等原料及半制品，中美这样的贸易已使中国成为它的廉价工业品销售市场与原料供给地。为了对中国进行此种掠夺性贸易的便利，自 1887 年美国资本家费莱德尔菲亚银公司（Philadelphia Syndicate）即酝酿成立一资本雄厚的中美银行（Chinese-American Bank），但此计划因各种阻碍，未曾实现。① 因此在中日甲午战争前，美国在中国境内尚未开设银行，美商多依靠英国银行获得金融的融通。美帝国主义对中国进行经济侵略的大本营花旗银行（International Banking Corporation），成立于 1901 年，其上海分行于 1902 年正式开业。②

沙俄在中日甲午战争前没有在中国开设银行的意图。华俄道胜银行（РуссКо-Китайский Банк）成立于 1895 年年底，它的主要目的在向中国东北进行侵略活动，性质与组织和欧美各国银行很不相同。③ 比利时的华比银行（Banque Sino-Belge 后改名为 Banque Belge pour l'Etranger）成立于 1902 年，荷兰的嚼哒银行（Nederlandsche Handel-Maatschappij）则于 1903 年在上海开设分行；此两银行的设立都为利用庚子赔款在中国活动，年代也较他国稍后了。

资本主义各国在华设立的银行，是它们多年对中国进行经济侵略活动的大本营。这些银行曾是半封建半殖民地中国人民经济

---

① 潘序伦：《美国对华贸易》（S. L. Pan, The Trade of the United States with China），第 324 页。
② 《海关贸易十年报告（1892—1901）》，第 487 页。
③ 罗曼诺夫：《帝俄侵略满洲史》（民耿译，商务印书馆出版 1937 年版），绪论及第一——二章。

生活多方面的压迫者、剥削者与控制者，研究中国近代史的人对它们须加以特别的注意。关于资本主义各国在中国初期开设的银行，普通书中记载分歧混乱，本文把各种记载汇集，重新初步考订叙述如上，着重在其开设的年代与背景。至于当时这些外国银行在中国的实际活动，问题相当复杂，不能在这篇短文内谈了。

中日甲午战争赔款的借款

一 中国初期的外债

自中日甲午战争中国战败后,帝国主义列强对中国的经济侵略开始了一个新的方式:政治借款。政治借款的目的万种千端,因时代与情况不同有种种差异。有的为假此以控制中国财政,增强其在中国的政治势力;有的为要侵害中国的领土主权,垄断资源,把中国更深一步殖民地化;有的为在帝国主义列国互相矛盾斗争中,在中国争夺利权,克制敌手;有的为要支持或收买中国的反动势力,以反人民反革命,以维护帝国主义者在中国的特殊权益。其基本的目的则都在把"剩余"资本输出到半殖民地的中国,以奴役剥削中国劳动人民,获得在它们本国所榨取不到的超额利润。

此种政治借款可以说自1895年的"俄法洋款"首开其端。按自太平天国革命时代,上海道台吴煦于1861年第一次从上海洋商举借外债起,到中日甲午战争开衅止,30余年间清政府曾向英、德各国商人举借过25次外债。借债的目的绝大部分是为了压抑太平天国革命运动和西北少数民族起义,为了应付军需军饷，办理海防，以及进行中、法越南战争等。这25次外债的总额约共4100余万两，大半系借自外国（最多的是英国）在华的银行，以海关收入为担保，大抵皆由地方政府机关出面举借。截至甲午战争时，绝大部分都已偿清。从这些借款的性质看来，大半都是外国银行资本家图谋从清政府获取高额利润而借贷（利息常高到八九厘），经济性质多过政治性质，还没有具备甲午以后那样十足的帝国主义金融资本残酷侵略的色彩。①

中日甲午战争期间，为应战费迫切的需要，清政府又借了4笔外债（皆以海关收入为担保，期限皆为20年）：

汇丰银款　10000000 库平两　年息7厘　实收九八
1894年11月起债

汇丰镑款　3000000 英镑　年息6厘　实收九二
1895年2月起债

克萨镑款　1000000 英镑　年息6厘　实收九五·五
1895年6月起债

瑞记洋款　1000000 英镑　年息6厘　实收九六
1895年6月起债

前两项系借自英商汇丰银行，第三项借自英商麦加利银行，第四项系经德商瑞记洋行（Arnhold Karberg & Co.）之手借自德国国家银行（National Bank fur Deutschland）。前两项由户部与总理衙门出头借贷，后两项系署两江总督张之洞为南洋战备军饷而借。张之洞所借两款成立于中、日议和期间，因此借成以后改作

---

① 汤象龙：《民国以前关税担保之外债》（《中国近代经济史研究集刊》，第三卷第一期）。参阅孔斯：《中国之外债》（A. G. Coons: The Foreign Public Debt of China），第1—2页；瓦格尔：《中国之财政》（S. R. Wagel: Finance in China），第22—28页；田村幸策：《支那外债史论》，第19—25页。按关于中国初期的外债，各书记载不全，以汤象龙文较为可靠。

裁勇练兵等用。① 按 1894 年中英贸易占中国全部对外贸易的百分之六十五，而中国出入口货物的百分之八十五皆由英船载运。② 英商因在华贸易如此重要，又知道在英人控制下的中国海关收入还可靠，所以英商银行借给了中国以上4次中的3次外债。这战事期中的4次借款虽然带有政治性，但就其条件与性质而言，仍与甲午战前的外债相近，而与"俄法洋款"以后数十年的政治借款很有些差别。因此我们可以说近代帝国主义列国金融资本对中国侵略性的政治借款，实自1895年的"俄法洋款"开始。

二　中日甲午战争的赔款

1894—1895年的中日甲午战争，清封建政府被新兴的日本帝国主义者所战败，李鸿章于1895年4月17日在日本签订了丧权辱国的《马关条约》。关于赔款，条约第四款订明：

> 中国约将库平银二万万两交与日本作为赔偿军费，该款分作八次交完，第一次五千万两应在本约批准互换后六个月内交清，第二次五千万两应在本约批准互换后十二个月内交清。余款平分六次递年交纳，其法列下：第一次平分递年之款于两年内交清，第二次于三年内交清，第三次于四年内交清，第四次于五年内交清，第五次于六年内交清，第六次于七年内交清，其年分均以本约批准互换之后起算。又第一次

---

① 汤象龙前引文；田村幸策前引书，第27—32页；孔斯前引书，第5—6页；《清季外交史料》卷九九至一一三；《张文襄公全集》卷四〇、七七、七八。

② 蓝格：《帝国主义外交》（W. L. Langer: The Diplomacy of Imperialism）卷上，第167页；《海关贸易十年报告（1892—1901）》，卷末附录贸易统计；约瑟：《列强对华外交政策》（P. Joseph: Foreign Diplomacy in China, 1894—1900），第73、98页。

赔款交清后，未经交完之款应按年加每百抽五之息，但无论何时将应赔之款或全数或几分先期交清，均听中国之便。如从条约批准互换之日起，三年之内能全数清还，除将已付利息或两年半或不及两年半于应付本银扣还外，仍全数免息。

这赔款的数目很大。日本初提出时，李鸿章就实告以中国无法担负。1894年清中央政府全年财政收入尚不足8900万两。①据上引条约，中国第一年即应付1亿两；又为省却付息，中国必需于3年内筹足全数。当时清政府在战败以后，财政本已十分困难，欲在国内自己筹划如此庞大的款项，是根本不可能的事。因此为了交付这赔款，中国只好向帝国主义资本家们举借外债。

《马关条约》签字后6天，沙俄、德、法三国便出头干涉，叫日本不得割取辽东。5月5日日本同意退还辽东，但要求先把《马关条约》批准互换，再另定还辽条约，并要求增给还辽的"酬报"费。三国对此要求同意，《马关条约》遂于5月8日在烟台互换，还辽"酬报"另议。此后数月间三国与日本在东京会商还辽诸条件的细节，至11月8日中日遂缔订了《辽南条约》六款，其第二款订明：

> 中国约为酬报交还奉天南边地方，将库平银三千万两迨于光绪二十一年九月三十日，即明治二十八年十一月十六日，交与日本国政府。

第三款又订明此款交付后"三个月以内日本国军队从该交还地方一律撤回"。根据此约，中国在第一年内应付给日本的赔款又增加了3000万两。

中国为交付赔款不得不举借外债，给了帝国主义列强一个好

---

① 李希圣：《光绪会计录》卷一；艾约瑟：《中国财政与赋税》（J. Edkins: The Revenue and Taxation of the Chinese Empire），第11、55—66页。

机会向清政府进行侵略性的政治借款。这些借款附着一次比一次加重的苛刻条件，破坏了中国财政，损害了中国主权，并引起俄、法、英、德、美诸国间激烈的竞争。

三 俄法洋款(1895)

《马关条约》刚签订后，清政府为了希望日本早日依约退兵，便立刻筹划借款以付此战争赔款。总理衙门在4月里先问总税务司赫德（Robert Hart）如何办理，赫德主张向英国借贷。赫德事实上从3月起即已进行与英国银行秘密商谈。[①] 此时沙俄、德、法三国刚刚开始干涉还辽，听到这个消息后，便都想阻止这件事。三国干涉还辽，各有实际的目的，都想此举成功后便可诱迫中国给以报偿。沙俄想深入满洲，并在中国增强其政治势力；法国附随其盟国沙俄，并谋自安南伸张势力进入中国西南各省；德国则望在中国沿海攫得一个"煤站"，同时想把沙俄的注意力引向东亚以解除其本国东疆的威胁。三国既然干涉还辽，表面上便都强调此举为"帮助"中国，抢着表示自己是中国的"朋友"。干涉还辽之举，英国因另有一套侵略中国的计划，没有参加。如今三国看见中国战争赔款的第一次大借款的买卖，有被未参与干涉还辽的英国抢去的可能，当然很不甘心，便都出来阻挠。至于中国最初谋向英国借贷的原因，恐系由于以往中国外债大半借自英人，但主要由于赫德为英国竭力奔走张罗的关系。

---

① 马士：《清帝国对外关系史》（H. B. Morse：The International Relations of the Chinese Empire）卷三，第53页；魏尔德：《赫德与中国海关》（S. F. Wright：Hart and the Chinese Customs），第657—658页。赫德阴谋欲使英帝国主义包揽借款，曾秘密建议由汇丰银行分期筹借6000万英镑。

德国听到消息后，于4月底即告知沙俄驻德代办，并暗示德国也有借款之意；同时即向清政府进行"探询"。沙俄财政大臣威特（Witte）是当时沙俄政府中主张积极"和平侵华"的主脑人物，他认为此次借款政治意义重大，便想由沙俄一手包办。然而沙俄的金融资本力量当时远不及欧洲列强，苦于一时无法筹措偌大的款项。5月3日沙俄外交大臣罗拔诺夫（Lobanoff）首先告诉中国使俄大臣许景澄，说："此事俄国户部已筹良策，有益中国，预备询商"，并反对中国和不肯助华干涉还辽的英国借贷。许景澄告以德国亦有贷款之意，因问沙俄是否愿意三国同办；俄方答以候得中国回信再议。同时沙俄政府即令俄国国际商业银行派人到巴黎活动，言明此借款当以中国关税担保，并拟由俄国政府保证，希望法国各银行出来帮忙。

5月11日威特再通知许景澄，说沙俄财政部愿借与中国1亿两。这时德、法两国业已分别向总理衙门表示愿借，总理衙门打算叫三国分担，因此于15日回复沙俄，说中国只愿从沙俄借5000万两。20日沙俄提出具体条件：俄方原由财政部借与之议取消，改由银行出面；借款总额为1亿两；由中国关税担保，但关款不敷时则由沙俄政府代为担保；偿还期为36年；并拟派人来"查访"中国关税收入。许景澄告以中国方面拟向俄、法、德三国分借；沙俄则表示不愿他国参预，并望中国"勿宣播，俟6个月后再议他款"。

巴黎方面，法国银行界对于沙俄的提议初尚踌躇，因怕引起英国太大的反感，又不愿沙俄独自由政府出头作借贷人。但不久见德国图谋甚亟，法国不愿德国参预，又怕将来推演成为各国合借则对法不利，因此便与沙俄议妥，由法国多出资，沙俄多出力，归俄、法两国包办。总理衙门方面觉得沙俄所提条件过苛，在5月22日曾告许景澄说中国打算这第一次借款先归德国。但俄方坚主原议，并说"俄、法一气，无庸虑；德国一边可另想法"，表示不愿德国参加。清政府在如此被迫下，只好决定丢开德国，提议由俄、法二国合借。6月11日沙俄提出最后条件：借款总额共4亿法郎（约合15820000英镑，或1亿两），"海关作押，由俄主颁谕加保"，"中国以后借款，如允海关及他项权利，亦准俄国均沾"。

这时三国干涉还辽的谈判正在东京进行。6月7日德国知道了俄、法排除德国联合向中国的借款即将成立，十分不满。但它决定对俄、法暂不喧张，只暗地和英国共同在总理衙门挑拨，说沙俄所提条件中，由俄政府代保一点显系把中国当作了沙俄的保护国。总理衙门对此点原来也很觉不妥，一再电令许景澄与俄方磋商更改；但沙俄只允在措辞方面略加修改，至于基本原则则不肯更动。清政府不得已，乃于7月6日在俄京签订了借款合同。①

这"俄法洋款"（亦曰中俄4厘利借款）是由俄法银团共借4亿法郎，年利4厘，实收九四又八分之一，以海关收入担保，自1896年3月起分36年偿还。参加贷款的法国银行6家，共贷2.5亿法郎；沙俄银行4家，共贷1.5亿法郎。合同里言明此借款起债后6个月内中国政府保证不向他国借款。这次借款最重要的是附带了两项条款：第一，如果中国不能如期付还

---

① 关于俄法洋款交涉的经过，主要系根据《清季外交史料》卷一一一至卷一一八；苏联科学院出版《世界外交史》第二卷，法文版，第128—130页；罗曼诺夫：《帝俄侵略满洲史》第二章（中译本）；魏尔德前引书，第658—670页。参阅约瑟前引书，第四章；蓝格前引书，第188—189页；高狄尔：《中国与列强关系史》（H. Cordier：Histoire des Relations de la Chine avec les Puissances Occidenteaux）第三卷，第304—306页。

本利时，由俄法银团代为继续付给，"惟中国国家应另许俄国以别项进款加保；至另商加保之事，应由两国大臣在北京办理"。这句话异常含混，便是原议沙俄政府代保的变象，显然超出金融保证之外而另含有政治意义。第二，"因此借款之事，中国声明无论何国何故，决不许其办理照看税入等项权利；如中国经允他国此种权利，亦准俄国均沾"。换言之，即中国应允沙俄不许他国干预中国财政的监督或行政；但如有他国获得这种干预权，则沙俄亦要参加。① 这一点实暗指久已在英人掌握中的中国海关行政而言。

这次借款是俄法集团外交上的一个胜利。它使得俄法集团在中国增强了政治势力，可以要挟诱迫清政府进一步许可沙俄南下入满洲，许可法国自安南伸张势力入两广、云南诸省。这次借款，俄法集团排开了英、德两国，并且从清政府得到保证，说中国财政行政或监督权若为他国所侵攘时，沙俄依约便可参预。俄法集团觊觎的是中国海关。在中国海关收入能按期付借款本利时，当然没有问题；但如果不能（威特当时即相信此情形将来有发生的可能），则俄法便可借口加以干涉。这一套是当时沙俄、法国两帝国主义者以金融资本力量"和平侵华"的大计划的一个开端，以后几年俄法集团便沿着这条路线向半殖民地的中国南北钳形迈进。"俄法洋款"可以说是沙俄侵入满洲与法国侵入两广、云南的第一声号角。

这笔借款立刻的影响是使干涉还辽的三国间发生了裂痕。自借款一成立，德国便改变了态度，在东京的还辽谈判中暗地里协

---

① 《清季外交史料》卷一一五，第 7—14 页；《财政部经管有确实担保外债说明书（1928 年）》，第 5—17 页；马慕瑞：《各国对华条约汇编》（J. V. A. MacMurray: Treaties and Agreements With and Concerning China）卷上，第 35—42 页。

助日本。怂恿日本多索还辽的"酬报"费，坚持交款的日期。这谈判为了德、俄意见的不一致，几乎造成僵局。这样一直拖延到10月，三国与日本才勉强得到了协议。① 为了这个原因，中国在付款条件上吃亏不小。

四 英德洋款(1896)

在第一次战争赔款的借款竞争中，英、德两国失败了。但在俄法洋款签订合同前，总理衙门曾答应英、德两国以下次的借款权。② 俄法洋款合同中的6个月内不另借外债之约，至1896年1月间期满。在满期以前，英、德两国即大肆活动，胁迫总理衙门许英、德两国合借1600万镑（约合1亿两），承办者是汇丰银行与德华银行。这两个银行表面上是商业银行，与上届俄、法诸银行中有些与政府有密切关系的不同；但事实上这两个银行在中国经常协助其本国政府执行实际的侵略政策。

俄法集团本不愿英、德两国独获此借款权。在一月初，沙俄财政大臣威特即提议由俄、法、德、荷四国共借，但未能顺利成议。法国驻华公使施阿兰（A. Gerard）也曾向总理衙门交涉，想与英、德竞争；但当时法国银行界正因近东政治风云和金矿投机而发生了困难，来不及照顾远东。沙俄不得法国帮助则无法独力进行；而且威特此时正在筹划华俄道胜银行，并企图议修中东铁路，不愿过分得罪英、德，怕惹起它们的反对。为了这些原

---

① 约瑟前引书，第四章；《清季外交史料》卷一一六至卷一一八。
② 施阿兰：《使华记》（A. Gerard: Ma Mission en Chine），第72页。魏尔德前引书，第660—661页。

故，此次俄法集团竞争不算太激烈。同时英、德两国对此则十分积极，志在必得，总税务司赫德又竭力奔走怂恿，结果总理衙门终于接受了英、德两国的请求，于1896年3月23日签订了借款合同。①

这次的"英德洋款"（亦曰中国5厘利借款）共1600万英镑，年利5厘，实收九四；以海关收入为担保；自1896年4月起分36年偿还。借款的汇丰银行与德华银行各负一半。合同里同样地言明本借款起债后6个月内中国政府保证不向他国借款。这次借款也附带了两项重要条款：（一）合同第四款说，偿还期为36年，中国"不得加项归还"，不得提前一次清还，也不得改变其他还法。这一条显然是怕中国将来移债给俄法集团。（二）第七款说，"此次借款未付还时，中国总理海关事务应照现今办理之法办理"。在此次借款交涉期中，俄、法两国曾要求并得到了在中国海关机构中增加俄、法人员名额，因此英国怕俄、法有意将来排挤英国人，或夺取久在英国人掌握中的中国海关。这一条的目的全在要保持英国已攫得的中国海关行政权，使未来36年中不加更变；换言之，即英人垄断总税务司职位，而高级职员中英人占最多的名额。②

这借款使英、德两国在中国增加了政治势力，阻挠了俄法集团对中国财政控制的企图，并且英国从此更抓紧了中国海关行政权。

---

① 约瑟前引书，第151—153页；《清季外交史料》卷一二○；蓝格前引书，卷上，第401页；魏尔德前引书，第660—662页；施阿兰前引书，第126页；裴来登：《赫德传》(J. Bredon: Sir Robert Hart)，第195—198页。

② 约瑟前引书，第151—153页；马慕瑞前引书，第55—59页；《财政部经管有确实担保外债说明书（1928年）》，第20—30页。

五　第三次借款最初的失败(1897)

甲午战争赔款最后的 1 亿两应于 1898 年 5 月 8 日以前交付。清政府见上两次借款时间仓促，颇受要挟，所以这次在 1897 年 6 月初即旨令李鸿章着手进行借款。

1897 年夏秋中国的局势，已和两年前《马关条约》刚签订的时候不同。两年来帝国主义列强对中国的侵略威逼已日甚一日。被迫而开的商埠和租界增多了，上海已公开地建立了大规模的外国工厂，更大量的廉价工业品正在倾入中国，更多的外国船只航于沿海内河。几年来自英、德、俄、法所借的几笔外债已重压在人民肩上，清政府的财政已垂破产状态。法国以越南为基地北上，已获得两广、云南矿产开发的优先权，和自谅山、同登入广西至龙州的铁路修筑权；继而又攫得自老开至昆明的滇越铁路，和从龙州延展至南宁、百色的铁路修筑权。随着铁路修筑权的攫取，法国已认定这三省再加上四川、贵州为它的"势力范围"，并曾派遣庞大的经济调查团调查西南各省，计划将来如何把西南各省贸易路线从长江水路转移到河内、海防。① 东北方面，沙俄"军事封建的帝国主义"在财政大臣威特的指挥下正稳步迈进。两年来已建立了华俄道胜银行；已由李鸿章经手成立了中俄密约，其所付代价 1400 余公里的中东铁路业已动工，并正在找机会南下南满。沙俄已经认定满洲、蒙古、新疆、华北为其"势力范围"。这俄法集团钳形攻势的刃尖已经到了中原。就在李鸿章受命办理借款的时候，法国的傀儡比利时已替俄法集团

---

① 《里昂赴华商业调查团报告书》(La Mission Lyonnaise d'Exploration Commerciale en Chine, 1895—1897)。

从张之洞、盛宣怀手里廉价骗到了芦汉铁路的借款修筑权。

　　与俄法集团竞争的是英、德两国。英国因是数十年来中国市场与原料的最大垄断者，几乎中国每一地区都关联着英国的"利益"；尤其是富庶的长江流域，久是英国人榨取的主要对象。为对付俄法集团的钳形攻势，英帝国主义老手更伸出多足的锐爪，到处下手。两年来为阻法国，英国在云南、四川两省已获得与法国共同的开发权，从缅甸入云南的铁路修筑权，和西江的自由航行权。在北方为阻沙俄，已渐次获得京奉铁路部分的借款修筑权。两年来英国图谋最亟的是铁路投资的机会，它竭力想攫夺芦汉、粤汉、沪宁等铁路，但都未成功。英国当时因具有压倒他人的经济力量，所以它的野心本在囊括全部中国市场，而不愿他国划定"势力范围"（它比美帝国主义更早提出"门户开放"的口号）；但是它阻止不住俄、法等国，它不得已便认定长江流域为其"势力范围"。德国稍稍后起，竞争也便更积极。两年来德国想在中国得一"煤站"，和"煤站"背后附带着的一块广大富庶的沃土。它很久选择不定"煤站"应该在哪里，直到1896年底才决定了胶州和胶州背后的山东全省。它已向中国请求过几次，中国没有答应，它便加紧布置刀俎，正在准备找机会动手了。美帝国主义更后起，它正忙着古巴、菲律宾的吞噬，来不及全力在中国抢劫。可是美国资本家们两年来已经在中国全国各地与列国争夺。它想攫取南满、沪宁、芦汉、粤汉诸铁路，和政治借款的机会，但直到1897年秋，一切都未成功，只粤汉铁路借款的可能性稍稍萌芽罢了。[①]

---

　　① 史学周刊社：《美帝国主义经济侵华史论丛（一）》，第16—43页；魏尔德前引书，第658、662页。美国在1896年和英、德竞争借款时，它先拟借给清政府一亿两，后又拟改借1600万英镑，但都未成功。

在这种强邻四逼的局面下，借款不是好玩的，李鸿章也明白这严重性。他最初计划想不和任何国政府交涉，只叫盛宣怀在上海找英、美商人，速议速决，1897年七八月间首先接头的是美国德伦公司，接着是英国汇丰银行和呼利詹悟生公司（Hooly – Jameson & Co.）。几经交涉后，呼利詹悟生公司占了上风。① 这公司与中英公司本有密切关系。交涉一起始似乎很顺利，议定借款总额1600万英镑，以海关、盐课、厘金抵押，诸条件也大体拟定，遂于8月14日在上海签订了草合同。但是公司代表到北京和总理衙门商议正合同时，局势渐不乐观。英驻华公使窦纳乐（MacDonald）极不帮忙，而赫德与汇丰银行更从中破坏。此事显然是英政府想假此借款机会强索利权，不愿公司把钱太便宜地借给中国。不久公司代表果然提出新条件，先要求承办粤汉铁路，不成，乃改索沪宁铁路，并要求延长使与芦汉铁路衔接，又要求中、英大规模合办纱厂，增加中佣等等。如此从8月一直拖延到10月底，条件愈增愈多，交涉终于在很不愉快的情形下决裂了。② 决裂后不到一星期，山东曹州府死了两个德国传教士（11月4日），随着德国军队便强占了胶州（17日），于是整个局势为之大变。呼利詹悟生公司这一场把戏，误事误得不小。

六　续借英德洋款(1898)

德兵的强占胶州使远东风云突趋紧张，"和平侵华"的口号

---

① 美国公司在借款竞争中失败的原因，盛宣怀说："美国前要地丁，不要厘金，恐厘金五十年内必改革。美即因此罢议。"（《愚斋存稿》卷二十八，第10页。）

② 盛宣怀：《愚斋存稿》卷二十七、二十八诸电；《清季外交史料》卷一二六；中国科学院经济研究所所藏档案。

已显得懦弱而陈腐了。帝国主义列强都忙着重新调整侵略中国的政策。几星期内沙俄军舰便进泊旅顺，英国军舰把大本营放在定海，法国军舰则到了琼州。转年1月4日总理衙门被迫而承认了德国"租借"胶州以及在山东境内修筑铁路等条件，接着俄租旅大，英租九龙与威海卫，法租广州湾，种种请求接踵而来。就在这样众弩圜逼的沉重氛围里面，清政府的封建官僚们再进行交涉借款。

在呼利詹悟生公司谈判进行的时候，俄法集团已一再争着要借款，沙俄且曾明言"俄力薄，必资法"。呼利詹悟生公司的交涉决裂后数星期，中国转问沙俄；沙俄说愿意借款，它的条件有3项：一、满洲与华北全部铁路的借款、修筑与经营权给予沙俄；二、中国海关总税务司的职位空缺时，中国应聘一俄人充任；三、以海关税收为担保，如不足时再以地丁正课与厘金担保。这次俄法集团所提条件，和两年多以前"俄法洋款"的时候已显然大大地逼进了一步。英帝国主义者听到这个消息，便立刻也逼了上来。英国向总理衙门表示反对俄法借款，并迫中国接受英国的借款。英国的条件有6项：一、切实管制中国财政——包括海关、厘金、盐课与常关；二、自缅甸修筑铁路至长江流域；三、中国保证长江流域不割让与他国；四、开大连、南宁、湘潭为商埠；五、中国内地贸易给与更多的自由；六、外国商品在各商埠免纳厘金。英国条件的苛刻更过于俄法集团。俄法集团的目的在使沙俄巩固其东北、华北的"势力范围"，部分控制中国财政，并夺取久握在英人手中的海关行政权。英国的目的在基本上控制中国财政，巩固其更广大的"势力范围"，更深入地垄断中国全国贸易，并南北阻挠俄法集团的进攻。双方有一点则相同，那就是把中国变成为更名副其实的半殖民地，置中国于帝国主义金融资本的野蛮控制奴役之下。①

　　双方这些针锋相对的条件，使清封建官僚们无能为计。英、俄、法三国公使日日在总理衙门要挟威胁。同时，英、俄两国在伦敦与俄京也另行交涉，互相讨价还价。在纠纷难解期中，英国又从另一方面下手。1月17日，英驻华公使窦纳乐向清政府提出要求：不管借款成功与否，英国坚持说英国对华贸易既占首位，以后中国海关总税务司一职应"永由英人充任"。在不得已的情况下，总理衙门答应了英国的要求，但信中附了一句："如有他国贸易额超越英国时，则中国不必用一英籍人为总税务司。"②

　　总理衙门知道这个僵持没有了局，而日本赔款付偿期限日近，不得已，于2月3日毅然通知英、俄，说中国政府决定不向两国借贷，自己另筹办法。③

　　这个通知发出后，俄法集团憩手了，但英国不肯甘休。英国回答总理衙门说，如果中国向外国私家银行举借时，英商银行必得分得相当的一份权利，"不然中英邦交即将受严重的损害"。2月5日英国又提出要求：一、开南宁、湘潭为商埠；二、许英国汽船自由行驶于中国内河；三、中国声明长江流域不割让他国，以保证英国贸易利益。英国在照会中说，以上所提诸要求的理由是"补偿"中国拒绝英国借款之损失。当中国答以不能承认有什么"补偿"的需要时，英国便以"不惜诉诸武力"来威胁。

---

　　① 《清季外交史料》卷一二六、一二九；约瑟前引书，第十章；《英国蓝皮书中国第一号（1898年）》（British Parliamentary Papers, China, No.1, 1898）；蓝格前引书，卷下，第十四章；罗曼诺夫前引书，第三章；麦克德：《英国远东政策》（R. S. McCordock: British Far Eastern Policy, 1894—1900）第四章。

　　② 《英国蓝皮书中国第一号（1898年）》，第19页。

　　③ 同上书，第15页；约瑟前引书，第246页。

在武力的威胁下，清封建官僚们俯首答应了后两项，关于第一项则留待将来再行详议。①

英帝国主义以威胁恫吓的手段达到了它的目的，同时叫它的爪牙总税务司赫德和汇丰银行立刻行动，攫揽借款。清政府自2月3日通知英、俄停止借款之议后，即决定一面举借内债，一面向外国私家银行借款。内债当然在短时期内不易办理出头绪（见下），总理衙门只得再请赫德向上次承借"英德洋款"的汇丰、德华二银行进行商议。庆亲王奕劻在他的奏折中虽然说这次借款系"经赫德与该行往复商论"，② 其实赫德与两银行暗地里早有准备。总理衙门向赫德一开口，第二天一切草合同底稿等便都已齐备。③ 2月21日总理衙门便和汇丰、德华两银行签订了草合同，3月2日这草合同没有什么修改便订成了正合同。于是一场噩梦到此总算告了结束。

这第三次的赔款借款——"续借英德洋款"（亦曰中国4厘5利息金镑借款）共1600万英镑，年利4厘5，实收八三；自1898年3月1日起债，偿还期45年。以海关税收，苏州、淞沪、九江、浙江厘金，及宜昌、鄂岸、皖岸盐厘（按以上厘金与盐厘合计每年500万两，移归海关总税务司管理）为担保。借款的两银行仍各负一半。合同里言明本借款起债后12个月内中国政府保证不向他国借款。这次借款附带的条件是重申前约两点：（一）偿还期45年中，中国"不得加项归还"，不得提前一次清还，也不得改变其他还法。换言之，即中国不得移债清偿或筹款早偿。（二）"此次借款未付还时，中国总理海关事务应照

---

① 约瑟前引书，第248—250页。
② 《清季外交史料》卷一二九，第23页。
③ 魏尔德前引书，第665页。

现今办理之法办理"。按自上次"英德洋款"合同成立到此时，两年间英国方面3次压迫中国立字据许它抓紧海关管理权，生怕被他人攫取了去。这次合同里此款一立，中国算是被迫更确定地许可了英人把持总税务司职位，直到1943年（不管英国对华贸易是否占首位）！这合同最关紧要的是它的担保办法。当时中国海关税收每年不过二千一二百万两（约占清政府全部财政岁入的四分之一），除掉海关行政等费用约十分之一外，其绝大部分都已分配为交付以往所借外债本利之用，所余实已无几，此次借款遂不得不以全国最重要地区的厘金作抵押。根据这个合同，则今后厘金税率，除非获得两银行的同意，中国政府已不能自主地增减；换言之，即两银行会同总税务司，获得了监督控制中国很重要一部分的财政行政权，而且期限长到45年。[①] 这个借款合同所包括的帝国主义侵略性，不能不算残酷狠毒了。

七 昭信股票(1898)

1898年1月间，帝国主义列强对中国的要挟压迫到了如此地步，稍有爱国心的人不能完全无动于衷，因此，1月30日右中允黄思永便上奏主张发行内债，以筹集款项交付对日的赔款。

按中日甲午战争以前，清政府从来没有举借过真正的内债。依照旧的封建传统的办法，每逢政府财政困难，或有特殊的需要（如战费、救灾等）而政府难以筹措时，便以"捐输"（捐官，实即卖官）或"报效"（实即强制商民出钱）等方法来筹款。真

[①] 《清季外交史料》卷一二九，第22—28页；约瑟前引书，第250—254页；马慕瑞前引书，卷上，第105—112页；《中国外债汇编》，第1—3页；《财政部经管有确实担保外债说明书（1928年）》，第35—46页。

正的内债始于 1894 年 8 月。当时对日战争需款很急，户部除借外债外，建议仿他国办法向本国商人举借内债，叫做"息借商款"。据户部拟定的章程，由政府发卖内债票券，偿还期为两年半，6 个月为一期，每期偿还四分之一。利息年利 7 厘，闰年加一个月计算。① 这办法定后即渐次交各省推行。实际上各省办理并不划一。如北京方面出钱的是四个大银号、钱庄，共出银 100 万两，利息高到 8 厘 4，言明以内务府经费偿还。广东出钱的是忠义公司等 72 行及特许的赌博商，共出银 500 万两，利息也是 8 厘 4，偿还期 6 年，一切归广东税务司办理，以广东六个商埠的关税与鸦片厘金和藩库收入偿还。② 其他各省也都各自设法劝募。到了 1894 年底，广东集得 500 万两、江苏 184 万两、山西 130 万两、直隶 100 万两、北京 100 万两、陕西 38 万两、江西 23 万两、湖北 14 万两，加上其他各省，总计全国应募额为 1102 万两。其绝大部分实系强制的摊派，引起了很多的非难。户部不得已，翌年便把这募债的事停止了，而战争的费用遂不得不依靠外债。③ 中国在《马关条约》中既被迫许可外人在中国建立工厂，清政府内外官僚便想以"挽回利权"为借口，自己先建工厂，举办内河航线等事业，实行"官督商办"。因此 1895 年息借商款到了应该偿还的时候，张之洞等就主张由政府督率劝上海商人把此款移作企业投资。但当时中国商人对"官督"，早已头痛，因此表示反对，这件事没有什么结果。④ 总括来说，这次"息借商款"的内债因办理不善，归于失败。

---

① 《光绪朝东华续录》卷一二一，第 9—11 页；中国科学院经济研究所所藏档案。
② 《光绪政要》卷二十；贾士毅：《民国财政史》下册，第 1055 页。
③ 贾士毅前引书，第 1055—1056 页。
④ 盛宣怀：《愚斋存稿》卷二十四；《张文襄公全集》卷一四四至卷一五〇。

1898年1月30日黄思永主张再借内债。他建议募集总额1亿两，向官绅们强制摊派。户部征诸上次失败的经验，不赞成摊派，改为自由应募。① 据户部所拟章程，这次内债定名为"昭信股票"，100两者50万张，500两者6万张，1000两者2万张，总额共1亿两。年利5厘，以地丁、盐课为担保，自1908年起分20年偿还。章程又规定以增加盐课所得的每年60万两，和节省的漕粮与绿营经费付给股票利息，10年后再举借外债作为基金以办理偿还本利。股票可以自由买卖，在偿还期中可以抵纳地丁、盐课。此外又规定应募额在10万两以上者优奖，50万两以上者破格奖赏，以资"劝诱"。②

　　1898年春夏天中国的大局十分紧张黯淡。中国的地主、官僚、豪商、高利贷者和买办阶级是毫无爱国心的。诚如黄思永在上奏中所说，"在外洋与在通商口岸之华民，依傍洋人买票借款者甚多，不能自用，乃以资人；且缙绅之私财寄顿于外国银行，或托名洋商营运者，不知凡几；存中国之银号、票庄者又无论矣"。③ 然而清政府要推销内债时，这些有钱的人便都袖手不前。户部的自由应募政策，几个月以后全部失败。中央与各省地方政府用尽力量，结果全国一共"募集"了不足500万两，而这500万两中绝大部分仍由强制摊派而来。这强制的摊派又引起很大的非难，清政府不得已，在是年7月间遂把股票停止发行，而1亿两的战争赔款只得全部用"续借英德洋款"付给了。昭信股票遂成为中国初期内债史上一次极大的失败。④

---

　　① 《光绪朝东华续录》卷一四二，第12—15页。
　　② 倚剑生：《光绪二十四年中外大事汇记》，掌故汇，第2、16—19页。
　　③ 《光绪朝东华续录》卷一四三，第12页。
　　④ 《光绪朝东华续录》卷一四二，第39—41页；蒋士立：《国债辑要》，第113页；瓦格尔前引书，第18—27页；艾约瑟前引书，第50、96、110页。

八 结尾

以上所述中日甲午战争赔款的前后3次大借款,总计是3亿两;加上利息一共是6亿多两。这个庞大的外债自甲午战争后便重压在中国人民的头上,数十年吸吮着中国劳动人民的血汗,没有间停。这庞大的外债严重地破坏了已垂破产的清政府财政,损害了中国很重要部分的财政行政权。帝国主义列强假此庞大的外债从清政府攫取了很多利权,几十年来奴役剥削中国人民,使半殖民地的中国在帝国主义列强的枷栲下长时期难以自拔。这是中日甲午战争后帝国主义列强3年间以政治借款方式侵略中国的"辉煌战果"!

在中国近代外债史上,以诚挚的友情自动替中国劳动人民解除外债负担的唯一的朋友,是伟大的十月革命后的列宁。列宁在1917年领导的十月革命推翻了沙皇俄国的统治,解放了全俄人民;同时也埋葬了沙俄旧统治阶级的军事封建的帝国主义。列宁领导的革命一成功,立即表示对中国人民真正的友谊,向中国声明取消了沙俄政府侵略中国期间所订立的一切条约及其所攫取的一切利权。1895年的"俄法洋款"根据合同须至1931年才偿完,但自1917年十月革命完成后,列宁领导的苏联政府便向中国人民声明以前沙俄政府的一切借款、赔款全部取消,决不从中国劳动人民接受分文。[①] 列宁领导下的苏联这种建立在国际主义上的诚挚的友好行动是十分值得回忆的。

与列宁的无产阶级国际主义相反,在帝国主义列强方面,则当时以政治借款为手段来侵略中国的恶潮正在急速高涨。那时正

---

① 《中苏关系史料》(1949年12月群众书店版),第68—91页。

是日本继"二十一条"以后，派遣西原龟三来中国收买资助北洋军阀们，大量贷与"西原借款"的时候；同时也正是美国趁第一次世界大战火焰方炽，与日本竞争侵略中国，诱迫北洋军阀们强制借与株钦、周襄铁路、芝加哥银行等许多笔借款，并且正在酝酿策动组织新银行团的时候。再拿这三次借款来说，"俄法洋款"的俄款部分，列宁领导下的苏联为中国人民解除取消了，但法款部分则直到1931年才全部还清。至于两次英德借款，第一次"英德洋款"1600万英镑，到1932年始将本利全部清偿完毕；而"续借英德洋款"1600万英镑，则一直到1938年，即抗日战争已开始的第二年，还有3666650英镑没有偿完。

然而，历史的发展是复杂的、曲折的，有时会反复、会倒退。列宁逝世已55年了，斯大林逝世也已26年了。这26年来，世界处于极大的动荡混乱之中。苏联发生了根本的变化。一小撮背叛了马克思列宁主义的人篡夺了列宁、斯大林所建立的无产阶级革命政权，把苏联带上了一条霸权主义道路。另方面，20余年来世界各地被压迫的民族和人民迅速在觉醒，广阔的第三世界要求民族独立自主的浪潮汹涌澎湃，把旧式的老帝国主义、殖民主义冲刷得将近干净。在如此新的世界形势下，回顾19世纪末叶的史事，似乎已相去很远了。但是，要考虑到甲午战争赔款的尾声，并不能说过远。要是没有第二次世界大战，英、美等旧帝国主义国家还不会在1943年为反对德、日法西斯军国主义而拉拢中国、删抹了战前某些"不平等条约"的条款；要是没有中国共产党领导的反帝反封建的新民主主义革命的伟大胜利，中国还不会彻底摆脱掉帝国主义的枷栲。列宁逝世了，无产阶级国际主义在苏联也逐渐丧失了。在抗美援朝的战争中，中国为了援朝而欠了苏联一大笔军火债务。中国人民在背负着革命和建国双重重任下，节衣缩食，在1964年提前向苏联把债务还清了。日本军国主义侵略中国，逼我们进行了 8 年艰苦的抗日战争，给中国人民带来了难以估计的损失。——若以中日甲午战争的赔款来比较，那岂止几十个、几百个 2 亿两！战后中、日走向恢复邦交谈判的过程中，日本处在战败国的地位，很害怕中国提出战争赔款。然而，中国共产党没有忘记列宁国际主义的遗训，中国从中、日两国人民长远利益出发，毅然决然地在 1972 年 9 月郑重宣布：中国不向日本人民索取一分钱的战争赔款，也不接受任何形式的物质赔偿。中国这个正义行动，在日本人民和全世界人民的心目里，在近年来的国际事务中，该是一件可资玩味的事情吧。

中日甲午战争后美国资本与芦汉、津镇、粤汉诸铁路的借款（1895—1898）

帝国主义与铁路投资

列宁在1920年说："铁路情形是资本主义工业中最主要部门，即煤铁工业底总结，是世界贸易发展与资产阶级民主文明底总结和最显著的指标。……铁路网的分配，这种分配的不平衡，铁路发展上的不平衡性，便是全世界范围内现代垄断资本主义底总结。……

建筑铁路，看来似乎是一种简单的，自然而然的，民主的，文化的，文明的事业……而在事实上，资本主义的密网，却千丝万缕地把这种事业与一般生产资料私有制联系起来，把这种建筑事业变成为用来压迫依赖国里十万万民众（殖民地与半殖民地共占世界人口半数以上）和压迫'文明'国里资本雇佣奴隶的工具。"（《帝国主义是资本主义底最高阶段》法文版与德文版序言）

列宁这段深刻而透彻的话，最能帮助我们了解自中日甲午战争以来，数十年间帝国主义列强侵略中国的很重要的一种方式：铁路投资。帝国主义列强的垄断资本家们把他们的"剩余"资本输出到半殖民地的中国以剥削中国人民的血汗，铁路投资比其他各种投资都来得稳固而有利，剥削者能数十年长期获得大量的超额利润。为了这个原故，他们便以各种残酷、蛮横与欺骗的手段，争着在中国攫取铁路的所有权、经营权、管理权、修筑权或借款权。在争夺的过程中，他们有时分头劫掠，有时联合攫夺。几十年来在中国从未中断的各种活动，造成了一部复杂的帝国主义列强在中国铁路利权争夺与投资竞争的历史。

帝国主义垄断资本家们从攫夺铁路利权中能获得很多权益：（一）一笔大的铁路借款一定可以赚得大量的中佣和长时期的丰润的利息；可以包揽工程，垄断性地高价兜售全路的车辆与器材；可以由借款的银行委派工程师；借款常常以铁路全部财产及赢利或中国政府其他收入做担保，并可获得实际的管理权甚至经营权；可以委派会计师检查监督收支；有时借款条件中还包括有下次借款的垄断性的"优先权"。（二）获得一条铁路的修筑、经营权，便在经济上控制了中国一片广大的地区，在这地区内帝国主义者的商品便沿着铁路线输入并大量销售；他们进一步又可在这地区内强制被剥削的中国人民购买他们的商品，把这地区造成为有利于他们的市场（如以洋面、洋布代土面、土布，以煤油代菜油、豆油，如推销纸烟、鸦片等），使中国人民永远受他们的经济奴役。（三）一条铁路的让与权往往连带着能够获得沿线矿产森林等资源的开发权。在工业落后的半殖民地的中国境内开发资源，远比在久已工业化的国家里容易获利。帝国主义者可以霸占这地区内丰富的资源，并且可以购买大量的中国工人廉价的劳动力，或强制获得劳动力。他们垄断这地区内丰富的资源可以使之成为长期继续投资的场所。(四) 获得一条铁路后,不只经济势力可以随着伸张,政治势力也便随着扩大。仅仅在条约上划定"势力范围"是不够的,在"势力范围"内修筑铁路、掠夺资源、垄断市场,才能收"势力范围"的实利,才能把它变成为一块真正的半殖民地。如果随着铁路而获得了沿线的警察权、驻军权,甚至行政权,则政治势力便更加巩固了。

为了达到这些侵略的目的,帝国主义列强自19世纪末以来,在半殖民地中国国土上展开了激烈的铁路投资竞争。铁路投资不仅仅是经济侵略。铁路投资和设银行、办工厂、立公司、开矿山情形不同,它的规模太大、利权太多,它的许多经济权益往往需要政治力量做它的保障。因此帝国主义列强在中国的铁路利权争夺与投资竞争,和他们对中国的其他各种政治、经济、文化侵略政策都有密不可分的关系。在这种劫掠争夺进行中,帝国主义列强的经济侵略力量与政治侵略力量,便向半殖民地的中国同时伸张。

自中日甲午战争后,欧美资本主义已发展到最后阶段,进入了帝国主义时代。在这个时代,50余年来在中国参加这个铁路利权攫夺与投资竞争的帝国主义国家很多,英、法、德、美、比、意、沙俄、日本等国都同时或前后出过场,美国在其中始终也是一个重要并且日加重要的角色。本文拟把中日甲午战后3年间美国垄断资本家与列强竞争,想攫取我国芦汉、津镇、粤汉诸铁路的企图,简单叙述一下。

芦汉铁路之初议

芦汉铁路(自芦沟桥至汉口;后来因通到北京,改称京汉铁路)修筑的创议始于张之洞。在中法越南战后的几年里,清政府官僚们讨论要兴筑铁路，关于路线问题议论纷纭。1889年两广总督张之洞提议修筑自芦沟桥经河南至汉口的铁路。清政府赞成此计划，是年7月调他任湖广总督，目的即在筹办此路。①但这条铁路工程浩大，需要很多准备工作（如汉阳铁厂等）；加以当时因东北朝鲜问题紧张，清政府决定听从李鸿章的意见，先造京奉路，芦汉铁路便暂时搁置了。②

中日甲午战争结束后，兴筑铁路之议再起。在战争期间，清政府因军队军粮运输不便，悔不早修铁路；而战后又忧虑多年建设的海军既已全部消灭，为维持其统治权起见，修筑铁路刻不容缓。甲午战争的失败刺激了清政府内外官僚们，觉得应该及早图谋"自强"，发展国内经济，采用现代工业技术，实际上只是为他们自己打算。在这种需要下，他们认为"兴筑铁路为方今切要之图"。③张之洞（时署两江总督）在1895年六七月间接连上奏，主张（一）修筑芦汉铁路，"此路南北东西皆处适中，便于分布，实为诸路纲领"；④（二）芦汉修成后，当自汉口向南延长到广州；（三）自芦汉修支路西通陕西，东通山东；（四）修筑通州到张家口的铁路；（五）修筑江宁、苏州、上海、杭州铁路（时称苏沪路）。⑤战后中国财政艰窘，全以官款兴办绝不可能。他先以为商款难筹，主借外债；但后来又怕外债牵掣太大，主张募集中国资本，用中国材料，聘用外人作技师或包办工程。⑥清

---

① 《张文襄公全集》（以下简称《张集》）卷二五，第11—20页；胡钧：《张文襄公年谱》卷二，光绪十五年；《清朝续文献通考》卷一二四。
② 《张集》卷二七，第8—13页；胡钧前引书，卷三，光绪十六年。
③ 《清季外交史料》卷一一五，第22页。
④ 《张集》卷三七，第17—36页。
⑤ 《张集》卷七八，第19—22页；卷四〇，第5—8页。
⑥ 《张集》卷三七，第17—36页；卷七八，第33—36页；《皇朝经世文四编》卷四四，第1—2页。

政府大体同意,并命令先修芦汉、苏沪二路。

中国要兴筑铁路的计划一发表,帝国主义各国的资本家们便来钻营,图谋借款给中国代为修筑,以达到他们在中国大量投资并控制铁路的目的。有的直接到张之洞那里钻营,有的"纷纷赴京向其公使处营谋承办"。[①] 张之洞此时怕用"洋商"资本出了毛病他担不起责任,经反复磋商,最后清政府决定,以官督商办、不纳洋股为原则,并令"各省富商如有集股在千万两以上者,准其设立公司,自行兴办"。[②] 然而所谓"官督商办"不过是压制民族资本的一种手段。此时中国的"富商",资本的蓄积还有限,加以脑中还充满着封建旧观念,对铁路投资缺乏兴趣,对新式的股份公司制度不信任,因此大部分华商对此冷淡。张之洞等忙了几个月的工夫,就说"商款"筹集不起来。[③]

响应清政府号召的并非完全没有人。上海有少数"绅商"曾表示愿集资兴办苏沪路,可惜筹集的数目不够多。1896年春天,有4个广东、上海"绅商"分别呈请愿意承办芦汉路,3个都说已筹足千万两,另一个说已有700万两。但经仔细调查,发现都是替外国资本家跑腿的买办。其中两个替英国麦加利银行钻营;一个是《老残游记》的作者刘鹗,后台老板是履祥洋行。另一个名叫许应锵,广东人,假用南洋华侨资本名义,实际上是为美国资本家兜揽。[④] 此时有个"美国铁道艺学士"名叫夹阜(Jefferds,各书或译为夹埠、甲孚、极弗司)在上海向中国官商各界吹牛揽生意,说美国修铁路技术最高,"新式之车日出日精,价廉而工省"等等。这位"美国铁道艺学士",是外国资本

[①] 《张集》卷七八,第21页;卷七九,第4—6页。
[②] 《张集》卷四四,第19—29页;《清季外交史料》卷一一八,第33页。
[③] 同上。
[④] 《张集》卷一五一诸电。盛宣怀:《愚斋存稿》初刊,卷二四、二五诸电。

家中第一个想要攫取苏沪路的人。1895年冬天，他曾"与某大宪（按指张之洞）晤商，愿由吴淞至金陵仿美国法承办一至坚至廉之路，每一点钟能行六十英里，限一年内告成。十一年内由其人包办一切，所装之货每一英里仅收运费洋银一分，每一座客收洋银二分。十年之后将此路归还中国……复语以愿为代筑是路，每一英里需洋银四万五千元，铁路、火车及各项器具皆全"。夹阜的掠取路权的意向和所提诸条件，正足以证明他是中日甲午战后外国资本在中国争夺铁路利权的最早的急先锋。但"某大宪以此事不欲归外邦人经理，却之"。① 夹阜见苏沪路既然抓不到，便指使出买办许应锵假用华侨资本名义出来呈请"承办"芦汉路。据许应锵自己说，已集得南洋华侨资本700万两。中国打电报到新加坡与美国探询，新加坡领事回电说并无其事，而中国驻美公使杨儒回电说："据金山领事电复，2月间美人夹阜由华到金，自称许道办芦汉铁路，代招'洋股'，每股百两，查在金华商并未入股。"② 于是夹阜这一场骗局便被揭穿，而美国买办许应锵也不敢再出头露面了。

芦汉铁路中、比借款的成立

修筑芦汉铁路的资本既然难以筹集，1896年7月张之洞与直隶总督王文韶便联名会奏，说"铁路不可缓，洋股不可恃，华股不能足"，所以主张借外债修筑，拟将来陆续招股分还。铁路仍以官督商办为原则。他们建议设立一铁路总公司，举荐多年办理轮船招商局和电报局的盛宣怀（时任津海关道）作督办，

---

① 《皇朝经世文三编》卷六三；郑观应：《铁路下》及按语。
② 《张集》卷一五一，第22页。

请"准由公司一面招股，一面借款"。① 清政府即召盛宣怀到北京面询。盛宣怀到了北京，向总理衙门呈递说帖，其中拟定的计划是芦汉全路需款4000万两，北京政府出官款1000万两，南北洋出300万两，招商股700万两，借外债2000万两，南北两头动工。清政府同意了他的办法，9月派他为督办铁路总公司事务大臣。年底，铁路总公司成立于上海，苏沪路亦归并总公司兼办。②

铁路总公司准备举借外债的消息一出来，帝国主义列强的资本家便群起逐鹿。一年多以来他们——尤其是美国和英国——先谋借款入股，继则指使买办们出头"承办"，都未成功；如今见清政府许可举借外债，当然一齐蜂拥了上来。尤其是美国资本家最想占先。1896年春夏在华外国商人间已曾一度谣传夹皁已获得三分之一的股权（即上述夹皁与许应锵的一场骗局），又传说一个英商控制的广州银团与中国订了契约要修筑芦汉、粤汉两路。这些都是钻营试探，皆非事实。③ 是年冬天，美国华美合兴公司（American-China Development Co.）的老板参议院议员华士宾（Washburn）带着他的助手律师坎理（Cary）和工程师尔立枢（W. W. Rich）跑来上海大肆活动。他在来华以前，早就叫人在张之洞、盛宣怀处钻营，本已商量得有些眉目，因此盛宣怀应召到北京向总理衙门面递说帖时，曾言明有借美款之意。但华士宾见到盛宣怀以后，便丢开了最初的拟议，先要求中美合股，继则要求借款及包办全路工程，并平分赢利。盛告以北京方面不许合股分利包工，只希望借款与购料并给予中佣；华士宾说这样

---

① 《张集》卷四四，第19—29页。
② 《愚斋存稿》，附录《行述》；光绪二十三年正月二十一日《时务报》第十八册，《拟办铁路说帖》；《皇朝经世文新编》，《铁路》卷一，第9—11页；《清季外交史料》卷一二三，第6—13页。
③ 肯特：《中国铁路事业》（P. H. Kent: Railway Enterprise in China），第96页。

他不愿做。他坚欲达到他的目的,曾邀美国驻华公使出头,对总理衙门施以压力。华士宾因听说清政府方面有借成外债才发官款的原则,所以他便假此要挟,坚持他所提的条件。此次交涉中充分暴露了美国资本家盛气凌人的态度,连大官僚买办盛宣怀都一再说他"志甚奢","气概尤大","非为借款而来,意在包扫一切"。李鸿章、翁同龢等人说北京方面对华士宾这种态度也很"失望"。交涉进行了一个多月,盛宣怀等答应先叫他带来的工程师尔立枢进行勘察路线,对于他所提条件没有听从。①

和华士宾同时竞争的有英、法、德、比各国资本家。李鸿章亲信的德人德璀琳(Gustav Detring)曾提议由英、法、德三国银行公借 1 亿两,筑造芦汉、粤汉、奉吉各干路,用三国工程师,铁路大臣之下设一外国"总铁路司",如总税务司。换言之,他的意思是想三国共同垄断中国干路,② 中国对此没有理会。1897 年春天,英国中英公司(British and Chinese Corporation)的代表恭佩珥(代表英、德两国资本)表示愿借 400 万镑,并拟了十几条草约,一再以"欧洲市面易变"为词,急催中国应允,并屡请英驻华外交人员出来替他撑腰。③ 法国则主要走外交路线,法国驻华大使施阿兰(A. Gerard)向总理衙门提出,说根据 1885 年《中法天津条约》第七条第二项,中国修铁路应先向法国请求援助;这是法方有意曲解条约,中国据理驳拒了。④ 正在各方交涉的时候,比国忽然打来电报,说比国银团

---

① 肯特前引书,第 96 页;《愚斋存稿》,附录《行述》卷二五、二六诸电;卷一,第 23—25 页。

② 《愚斋存稿》卷二五,第 26—28 页。

③ 《愚斋存稿》卷二六、二七诸电;按中英公司以前英国矿业家摩赓也曾为英国钻营。

④ 施阿兰:《使华记》(Ma Mission en Chine),第 170 页;《愚斋存稿》卷二五,第 30 页。

（Société d'études des Chemins de fer en Chine）愿借 400 万镑，并从国内派人来华商议；同时比国驻华公使和领事们也大为张罗。4 月，比国银团代表到了上海，开始进行谈判。比国人态度比较温和，条件不算苛刻，商议的情形相当顺利，很引起各国的猜忌，酿造出不少的谣言。① 这次借款，交涉异常繁杂，竞争十分激烈，先还以商人为主，后来牵动了各国驻北京的外交官员。

美国资本家见在上海、北京两处图谋不如意，便想接近武昌的张之洞。1897 年 3 月，华士宾带来的美国工程师尔立枢到了湖北，预备开始勘察路线。他初见张之洞，便"呈出美商拟在中国设铁路公司章程一件，大约华洋皆可入股，权利全归美商。"美国资本家这种狂妄态度连封建官僚张之洞也不能忍受了。张之洞告诉盛宣怀说，"察其来意甚为狡妄，当即驳斥发还"，又说美国人"仍系营谋自立公司，夺我路权耳！"又劝盛宣怀最好"函致总署（因华士宾有亲至北京营谋意），须将尔立枢妄想明切驳断，若不烛其奸，稍有游移含糊，彼必坚谋窃冀，设法绕湾，引诱朦混，渐渐作成洋公司局面"。② 张之洞这次尽管稍稍明白了美国资本家的志向，但因清政府统治的危机渐深，寻求外国的依靠益切，所以他还是甘心与美国勾搭。尔立枢在两个月内草草做完了初步勘察估价的工作，嗣后盛宣怀等人便以此为基础进行借款与工程的谈判。

---

① 《愚斋存稿》卷二五至卷二七诸电；又《使华记》第 176 页言李鸿章使欧过比时，曾与比王里奥波尔德谈及芦汉路事，因疑盛后来与比订立合同，皆李授意。此说颇嫌含混。自李、张、盛等人集稿观之，此事主要决定者为张、盛二人。王文韶曾主借英款，张则坚主比款，见《张集》卷一五三，第 10—12 页。

② 肯特前引书，第 96—97 页；《张集》卷一五二，第 32 页；《愚斋存稿》卷二六，第 9—10 页。

张之洞、盛宣怀等封建官僚处理这次芦汉借款，一起始就属意于比、美两国。比、美两国所提的条件，比国方面的看起来对中国比较便宜上算，而美国人的态度僵硬刁难，因此在是年5月27日，中、比双方便在列强竞争得极其恶劣紧张的空气下，急忙缔订了草合同。此笔借款共英金450万镑，年利4厘，九扣。① 关于中国不接受美国借款的原因，盛宣怀在光绪二十三年四月初九日（1897年5月10日）给荣禄的电报中说："铁路借款非常之难，美国定要包全工，额利之外另索余利四分之一，俨然股东，事权全属，流弊甚大。"② 在他处又一再说到"美商议借要挟多端"，"其所索权利过多"等话。从这里可以看出美国在这次借款竞争中所表现出来的攫占路权的意向、僵硬的态度和它失败的原因。

在这次借款交涉中，比国银团一起首便表面上装作客气大方，处处迁就中国所提意见，赢得了张之洞的欢心。但实际上比国代表的打算是在交涉期间，为击败竞争者，先不顾一切订下草合同，等事后再慢慢来想方法逼迫中国更改条件。③ 这草合同寄回欧洲，那边的资本家们便认为必须修改，并另派专人来华交涉。比国银团新代表德福尼（Dufóurny）与瓦林（Walin）6月抵华，向张、盛二人晓舌挟持，要求修正草合同并续立附约。张、盛二人见各国为此事都正在乘势威逼总理衙门，京沪各地谣言蜂起，不得已，在瓦林与德福尼的诱迫催促下，于7月27日签订了正合同和附约，关于中佣和利息，中国作了不少的让步：

---

① 约瑟：《列强对华外交政策》（P. Joseph: Foreign Diplomacy in China, 1894—1900），第179页；草合同见《清季外交史料》卷一二五，第28—34页。
② 《愚斋存稿》卷二七，第2—3页。
③ 肯特前引书，第97—98页。

利息从原定的4厘提高到4厘4,各种中间费用增加了不少。[①] 合同与附约签字后,德福尼立即回国去聘总工程师,筹备物料,并言明限6个月内拨款开工。这次比国银团耍的花样叫中国吃亏不小。

美国资本家在这次借款竞争中没有成功,但这位华美合兴公司的老板参议院议员华士宾就此甘心么? 不,他一直密切地注视着中国一切事情的发展,等待时机。

容闳的修建津镇铁路的请求

美国资本家攫取芦汉铁路借款的计划既然失败,遂转而企图攫取津镇铁路。

中日甲午战前几年,早就有人提议过修筑津镇铁路(天津至镇江),张之洞曾反对此路线而主张修筑芦汉路。战后张之洞所提全国干线计划里没有这条路,因其与芦汉路平行,怕妨害芦汉路的买卖。美国资本家攫取芦汉路的企图失败后,很不甘心;又见比国(背后是法俄集团)已得了芦汉路,英国正在进行京奉路借款,英、德两国又正在争夺苏沪路,因此想赶快攫取一条与芦汉路同样重要的长路线,即津镇铁路。1897年夏秋,美国资本家托其驻华外交人员表示美方"愿照比约求商办他路";中比续约交涉时美国又曾表示愿出巨款来代替比国,都未成功。[②] 因此美国便想出另一个计划,即一方面怂恿些中国人出头替它营谋,一方面尽力放宽条件,以便与其他国家的资本家竞争。它找

[①] 《愚斋存稿》卷二七诸电;马慕瑞:《各国对华条约汇编》(J. V. A. MacMurray: Treaties and Agreements With and Concerning China) 卷一,第148—149页。

[②] 《愚斋存稿》卷二七,第9—10、25—26页;卷二八,第10页。

到了一个肯为美国出力的人,即中国头一个留美学生,道员容闳。

1896年秋天,盛宣怀刚刚被派督办铁路总公司的时候,容闳(1894年他才从美国回来)向清政府前后上了两个条陈,一个建议创办一全国性的总银行,另一个建议兴办铁路。他在"铁路条陈"里面不赞成清政府已定的"分招华股严屏洋商"的原则,而表示想叫"美商"来在中国组织公司兴办全国铁路。关于招股办法,他说:

> 惟当今时势万难守常……芦汉尚未办竣,而畿东要地,滇南边境,均有越俎代谋之患。职道所以踌躇四顾,而窃欲变通办理,借力于美也。盖美与我素无嫌隙,今借其商人之财力,而权自我操,无庸照会政府,他国断不过问……如蒙俯准,职道当与美商纠集公司,订定章程,所有畿东、滇南、川广、芦汉、苏杭、淞沪等处,同时并筑,且建双轨,阔以四尺八寸半为度。如有华商愿出资本,并归公司合办。边境之瘠,内地之肥,获利多寡,通盘合计,不出五年,一律筑成。①

容闳的口气很大,他的意思是叫美国资本家成立一美国公司包办中国全部铁路!接着他主张不用官款,只要由此公司印发"借券",定限30年,5厘利;铁路账目可"请派大员随时稽查",净利"则官与公司平分"。这样办法他说是"由彼(美国)出资为我筑路,我安坐而收其利,彼尽力以效其劳"!关于铁路的修筑、管理、经营权,他说:

> 铁路既立公司,凡开筑以及路成行车,统归公司经理,并准分派巡捕照料,一切搭客装货,妥议定章,务在便

---

① 本段及以下所引容闳《铁路条陈》,见光绪二十二年十月初一日出版的《时务报》第十册及《皇朝经世文新编》,《铁路》卷一,第8—9页。

> 民。……所有轨路，并设立车站，起造货栈之地，无论官地、民地、房产，由地方官受议价值，向公司支付，务期平允。凡附近铁路之煤铁各矿，并木石等类，应准择要开采，归公司应用，以便就近制造钢轨物料，无须购自外洋。由轨路至矿产各处应分筑小铁路，以期利便。所有铁路料件，经过口岸内地一律免税免厘。

不只路权想如此送礼，而且容闳想要吞并刚刚成立的官僚买办资本家盛宣怀的铁路总公司：

> 铁路既设公司，除芦津已经开办外，其余芦汉以及各处，应请统归公司开筑，以免分歧。所用管事洋人均须选择熟手，恪遵规例，如有酗酒滋事，不受约束，或苛待华工等事，查明确实，立时撤换，不稍徇庇。

此外他又主张聘请些美国人来办一个铁路学堂，给中国"训练"铁路人才。最后他还说：

> 职道久寄美洲，相孚以信，凡可为国家效力之处，窃愿勉图报称，断不敢空言徒托，迹涉夸张。

这位道员容闳，凡读过他的自传的都知道，是个半洋人。他从7岁起即上教会学校，后随美国牧师到美国上了8年学，是头一个在美国大学（耶鲁）毕业的中国留学生。回国后长时期作买办，嗣后被清政府派为第一任留学监督，娶了个美国妇人，任上很弄了些钱，便长期住在美国了。美国人多年把他培养成了一个亲美人物。中日甲午战后，张之洞想"维新"，奏调他回国，还说他"才识博通，忠悃笃诚"；一见面他便主张清政府应聘4个美国顾问，"顾问"中国的外交、财政与海陆军。从此张之洞不敢再请教他了。不久他来到北京，和张荫桓等"商办银行铁路"。哪知道这位买办出身的亲美人物竟如此替美国资本家吹嘘，想把中国全国铁路拱手送给美国资本家。容闳这一套大计划不是他个人脑中幻想,他是替美国资本家们在中国出谋划策。①

在 1896 年,他这套计划没有能够实现,但他对李鸿章、翁同龢、张荫桓等封建官僚们有些影响,使他们一时加强了对美国的幻想,以为美国也许真是个肯出钱又野心小的"远国"。夹皂、华士宾、尔立枢等人的狂妄态度虽然弄得张、盛等人很头痛,翁、李等人"大失望",但他们还幻想美国也许不致于像英、德、法、俄那样厉害。虽然两三年以后美国的举动也使他们得到了教训,但在 1897 年和 1898 年时,这般封建官僚们的幻想还没有破灭。尤其这两年德、俄、英、法、日侵华的脚步陡然加紧,而美国因美西战争关系未能腾出手来染指中国,这更给了美国以暂时伪善的机会。1897 年秋天,胶州湾被德兵强占之前,容闳向总理衙门又呈递了一个条陈,这次计划缩小了,但很具体:请求修筑津镇铁路。这个"津镇铁路条陈"的基本精神与意向和一年前的没有什么两样,只言词不那么露骨了。他请求成立一个津镇铁路公司承办自天津至镇江的铁路。他说:"现经集股已有一千万两之谱,开办之后,其有不敷,再行招集。内有美商愿入股者,由本公司与之议立合同,毋庸禀请国家作保,只需将全路作抵。且经营伊始,情殷报效,得借输诚,拟请先提股本银二百万两以充朝廷需要,定期出票,于铁路开工安设轨道时,先缴一百万两,俟全工告竣,再缴一百万两。"又说以后铁路净利拿出四分之一"报效国家,解交户部","报效银两,本系集股商等不敢仰邀奖励,惟乞奏明准自设公司,假以事权,用专责

---

① 容闳:《自传》(Yung Wing: My Life in China and America)(中文节译本名《西学东渐记》。要了解他的为人,英文原著远比中译本清晰露骨);又《时务报》第十册按语。

成"。至于路权则专享45年，沿路电线和煤矿、铁矿一起都交给公司经理。① 容闳已经集股的1000万两，是美国资本家的1000万两，容闳慷慨的"报效"，是替美国资本家贿赂昏庸腐朽的清政府！此事当时谁都知道。

这消息传到张之洞、盛宣怀等人耳中，张首先表示十分反对。他反对的理由，第一是容闳集的股全系"洋款"，"容路即是洋路"。第二是此路一成，连接德人的山东铁路，"德之陆军长驱而北，一日而至永定门矣"。更和他自己有切身关系的第三个理由是怕阻碍了芦汉铁路的修筑："容路在东方自树一帜，占尽路利，比款必将翻悔，不肯交银，则芦汉路必因此而废。"因此他爽直地劝总理衙门"万不宜受饰词报效之愚"。② 容闳这一举本是替美国资本家和张之洞、盛宣怀等人为难，但北京方面庆亲王、李鸿章等都左袒容闳，竟于年底以前正式许可了他修筑津镇铁路的请求。光绪二十三年（1897）旧历年底和翌年年初两个多月工夫，张之洞、盛宣怀、王文韶联合了两江总督刘坤一、湖南巡抚陈宝箴等接连电奏力争，一时俨然成了外臣与廷臣的一大争辩。最后王文韶出来调解，决定容路暂时展缓，从长计议，但总理衙门在原则上则许可了容闳。③

这争论还没有完结，刚占了胶州湾的德国人便出头干涉，说德国有在山东境内修筑铁路的优先权，所以津镇铁路不得穿过山东。总理衙门不得已，改许容闳的铁路从镇江穿安徽、河南自开

---

① 《皇朝经世文新编》，《铁路》卷一，第7—8页；容闳：《自传》，第237—238页。

② 《张集》卷七九，第31—32页；《清季外交史料》卷一二九，第6—7页。按后书同卷第9页两江总督刘坤一致总署电云："容闳图揽造路之意，蓄志已久，往岁即欲暗纠洋股，承办中国铁路；今施其故智，款为洋股无疑。"下面刘坤一便竭力反对这个办法。

③ 《愚斋存稿》卷二九至卷三〇。

封附近入直隶达北京，并告诉他一定要用中国资本。① 这样一来，容闳为美国资本家这一场图谋遂全盘失败。对这件事容闳自己说：

> ……给我六个月的时间筹集资本。六个月内筹集不起来便取消此议。我知道当时要找中国资本家来修筑这条路是根本不可能。我竭尽力量要使外国银团（按即指美国）来承办，但是我的努力终归失败，我遂被迫而放弃了这个铁路计划。我帮助中国的最后一次努力便如此告终了。②

他书中的这几句话，清楚地说明了他这两年来活动的基本意图。

美帝国主义攫得了粤汉铁路

美国资本企图插手芦汉、津镇两铁路既然没有成功，它乃转变方向图谋粤汉铁路。这条铁路纵贯华南三省，其重要性绝不亚于当时的芦汉、津镇两铁路。

粤汉铁路的创议本与芦汉铁路同时，包括在1895年张之洞的全国铁路干线建议之内。最初假想的路线是从汉口通过江西到广州，后改为通过湖南到广州。张之洞认为此路的重要性仅次于芦汉路与苏沪路。好大喜功的盛宣怀在1896年8月间曾主张芦汉、粤汉、苏沪各路一起兼办，因当时中国的豪商巨富多集中于上海、广州两地，后二路比芦汉路容易筹集商股。③但是张之洞怕惹众忌，主张先成立铁路总公司经营芦汉路，然后推广及于粤汉路。④ 9月，盛宣怀应北京之召，向总理衙门

---

① 《愚斋存稿》卷三一；容闳：《自传》，第237页。
② 容闳：《自传》，第238页。
③ 《愚斋存稿》卷二五，第8—9页。
④ 《张集》卷一五一，第30—32页；《愚斋存稿》卷二五，第8—9页。

面递说帖请设总公司修造芦汉路时,便提议芦汉路成后,苏沪、粤汉二路便应次第展造。他的提议得到了清政府原则上的同意。①

中国有意修筑粤汉铁路的风声一出来,英国首先想抓住这块肉。当时沙俄在东北已得到中东铁路,法国在广西、云南也已获得了修路权;英国为巩固其在华南的既得利益,并希望从香港长驱深入内地,所以积极想要攫得粤汉路。一起初它想差使买办用一个所谓"广州银团"的名义承办。② 这计划失败后,中英公司代表恭佩珥便于1897年春天一面努力争芦汉路,一面怂恿清政府把芦汉、粤汉二路一起兴办,作为芦汉路借款的条件。张之洞当时对英国怀有戒心。王文韶、张之洞、盛宣怀4月底会奏中说,"英、德洋商(按即指中英公司,此公司当时是英、德合资)来议,因欲牵涉粤路,颇虑该大国或有深心",因此没有答应。③

英国既然图谋不到;当时法俄比集团刚得到芦汉路,已为"各国所忌",不便再过问粤汉路;这给了美国资本一个钻营的好机会。华美合兴公司老板华士宾企图攫取芦汉路失败后,颇不甘心;在中比芦汉草合同缔订后,他立即托美国驻华外交人员出来向盛宣怀试探。盛致李鸿章电报说,"美总领事来鄂密商,如愿照比约须求商办他路,其意注粤汉,窃想津榆"。李回电说芦汉路事已经弄得议论纷纭,一时不便提粤汉、奉吉二路问题。④ 两个月后,正当中、比为芦汉路"追加条约"交涉纠缠难解时,

---

① 《张集》卷一五一,第31—32页;《愚斋存稿》卷二五,第9—10页。
② 肯特前引书,第96页。
③ 《愚斋存稿》卷二六、二七诸电;《张集》卷一五三,第1—3页致王文韶电极力反对粤汉路借英款。
④ 《愚斋存稿》卷二七,第9—10页。

盛宣怀又电告李鸿章说，"美总领事佑尼干接纽约密电：如以海关、盐课及粤汉铁路抵借一百四十兆，以百兆归国家用，四十兆归粤汉铁路用，两合同一气议可便宜"。① 美国这种排挤利诱的伎俩实超过他国。李、盛等人当时虽以芦汉路问题尚未解决，答应他愿将来从长考虑；但美国对李、盛二人这个钓饵实已从此决定了粤汉铁路未来的命运。这几个月里美国资本不仅想获取芦汉、粤汉两路的借款修筑权，并且对当时正在和列强交涉中的第三次"甲午战争赔款借款"也竭力图谋包揽。② 不过这笔借款美国不易与英、德、法、俄竞争，终于被英、德二国抢夺了去（"续借英德洋款"）。③

自芦汉铁路借款合同缔订以后，张之洞、盛宣怀等人立即开始筹划粤汉铁路；湖南巡抚陈宝箴对此也很热心。张等急于要修筑粤汉路，一方面固然由于此路原早在干线计划之中，但另外还有原因。从1895年夏到1897年冬，俄、法两国在中国东北、西南业已获得很多铁路权益，而英、美、德等国无不虎视眈眈，时刻想找机会掠取路权；1897年11月德兵已占胶州湾，强索山东路权。因为这些情况的发展，张之洞以"粤汉路亦须速定，迟必为强者所夺"④ 为词，准备及早出卖粤汉路给美国。张、盛二人议定的计划是芦汉路、粤汉路合为一气，同样官督商办；粤汉拟先集商股700万两，余借外债。几个月来粤、沪商股粗具眉目，外债则因美国一再重利勾引，张、盛等人已有意接受美国的

---

① 《愚斋存稿》卷二七，第25—26页。

② 《愚斋存稿》卷二七至卷二八诸电。关于借款担保，美国曾要求海关以外以地丁做保（同上书，卷二八，第10页）。

③ 参阅本书《中日甲午战争赔款的借款》。

④ 《张集》卷一五四，第5页，光绪二十三年十一月初一日《致汉口盛京堂》电。

借款。正在这时候,湖南有些"绅商"动议欲集资自力创办湘粤铁路,并拟公推黄遵宪为总办。张之洞、盛宣怀不赞成省自为政,主张芦汉路、粤汉路贯通划一办理。① 因此张、盛二人与王文韶于1898年1月向清政府会奏建议举办粤汉路时说,"粤汉南干自应仍照原议,与北路一气呵成"。② 不久清政府即谕令照办。

既有清政府的谕旨命筹筑粤汉路,大买办盛宣怀便立即进行向美国资本家举借外债,电令清政府驻美公使伍廷芳,叫他和华美合兴公司老板华士宾及其律师坎理进行交涉借款。③ 经过7个星期的往返电商,终由伍廷芳和华士宾在美国匆匆拟定了草约。大买办盛宣怀急着要完成这件勾当,以"粤汉如不定借款,仍不免为英、法所攘"为词,又说"非美莫属",催促着总理衙门答应。于是在1898年4月14日伍廷芳便代表清政府在华盛顿和华美合兴公司签订了"粤汉铁路借款合同"。这笔借款共400万英镑,利息5厘,九扣,以铁路财产作担保,偿述期50年,全部包工,预定3年完成;美国获得了全部铁路修筑与管理权,并按约得分每年净利五分之一。④ 这合同的丧权辱国绝不亚于芦汉路借款。

这个合同一订,美国遂攫得了华南最重要的一条铁路。这是美国资本3年来用各种手段积极在中国争夺铁路所攫获的果实。对于这次攫取的成功,美国资本的代理人粤汉路勘测工程师柏生士(W. Barclay Parsons)说,"这一项路权的'让与'包

---

① 《张集》卷一五四,第7—8页;《愚斋存稿》卷二九,第10页。
② 《愚斋存稿》卷四七,第2页;《愚斋存稿》卷二。
③ 《愚斋存稿》卷三一,第1页。
④ 《交通史路政篇》第十四册,第2—5页;马士:《中华帝国对外关系史》(H. B. Morse: International Relations of the Chinese Empire)卷三,第91—92页;肯特前引书,第110—111页;《愚斋存稿》卷二,第7—11页,又卷三一诸电。

括约900英里的铁路，附带着沿路矿山采掘权及其他种种特权，使其在价值上与重要性上，绝不亚于中国对其他各国的任何'让与'"。①

美国攫得粤汉铁路以后，对侵入中国的兴趣日益浓厚，范围也日益扩大了。而粤汉铁路本身，几年以后便牵引出极复杂纠缠的问题，终于酿造出了包括美国在内的四国银行团，图谋在财政金融各方面彻底控制中国。

---

① 柏生士：《一个美国工程师在中国》(An American Engineer in China, 1900)，第45页。

日俄战争后日、美、沙俄在中国东北铁路投资的竞争（1905—1910）

朴茨茅斯条约的缔订

1905年9月5日的朴茨茅斯条约结束了日俄战争。和议的进行与条约的缔订系由美国总统罗斯福（Theodore Roosevelt）作调停人。这调停人并不是一个中立的和事老，他在日俄战争期中始终怂恿并支助日本帝国主义向大陆发展。1905年7月24日罗斯福给他的朋友司普灵莱斯（Spring-Rice）的信中曾说，"战争一起始，我便谨慎而客气地通知了德、法两国，如果德、法、俄再像1894年那样联合对付日本，我便立刻站在日本方面帮助它直到它不再需要为止"。德、法两国表示了愿守中立，但美国却在战争进行中支助日本。为了这个战争，日本化费了20亿日元，这个数目不是当时的日本所能独自负担的，它得从英、美两国借贷。美国资本家抓住了这个"剩余"资本输出的机会，大量贷与日本，尤其是坤洛公司（Kuhn, Loeb & Co.），兜买了日本债券的很大部分。

这调停人出面调停，有他自己的目的。他要在日俄战争的结束中渔利分羹。罗斯福一向是领导美国向东亚发展，并攫取殖民地的"海外发展派"领袖之一；1898年美国以武力夺取菲律宾，他（那时任海军部次长）便是最重要的主动者。1899年海·约翰（John Hay）提出了中国"门户开放"的口号，1900年又提出了什么保持中国"领土完整"的口号，以欺骗世人；实际上这一套把戏是一方面承认列强已划定的"势力范围"，一方面保留余地使美国可以自由侵入中国全国各地。不仅如此，美国一方面在呼喊"中国领土完整"，一方面却阴谋在中国攫取土地。1900年11月海·约翰便训令其驻华公使康格（E. H. Conger）找机会"租借"福建的三沙湾。这件事因当时八国联军的帝国主义者们互相的牵制，尤其是日本的反对，而未获实现。美国于是乎改变了方向，一方面诱迫清政府订立了新的中美商约（1903年10月），一方面则等待时机好染指中国的东北。

日俄战争给了美国机会。1905年日本打了胜仗，但已打得精疲力尽，希望美国来出面调停。罗斯福提出的条件是请日本维持满洲的"门户开放"。换言之，即容许美国金融资本挤进满洲来分一杯羹。这个要求和日本的垄断南满的欲望本是相抵触的，但日本因经济上的困难已不能再战，便暂时答应了。于是美国这调停人便在朴茨茅斯条约中，叫沙俄承认了日本在朝鲜一切"重要的政治、军事、经济利益"；又把中国领土的辽东半岛，以及长春以南的南满铁路，从沙俄手中拿出来转给了日本。帝国主义者们如此处置，全不问朝鲜与中国的意见；事后美国又帮助日本，压迫中国订立了中日条约（1905年12月），承认帝国主义者们在朴茨茅斯的强蛮的决定。总之，美国这次调停的结果，是把沙俄逼退到北满，把朝鲜全部送给了日本，拿中国作了牺牲品，又鼓励了日本积极推行大陆政策；它给自己则开辟了一条门径来进入中国的东北。

哈里曼的铁路投资计划

美国抓到了这可以挤进满洲的机会，便立刻行动。在朴茨茅斯条约签订前一个多月，日、俄和议还正在谈判中，美国铁道大王哈里曼（E. H. Harriman）便先到了日本（8月31日）。这位铁道大王素与政界首脑有密切关系，他是坤洛公司的支柱，又是战争期间收买日本债券最多的人。他应美国驻日大使之邀而赴日，到远东以游历为名，事实上是来找机会赶紧下手把美国金融资本的势力注入中国的东北。

他的计划是建立一个在美国人统一控制下的寰球运输系统，连接日本、满洲、西伯利亚与欧俄的铁路，东与太平洋航线、西与大西洋航线衔接。为实现这计划，他打算控制或与日本合资经营南满铁路，购买沙俄管理下的中东铁路，并想从沙俄获得通过西伯利亚直到波罗的海的铁路使用权。他要实现这个计划，是因为当时他搜集的各方情报，使他相信日本战后经济困难，恐无力独自经营南满路，正需要美国资本。他又听到传闻，说沙俄战败之后有意出售中东路。

他到了日本便在政界与金融界大肆活动。9月4日他在一个重要的宴会上暗示了他的计划；12日谒见天皇。他很笼络了几个日本资本家。他又到朝鲜、东北和中国"游历"了一番。美国驻日大使哥里斯康（Griscom）努力帮助他向各方面游说。事情很顺利，到了10月12日，他竟得与日本首相桂太郎交换了一个草约的备忘录，里面说明日本许哈里曼根据日本法律组织一个银团，由此银团出资购买南满铁路及其附属设备（至于煤矿采掘则另组织一公司，亦由日、美共同经营），铁路的经营权日、美各享其半；如日本对俄对华发生战争，则日本军队可自由使用铁路。对于这日、美平分的办法，哈里曼本不满足，他恨不得全部把南满铁路吞并。他想目前不过是个起头，待银团成立以后再慢慢使美国资金势力扩充发展。

哈里曼一行似乎很成功，他交换了备忘录后便立即启程回国。他动身以后3天，日本出席朴茨茅斯和议的全权代表外相小村寿太郎归抵东京。他一听这件事便十分反对，不到一个星期日本政府便决定改变政策。因为日本当时内阁中人有两种不同的意见：一派觉得目前需要美国资本的帮助以稳定金融，开发南满；另一派则认为战争的胜利品决不能拱手让给美国，而且南满是重要基地，巩固了这基地才可以进一步向中国其他地区扩大侵略。两派争执的结果，后者得到了胜利，于是日本政府立即变卦。哈里曼高高兴兴地回到美国，在旧金山才上岸，便接到日本领事转来了一封公函，说"日本政府对于1905年10月12日所交换之备忘录中所议诸事，发现有再加慎重考虑研究之必要，故望视此约为尚未决定之事"。1906年1月15日，日本兴业银行总裁添田寿一，以曾参与商洽这件事的主要人物的资格，电告哈里曼说，根据以往中国与俄国的旧约条款，如今中、日双方已约定，南满铁路公司的股东只限于日本人与中国人，因此去年10月12日的备忘录里的约言只能作为无效；将来万一感到需要外国资金时，当再行商谈。这封电报弄得这位铁道大王很不惬意。翌年，坤洛公司的老板席福（Schiff）在远东游历，想再为哈里曼向日本交涉此事，但因小村寿太郎的坚决反对，毫无结果。

于是美国第一次金融资本势力打算进入中国东北的计划，便这样夭折了。而这件事更刺激日本赶紧独自成立了南满铁路公司以控制南满。

东北的"门户开放"

哈里曼的计划失败后,美国对日本很不满,便谋积极再找门路。1906年日、俄两国自满洲撤兵尚未撤完,日本打算趁军队尚在满洲时试着垄断南满。他对英、美各国到满洲的商人加以种种限制,对日本商人则竭力袒护。这种情形日本是违反了约言,美、英两国即提请日本政府予以注意。日本不得已于4月12日照会美国,一方面说在军队未撤完期内,限制系暂时性质;另方面则声明愿尊重"门户开放"的原则。又不久,美国国务院接到英美烟草公司的报告,说英美货物运抵大连、奉天(沈阳)须纳关税、厘金,而日本货物则全不纳税等等,美国乃再度提请日本政府注意,并敦促中国、日本、沙俄早在满洲各地整顿海关,或开牛庄为自由港。

美国这种积极欲染指满洲的态度使日本只得暂时让步。5月间日本首相西园寺自满洲"巡视"回国,召开御前会议,决定暂时维持满洲"门户开放"。几个月以来上海的美国商人不断地抱怨,告诉美国政府说他们不能自由在满洲贸易。6月间,美国驻华公使柔克义(W. W. Rockhill)建议给美国国务院,组织了一个代表上海美商利益的3人视察团到满洲视察。日本人对这视察团当然是百般奉承优待,7月2日他们向国务院提出了报告,内容比较温和。8月9日日本外相林董又对新闻界声明日本愿执行"门户开放"的原则,10月,柔克义对国务院也作了一个温和的报告。这一串事情把当时日、美两国之间的摩擦稍稍缓和了一下;换言之,即美国要在日、俄之间插进腿来侵入满洲的企图,打开了一条门径。

日本的暂时退让,主要是由于争取时间以巩固在中国东北新得的权益,又由于战后经济困难,需要筹划资金以开发南满(南满铁路公司成立之初便从英国借了债),并需要从美国订购若干改筑南满铁路的材料。这退让完全是暂时的,日本根本上是想要垄断南满。翌年夏,为了联合阵线以敌德,日、英、法、俄分别订立了秘密协定;根据这些分赃的协定,日本已差不多达到了他垄断南满的目的。

自19世纪70年代起,美国资本便相信远东将是美国最重要的市场。19世纪末以来,美国向远东积极推行扩张主义的"海外发展派"更都作此看法。他们认为广大的中国人民可作为美国的商品消费者,中国土地上有无限的机会可供美国资本家大量投资,这是美国资本所谓"门户开放"政策的真正目的。山海关以内,帝国主义者间的竞争还没有激烈到不易插足的地步;山海关以外,东北这块资源特别丰富的地带,美国久已垂涎。日俄战前10年,因沙俄的垄断东北,美国迟迟未能下手。如今南满已转手给了日本,1905年罗斯福很费了些精神,才赢得了能够插手中国东北的权利,当然不肯再放松。比起他的后任者塔虎脱(W. H. Taft)来,罗斯福对日本的政策比较倾向于妥协;但遇到在东北这样一块沃土上进行实际利益的竞争时,美国资本家们首先便绝不肯让步了。这是1906年和1907年时美、日两国间的基本矛盾所在,也是美国积极要求满洲门户开放的原因。

法库门铁路与东三省银行

美国在1906年既然从日本争到了满洲门户开放的诺言,哈里曼便计划把美国的金融资本势力用另一方式输入中国东北,并寻找机会来实现他独占东北铁路干线的梦想。

这时在中国东北正有人能帮他的忙:一个是美国驻奉天

（沈阳）总领事司戴德（Willard D. Straight），一个是奉天巡抚唐绍仪。司戴德是哈里曼举荐给美国国务院，于1906年10月被派到奉天做第一任总领事的。这年他才26岁，脑中充满着吉卜灵（Kipling）的"白人责任"的思想，是帝国主义者最锐利的先锋。他一到奉天便打算为他的主人铁道大王努力干些勾当。唐绍仪是美国耶鲁大学留学生，素来亲美；1907年6月到任后，不久他在东北的势力便超过了总督徐世昌。他的政策原则上是传统的"以夷制夷"，实际上他想把美、英两国的势力勾引进东北以"克制"日本。他可以说代表着当时清官僚集团的一般政策。

司戴德与唐绍仪在1907年夏天，便计划修筑新民屯至法库门（和将来由此再向北展至齐齐哈尔与瑷珲）的铁路，并商议组织"东三省银行"。8月7日他把商议的结果通知哈里曼。但这时适逢美国1907年的经济恐慌，哈里曼无力办理此事，主张稍缓。唐绍仪不愿等待，乃转与英商宝林公司（Pauling & Co.）进行交涉修筑新民屯法库门铁路（长50英里），言定资金由英国的中英公司代为筹集。至11月8日，双方成立了草约。在交涉进行中，日本探得了消息，从8月到11月曾3次向清政府抗议。日本在抗议中恣意曲解以往的条约，其所持理由很不充分，中国不加理会。遂与英商签订了合同。据说这合同附有密约，准备将来延长到齐齐哈尔。如果此路能完成，则将来京奉路便可连接中东路，而降低了南满路的重要性。日本因此提出强硬的反对，指责中国违约。1908年2月日本又提出另一方案，要求此线自新民屯修至铁岭与南满铁路衔接；中国不赞成，并因日本狂妄地曲解条约，提议将此问题交海牙国际法庭解决，日本反对，遂成僵局。

司戴德在奉天一直密切注视这件事的发展。英国政府为了英日同盟关系不愿得罪日本，所以不想支持中英公司和宝林公司。

司戴德见英商既不得志，便想利用唐绍仪的亲美政策，由美国把这条路接过手来，以完成哈里曼的计划。他们的商谈渐渐成熟，1908年8月，在被召回国以前数日，他和唐绍仪成立了一个协定。决计恢复一年前的计划，组织"东三省银行"。根据这个协定，美国出2000万美元作银行的资金；银行的任务是稳定东北的金融，开发东北的农矿森林，并在东北作铁路投资。关于铁路，已预定自京奉路接连齐齐哈尔与瑷珲。司戴德带着他自己一手造成的这协定十分高兴地回了国（9月）。11月，唐绍仪被清政府派遣赴美进行外交与贷款活动。他准备到美国后，和美国金融巨头们拉拢，怂恿他们出资支持这即将成立的银行。

如果这"东三省银行"及其有关诸计划能够实现，美国的金融资本势力就可顺着这条路流进东北。但1908年11月发生了两件事，把这计划又给打消了。一件是光绪与慈禧的死，促成袁世凯和他的亲信唐绍仪一起下了台（翌年1月）。另一件是日美之间订立了"罗脱高平协定"。

自朴茨茅斯条约签订后，美、日两国为了在东北利益的冲突，国交渐趋恶化；更加上美国禁止日本移民问题所引起的严重交涉，使两国猜忌日深。当时外交界竟传言日、美可能发生战争。鉴于世界全局的发展（此时欧洲已渐临帝国主义大战的前夕）和东北问题的过分紧张，日本乃向美国国务卿罗脱（E. Root）提议谈判。经一个月的谈判，结果是签订了1908年11月30日"罗脱高平协定"（Root-Takahira Agreement）。在这个协定里，两国同意促进太平洋贸易自由和平的发展，"维持"中国的"领土完整"与机会均等，并保持中国境内的"现状"；如有事件发生，两国政府愿协商处置。这个协定目的只为暂时缓和美、日之间的紧张空气（罗斯福此时的政策是对日本妥协），互相试求"谅解"，但并未能解决双方在侵进中国的竞争中的基本利益冲突。为了这个协定，罗脱对哈里曼表示政府不能积极支持"东三省银行"计划。对此一举司戴德十分恼丧，事后他在日记里说："和当初退出朝鲜一样，这件事又是罗斯福一个可怕的外交错误！"美国国务院为安慰司戴德，叫他做了代理远东司司长。

美国暂时的妥协政策，和英国政府因英日同盟关系而不愿得罪日本（1908年3月3日英外相格雷［Grey］在国会里回答质问时，表示政府不十分热心支持宝林公司），打消了新民屯法库门的铁路计划。日本趁此时机乃压迫中国取消此议。到1909年9月，中、日签订了一个"关于东三省交涉五案条款"，其中第一条便说，中国政府将来如筑造新民屯至法库门铁路，答应和日本"先行商议"。于是从此以后这段铁路便不再提起了。

锦瑷铁路问题

1909年3月，塔虎脱代替了罗斯福上台做了美国总统，诺克斯（P. C. Knox）做了国务卿，局势为之一变。这位以"金元外交"著名的美国总统，改变了一年来罗斯福的暂时对日妥协的政策，而转向积极侵入中国。他在就职的演说中宣称美国有保护远东利益的必要，"在远东国际争议中，由于门户开放以及其他牵涉而发生的各问题，美国原有能力达到它的要求，保持它的尊严，维护它的利益"，并且说，只凭口头抗议和外交公文不能达到目的，美国必须用其他手段为后盾。

这个积极侵入中国的外交政策，更露骨地代表了美国华尔街老板们的利益，于是他们便群起以实际行动来拥护。1909年5月，中国正为修筑粤汉、川汉两铁路和德、英、法三国银行家商谈借款。美国银行家在政府领导下也组织了一个银团，积极准备参加对华铁路投资。这个银团以有名的摩根公司为首,参加的有坤洛公司、第一国家银行、花旗银行和哈里曼等。国务院指定这个银团为对华铁路投资的官方代理人。这银团邀请多年蓄意侵华的司戴德作他们驻北京的代表。

司戴德到了中国,便从事多方面的活动。除了最主要的粤汉、川汉铁路问题外,他准备再努力为哈里曼实现满洲铁路计划。几年来美国本已几次探听沙俄的口气,希望能购买中东铁路,但无结果。此时已确知日本再不会容许美国染指南满铁路。因此美国便想出一个新的计划,即诱使中国许可他修筑锦瑷铁路,自锦州经齐齐哈尔横断中东路直到瑷珲。这条路的计划实系1907年司戴德和宝林公司的法库门铁路旧议的复活。齐齐哈尔以北早已定议,齐齐哈尔南至锦州一段代替了新民屯法库门段,因为如此则距离南满路较远,日本不能再制造理由出来干涉。为筹划这条路,1908年司戴德曾亲自到各处勘察。他相信这条路一朝完成,便可排挤日、俄,迫两国迟早得把中东、南满二路售与美国。为壮声势,美国与中国交涉时又拉上了与此计划有密切历史关系的英商宝林公司。1909年10月,司戴德和濮兰德(J. O. P. Bland,代表中英公司)便与东三省总督锡良、奉天巡抚程德全签订了锦瑷铁路草约,言明工程方面由宝林公司负责,资金则由美国方面负担。翌年1月清政府下令,进行修筑此路。

美国这个计划立即引起了日本与沙俄的反对。1910年一二月间日本向中国外务部书面上口头上几次提出强硬的抗议,说这个计划将对于南满铁路的繁荣有重大影响,因此关于锦瑷铁路的决定必须事先和日本商议,不然则对中、日两国关系将带来"不可测的纷扰"。又说日本并非绝对反对这条铁路的修筑,但如果修筑,必得叫日本也参加资本、技术与材料供给;并且必须修一支线与南满路连接。同时沙俄方面与日本同样地提出了抗议，说此事事先未得俄国同意，是美国很大的错误；并指明此铁路既欲修至瑷珲，则不仅军事上政治上对俄国是一种威胁，且使北满、东蒙局势为之大变。3月，沙俄又向中国说明沙俄反对这条铁路的意旨，并提议改建自张家口经库伦到恰克图的铁路。不只日、俄两国反对美国这锦瑷铁路计划，英、法两国政府也出头偏袒了日、俄。法国因和沙俄是亲密的同盟国，表示支持沙俄的看法。英国政府看局势不妙，又不愿得罪同盟国日本，竟再度丢开了英商宝林公司，而表示此计划按理应征得日、俄两国的同意。

于是美国锦瑷铁路的企图又成了泡影，华尔街的老板们只好决定另待时机。这条铁路虽然未能如美国之愿而修筑，但美国对这草约始终念念不忘。1915年与1916年中国与日本、沙俄订立借款合同修筑东北的其他铁路时，美国曾一再声明要保留在东北修建铁路的权利。

诺克斯东北铁路国际共管计划

锦瑷铁路草约的签订（1909年10月），美国国务卿诺克斯也预料到日、俄两国会出来反对。为要达到美国侵入满洲的目的，使不致因日、俄反对而夭折，他在11月间便先提出规模更大的另一个计划，即"满洲铁路中立化案"。

11月6日诺克斯送交英国政府一个照会，说关于锦瑷铁路投资，除英、美两国外，其他国家凡愿维持中国领土完整、门户开放、机会均等，而得中国同意者，本来都可参加。不过，美国望英国考虑另外两个更大的计划：第一，为了满洲的开发，最好把满洲所有的铁路置于一个"公共的"机构之下，由愿参加的各国共同出资贷与中国，表面上使中国保留其所有权，铁路则由列国共同监督管理。第二，这个办法若不适宜，则英、美两国当联合支持锦瑷铁路计划，一同邀请他国参加此铁路以及将来其他铁路的投资，并供给款项与中国，使其能准备购买此铁路以及可以包括在此铁路系统中的其他已有的铁路。简单地说，美国的意思是想贷款给中国使其购买所有日本、沙俄在东北的铁路，名义上算是中国政府所有，实际上则由出资的各国共同管理。这企图如能成功，则美、英在中国东北便可与日、俄站在平等地位，而美国的金融资本势力便可由此侵入而展开了。

英国政府11月25日的回答，未能符合美国的希望。关于第一点，英国虽原则上同意，但认为最好等当时正在进行中的粤汉、川汉铁路贷款成功后再说；关于锦瑷铁路，则英国主张邀请日本参加。

英国显然为袒护同盟国日本，不鼓励美国提出这个计划，但美国一心要侵入中国，决计再向前猛进。12月14日，美国把类似的意旨照会日、法、德、俄与中国。对日本说，欢迎他一同投资；对中国则要求允许日本参加锦瑷铁路；对沙俄则未提锦瑷铁路。这件事立即引起各国报纸喧嚣的讨论。1910年1月6日诺克斯对沙俄报界的询问发表了一个声明，很堂皇地备述他的"满洲铁路中立化"的内容，并且说也欢迎沙俄参加一起投资锦瑷铁路。

对于诺克斯的计划，日、俄两国提出坚强的反对。沙俄在1月21日正式复文，说沙俄政府经过慎重的考虑之后，认为关于满洲铁路中立化的这个计划，将严重地损害俄国的公私利益，因此不能同意。复文中仔细申述反对的理由后，又说关于锦瑷铁路问题的答复，目前暂时保留。2月24日沙俄再照会美国，说关于锦瑷铁路，经仔细研究后，认为对于俄国军事的、经济的利益损害很大，不能同意；并且另外提议修筑张家口经库伦到恰克图的铁路。日本的正式复文于1月22日（实际上与沙俄的复文几乎同时）送交美国，关于满洲铁路中立化问题，与沙俄态度完全一样地表示坚决的反对，其所持的反对理由也大体相同。由日、俄两国所送复文的时间与内容看来，显然事先曾经协议，共同对付美国。

这两个复文使得诺克斯的计划完全失败。不仅失败，而且反而促成日、俄两国的接近，于1910年7月成立了一个新的日俄协定，约定两国共同维持满洲的现状。这个协定是诺克斯计划的唯一"收获"。

诺克斯之所以提出这个计划，有几个原因。第一，自日俄战争结束以后，美国的金融巨头们便一直打算拿他们的金融资本势力侵入中国的东北。他们想趁着沙俄战败，日本战后经济困难，赶紧挤进东北，然后设法排除日、俄势力而独占这块沃土。这个想望，从哈里曼到诺克斯始终一脉相承。第二，美国始终梦想在远东帝国主义者的角逐中，英国会支持美国；它忘记了英国当时在欧洲局势日趋紧张的局面下，不只看英日同盟十分重要，而且也不愿得罪沙俄。第三，美国的向远东扩张政策正在急速发展中，华尔街的老板们正急着在中国寻找输出"剩余"资本的机会；他们从中国骗到了锦瑷铁路修筑权以后，便在中国东北有了既得利益，野心陡然增大，一步也不肯放松。第四，美国自信自己的金融资本势力雄厚，将来可以压倒他国。因此它一方面喊着中国"门户开放"、"领土完整"等漂亮名词以欺骗世人，意在要求其他帝国主义者许可它侵入中国国土的各个角落；同时它用各种方法图谋在中国建立国际共管的机构来共同控制中国，因为此种机构一成立，谁资本势力雄厚谁便容易占上风，以便逐步进行垄断了。

然而帝国主义间相互的竞争是激烈而尖锐的，在日、俄两国的反对下,美国6年来积极侵入中国东北的各种计划都未成功。美国见这个角落既然发生了阻碍,便决定忍一忍再等时机,而转变方向到华中、华南,积极进行攫取粤汉、川汉铁路,并与列强共同组织银行团,来进行在财政金融方面更大规模地控制中国。

(本文原有脚注30余条,最初发表时均被期刊编者删去,今已无法重补,乞读者原谅。)

粤汉、川汉铁路借款问题
(1898—1911)

美国攫取粤汉铁路

在中日甲午战争后三四年,帝国主义列强在中国疯狂地进行掠取"租借地",争划"势力范围",攫夺铁路与矿山权益的期间,美国利用张之洞、盛宣怀,于1898年掠取了粤汉铁路的借款修筑与经营权。是年美国华美合兴公司和清政府订立了"粤汉铁路借款合同",借款总额为400万英镑,年利5厘,九扣,以铁路作担保,偿还期50年;美国获得全部铁路的修筑与经营权,及路成后每年净利的五分之一;言明工程须尽早着手勘测,全路限3年以内完成。[①]当时美国从中国所掠取的这项赃物是很丰厚的。美国勘路总工程师柏生士说:"这一项路权的'让与'包括约九百英里的铁路,附带着沿路矿山采掘权及其他种种特权,使其在价值上与重要性上,绝不亚于中国对其他各国的任何

[①] 《粤汉铁路美商借款条约》,第1—8页;肯特前引书,第110—111页;参阅本书第185—203页。

'让与'。"①

借款合同缔订以后几天，美国为攫夺菲律宾，和西班牙发生了战争，铁路工程没有立刻积极进行。至1898年年底，合兴公司才派了总工程师柏生士率队来华勘路。中国曾提议路线穿过江西，但美国觊觎湖南农产与矿产的丰富，坚持要直贯湖南。勘测队由武昌向南进行，翌年初步勘测完成，总计要修筑干路740英里，连同萍乡、岳州、湘潭三支路及避车傍路，共计918英里。湘、粤之间工程很艰巨。②

根据柏生士的勘测，合兴公司提出前订借款400万英镑不敷修筑费用，要求清政府增加借款额。为此，1899年公司派律师坎理来华和督办铁路总公司事务大臣盛宣怀进行交涉订立"续约"，并极力要求垄断湖南的采矿权。已经攫夺了芦汉铁路的比国银团（背后是俄法集团）几年来就觊觎粤汉铁路，此时便想乘机夺取此路，以达到其一手抓住纵贯中国南北大干线的目的；但经几个月的活动，没有成功。中美续约交涉还未完结时，义和团反帝国主义运动展开了。铁路督办盛宣怀在这种时候便更暴露其买办的本质，为讨好美国，便于1900年7月催促驻美公使伍廷芳，在华盛顿与合兴公司赶忙签订了"粤汉铁路借款续约"。"续约"改订借款总额为4000万美元，工程改为5年内完成，约中以更具体的条文使美国资本掌握了铁路经营管理权，并几乎垄断了三省境内铁路的修筑权。盛宣怀等怕比国银团或他国再来图谋此路，所以"续约"第十七款言明："此续约与及原约一体

---

① 柏生士：《一个美国工程师在中国》，第45页；柏生士在此书中叙其勘路旅程情形，兼及当时中国各方面状况。
② 同上；肯特前引书，第112—113页；中国科学院经济研究所藏张之洞《督楚公牍》抄本及余廉三《抚湘奏稿》原底本；《愚斋存稿》卷三二至卷三三；《张集》卷一五七。

订立者，准美国公司之接办人或代办人一律享受；但美国人不能将此合同转与他国及他国之人。"① 这续约使美国不仅在中国掠得了比原约更多的权益，而且在一定程度上把粤汉铁路通过的地区看做了它独占的"势力范围"了。

续约缔订后，因为义和团反帝运动，和帝国主义八国联军的侵占北京、大量屠杀中国人民，合兴公司观望局势，粤汉路的修筑工程没有依约积极着手进行；加以在这期间主张积极侵华的公司老板巴时死了，柏生士继任为董事长，较难推动工作。这时比国又见有机可乘，趁着八国联军屠杀中国人民正在进行时，以比利时国王为首的比国的万国东方公司（La Compagnie Internationale d'Orient）便在1901年初，在美国把合兴公司的股票兜买了三分之二。比国银团既获得大半股权，年终便把公司改组，大权乃落入比国人之手。翌年春，公司派了工程师葛利到广东，一方面重勘路线，一方面动工修筑广州三水段。1903年冬，广州佛山段先通车；截至1904年9月，通至三水，全路仅修成了32英里。这时公司的董事长也换成了代表比国股权的惠惕尔（Whittier）了。②

工程进行的迟缓由于公司里美、比两国人意见不合。1904年初，合兴公司调回葛利，欲改派比国人来华经理一切；同时通知中国说，今后铁路分为南北两段，南段归美国修筑，北段归比国修筑；比国并且正式向中国提出请求要筑湘境湘阴至辰州铁路。这些事情的发生，尤其是美国公司暗中把股票售给了比国人的内幕被揭穿后，中国湘、粤、鄂三省"绅商"大哗，对美国

---

① 《愚斋存稿》卷三三至卷三四；卷七，第17—20页；肯特前引书，第114页；《粤汉铁路美商借款条约》，第8—32页。

② 《愚斋存稿》卷五七至卷六三；《张集》卷一七八至卷一八〇；肯特前引书，第十二章。

资本家的毫无信义与鬼祟伎俩十分愤恨,于是粤汉铁路收回运动便很快地展开了。

粤汉铁路收回运动

粤汉铁路收回运动进行了一年多才算达到目的。使这运动最后成功的基本力量,是湘、粤、鄂三省"绅商"和广大爱国人民为"收回利权"向帝国主义与封建买办势力进行的坚决斗争。三省"绅商"代表当时半殖民地中国新兴的资产阶级力量。然而这运动的最后结果却不能令人满意,遗留给日后不少的纠葛和问题,这正足以反映当时半殖民地中国新兴的"绅商"资产阶级的软弱性、妥协性与两面性。

鸦片战争以来外国资本主义的侵入,对中国资本主义的发展客观上起了刺激作用,19世纪末叶中国的民族工业活跃并逐渐发展起来了。封建社会里的一部分地主、官僚、商人资本与高利贷者,学得了新的资本主义的剥削工人聚积财富的生产方式,渐次企图投资于各种新的企业——工业、矿业、金融事业、交通事业等。他们逐渐形成了半殖民地中国的新兴的资产阶级。在帝国主义与封建势力的双重阻碍与压迫下,他们的发展是微弱、困难而缓慢的。他们最初的活动中心在上海与广东,后来各省的"绅商"也陆续起来活动了。

在内地各省中,湖南"绅商"出头较早。在他省还没有人想到从事铁路投资的时候,湖南"绅商"首先便想要自力兴办铁路。他们曾在1897年向满清政府提出过这种要求,但被封建买办官僚张之洞、盛宣怀等所压制了。[①] 嗣后美国资本与清政府订立合同攫

---

① 《张集》卷一五四,第7—8页。

得了粤汉铁路，三省"绅商"虽不赞成，但未能反抗。按中日甲午战后几年帝国主义列强对中国多方面的侵略，清政府一味屈服，使中国丧失了很多利权，全国人民已很难忍耐。八国联军与辛丑条约以后，全国人民更看穿了清政府的卑弱无能，革命运动更日益炽盛，于是"绅商"资产阶级中的一部分人便提出了"收回利权"的口号，为了自己阶级的利益，想从帝国主义手中夺回一部分已失的利权。日俄战争的爆发与美国歧视华侨，更刺激了这运动的迅速发展。从1904年起，收回利权运动逐渐扩展到工、矿、铁路各方面。单就铁路来说，各省"绅商"都在要求收回已丧失的利权，筹划自己集资修筑铁路。几年内这运动涉及京汉、津浦、道清、沪杭甬等好几条铁路。这时粤汉铁路美国背约问题一出来，湖南"绅商"当然不能忍受；于是从1904年4月起，首先倡议并坚持"责美背约，立废合同"，"争回路权"，"筹款自办"。随着湖北、广东两省"绅商"也坚决表示了同样的要求，并派代表到上海去督促铁路大臣盛宣怀进行废约交涉。

主持粤汉铁路的要员之一湖广总督张之洞，从一起始也是主张废约的，但封建官僚张之洞的立场与三省"绅商"很有差别。从中日甲午战争后，清政府和它的封建官僚们，竭力做最后挣扎以维持其腐朽垂死的封建统治；为了这个，他们虽然和帝国主义间也存在着一些矛盾，但终于向帝国主义屈服，依附帝国主义并与之勾结。在帝国主义列强在中国进行着激烈的利权争夺的侵略下，中国封建统治当局便经常随着局势的变化左依右附，图谋勉强维持自己的势力与利益，而名之为"以夷制夷"。在1904年当时，张之洞对帝国主义的态度是亲英、日，反俄、法。在和他有密切关系的粤汉铁路问题上，他宁愿英、日、德、美之中的一国掌有粤汉，而不愿俄法比集团垄断芦汉、粤汉两路。因此粤汉问题一发生，他便积极反对比国（背后是俄、法集团）暗中窃取此路，主张废约。三省"绅商"收回利权运动开始后，他便利用"绅民公论"，站在"绅商"方面支持此议。但是，他的立场与"绅商"资产阶级基本上不同，所以两三年后他的依附帝国主义的政策便和三省"绅商"完全敌对。当时清政府和其他封建官僚如两广总督岑春煊、湖南巡抚赵尔巽等，都和张之洞有类似的看法。

督办铁路大臣盛宣怀是典型的大官僚买办。他是彻头彻脑依附帝国主义的。粤汉铁路问题提出来以后，他也曾责怪美国公司的违约，因为这给他带来了不少的麻烦；但他根本不想收回自办。在三省"绅商"督迫下，他不敢不口头上也说要废约，但暗中他却希望美方答应守约便可了事；继则妄想出资收买部分股权，成"华美合办之局"（一些带有买办性的"绅商"曾赞成他这办法）；继而又声言美国政府既已保证使路权不转手他国，便可不必废约；再则主张叫另一美国公司（协丰）接替合兴公司。湖南"绅商"们批评他一意"收回比股、曲全美国"；"一手操纵，言废约而实保约，明则咨梁大臣（梁诚）力为辩说，暗则遣福参赞（福开森）曲为斡旋"，[①] 都是很正确的。他对三省"绅商"，先催促他们急筹巨款，实是蓄意要挟；等到"绅商"们对他督迫力量太大，他便推卸责任，把交涉都推给了张之洞。在这粤汉铁路废约交涉中，盛宣怀充分暴露了大官僚买办的反人民的本质和丑恶卑污的面貌。

美国对粤汉铁路当然是不肯放弃的。中国指责美国违约，美国方面便一再拿"股票分集，美例不禁，权仍属美"的话来狡辩搪塞；搪塞不过去，便暗阻中国收购股票。1904年秋，狡猾的美国资本家想出个移花接木之计，"遣合兴之党柏士（柏许

---

① 王先谦：《虚受堂文集》卷二，第35—36页。

Bash）来华运动，自称系华丰（协丰）公司，愿借给中国巨资，助我与合兴废约，而另订合同，将此路归其承办"；① 中国封建官僚们几乎落入了这个圈套。这个骗局失败后，美国垄断资本家大财阀摩根便于1905年初出头把比国已买去的股票"重价收回"，同时叫美国政府向清政府外务部威胁恫吓。美驻华公使康格对外务部竟说："如中政府废此合同，是与'抢劫'无异"！这时买办盛宣怀便吓得一再说"约不易废"了。但是美国这种蛮横态度与侮辱语言更激起了广大的三省"绅商"与爱国人士的公愤。广东"绅商"坚决表示一定要废约，说"粤民万众一心，有进无退"；湖南"绅商"也表示一定要废约，说"倘不力争，湘人民早晚为黑奴之续……移山填海，之死靡他"。至此，废约运动更普遍展开，不只三省"绅商"坚持斗争，而且他省也陆续响应，留日学生则组织了"三省铁路联合会"，电争废约自办；留美学生也有类似的组织与表示。张之洞电告梁诚说，"三省绅民万众一心"，为"保守主权地权"，叫他"坚持废约"，进行交涉，不要妥协。

广大人民的废约运动和坚持不懈的斗争，与这一年因美国歧视华侨所引起的更广大的抵制美货运动结合在一起，震慑了美国侵略者。大财阀摩根和美国总统罗斯福商议，密谋缓和中国人民的反美情绪，以便有利于其长远的侵略中国的企图，决定暂时退却，勉强同意了中国最后提出的"赎"路办法，叫合兴公司提出"偿费"要求，共美金675万元。这要求是一笔极其无耻的敲诈，而且强逼中国方面立即交款。主持交涉的张之洞、梁诚等都忿忿于美国方面"浮索太多"，但张之洞深恐"夜长梦多，别生枝节"，又借口"此举重在收回路权，不争银数"，便全盘答

---

① 《张集》卷六五，第22页。

应了下来，在6月里与合兴公司签订了"粤汉铁路售路合同"，并急急进行筹款。

美国垄断资本敲诈的这笔庞大的"偿费"，中国一时难以筹集汇付。自废约运动展开以来，三省"绅商"也曾努力筹划，但筹集的数目很有限。两广总督岑春煊即曾建议借债还款，容日后三省分认摊还。如今"偿费"逼到头上，亲英的张之洞便自然向英国求助了。汇丰银行见机会可乘，便甘言表示愿意协助，并先付了部分垫款。不久，张之洞便和英国香港政府订立了"粤汉铁路商借汇丰镑款合同"（9月9日），从英国借了110万英镑，4厘半利，偿还期10年，以三省烟土税捐作担保。在合同之外，张之洞又给了英国驻汉口总领事法磊斯一个照会，说"将来粤汉铁路修造之款，除中国自行筹集外，如须向外洋借款，当先向贵（英）国询商"；又说："至修造铁路需用之工程师，言明一半用借款之国人，一半用日本国人，将路工分段承办"。① 这附带的丧权的条件给日后遗留了不少的纠葛。张之洞这种借英债付美款的办法，三省"绅商"是同意的；这正反映当时"绅商"资产阶级的懦弱和妥协性。②

三省自办粤汉铁路的失败

粤汉铁路收回后，清政府的封建官僚们和三省"绅商"便

---

① 《张集》卷六五；卷一〇七，第4—10页；马慕瑞前引书，卷一，第528—531页。

② 本节主要资料：《张集》卷六五至卷六六、八五、一八九至卷一九三；《愚斋存稿》卷六二至卷六八；马慕瑞前引书，第519—531页；《交通史路政篇》第十四册，第19—55页；《清季外交史料》卷一八二至卷一九七；中国社会科学院经济研究所藏关于粤汉铁路的档案。

积极筹划自办。但因切身利益的无法调和,他们二者之间的矛盾即日趋尖锐化。

1905年年底,三省"绅商"代表齐集武昌会议,共同商定了14条基本原则,决定三省分别各自筹款修路,并各就不同的情况,决定广东商办,湖南绅办,湖北官办。①

封建统治当局与"绅商"资产阶级的矛盾在广东暴露得最尖锐。两广总督岑春煊想依仗自己的封建官僚势力抓住本省铁路事业,所以他不赞成完全商办,而主张官民合办。他提议由官府增税若干种,对纳税者依其纳税额配与股票。这意见立即引起了广东"绅商"强烈的反对,他们不仅坚持要全部商办,反对地方政府干涉,而且在几次大会中公开抨击封建统治当局的腐败昏庸。抨击很激烈,岑春煊为此竟逮捕了"绅商"代表黎国廉(光绪三十一年十二月十八日)。此事激起了公愤,"绅商"集团一面电告北京和张之洞,一面决定立即筹募巨款成立公司。月余以后,由张之洞的斡旋和北京的命令,黎国廉才得到了释放,广东终于成立了完全商办的铁路公司。广东资金筹集虽较容易,但是"官商不协"深深地影响了事业的进展,使得许多工作迟迟难以推进。自1905年至1909年,粤省的铁路公司几次更换主持人员,又数度酿成当权者互相排挤和账目不清收支混弊的风潮,铁路工程的进展则很有限。②

湖南决定为绅办。湖南"绅商"在废约运动中原很积极,但是他们对如何自办则意见分歧、议论纷纭而事情茫无头绪。1906年夏一部分"绅商"以湖南商务总会名义发起设立"湖南

---

① 《张集》卷六六,第18—22页。
② 经济研究所藏关于粤汉铁路的档案;《交通史路政篇》第十六册,第256—280页;《邮传部奏议类编》,《路政》;《邮传部奏议分类续编》,《路政》。

省商办粤汉铁路有限公司",公推袁树勋为总理,拟进行招股集资,预定集股 2000 万元,呈请商部立案。[①] 但张之洞极力反对此议,坚主官督商办,给湖南"绅商"以很大的打击。[②] 嗣后张之洞纠合了少数亲张派的绅士们成立了"湖南粤汉铁路总公司",进行筹划。公司成立后,意见仍极分歧,一部分人主张兴办干线,另一部分人则主张先修支路。纷争不定,因此资金筹集十分困难。开办第一年即虚耗了近百万两,而毫无成绩。因为资金筹集的困难,公司曾一再计划开工又一再延期。勘测工作稍稍做了些,但直到 1908 年,工程全无着手的消息。张之洞为此很着急。

湖北官办,全由张之洞主持经营。粤汉路鄂段虽短,但加上川汉铁路的鄂段,问题便较复杂。川汉铁路是在当时中国自力振兴实业的潮流中创议的。1903 年四川总督锡良奏请清政府,要由本省自修川汉铁路;翌年年底锡良与张之洞已议定此路由二省协力分头进行,四川成立了川汉铁路公司,并于 1905 年已开始勘测。是年冬张之洞在武昌设立了"湖北省粤汉川汉铁路总局",聘了日本工程师原口要为顾问,进一步进行勘路,材料已决定一部分仰给予汉阳铁厂,一部分则拟购自日本。粤汉路鄂段资金的筹集,决定由湖北官钱局(相当于湖北省立银行)承办招股事宜,总计欲集资 600 万元,三分之二由官钱局认筹,三分之一在民间募集。但湖北地方财政一向困难,收入少而各种新办事业需款又多,所以两年工夫,资金迟迟筹不出来。川汉铁路全线所需的款项极大。至 1906 年底,四川方面只筹得 400 余万两;湖北方面为鄂境川汉路原望能集 2000 万两的,但实际上只筹得

---

① 《光绪朝东华续录》卷二〇一,第 17 页。
② 《张集》卷六八,第 8—16 页。

数十万两。湖北原亦有部分"绅商"想办铁路,但在张之洞的封建威势笼罩下,不敢出声,只取消极态度,因此集资便更困难。

粤汉路三省自办既因资金难筹而两年来毫无成绩,张之洞遂于1907年春筹借外债。① 他首先想向日本横滨正金银行借2000万两,以湖北善后局②收入作担保。此时全国人民保持利权的舆论正在高潮,当初收回粤汉路时他又曾力主自办,清政府也为民意所迫明令不准外省为铁路举借外债,如今他要借债修路当然说不过去。因此张之洞这次向日本借债,打算表面上以开矿山、建工厂、修理码头、改良实业为名,名曰"湖北兴业公债",而实际上则拟暗地用此款兴修两湖境内的粤汉路。日本当然想乘机抓取粤汉路;但正金银行当时正忙于为南满铁路筹募巨款,一时没有余力。正踌躇间,英国探得了这个消息,立即派了中英公司代表濮兰德与汇丰银行代表熙礼尔(E. G. Hillier)从北京赶到汉口,向张之洞提出抗议,认为根据1905年的照会,张曾许英人以对粤汉铁路借款享有优先权,并表示英国愿即借三四百万英镑。同时英国政府在北京、东京都提出了严重的抗议。这抗议打断了正金银行借款交涉。张之洞碍于舆论,不敢正面接受英国大宗铁路借款,便和熙礼尔商议,只想以"湖北商工实业公债"名义举借150万镑;但英人坚持要明言系铁路借款,而且要求委派英人为总工程师。英国方面这种强悍的要求使张之洞不得不表面上暂时停止了交涉,但暗中却达到了一些谅解,给未来借款留个地步。张之洞为"酬谢"日本对他的"好意",于9月4日以

---

① 《张集》卷一九八,第3—4页;《清季外交史料》卷二〇一,第18—19页。

② 善后局是太平天国革命运动失败后,清政府命令各省为处理"善后"而成立的地方财政机构,除应解中央的田赋外,其余各种赋税收入皆归于善后局。

湖北官钱局名义向正金银行借了200万两，言明用途归新建的4个工厂而不归铁路。这借款年利高到8厘，以武昌善后局盐厘加价为抵，并以大冶矿山作保。这是封建官僚与帝国主义狼狈勾结，暗中恣意卖国的许多实例中的一例而已。

这笔借款签订后，张之洞便被调入京做军机大臣去了，湖广总督由赵尔巽继任。赵尔巽想继续设法实现粤汉路鄂段的"官督商办"政策。1908年初，据详细勘测估价，汉口岳阳段工程需要1000余万元，而截至是年8月，湖北地方政府全部只筹集了450万元；同时川汉铁路鄂段资金则只集得40余万。因此铁路修筑问题遂陷于完全停顿状态。不久陈夔龙继总督任后，仍无办法，他便向清政府建议由中央"统筹全局"，交给张之洞全权办理。这建议使粤汉铁路借款问题的大风波又掀起了。

赵尔巽督鄂时期，苦于筹款无着，美国曾想乘机而入。1908年春，武昌忽然出现了两个从上海来的买办谭宝瑜和陆韬，成立了个"达道造路公司"，对赵尔巽游说，想承办武昌岳州段修路工程。他们背后原来是美商花旗洋行。这个钻营虽然最后没有成功，但这是美国卷土重来，再想攫夺粤汉铁路的先声。①

清政府与英、法、德三国间的借款交涉

中日甲午战争后，帝国主义列强开始争着把大量"剩余"

---

① 本节，尤其是关于湖北、湖南情形，主要资料系根据经济研究所藏的档案及内阁大库档案抄本。又《张集》；《交通史路政篇》第十六册；邮传部刊《轨政纪要》及《邮传部奏议类编》。

资本输出到中国。输出的方式很多，从政治与企业借款到工、矿、铁路、金融、贸易等各种直接的企业投资。进行借款与投资活动的机构，最主要的是拥有雄厚资本的银行——如汇丰、花旗、德华、东方汇理、华俄道胜、横滨正金等银行，和大的投资公司——如中英公司、福公司（Peking Syndicate）、比国银团、华美合兴公司等公司。它们在疯狂侵略中国的错综复杂的过程中，有时单独劫掠，相互间进行激烈的竞争；有时两三国暂时联合起来，排斥异己、协力分赃。有的机构有本国政府经常出面支持；有的则本国政府隐藏在幕后，表面上伪装为所谓"商业组织"。

1904年，英帝国主义的侵略机构中英公司与福公司联合成立了华中铁路公司（Chinese Central Railways Ltd.），准备对长江流域的几条重要铁路进行活动。它们的计划与法国在华南的既得利益相矛盾。为要减少纷争，翌年便和法国银团（以东方汇理银行为首的7个法国银行与公司）协议联合，使华中铁路公司成为英、法合组机构，共同进行侵略。[①] 华中铁路公司的计划主要在图谋天津镇江、浦口信阳及川汉等铁路，[②] 并寻求掠夺其他铁路（如粤汉）或企业的机会。公司组成后，即派代表濮兰德（代表中英公司）与贾斯纳（M. Casenave 代表东方汇理银行）来华活动。

粤汉铁路收回的契约缔订后不久，贾斯纳即到武昌钻营想接

---

① 欧佛莱奇：《列强对华金融控制》（Overlach: Foreign Financial Control in China），第61—62页；《华中铁路公司协议契约》（1905年）译本，经济研究所藏。

② 英人企图经营天津镇江、浦口信阳间铁路，系根据1899年英国强迫清政府和它签订的草约；川汉铁路根据1903年庆亲王致英国驻华公使照会，被迫允许英国享有川汉铁路借款的优先权。

近张之洞，有意染指粤汉、川汉两路。张之洞在粤汉废约运动之初，原即蓄意将来从英国或其他国家（除俄、法、比外）借款来修粤汉路。但当时在全国范围内正展开着收回利权运动和自力振兴实业的热潮，加上他借英债付美款的举动曾受到御史黄昌年的弹劾，使张之洞一时不敢再提借款。至于川汉路，数年来始终以自办为既定原则，更难谈借款。华中铁路公司见在湖北无法活动，便在北京向封建官僚们鼓动，说中国全国铁路应由中央统一经营，邮传部尚书张百熙即曾以此意上奏。但当时各地"绅商"资产阶级正主张各省铁路应由本省"绅商"筹资自办，反对列强染指，也反对北京政府干涉；清统治当局虽有此意，还不敢立即扬言铁路由中央统办。为了这些原因，华中铁路公司的钻营一时未能如愿。至1907年四五月间，张之洞图谋暗借日款，引起英国抗议而取消后，粤汉借款问题一时难再提起；华中铁路公司乃集其全力图谋津浦铁路。

辛亥革命前10年间，"绅商"资产阶级要求各省铁路由本省集资自办，不仅是个经济问题，而且是个严重的政治问题。自辛丑和约以后，全国人民反对清封建统治的斗争日益剧烈；尤其在日俄战争以后，革命运动与反满情绪已沸腾于全国，清封建统治已将近土崩瓦解。清政府及其封建官僚集团力图做垂死的挣扎，一面压抑革命运动，一面假装出准备立宪的姿态，暗中却急谋以种种手段厉行中央集权，勾结帝国主义，以巩固其最后的反人民统治势力。为要厉行中央集权，清政府自1907年便采取步骤要剥夺地方的军权、财权，并调有实力的"疆臣"张之洞、袁世凯入军机（意在夺其实权）。全国铁路也是集权的重要对象之一，因为掌握铁路可增加政府的财源；尤其是拟筑的路线，可以拿来勾结帝国主义并向其换取大量的借款。因此，1906年清政府初设邮传部，目的即在逐渐抓紧全国铁路使由中央统一经营。① 最初一年多，清政府还不敢一意孤行；迨至 1908 年，邮传部借款收回了京汉铁路，又压制直、鲁、苏三省人民的爱国运动而与英、德两国强订了津浦铁路契约后，便转回头想要抓取并出卖粤汉、川汉两路了。对清政府的这套诡计，各省"绅商"资产阶级看得很明白。他们知道各省铁路交给清政府经营，即是送给帝国主义，即是使各省更深地半殖民地化。因此，他们对清政府这种集权和卖国政策坚决反对，力主各省集资自办。反对最坚决的是粤汉、川汉两路贯通的湘、鄂、川、粤的四省人民。

替清政府推行其反人民的政策、拿粤汉、川汉铁路去勾结帝国主义的是封建官僚张之洞和官僚买办盛宣怀。

1908 年江苏巡抚陈启泰上奏，主张粤汉路当派大员统一办理；7 月间清政府即命张之洞为"督办粤汉铁路大臣"。② 谕旨下后，张之洞便下手控制三省铁路公司，并打算为两湖粤汉与川汉鄂段举借外债。这消息传出后，湘、粤、鄂三省"绅商"议论沸腾，群起反对。清政府为压制这种反抗情绪，在 10 月 28 日再颁上谕，命张之洞"统筹全局"，给以全权，"所有各该省原派之总理协理均听节制"。③ 三省"绅商"反对益烈，湖北"绅军学界"且在武昌贡院开会，表示坚强的抗议。湖广总督陈夔龙为虎作伥，不顾民意，反而上奏主张川汉鄂段亦当并入粤汉一起办理。④ 光绪、慈禧死后，溥仪继位，载沣监国，积极谋皇族集权，进一步勾结帝国主义，进行更反动的高压统治。于是在

---

① 《张集》卷二〇一，第 4 页："各省商办铁路，闻邮部意，将来皆须由官收回，其年限若干、给价若干，尚不可知"；卷六八，第 17—18 页；《光绪朝东华续录》卷二一六，第 19—20 页。

② 《光绪朝东华续录》卷二一七，第 9 页。

③ 《光绪朝东华续录》卷二二〇，第 20 页。

④ 陈夔龙：《庸盦尚书奏议》卷一〇，第 4 页。

12月底再颁上谕，命张之洞兼任"督办鄂境川汉铁路大臣"。张之洞一面派员至三省强办接收，一面积极和帝国主义接洽借款①。

张之洞为两湖境内粤汉与川汉鄂段（二者因皆在湖广总督辖境以内，故合称湖广铁路）借款，因1905年为赎回粤汉而借英债时曾允英国以议借的优先权，所以首先进行与英国交涉。1908年10月初，张之洞即电告英国驻汉口总领事法磊斯（E. D. H. Fraser），叫他派人到北京来议。英国即派中英公司的濮兰德（代表英法合组的华中铁路公司）从12月初起与张之洞的代表在北京进行磋议。"濮兰德开议后，要挟多端，并不按照光绪三十一年八月所订照会商办。始欲包工，意在揽修路之权，继又欲凡用款时必令总工程师签字，意在干涉中国用人购料之权，种种无理要求，实出情理之外"，② 因此交涉延宕数月，没有结果。这时清政府正趋向亲德，张之洞便另与德华银行代表柯达士（H. Cordes）磋商借款。德国方面当然愿乘此机会抓取粤汉并伸展势力到长江流域，便一口答应愿照津浦契约前例，以较英方宽大的条件全部承借。张之洞本预料到英国不肯甘休，便对柯达士说，如果英国抗议而粤汉仍不得不借英款时，清政府愿许德方承借川汉鄂段的借款。于是1909年3月7日张之洞便和柯达士签订了中德湖广铁路借款的草约。③

这草约使英国方面对清政府提出强硬的抗议，张之洞遂废弃

---

① 《张集》卷二〇一；胡钧前引书，卷六；《川汉铁路过去及将来》，第42—59页；及经济研究所藏档案。
② 《张集》卷七〇，第33页。
③ 《张集》卷七〇，第32—34页；《德国外交文件》（Die Grosse Politik），第三十二分，一一六〇三号；克若蕾：《司戴德传》（H. Croly：Willard Straight）第九章；芮德前引书，第二章。

了中德草约，趁势叫英、法、德三国自己去协商合借。此时英方已改由汇丰银行出面，法方是东方汇理银行。三国银行代表在柏林经月余的磋商，终于在5月14日得到了协议：英、法借款修筑两湖粤汉，德国借款修筑川汉鄂段，并言明如川汉川段亦需借款，则英、法亦得参加；其他条件概按津浦铁路借款成例，三国银行合借550万英镑，两湖粤汉用英人为总工程师，川汉鄂段用德人为总工程师。协议定后，即与张之洞交涉准备签约。[①]

签约以前两星期，借款消息被美国听到了。美国国务院立即采取行动，命其驻华公使柔克义（W. W. Rockhill）向清政府外务部一再交涉抗议，并欲插足。[②]

外务部与张之洞不加理会，终于在6月6日和英、法、德三国银行代表签订了"中国国家湖北湖南两省境内粤汉铁路鄂境川汉铁路5厘利息借款"（湖广铁路借款）合同。这笔借款5厘利，九五扣，偿还期25年，以湘鄂两省厘金杂赋等项作担保。[③]这次英、法、德三国银行为侵略中国而结成的联合，即是日后帝国主义列强对中国蛮横的侵略机构——"四国银行团"的最早的雏形。

美国强行参加借款

19世纪末以来美国扩张主义急速发展，中国是它主要的侵

---

① 英译《德国外交文件》（E. T. S. Dugdale, German Diplomatic Documents）卷四，第19—20页。
② 《美国对外关系》，1909年，第144—155页；克若蕾前引书，第九章；芮德前引书，第二章；《邮传部接办粤汉川汉铁路借款始末记》，第1页。
③ 《张集》卷七〇，第27—35页；《清宣统朝外交史料》卷三，第40—53页；马慕瑞前引书，卷一，第880—885页。

略对象之一。当其他帝国主义在中国划分并巩固"势力范围"的这些年，美国则提出所谓"门户开放"政策，图谋侵入中国每一角落。日俄战后，美国积极想把它的金融资本势力伸进中国的东北，但因日、俄两国的阻挠，未能成功。由此所引起的日、美之间的极度紧张局势，使罗斯福暂时采取对日妥协的政策，而缔订了对中国十分不利的"罗脱高平协定"。

1909年3月，以"金元外交"著名的塔虎脱代替罗斯福做了美国总统，诺克斯做了国务卿。塔虎脱的政策是"以金元代替枪弹"，好在中国"达到其要求，保持其尊严，维护其利益"。塔虎脱的政策得到美国华尔街垄断资本家们热烈的拥护，并以实际行动来贯彻。当时中国东北在日本、沙俄的控制之下，华中、华南则英、法、德三国正在协力攫取湖广铁路。塔虎脱对此局势，决定双管齐下，一方面企图以强力插足中国东北（诺克斯东北铁路国际共管计划、锦瑷铁路计划和币制实业借款），另一方面则企图挤进英、法、德三国的湖广铁路借款，并组织"四国银行团"，谋进一步在财政金融上长期控制中国。[①]

1909年5月末，美帝国主义探得了三国对湖广铁路借款的消息，立即采取行动。行动得找借口。它的借口，一是清政府在1903年与1904年曾书面允许英、美两国以川汉铁路借款的优先权。5月底柔克义即以此为根据向清政府抗议，清政府答以那是指川路而非湖广，因此不加理会，便与英、法、德三国于6月6日签订了合同。美国另一借口是根据1903年的中美商约，

[①] 参阅本书第204—217页；葛雷斯佛：《美国远东政策》（A. W. Griswold: The Far Eastern Policy of the United States）第四章；费尔德（F. V. Field: American Participation in China Consortiums）第二章；克若蕾前引书，第九章。

美国曾允助中国取消厘金、提高关税;如今湖广借款既以两湖厘金作保,因此美国便要参加借款,使厘金不致全在他国控制下之。① 美国一面向清政府和三国提出强横的要求,② 一面在国内即赶快组织了一个银团,积极准备参加对华铁路投资。这银团以有名的摩根公司为首,参加的还有坤洛公司、第一国家银行、花旗银行和哈里曼等。国务院指定这银团为对华铁路投资的官方代理人,并指令多年干侵华活动的司戴德做它们驻北京的代表。③

基于当时种种客观的局势,和美国强硬的态度,英、法、德三国政府对美国的要求没有表示十分反对。几经磋商以后,三国政府同意了美国参加,至于参加的具体条件,则交与四国银行团体去商谈。④ 一心依附帝国主义的清政府自然不会有反对的意见。

在具体条件的商谈中,四国发生了严重的争执。6月6日的合同已订明英、法、德三国平均分配借款与材料供给,关于总工程师及会计师则英、德两国权利超过法国。美国参加既迟,原曾表示愿与法国相等。但德国不赞成美国享同等材料供给权。三国意在使美国只参加鄂境川汉路借款的四分之一,美国则坚持要获得与三国相等的对粤汉、川汉两路的借款权。6月24日清政府在三国的怂恿下,曾劝

---

① 《美国对外关系》(U. S. Foreign Relations),1909年,第144—163页;马慕瑞前引书,卷一,第880—886、423—433页。

② 6月9日美国致英国照会中说道:"……美国政府认为国际间充分和坦率的合作,是维持中国门户开放与完整的最良方法……一个强有力的美、英、法、德银团的成立将促成这一目的"。由此可见美国从蓄意挤进湖广铁路借款之始,即有一庞大的侵略中国计划——以它自己为首组织"四国银行团"。

③ 克若蕾前引书,第九章;芮德前引书,第二章。

④ 《美国对外关系》,1909年,第150—159页。

美国最好能满足于四分之一的川汉借款。交涉不能得到结果。①

美国于是不惜采取蛮横的政治压力。7月15日,塔虎脱总统竟违反国际惯例,直接致电摄政王载沣,提出强硬要求,同时诺克斯命令其驻华代办向清政府外务部以更蛮横的口吻提出警告。此时美国的要求增多了:一切权利皆与他国均等。他并且建议借款额增加百分之十二点五,以便四国易于平均分配;委派工程师的权利四国均享。② 载沣在美国蛮强压力下屈服了,答应了美国的要求,并劝三国认真考虑接受美国的意见。于是从7月底起,四国重新进行谈判。③

四国的谈判进行得很缓慢。1909年10月张之洞死后,湖广铁路问题移归邮传部处理,美国对东北铁路新的企图以及湖北、湖南绅民反对借款运动,都影响到谈判的进行。谈判迟迟得不到结果的更基本的原因,由于四国间种种意见的参差。英国忌虑德国势力伸入长江流域过多,德国坚持其对于工程权利分配的意见,法国争求更多的工程权利,美国坚持其均等要求不肯让步等,帝国主义列强间这些错综复杂的权益矛盾,使谈判直拖到翌年5月23日,四国才在巴黎勉强获得了协议,签订了一个"附加协定"。

这"附加协定"的要点是:借款总额增至600万英镑,四国均分;四国平均供给修筑材料,重订了购买材料的佣金的分配;委派工程师的权利四国分段具体分担。至于修路的范围,四国在商谈时毫不顾中国的要求,显然用意在将来要超出两湖省

---

① 费尔德前引书,第19页;克若蕾前引书,第九章;《美国对外关系》,1909年,第166—178页。

② 《美国对外关系》,1909年,第178—189页。

③ 参阅克若蕾前引书,第286—300页。

境，逐渐扩大到从汉口西达成都，南达广州。①

自1910年5月23日至6月底，英、法、德、美四国政府前后同意了四国银行团体的协定。7月13日四国政府以同样照会通知清政府，并要求早订正式契约。

然而，自草约订后，至此已经一年。这一年间中国为了湖广铁路借款问题，情况已发生了相当的变化。这变化使得帝国主义、清封建政府与"绅商"资产阶级及广大爱国人民间的关系，已和一年前很不相同，问题的严重性已大大增加了。

湖北湖南人民的拒款运动

湖广铁路四国借款是帝国主义联合侵略中国的行为，也是清封建政府勾结帝国主义的卖国行为，违反了全国人民的收回利权运动，严重地损害了中国人民的利益，当时"绅商"资产阶级和广大爱国人民认识得很清楚。因此，当帝国主义列强资本家在欧洲会议以此借款宰割中国的时候，两湖"绅商"资产阶级和广大爱国人民团结一起，坚强地反帝反封建的"拒款运动"便展开了。

在借款商谈期间，清政府与帝国主义列强都竭力保守秘密，中国国内人民知者甚少。但消息经常在国外报纸上透露出来。湖南"绅商"于1909年7月已发起组织"共济会"，反对为湖南粤汉路举借外债。当时在日本的湖北留学生很多，他们知道了消息后，即组织了一个"留日湖北铁路会"，致电邮传部与湖北谘议局，坚决反对借款；并举张伯烈、夏道南为代表，于10月底

---

① 《美国对外关系》，1909年、1910年；费尔德前引书，第二章；芮德前引书，第三章至第七章；马慕瑞前引书，卷一，第886—887页。

归鄂，进行推动拒款运动。

湖北与湖南新成立的谘议局此时已成为反抗清封建统治的合法的活动机构。湖北谘议局于11月2日召开特别大会欢迎张、夏二人，张伯烈在席上做了3小时的慷慨悲愤的演说，痛陈借款的祸害，获得全体议员的热烈拥护。是日当场即议决由谘议局发起联合本省各重要团体成立"湖北商办铁路协会"，领导拒款运动。数日后协会成立，由刘心源与刘人祥（武汉首富）分任正副会长。谘议局又议决向清政府坚请废弃借款、收归商办，并发动绅商军学各界参加拒款运动，与湖南谘议局进行密切联系。又数日，议决了自募资金的具体办法，湖北各界人民在谘议局与铁路协会拒款自办的号召下奋勇认筹，充分表现了爱国的热诚。铁路协会又决定派遣代表刘心源、张伯烈等3人到北京向清政府请愿。一个多月工夫，湖北的拒款运动已在全省发展起来。

拒款运动在湖南也很快地展开了。湖南谘议局11月间接连开会，议决了同样的反对借款、收归商办的原则，并对筹集资金办法、培养铁路人才、整顿铁路公司、创立铁路银行各方面，都拟定了具体计划，向湖南巡抚请愿并提出要求。湖南的运动很快地便和湖北打成一片。

湖北请愿代表到北京后，即与湖北籍京官们共同进行活动。1910年1月湖北人大清银行副监督黎大钧，通过都察院，奏陈鄂境粤汉、川汉铁路已"筹有的款"、请归商办。两湖轰轰烈烈的反对借款运动震慑了清封建统治当局。清政府不敢迎面压制，打算暂时支吾拖延，等运动冷却些再说。因此1月30日上谕，对黎大钧的请求只模糊地说了一句"著邮传部知道"。这句话包含有许可之意，四国驻北京公使为此立即向外务部提出质问；清政府着了慌，外务、邮传、度支三部互相推诿埋怨。他们不敢明言，邮传部大臣徐世昌暗中口头通知四国，说对于两湖拒款运动清政府当妥筹对策，不致影响借款。帝国主义列强心安了，但湖北请愿代表们听到风声，不能忍受，张伯烈等在北京一面向邮传部追问，一面天天在报纸上演说会上鼓动宣传反对借款，两湖也不断有电报打给政府各部抗议，反抗借款的斗争已到了关键阶段。

清政府封建官僚们是立意要把国家利权卖给帝国主义的，他们的问题只在如何设法压制人民的爱国运动。邮传部想，湖北请愿代表既然说"筹有的款"，如果找出理由指出其所筹"的款"不足，便可加以驳斥了。为了要这套把戏，邮传部还特派铁路总局局长梁士诒到武汉去"调查"一番。"调查"的结果自然是硬说"筹款不足"。于是徐世昌在3月19日把请愿代表张伯烈等找了来，大加申斥。对封建官僚这种无赖伎俩，爱国志士是不能忍受的。张伯烈愤慨激昂，痛骂卖国政府，接连好几天坐在徐世昌门口，不饮不食，誓死要达到目的。

对张伯烈的爱国行为，湖北籍京官黎大钧等和湖北各界人士都给以坚决的支持，并举行示威运动。在北京，拒款运动使徐世昌、梁士诒等昼夜身边加以警戒。湖北方面传来消息，说地方局势渐呈不稳（湖北陆军将校很多是"拒款派"的人，他们已在湖北热诚集资认购铁路股票）。在这样紧张局面下，梁士诒提出一个妥协方案：铁路资金一半由地方筹集，一半由政府借款。对封建官僚这种欺骗伎俩，张伯烈等表示坚决反对。张伯烈等认清了清政府没有诚意，3月23日便在北京城外湖广会馆召开了拒款大会，议决不管清政府许可与否，湖北绅民从此采取自由行动，立即开办铁路公司，自筹资金；今后一切行动只通知邮传部，不必等待其批准即自主进行。

在广大人民激愤的爱国运动下，清政府不得不退一步了。当日徐世昌即召见张伯烈等，叫他们正式呈送一份请愿书。翌日

(24日)傍晚黎大钧领衔向邮传部呈递了请愿书,明确地说明"鄂人为自保利益起见",鄂境粤汉川汉铁路创设公司集股自办,请求"迅予批准立案"。徐世昌只得硬着头皮正式批准立案,准许归为商办。

这是两湖人民反对借款的爱国运动经4个多月的艰苦奋斗所获得的胜利。目的既已达到,请愿代表张伯烈、刘心源等便于29日高高兴兴地离开北京返回汉口。不久,湖南袭湖北先例,也呈递了请求书,得到了邮传部的批准。①

但是,反对借款运动的胜利全凭封建政府的一纸批文便靠得住了么?靠不住。封建政府的批文是对爱国人民的一大骗局。几个月后,清封建政府和帝国主义便更密切勾结,向广大爱国人民进行反攻了。

铁路国有与借款合同的签订

垂死的清封建政府及其官僚们,为作最后挣扎以维持其反动统治,是一心想投进帝国主义的怀抱的。在1910年下半年,他们对出卖粤汉、川汉铁路问题,采取表面拖延、暗中默许的卑鄙的卖国政策。表面上,清政府对四国代表表示借款一时还不能签订合同,说去年6月6日的草约始终未得度支部的同意,也没有上谕批准,说南方各省舆论喧嚣,草约某些点需要磋商修正以缓和绅民的反对。② 但是,暗地里,邮传部尚书徐世昌却一再和四

---

① 本节资料主要根据经济研究所藏档案;参考宣统元年、二年的上海《申报》、《东方杂志》、汉口《公论报》;《清宣统朝外交史料》(此书所注月日多误);《邮传部接办粤川汉铁路借款始末记》。

② 《美国对外关系》,1910年,第290—291页;《邮传部接办粤川汉铁路借款始末记》,第17—27页。

国代表密商，说借款一定要借，只因政府在绅民拒款运动逼迫下，不得已批准两湖铁路由绅民集股商办，如今得稍等局势的转变，政府自会别谋对策。① 为了这个原因，借款问题几个月没有什么进展。这时期南方各省分头在筹划铁路的资金与修筑。湖北最积极，公司组织与工程计划都已粗具规模了，但苦于资金筹集还有许多困难。湖南情况略逊于湖北。广东铁路原不在借款范围之内，数年来广东商办铁路公司的修路工作也有了一些成绩，但股东间人事问题复杂纠缠，对工程发生了严重的恶劣影响。"绅商"资产阶级反帝反封建的爱国运动在当时是有很大的进步性的，但是他们的不团结、重私利、懦弱、狭隘、短视的本质，对事业本身酿成极大的损害，给反动势力制造了反攻的机会。

清政府对湖广铁路问题的对策，从1911年1月大买办官僚盛宣怀就任邮传部尚书以后，进入一新阶段。两年来载沣假装着要稳步实行立宪，实际上是要赶紧完成其皇族内阁集权政策。清政府的财政是极其困窘的。为要达到集权的目的，他在财政上便一心一意想依附帝国主义。此时帝国主义列强中，竭力支持清政府的首推美国。两年来美国不只想掠夺粤汉、川汉铁路、伸展其路线、增加借款额，而且在东北则策划锦州瑷珲铁路，对清政府则准备贷给一笔1000万英镑的币制实业借款。"金元外交"的塔虎脱总统已成了清封建统治者的靠山。在这样情况下，垂死的清政府当然更想及早把湖广铁路出卖给以美国为首的四国银行团了。在徐世昌与唐绍仪掌邮传部的时候，还未敢明目张胆地对两湖人民进行暴力压迫；但大买办官僚盛宣怀继掌邮传部以后，便不顾一切，进行其迫害人民出卖祖国的勾当了。

盛宣怀的政策是把全国各省商办铁路"收归国有"，"借款

---

① "日本驻华公使伊集院彦吉致日本外务省报告书"（1910年）

兴办"；换言之，便是使清政府达到集权目的，使帝国主义完成侵略计划。他的办法是不顾一切，正面和人民为敌。他上台后不久，便和四国银行团重新积极进行磋商湖广铁路借款的条件。磋商进行是很秘密的。从2月到5月，借款的商谈逐渐成熟。（同时，4月15日清政府与四国银行团已签订1000万英镑的币制实业借款，又和日本签订了1000万日元的借款。）

一切卖国勾当都准备好了以后，盛宣怀便陡然伸出魔爪，叫清政府于5月9日以堂堂上谕的方式，宣布了"铁路干路国有政策"：

> ……国家必得有纵横四境诸大干路，方足以资行政而握中央之枢纽。从前规划未善，并无一定办法，以致全国路政错乱分歧，不分枝干，不量民力，一纸呈请，辄行批准商办。乃数年以来，粤则收股及半，造路无多；川则倒账甚巨，参追无著；湘鄂则开局多年，徒资坐耗。竭万民之脂膏，或以虚糜，或以侵蚀，恐旷时愈久，民累愈深，上下交受其害，贻误何堪设想！用特明白晓谕，昭示天下：干路均归国有，定为政策，所有宣统三年以前各省分设公司集股商办之干路，延误已久，应即由国家收回，赶紧兴筑。除枝路仍准商民量力酌行外，其从前批准干路各案，一律取消……如有不顾大局，故意扰乱路政，煽惑抵抗，即照违制论。①

同日另一上谕，说粤汉、川汉铁路"借款正合同签字势难久延"，命把邮传部批准两湖铁路商办前案取消。旬日以后又命端

---

① 《愚斋存稿》卷一七，第4页；建议干路国有的给事中石长信原奏见《东方杂志》第八卷，第四号；盛宣怀的议覆折见《邮传部奏议分类续编》，《路政》，第33—34页。

方亢为"督办粤汉川汉铁路大臣",南下去强行接收四省铁路公司。①

这一系列凶暴的高压命令颁布以后,清政府便于5月20日和美、英、法、德四国签订了"湖北湖南两省境内粤汉铁路湖北省境内川汉铁路借款合同"。这笔卖国借款总额为600万英镑,铁路全长1800公里(不包括未来延长线),以铁路收入及两湖厘金盐税等为担保,四国分享修筑权,四国银行团复享有今后继续借款的优先权。② 这合同虽仅限于两湖的铁路,但它实际包含着未来一定会吞并全部粤汉、川汉两路之意,这是当时任何人都晓得的。

铁路干路国有政策的宣布,和湖广铁路借款合同的签订,是辛亥革命的导火线。清封建统治当局和大买办盛宣怀这一系列明目张胆的卖国行为和反动透顶的高压手段,立即引起了全国人民反抗的怒潮。川、粤、湘、鄂各省人民立即纷纷组成"保路同志会",一面以各省谘议局为反抗强盗政府的大本营,一面派代表进京,并电各省京官援助,同时革命运动乘势急速展开。几个月以后辛亥革命便起来了。

---

① 《清宣统朝外交史料》卷二〇;《邮传部奏议分类续编》,《路政》。
② 《邮传部奏议分类续编》,《路政》,宣统三年,第40—52页;马慕瑞前引书,卷一,第866—879页。

币制实业借款(1903—1911)

币制实业借款的渊源

清代末叶币制的混乱,对全国人民的农工业生产、国内外贸易与金融事业的发展,都产生了极恶劣的影响。这是半封建半殖民地经济的必然的现象与结果。在封建买办政权统治时代,欲求币制健全或改善是根本不可能的事。

清封建统治者与帝国主义者也都想望中国币制的改革,但他们对待这问题,是站在与人民完全相反的立场。清封建统治者想望币制改革,目的在增加财政收入,加紧压榨人民,以加强其反动的专制统治。帝国主义者想望币制改革,目的在保障其对半殖民地中国资本与商品输出的高额利润,攫取赔款的便利,并企图控制中国的财政与金融。为了这些缘故,自中日甲午战争后,清封建官僚们和帝国主义者们便不断地喧嚷着中国应进行"币制改革",并曾提出过种种的建议和计划。[①]

[①] 耿爱德:《中国币制论》(E. Kann, The Currencies of China)第十五章;陈度:《中国现代币制问题汇编》第一卷。

辛丑和约以后，清政府即与英、美、日诸帝国主义国家进行新的商约谈判。当时适逢1902年银价暴跌，中国外汇市场混乱，英国即望中国能有一较稳定的币制以保证其刚掠得的庚子赔款，并便利其各种经济侵略活动，所以是年"中英续议通商行船条约"里面插入了一条："中国允愿设法立定国家一律之国币，即以此定为合例之国币，将来中、英两国人民应在中国境内遵用，以完纳各项税课及付一切用款。"翌年10月签订的中美、中日新商约也都有与此类似的条款。① 从此清政府在条约上又背上了币制改革的义务。

想利用这种机会侵略中国最积极的是美国。当中美新商约尚在交涉期中，美国国会便应清政府的邀请，派遣了精琪（Jeremiah W. Jenks）等3人来中国进行货币问题的"调查"。精琪"调查"的结果，于1903年年底提出了一个改革中国币制的方案。这方案一方面建议中国实行金汇兑本位制，建立新的货币制度，"以能得赔款国之多数满意为归"；另方面主张中国政府"应聘用适当之外国人（意指美国人）"为"司泉官"，总理币制事务，掌管中国的造币厂，监督中国官商各银行纸币的发行，并对中国的财政措施与外债事务"有条陈献替之权"。此外，他还建议，为了改革币制，中国政府须举借一笔巨额的外债。② 这个方案和英国在其殖民地印度、美国在其殖民地菲律宾所已推行的方案，基本上是完全相同的。

对于精琪这个把中国看作殖民地的币制改革方案，中国政府

---

① 《中英续议通商行船条约》第二款；《中美续议通商行船条约》第十三款；《中日续议通商行船条约》第六款。

② 耿爱德前引书，第358—384页；《大美钦命会议银价大臣条议中国新圜法觉书》；又精琪：《中国新圜法条议》，《中国新圜法案诠解》，《中国新圜法续议释疑》；均见陈度《中国近代币制问题汇编》第一卷。

经过反复的研究，没有接受。当时不仅国内人民的舆论普遍地反对这方案，就连张之洞、袁世凯等大官僚也都觉得这外国"司泉官"很不妥当，他将成为中国财政金融的主管人。① 翌年清政府自己颁布了一个"铸造银币分两成色并行用章程"。② 根据这个章程所行的局部币制改革虽然毫无效果，但精琪的方案算是暂时被搁置了。

这是美国图谋干预中国币制改革的历史渊源。至于美国对中国东北插手的企图，则较此更为积极。

自日俄战争后，美国即积极策划插手侵入中国的东北。美国铁道大王哈里曼妄想攫取南满与中东铁路的计划失败后，他的亲信美国驻奉天总领事司戴德继续努力，从1907年夏天起，便与奉天巡抚唐绍仪策划修筑法库门铁路，并筹组"东三省银行"。这企图几经曲折，到了1908年8月终于成立了一个协定。根据这协定，美国出2000万美元做银行的资本，银行的任务是稳定东北的金融，开发东北的农矿森林，并在东北进行铁路投资（预定自京奉路接连齐齐哈尔与瑷珲）。这协定缔订后，司戴德便启程回美去筹划资本；11月唐绍仪也被清政府派遣赴美进行外交与借款活动。

但是司戴德这计划，因美日"罗脱高平协定"的缔订（11月30日）而暂时搁置了。罗斯福的对日妥协政策，使这"东三省银行"，一时未能成立。同时清封建统治集团的内部变化——光绪与慈禧的死，载沣摄政与袁世凯的失意，使得唐绍仪在美国的活动也失掉了支柱。③

---

① 《张文襄公全集》卷六十三，《虚定金价改用金币不合情势折》；梁启超：《中国货币问题》（见陈度前引书，第108—129页）。

② 陈度前引书第二卷，《银元》，第24—27页。

③ 见本书第204—217页。

虽然如此，但唐绍仪仍努力想进行卖国的借款交涉。12月唐绍仪曾向美国国务院提出要求，希望美国能借给清政府一笔巨款，以"协助"中国进行"币制改革"。国务院派司戴德陪着他到纽约和华尔街老板们周旋了一番，坤洛公司也大致同意了他的要求。可是翌年1月袁世凯的下台，完全打消了唐绍仪在美国继续活动的可能性，因而他所请求的"币制改革"借款也未能立即实现。①

然而，美帝国主义并不认为这两条侵略途径——"币制改革"与"满洲实业开发"——业已断绝，它等候时机再向前进。清封建统治者也挂念着这两件事，因为他们可以拿这两项计划出卖国家，和帝国主义者勾结，以巩固其反动的封建统治。

币制实业借款草合同的缔订

以"金元外交"著名的塔虎脱（Taft）于1909年3月代替罗斯福做了美国总统，诺克斯（Knox）做了国务卿，美国乃更进一步积极图谋侵入中国。当时中国东北在日本、沙俄的控制之下，华中、华南则英、法、德三国正在协力攫取湖广铁路。塔虎脱对此局势，决定双管齐下：一方面企图挤进湖广铁路借款，另方面企图以更蛮强的力量侵入中国东北。

数年来美国用过种种方法想侵入中国东北都没有成功，1909年10月它复派司戴德（此时任美国银团代表），会同中英公司，与东三省总督锡良签订了《锦瑷铁路草合同》。11月，诺克斯又提出了"满洲铁路中立化案"，希望各国同意使他实现这一计

---

① 克若蕾：《司戴德传》（H. Croly, Willard Stralght），第八章；《美国对外关系》，1912年，第88页。

划。但他这种企图，至翌年春便因日本、沙俄的坚决反对和英、法的不支持而归于失败。①

对于这次的失败，美国当然不会甘心。它想另换个方式来达到它的目的：一方面再掏出5年前精琪的"币制改革"方案来引诱清政府，以实现其控制中国金融财政的计划；另方面恢复"满洲实业开发"的旧议，以控制中国东北的经济命脉。

1909年12月7日，"满洲铁路中立化案"刚提出不久，塔虎脱在他对国会的演说中便提到，"美国政府正努力想给中国以财政及币制改革的便利，并望获致各国必需的默认"。② 1910年5月24日，清政府谕令厘定币制则例，以银元为单位，欲初步统一币制。③ 6月13日美国国务院便面交中国驻美公使张荫棠一个节略，说美国听说中国有意从事币制改革，很高兴，希望通知北京政府以美国切望中国早日实现此议之意。节略复建议张荫棠"应言明此种改革应立即进行，且为向列强保证改革之决心，中国应聘任一外国币制专家"协助此事。④ 币制改革需要巨额款项。这节略明显地授意清政府以美国有意贷与巨款，同时有意派一个"币制专家"做清政府的"顾问"。

垂死的清封建统治者正急着要依靠帝国主义来解救其即将破产的财政，巩固其反动统治势力，以压抑弥漫全国的革命浪潮；对于美国这一青睐正是求之不得。八九月间外务部会办大臣那桐就一再和美国驻华公使嘉乐恒（W.J.Calhoun）商谈，至9月22日度支部尚书载泽乃正式提出要求，望美国银团借与5000万两，做为币制改革之用。一周后，美国国务院答以美国银团已完全同

---

① 见本书第204—217页。
② 《美国对外关系》，1909年，卷首第18页。
③ 《度支部币制奏案辑要》。
④ 《美国对外关系》，1912年，第89页。

意。①

　　然而，10月2日，度支部扩大了要求，望能包括两年前司戴德、唐绍仪已初步议定的"满洲实业开发"计划在内，把借款总额增至5000万美元。清统治集团这个要求是有他的原因的。首先，清政府财政困窘，渴望增加借款额。② 再者，是年7月日本、沙俄成立了一个新的平分满洲的协定。8月，日本帝国主义正式吞并了朝鲜。这两件事使清统治集团对日、俄发生了很大的疑惧，更急着想引美、英两国势力进入东北以"克制"日、俄。东北的官僚们也在着急。东三省总督锡良与吉林巡抚陈昭常，在九十月间一再奏请向美、德二国举借外债以开发东北；同时美国驻奉天总领事为此也十分活动。③ 但是清政府又怕为东北而单独借款，会遭受日、俄两国的反对。如今"币制改革"借款美国既已同意，不如索性把"满洲实业开发"也掺混进来，则既不显眼，又能"克制"日、俄，又可达到增加借款的目的。这些想法，载泽和盛宣怀在10月2日向嘉乐恒提出要求时已明说了。这套打算与美国多年苦心积虑想插足中国东北的企图正相吻合。于是在这样的目标和基础上，垂死的清封建统治集团与美帝国主义者便密切勾结了起来。度支部关于这次扩大的要求，表示望专向美国商借（但债票可部分在他国销售）；并声明拟以五分之二，即2000万美元做"满洲实业开发"之用。对于这个要求，几天之后美国便全盘答应了。④

----

① 《美国对外关系》，1912年，第89—90页。

② 此时所拟宣统三年预算，岁入不敷为7600万两。中国科学院经济研究所所藏档案（以下简称所档）。

③ 《美国对外关系》，1912年，第90—91页。

④ 马慕瑞：《各国对华条约汇编》（MacMurray, Treaties and Agreements With and Concerning China）第一卷，第851页。

10月27日，《币制实业借款草合同》便在北京正式签了字。这项借款5000万美元，年利5厘，实收九五；关于担保，约中没有明确规定，预备留待以后详商。①

币制实业借款与四国银行团

虽然度支部曾表示这笔借款望专向美国商借，虽然美国银团也已经签订了草合同，但是美国并不能全部独力承担。这并非由于它不愿独力承担，是因为当时种种客观条件使它不得不牵进其他帝国主义者一起分赃。

首先，这样一大笔借款的债票一时不能全部在美国证券市场销售，一部分必须依靠欧洲各国。再者，既然借款目的之一在进行中国的币制改革，改革后还要根据条约裁撤厘金、修订关税，则这件事必须得到帝国主义各国的支持。交涉时既已初步议定由债权国派一"币制专家"，这一举动若不得各国同意，将来势必发生种种纠葛。10月底，美国国务院把此次借款的成立通知各国时，德、法两国即提出要求，望能参加正合同的签订。② 为了这些原故，美帝国主义不得不牵进德、法、英各国。

比这些更重要的是当时帝国主义列强对中国侵略竞争中的复杂矛盾。在中国东北，日本、沙俄已平分了势力范围，而美国则坚决要插足进去。6年来它种种企图未能成功，如今这借款一半的目的是继续企图实现其染指东北的计划。美帝国主义已经不少次碰了日本、沙俄的钉子；此时要想完成这计划，必须联合其他

---

① 马慕瑞：《各国对华条约汇编》（MacMurray, Treaties and Agreements With and Concerning China）第一卷，第851页。

② 《美国对外关系》，1912年，第91—92页；兑若雷前引书，第十章。

帝国主义列强共同对日、俄施以更大的压力。因此，它得牵进英、法、德三国。再者，交涉经年的湖广铁路借款，四国好容易才在是年5月获得了协议，尚待与清政府磋商。此时美国如果忽然独自进行偌大的一笔借款，则湖广铁路借款可能因此而火迸。为了这些原故，美国不得不牵进英、法、德三国。

自塔虎脱上台以来，美帝国主义者侵略中国的主要方式是要在半殖民地中国建立国际共管机构。湖广铁路借款与"满洲铁路中立化案"都是这政策的具体表现。美国一方面喊着中国"门户开放"、"领土完整"等名词以欺骗世人，意在要求其他帝国主义者许可它侵入中国每一角落；同时它用各种方法图谋在中国建立国际共管机构来控制中国，因为此种机构一成立，谁资本势力雄厚谁便可以占上风，而美国自信自己的金融资本势力雄厚，将来定可压倒他国。美帝国主义者既然如此打算，而独自借款又有上述种种困难，所以美国决定牵进它的伙伴英、法、德三国。

怀抱着这样的决定，代表美国进行侵略活动的司戴德便于11月初到伦敦与英、法、德三国资本家开始交涉。自8日至10日，经过3天的会议，四国做了两项重要的决定。

第一，组织四国银行团（Consortium）。银行团的组织最初是美国在1909年6月提议过，英、法、德三国在同年7月也初步协商过的。① 为了湖广铁路借款，四国经一年的交涉才于1910年5月达成协议，这协议给银行团的组成打下了基础。嗣后四国为要组织银行团曾不断以书信交换意见。如今借着这币制实业借款的侵略及分赃机会而具体组成了。四国银行团于11月10日共同成立了一个规约，根据这规约，今后对中国的政治借款与铁路借

---

① 《美国对外关系》，1909年，第152页；1901年，第88页。

款均由银行团垄断。① 这个银行团，嗣后虽经许多曲折变化，但从此即成为帝国主义各国侵略中国的一个重要机构，吮吸中国人民的血汗近 20 年。

第二，币制实业借款由四国共同承担，实际上成为四国银行团的第一桩重大贷款。对于清政府要求专向美国商借一层，美国银团允负责对清政府施用压力，使英、法、德三国能够参加。②

11 月底司戴德到了北京，即与清政府进行谈判。代表清政府的是载泽和盛宣怀。谈判的症结问题已不在专向美国商借一层。度支部原不愿向四国商借，因为年余以来为了湖广铁路借款问题，鄂、湘、川、粤人民曾展开激烈的反对四国借款运动；如今再提出另一笔四国借款，怕引起全国人民的抨击。但这一点因美国的坚持，清政府很快就屈服了。谈判的症结问题在指派币制"顾问"。当时北京资政院正在开会，摇摇欲坠的清政府怕受质问或指责，想拒绝在正合同中明订指派外国"顾问"，因为此举即是容许外人监督中国财政。司戴德在伦敦开会时原已举荐美国人梅特兰（D. P. Maitland）担任此职，并已启程来上海。③ 因此从 12 月至翌年 2 月，这指派"顾问"问题便成为双方反复驳辩的问题。最后，清政府还是屈服了，允许银行团指派一外国"顾问"；美国则同意了不派美国人而由银行团聘一"中立国"人。不久又决定了这"顾问"的职位由荷兰人前爪哇银行经理卫斯林（G. Vissering）担任。④

---

① 克若蕾前引书，第十章；马慕瑞前引书，卷一，第 833—835 页；田村幸策：《支那外债史论》，第 234—239 页。

② 费尔德：《美国参加中国银行团》（F. V. Field, American Participation in the China Consortiums），第 60 页。

③ 所档。

④ 克若蕾前引书，第十二章；《美国对外关系》，1912 年，第 92—94 页。

这个决定经有关各方面同意以后，清政府与四国银行团遂于4月15日在北京正式签订了《币制改革及东三省实业借款》的正合同。

币制实业借款的内容

从币制实业借款合同的内容我们可以看出帝国主义者这一侵略企图是如何残酷，清封建政府为勾结帝国主义而出卖人民利权到如何不能忍受的地步。

币制实业借款的总额为1000万英镑，年利5厘，实收九五，偿还期45年。以摩根公司为首的美国银团、汇丰银行、德华银行与东方汇理银行平均分担。债票于6个月内发行。借款的担保是东三省的烟酒税、出产税及销场税，还有各省盐斤加价——合计每年共约500万两。如果本利不能如期偿付，则这些税课的征收即并入海关行政（即交给帝国主义者）掌管。

借款的用途有二：一、全国的币制的整顿划一；二、兴办东三省实业。根据合同条款，度支部须于签约之日提交给银行团一个整顿币制方案，一个兴办东三省实业的说明书，和一个款额用途分配的说明书。合同又订明每年每季须对银行团提出这两项工作进行的报告。

整顿币制方案初步只包括着铸造银币及辅币计划。关于兴办东三省实业，则包括着移民、开垦、畜牧、黑龙江的森林、农业开发，漠河、观音山、三姓的金矿的开采，以及其他矿产的采掘。

银行团同意预先垫给清政府100万镑用做整顿币制，另100万镑用做兴办东三省实业。这两笔垫款利息为6厘，订明在债票发行后第一次交款时全部扣还。

合同第十六款订明，中国政府将来若在此次借款之外为合同中规定之二目的仍须举借外债时，须先向四国银行商借。若中国政府欲邀请外国资本家参加中国的开发东三省事业，亦须先邀四国银行承办。①

这个借款合同以及当时的历史环境，明显地呈现出这次借款的意义。名为"币制改革"借款，实际上币制改革并非主要目的。谁都知道当时中国谈币制改革不是件容易事。这一点清官僚也曾坦白告诉美国，② 美国也很明白。这借款的实际结果是：以美国为首的四国银行团在中国建立了国际共管机构，初步控制了中国的财政金融，并企图垄断中国今后一切政治借款与铁路借款；它们根据合同攫得了在中国东北广泛的经济开发权，它指定要东北的重要税收作借款的担保，并图谋共同携手在东北排挤日本、沙俄的势力。它们借给垂死的清政府这笔巨款，以解救其财政破产，巩固其反动腐朽的封建统治，使它好压制中国的革命运动，与广大中国人民为敌。帝国主义者一方面要达到这些目的，一方面又指令清政府每年从广大中国人民身上榨夺赋税来付给它借款本利。这就是辛亥革命前夕帝国主义4个伙伴们，与清封建统治集团相勾结的恶毒阴谋和狰狞面貌。

合同既允给清政府以垫款，度支部便于5月6日提出申请先支40万英镑。申请书说明这40万英镑的用途是为偿还救灾债务以及兴办实业等等。③ 13日银行团即付给了度支部，度支部便拿来做为压抑革命运动的军政费用了。

帝国主义的侵略活动不仅限于组成银行团与签订大借款，它

---

① 马慕瑞前引书，第841—848页；《币制改革及东三省实业借款契约》；费尔德前引书，第61—63页。
② 所档。
③ 费尔德前引书，第64页。

的侵略是多方面的。在币制实业借款成立后，以美国为首的四国银行团便立即找机会进行其他借款。湖北是革命运动蓬勃的省份，银行团首先帮助那里反动的地方政府。它应湖广总督瑞澂之请，于6月底成立了"鄂省一千九百十一年七厘利息银递还银之借款"200万两，[①]用做军政费以压抑革命运动。

为要及早侵入东北，在借款签订前不久，美国即偷偷组织了一个以美国收获机公司为首的农业开发公司，派代表赴东三省调查并与清地方官僚们交涉，计划在东北"广大平原上进行大规模的农业经营"，准备从中国人民手中"借入"大量土地从事"垦殖事业"。至6月，据说已得到了清中央及地方政府的许可，并曾请求清政府多派军队到东三省，以"保护外人利益"。[②]这个侵略计划到了辛亥革命爆发才算暂时搁置了。

日本与沙俄对借款的抗议

自从币制实业借款消息一透露出来，日本与沙俄即加以密切注意，两国经常交换意见。日、俄在1910年7月成立的平分并垄断东三省的协定益使两国携手合作，抵抗以美国为首的四国银行团插足东北的一切企图。在借款交涉进行期间，日、俄已一再向清政府探讯，并分别表示反对。

清政府早已预料到日、俄两国会出来反对，尤其怕日本帝国主义的干涉。清政府的彻底卖国政策是先奉送给日本一桩庞大的利益。做这件卖国勾当的是大买办盛宣怀。1910年12月间，当币制借款交涉正进行中，盛宣怀便与和他有多年莫逆之交的日本

---

① 所档。
② 同上。

横滨正金银行理事及驻华代表小田切万寿之助进行密谈,表示清政府拟向日本借贷1000万两至2000万两,以政府"一般收入"为担保,用途笼统地订为"政府事业"。这笔借款的秘密交涉是和币制实业借款交涉同时进行的。日本帝国主义当然欢迎清政府这种卖国勾当。交涉中双方企图寻找一妥善的名义和可靠的担保。到了2月,乃决定自横滨正金银行借1000万日元,做为邮传部偿还旧债及付还京汉铁路贷款之用;以京汉铁路收入及江苏全省漕折为担保。这笔"邮传部铁道借款"遂于3月24日正式签订,① 比币制实业借款的签订早3个星期。

清政府以为先送给日本这样一份隆重的礼物,它便不至于反对币制实业借款了。哪知事情大大不然。币制实业借款的签订消息一宣布,上海《字林西报》便说,"这合同很明显地给来日的纠葛遗留下很大的园地"。② 果然,自4月底起,日、俄两国便积极地不断协商对策。法国为安慰它的盟国沙俄,曾对沙俄保证如果将来东三省兴办实业的计划妨害到沙俄的利益时,法国将在银行团中不与以通过。但这不能阻止沙俄政府的反对。至六七月,日本、沙俄先后向英、法、德、美四国分别提出同样的抗议,主张取消合同中的第十六款,或允许日、俄两国以同等权利参加。③

对日、俄的抗议,英、法两国为了俄法同盟与英日同盟关系首先软化了。它们一面解说合同第十六款并无垄断之意,一面即主张银行团应邀请日、俄两国也参加。美帝国主义在如此情况下,怕重蹈"满洲铁路中立化案"的覆辙,也便无法正面表示

---

① 所档;田村幸策前引书,第74页;马慕瑞前引书,卷一,第835—840页。
② 《字林西报》1911年4月19日。
③ 所档;费尔德前引书,第103—104页;《美国对外关系》,1912年,第96—100页。

反对。这是四国银行团转化成六国银行团的先声。不过，交涉尚未具体化以前，辛亥革命便爆发了。①

同时，沙俄、日本对清政府施以压力。在借款交涉进行时，沙俄即曾扬言欲在北满增兵。借款刚签订，沙俄又警告清政府，如果中国在东三省增兵，则沙俄即将沿中东路全线增兵；同时它又叫俄亚银行代理人胡雅在北京活动，找机会向清政府强行借款。日本也一再向清政府表示反对此借款。盛宣怀为讨好日本帝国主义，8月间曾对小田切万寿之助表示愿把上海的中国纱厂转让与日本，并答应日本以江西铁路的借款优先权。② 这些事情的发展也因辛亥革命的爆发而暂时中断。

中国人民对借款的反抗

自载沣摄政两年多来，垂死的动摇的清政府厉行其封建集权、压榨人民、依附帝国主义的政策以维持其反动统治，激起全国人民日益加强的反抗，革命运动已如火如荼，到了1911年，清封建统治集团业已临到末日。它为了企图做垂死的挣扎，彻底投入帝国主义的怀抱，便一次接连一次地把国家的主权和人民的血汗典当给帝国主义，进行露骨的卖国大借款。

清政府和四国银行团及横滨正金银行的卖国借款是在十分秘密中进行的。但是消息终究会走漏出来。在交涉进行期中，各地舆论已表示疑惧和反对。迨借款合同签订的消息揭露后，全国人民反抗的声浪便展开了。以上海《国风报》的评论为例，币制实业借款签订前就说，"现政府则曷尝有改革币制之诚心者？不

---

① 费尔德前引书，第 103—104 页。
② 均见所档。

过欲借此名目，攫得巨款，则聚而咕嘬之耳！"舆论更不满的是借款"既不交资政院核议即行签押，又不分别公布以释群疑"。3月24日横滨正金银行1000万元的借款签订后，"日本为债务国，今忽对于我国则转为债权国，其中恐别有阴谋焉！"至4月15日币制实业借款又签订后，《国风报》便大声疾呼："呜呼！一万万元之新外债竟成矣！本报所为疾首蹙额大声疾呼前后十余万言者，至竟无丝毫之反响也！自今以往，此一年中，政府可以无忧库帑之竭蹶，除弥补预算案中七千万之不足外，尚可以有所赢余，又可以多立若干名目，多位置若干私人，大小上下聚而咕嘬之。其高材捷足者，腹彪然焉；其次者亦得沾余沥，津津乎其有味也。……自今以往，我国民其无望能监督政府，其毋望能睹立宪之治……吾但能低首下心以博大国之欢，则五陵年少，缠头稠叠，此四万万槁项黄馘一时死绝，于我何有！……自今以往，吾惟预备一长大之表格，以备年年续借巨额之新外债，次第填入；自今以往，国库每年所入，惟以十分之九还外债本息；自今以往，一切政务尽废撤，一切政费尽停止，全国京外惟设一机关，司借债派息而已足；自今以往，吾四万万人虽饥毋食，虽寒毋衣，所产子女尽淹溺之毋养，终岁勤勤为政府输与债主而已。呜呼！一万万圆新外债成。呜呼！四万万条旧性命绝。……惟今日有债权于中国者，斯他日能为中国之主人翁！"① 此处所引《国风报》只是一例，当时全国反对或不满于清封建统治的类似的舆论还很多很多。

在全国舆论猛力抨击的浪潮中，清政府于5月4日颁布了一个上谕，说："近来国家财政竭蹶，由于币制不一；民生困苦，由于实业不兴。朝廷洞鉴于此，不得已饬部特借英、美、德、法

---

① 《国风报》第二年，第五期、第七期。

四国银行一千万镑，日本横滨银行一千万元，专备改定币制，振兴实业，以及推广铁路之用。该管衙门自应竭力慎节，不得移作别用。并著随时造具表册呈览，以副朝廷实事求是之意。"① 这上谕正式宣布了这两笔卖国借款。

上谕颁布后，全国舆论对卖国政府抨击益烈。《国风报》再度指出清政府不交资政院议决即行签订借款完全是非法行为，"无财之国贫弱而已，无法之国必至乱亡！""须知政府如此举动，虽使今日借得外债，明日即战胜地球万国，然犹不足以赎其罪！"又揭示外人派遣顾问，"势不至举全国金融机关之权尽握诸顾问之手而不止也！……一言蔽之，则今后我国之财政必将有监督之者。此监督权非在国民，则必在外国。孰取孰舍，惟我国民今日所自择耳！"又说，"若是乎吾国将永永为债务国，而人民则永永为劳佣者，且将由生计上隶属国而变为政治上隶属国，可不痛哉！"②

清政府的卖国反动行为不止于此。这上谕颁布的5天以后——5月9日，突然又颁发了一个更惊人的上谕，宣布全国铁路干线收归国有。这个政策的颁布引起了全国人民反抗的怒潮。而5月20日又一惊人举动：清政府和美、英、法、德四国银行团又签订了一笔600万英镑的湖广铁路借款，出卖了华中、华南主要的经济动脉。

清封建统治者这一系列反动的卖国的行为，给辛亥革命燃起了火信。接着四省的保路运动便展开了，武昌起义便爆发了。

---

① 《大清宣统政纪》卷五十二，第7页；经济所藏宣统三年四月初六日宫门钞。

② 《国风报》第二年，第十期。

三都澳问题与所谓"海军借款"
（1900—1922）

三都澳问题的开端

1897 年至 1899 年，列强进行野蛮的"瓜分中国"运动，德、俄、英、法各国都在中国掠得了"租借地"，强划了"势力范围"，日本也压迫清政府声明福建不割让与他国。当时美国正忙着和西班牙作战，攫夺菲律宾为殖民地，并以武力压抑菲律宾人民争取自由独立的斗争，而来不及在"瓜分中国"运动中分得鼎中之一脔。

美国失掉这个机会是很不甘心的，它便从两方面打主意。一方面，在 1899 年和 1900 年，它两次向各国提出所谓中国"门户开放"和"领土完整"等口号，目的在准备以后能逐步插手到中国每一块地方、每一个角落。另一方面，它企图继各国之后，在中国沿海也同样攫占一个港湾。1899 年 3 月，美国驻华公使康格（E. H. Conger）即曾向国务院条陈"租借"大沽口的利弊。① 这地

---

① 德尼士：《美国外交探险》（A. L. P. Dennis, Adventures in American Diplomacy），第 207—208 页。

方距北京太近，这种要求恐怕会遇到其他帝国主义者掣肘。最后它选定的地方是福建的三都澳（三沙湾）。三都澳具备着良好的自然条件，距离菲律宾又近，且可东向控制台湾，西向攻侵华中、华南。做这个决定的是美国陆军、海军当局与国务院。①

美国既想攫占三都澳，便和日本帝国主义者的侵略野心发生冲突。日本已把福建看作它的"势力范围"，美国因不愿过分得罪日本，因此在下手前必须先探听日本的口气。在1900年八国联军攻占北京的那一年12月7日，美国国务卿海·约翰（John Hay）电训其驻日公使巴克（A. E. Buck）说："海军极欲得福州北面的三沙湾作为煤站。请非正式地缜密地探听日本政府会不会反对我们以此事向中国交涉。"② 同时他电训其驻华公使康格，叫他找机会向清政府提出这项要求。③ 12月10日巴克回电说日本政府表示反对。11日日本驻美公使拿外务省给他的训令抄给海·约翰看，训令中列举了三点理由表示坚决反对美国的企图。④ 这位一面高喊中国"领土完整"，一面却在企图攫占三都澳的美国国务卿海·约翰，吃了日本一个钉子，只好暂时把此事按下不提了。

---

① 葛雷斯佛：《美国远东政策》（A. W. Griswold, The Far Eastern Policy of the United States），第83页。按三沙湾是一个良好的港湾，德国海军部在强占胶州以前曾动念攫占此港。中国洋务派讨论海防问题时，也有人建议过把它做为南洋的军港之一。参阅《海关十年报告（1892—1901）》，三沙湾章。

② 《美国对外关系》（Foreign Retations of the United States），1915年，第113页。

③ 瓦滋：《世界政治中的德国与美国》（A. Vagts, Deutschland und die Vereinigten Staaten in der Weltpolitik）卷二，第1096—1097页。

④ 《美国对外关系》，1915年，第114—115页；又，所档。

对这事图谋最积极的是美国海军部。1901年12月、1902年5月，海军部又曾两度催促海·约翰，叫他及早实现这项计划。但因当时远东局势变化的种种牵制，海·约翰没有得到机会立刻进行。①

这是美国图谋攫占三都澳的开端。

所谓"海军借款"

几年以后，美国便再进一步想把它这一图谋实现，并且扩大了从前的侵略计划。

清王朝自载沣摄政以来，厉行皇族集权政策，企图增强中央军力，以巩固其垂死的封建反动统治。其办法之一是筹建海军。为了这个目的，清政府在1909年7月成立了筹办海军事务处，叫贝勒载洵（载沣之弟）为筹办海军事务大臣，"统一南北洋各舰"。9月，载洵"赴欧洲各国考察海军"；1910年8月又"赴日、美二国考察"海军。回国后不久即改筹办海军事务处为海军部，载洵做了海军部大臣，② 为皇族内阁的极重要的一员。

载洵在美国"考察"的时间虽短，他却偷偷与美国资本家勾结，做了一件反动透顶的勾当。他代表清政府和美国伯利恒钢铁公司（Bethlehem Steel Corporation）的老板席哇泊（C. M. Schwab——背后实即是美国海军部）初步议定了一笔所谓"海军借款"。他原意打算在美国订购价值500万英镑的军舰

---

① 葛雷斯佛前引书，第84页，注一。
② 《清史稿》卷一三六，兵志七，第8页。

与海军材料,[①] 又为建海军以及筹修全国军港拟向美国贷款6000万英镑;[②] 但这数目过大，美国允第一步先缔订这"海军借款"。这笔借款的条件对公司老板十分有利，所以席哇泊偷偷贿赠了载洵3万英镑（一说25万两）的"订钱"。[③]

1911年秋天，席哇泊特为此事来北京，与清政府进一步磋商具体办法。不久，武昌起义，辛亥革命爆发了。清封建统治集团到了垂死关头，更急着要投靠帝国主义；而美国正是最热心支持清政权的人。因此在武昌起义11天以后，10月21日，席哇泊以伯利恒钢铁公司经理身份，与清政府海军部在北京正式签订了"海军借款"合同。

这合同全文共9条，其内容要点如下：一、借款额2500万两，年利5厘，实收九七点五。二、以清政府国库证券为担保，不用抵押。三、借款用途分为三项：（一）以2100万两做为清政府在美国订造"海军船舰及大炮"的费用；（二）先提拨200万两做为清政府改良及新建"制造枪炮弹药"的兵工厂的费用；（三）另提拨200万两做为"船坞制造局"的改良及新建的费用。四、由伯利恒钢铁公司承办修建并经营上述的中国兵工厂及海军造船厂。五、中国海军学生可进入美国海军学校，并在美国军舰上实习；美国海军军官可来中国用中国军舰教练中国海军。六、中国海军部如需要类似顾问的美国海军人员，其所需费用由公司负担。七、这个合同，将来缔订了关于上述三、四两点的

[①] 所档。
[②] 同上。
[③] 同上。按席哇泊即伯利恒钢铁公司的创办人，为美国大垄断资本家之一。参阅莱德勒：《美国工业的集中》（H. W. Laidler, Concentration of American Industry）第三章。

"副合同"后，立即生效。①

这是个严重的侵略契约。如果这合同实行起来，中国的海军（如果能建成的话）和军港（当然包括三都澳）将全部落入美国之手；中国的兵工厂、造船厂也将全部落入美国之手；美国将以它在中国国土上经营制造的军舰、枪炮、弹药经常供给清封建统治集团，用来镇压中国人民的革命运动，以巩固清反动统治和美国在华的侵略势力。

然而，这个合同订得晚了一些，辛亥革命推翻了清朝反动统治，因此"副合同"没有来得及缔订，合同未能立即实行，席哇泊只好暂时回国去了。不过，伯利恒钢铁公司从此咬定这合同在法律上应算有效，中国政府（不管是清王朝还是北洋军阀）有履行这合同中一切约言的义务。美国国务院说它要"保障美国公司在中国的既得利益"，竭力给公司打前锋，为公司撑腰。

因此，到了1913年秋天，南方讨袁运动失败后，伯利恒钢

---

① 《中美条约及公文汇纂》，第229—230页。（转录自《中国约章汇编》，原题标为《中美某种海军建筑合同》，显系编者附加。）按此合同自签订后，双方曾严守秘密，未与宣布。至1914年这问题有了新的发展（见下），日本驻华公使山座圆次郎面询美国驻华公使芮恩施（Paul S. Reinsch），芮恩施口头上答以载洵当初所拟借为2000万美元，其1700万美元充订造军舰费用，300万美元充修建船坞制造厂用，然该契约因辛亥革命而未实行（所档）。此点芮恩施后来在他的《使华记》（An American Diplomat in China）第67页也提了几句，但很含混。是年日本驻美国外交人员在华盛顿秘密探得了合同的确实内容。至1915年，为了"二十一条"，日本向美国又提起此事，美国国务院仍不肯承认（《美国对外关系》，1915年，第116—117页）。至1922年，美国国务院始不得不将这合同做附件分致日、英、法、意四国政府（见下），各国才正式知道了合同的内容。合同的中文译本（按签订之原约只有英文本）在1927年由北洋军阀的北京政府外交部编入《中国约章汇编》，未受什么人注意。1938年美国国务院编印1922年的《美国对外关系》时，提到这合同，但全文仍未肯刊出发表，且还有图谋掩饰之处（第745—747页）。由此可见美国对这样一个侵略中国的文件是如何遮蒙掩盖，不肯使它和世人见面了。

铁公司的副经理詹司敦（Archibald Johnston）就又来到北京活动。①

再谋攫取三都澳

詹司敦来中国不是伯利恒钢铁公司（及其背后海军部）的孤立行动，而是当时美国多方面侵略中国的计划的一部分。

1913年3月，威尔逊代替塔虎脱做了美国总统。他上台后几天便发表了一个声明，说美国决定退出六国银行团。这一举动的目的在摆脱银行团的各种束缚，好乘帝国主义世界大战前夕国际形势的紧张局面，独力放手进行对中国多方面的侵略。声明发出后不久，活动立即展开。年余之内，美国经济侵略中国的活动就至少包括有：以攫占淮河流域大平原为目的的"导淮借款"的签订；以再侵入中国东北为目的的"满洲农业开发计划"；美孚石油公司对陕西延长石油的侵夺；图谋以借款方式攫取中国银行；对袁世凯进行7000万美元大借款的酝酿；以及比以前任何时候都更积极地在中国进行金融势力的扩展与直接工业的投资。詹司敦来北京催促"海军借款"的实行，只是威尔逊上台后美国多方面侵入中国的计划的一部分。

詹司敦来到北京以后，便和美国驻华公使馆海军武官吉里斯（Gillis）少校一起进行活动。他们经美国驻华公使芮恩施（Paul S. Reinsch）的介绍，会见了袁世凯的交通总长周自齐。周自齐是3年前载洵赴美"考察"时的随员，与"海军借款"原有密切瓜葛。詹司敦便拿出旧日的合同，要求袁世凯政府的海军部承

---

① 所档；芮恩施：《使华记》，第67页。

认并履行这个两年前清政府海军部所签订的卖国契约。①

　　袁世凯的买办性，表现得和清政府同样的突出。只要帝国主义给钱，帮助巩固他的反动统治，一切国家主权人民血汗都可以拿来顶礼奉献。1913年秋天，南方讨袁运动刚刚过去，袁世凯独裁政府正迫切需要钱。如今美国资本家既来要求，袁氏反动集团想正好趁此机会又可弄一笔卖国钱。因此袁世凯和他的海军总长刘冠雄、交通总长周自齐商议以后，便于12月27日正式承认了这个合同为有效；不过，双方经多次磋商，准备修改合同的内容。刘冠雄原曾倡议过修建福建军港的计划，如今双方遂商议把借款的一部分做为订造舰艇（以增强袁世凯的实力）的费用，另一部分则用于修建（实际上即是出卖）三都澳军港。美国至此又复活了13年前的一大企图。

　　磋商初步决定以后，12月底詹司敦与吉里斯便联袂赴福建，仔细"视察"了三都澳海港与马尾造船厂。他们在福建很逗留了些时，到翌年（1914年）2月才"满意地"离开。同月，美国驻华使馆又派海军武官赫尔康（Holcomb）再度赴福州"视察"，并曾深入内地。在这3个人到福建以前不久，海军总长刘冠雄为了解散闽广讨袁军的目的，曾在他的家乡福建停留了些时，对出卖三都澳大约也曾做了些布置。②

　　美国资本家"视察"满意了，詹司敦便于3月9日在北京和袁世凯的海军总长刘冠雄签订了一个新的合同。这合同的内容要点如下：（一）借款目的是由美国伯利恒钢铁公司负责修建三都澳军港船厂，包括护港的重炮炮基。（二）借款总额为3000万美元，年利5厘，实收九二，偿还期35年；以福州（马尾）

---

① 所档。
② 同上。

船厂全部财产为担保。(三) 本合同签字后 3 个月内，公司先付给中国政府 1000 万美元；其余 2000 万美元则专充修建三都澳军港船厂之用。(四) 修建工程只限于聘任美国工程师及使用美国材料；中国海军部如用他国工程师及他国材料，则当付给伯利恒钢铁公司一定数额之罚款。[①]

这合同很简单：伯利恒钢铁公司为收买袁世凯反动集团付给 1000 万美元，而三都澳军港与马尾船厂则以 2000 万美元"修建"为名，全落入美国之手。美国 14 年来的一大企图至此遂接近实现了。

日本的抗议

美国这一侵略中国的企图，必然地和日本侵略中国的政策发生了尖锐的矛盾。交涉在进行期间，日本探得了消息，便急谋对策。交涉将近成熟时，2 月 27 日（合同签订前 10 日），日本驻华公使山座圆次郎便面问袁世凯的外交总长孙宝琦，孙答以无此事。3 月 1 日又函询孙宝琦，曹汝霖代答以"查所询各节谅系报纸讹传，并无其事"。[②] 这时各地报纸，尤其是北京与福州的报

---

① 所档；马慕瑞：《各国对华条约汇编》(J. V. A. MacMurray, Treaties and Agreements with and concerning China) 卷二，第 1236—1237 页。按此秘密合同当时首先被揭露于《北京日报》。芮恩施在他的《使华记》中（第 82 页）不肯把此合同真实内容说出，只说借款 2000 万美元（为收买袁世凯反动集团而先付的 1000 万美元他不肯讲），充造船费用；其中 300 万美元用于改修"一个"（他更不肯说是三都澳）海港。郝恩伯克：《当代远东政治》(S. K. Hornbeck, Contemporary Politics in the Far East, 1916) 第 396 页提到此事，但对内容则未叙述。马慕瑞（时在芮恩施手下任参赞）前引书中采录了《北京日报》所载此约全文，按语则与芮恩施一样地不肯承认合同文字的真实性，但却承认詹司敦当时确有与袁世凯政府海军部交涉成立 2500 万两借款之意。今征诸所档，已可证明此合同及其交涉经过确实无可怀疑。

② 所档。

纸,已把此事哄传起来了。3月9日詹司敦和刘冠雄签订了合同。3月12日,山座面问美国驻华公使芮恩施,芮恩施支支吾吾,承认载洵当初确有合同,并且合同至今有效,袁世凯政府也已承认;但撒谎说如今"中国政府欲待财政情况好转然后履行",并且说除支付造船费用外"仅余300万元,谈不上什么修建海军根据地"。山座警告说,如果中国借外债在福建沿海修建海军根据地,则日本一定坚决反对;如果中国自美国借款在福建修建海军根据地,则定引起日、美间的极不欢洽。翌日山座再向孙宝琦警告,如借美款修建福建军港,将带来"很不愉快的结果"。①

3月14日,《北京京报》登载了关于借款的详细报道。② 事情愈来愈紧张了。日本见在北京抗议无效,便改在华盛顿抗议。4月27日,日本驻美大使珍田舍己直接向美国国务卿卜莱安(W. J. Bryan)质问。卜莱安推托说,国务院还没有接到任何报告,须经调查方能回答;不过他反问了一句:"如在福建以外,对日本当不致有何妨碍了吧?"珍田当即回答:"本国政府训令只谈福建,至于他处,则是另一问题。"嗣后珍田一再催询,国务院一再拖延。至5月19日,国务院始书面答复珍田,否认伯利恒钢铁公司与中国政府成立合同,只隐约说曾有此交涉,但"中国政府不愿,因怕得罪日本"。对此含混的回答,珍田不满意;5月21日,珍田再度面询卜莱安,仍无结果。至5月29日,卜莱安复照会珍田,再度否认此事。于是这交涉至此便暂时含糊结束了。③

---

① 所档;芮恩施前引书,第82—84页。
② 英文《北京京报》(Peking Gazette) 1914年3月14日。
③ 所档。

日本政府3个月来在北京和华盛顿不断的坚强抗议，实际上发生了效果，美国国务院和袁世凯政府不得不因此暂时把三都澳问题搁置一下。5月底美国国务院给芮恩施的训令说："国务院认为中国政府因日本之反对已放弃了这个（三都澳军港船厂修建）计划。如中国政府仍拟进行此项计划，望告以日本反对甚烈，目下进行恐不妥当。"①

美国的企图，至此不得不暂时停手，再等时机。

与"二十一条"的关系

两个月以后，帝国主义第一次世界大战爆发了；日本帝国主义乘机以武力侵占了山东，接着在1915年1月向袁世凯政府提出了血腥的"二十一条"。

日本对美国攫占三都澳的图谋始终是极不放心的。它想在"二十一条"中彻底解决这个问题。"二十一条"中有3条是针对10余年来美国这个图谋而发的：

> 第四号：中国政府允准所有中国沿岸港湾及岛屿，概不让与或租与他国。
>
> 第五号：四、由日本采办一定数量之军械（譬如在中国政府所需军械之半数以上），或在中国设立中日合办之军械厂，聘用日本技师，并采买日本材料。
>
> 第五号：六、在福建省内筹办铁路、矿山及整顿海口（船厂在内），如需外国资本之时，先向日本

---

① 所档；芮恩施前引书，第99—100页。

国协议。①

我们读过上文所述美国伯利恒钢铁公司的1911年和1914年的两份合同，便不难了解这3条的真意：日本是拿美国多年的侵略蓝图做为自己的侵略蓝图并加以扩大。它一方面显示出日本帝国主义对中国的凶蛮态度，另方面显示出日、美两国间尖锐的矛盾。

这3条里面的前两条，袁世凯政府还想勉强争一争；对第五号第六款，袁世凯心中有鬼，知道这是针对伯利恒公司合同而发，所以"朱批"时连一句按语都写不出来。② 在"二十一条"交涉时，日本对后两款十分坚持。袁世凯的代表陆征祥对末一款，听日本代表日置益对美国的图谋加以斥责后，未曾争辩便答应了。4月11日袁世凯的外交部给驻日公使陆宗舆的电报说："（日本）对于五号之军械、铁路、福建海口，口气甚紧。我以强迫合办军械厂，有碍主权，包办近于垄断，有违均沾，各国援引，难于对付。铁路均已与英有成约，不便改废。日本公使未允，且提出福建修正案。我允第五号可声明中央政府不借外资经营福建海口，亦不许外人代为经营。日公使未置可否……"③

在此以前，日、美之间有一段交涉。美国国务院为"二十一条"，在3月13日向日本政府提出了一篇冗长的"软弱的"抗议。④ 当然，美国的抗议绝非为中国，而完全是为了它自己的利益。3月20日日本外务大臣加藤高明关于福建问题对美驻日大使顾特里（Guthrie）当面便给了个还击。顾特里致国务院的报告说：

昨天（20日）下午我与日本外务大臣倾谈。……他特

---

① 王芸生：《六十年来中国与日本》卷六，第90页。
② 同上书，第95页。
③ 同上书，第268页；芮恩施前引书，第139—141页。
④ 《美国对外关系》，1915年，第105—111页；葛雷斯佛前引书，第五章。

别谈到福建,说日本对福建特别关心,因其与台湾邻近;说若干年前国务卿海·约翰提出美国欲在福建建一海军煤站,曾使日本颇感不安;而此种不安,近日因得到伯利恒钢铁公司与中国签订福建海港修建合同的消息而又恢复了。他说日本提出有关此点的要求,目的在保证使任何国家不得采任何行动在福建建立根据地,因为任何国家在彼处攫取根据地的任何企图将被认为对日本不友谊并有损害。他说他的愿望即是防止这种事情的发生,而不是为日本求得任何排除他国的商业特权。……他表示,如果日本因为美国有所主张便撤回这项关于福建的要求,日本国民要是知道了,一定会产生怀疑和愤慨,因而损害两国国民的情感。最后,他说,在美国撤销这项要求以前,他建议美、日两国应共同关于福建做一坦率的友谊的协议,庶可消弭将来一切不安的可能性。他表示,如果相互间能获致如此的谅解,则两国间的友谊定会得到比以前任何时期都巩固的基础……①

一年以前美国国务院曾一再否认的侵占三都澳的图谋,至此被日本迎面揭穿了。美国国务院只好赧颜叫顾特里通知日本政府,说当初海·约翰的"煤站"企图,望勿误会为在福建沿岸有攫取"租借地"之意;并望中、日、美三国能协议遵守福建海岸不让与他国,亦不准他国建立煤站或军港的原则;然望日本取消其在福建修筑铁路等要求。关于伯利恒钢铁公司的合同问题则一字未提。②

但日本不让步,它不相信美国会放弃攫占三都澳的企图——事实上美国确实没有放弃。日本终于在5月初强迫袁世凯签订了

---

① 《美国对外关系》,1915年,第113—115页。
② 同上书,第116—117页。

"二十一条",并迫袁政府外交部给以书面保证,不准他国"在福建海岸建立军用船坞、煤站、海军基地或其他军事设备;亦无意为上述目的而借用外国资本"。①

美日的妥协

自"二十一条"到华盛顿会议,中国与世界的局势发生了许多变化。美国为排除其他帝国主义,为便于自己多方面插手中国,在此期间曾不断地在不同场合下喊叫着中国"门户开放"、"领土完整"等虚伪的口号;然而,它对于上述1911年伯利恒钢铁公司和清政府所订的合同,却一直坚持认为有效;② 对三都澳虽未明说,却显然是野心不死。③ 只因国际局势的发展,始终使它没有得到机会进行活动。

1921年,北洋直系军阀在北京操纵着中央政府,曹锟、吴佩孚继承了袁世凯、段祺瑞的故伎,企图在英、美帝国主义支持下,实现其武装的反动统治。为达到这个目的,他们准备出卖国家以换取金钱与军火。因此在是年夏天,他们便与美国勾结,暗中筹划想实现1911年伯利恒钢铁公司与清政府所订的、美国又始终认为有效的所谓"海军借款"合同。最活动的人物是美国驻华公使馆海军参赞贺勤斯(C. T. Hutchins)。美国国务院与海军部都热心此事,是年8月4日便通知直系军阀的北京政府,说伯利恒钢铁公司的1911年的合同仍然有效,公司立即派代表到北京来磋商"副合同"。④

---

① 马慕瑞前引书,卷二,第1230页。
② 《美国对外关系》,1922年,第745—748页。
③ 同上书,第116—117页。
④ 同上书,第746—749页。

不久，华盛顿会议召开了；1922年2月又签订了"九国公约"。华盛顿会议与"九国公约"使多年美、日侵略中国的尖锐的竞争，暂时转变为新的协调。这个转变使美国恢复"海军借款"的阴谋发生了新的阻碍了。

伯利恒钢铁公司的代表与北京政府的交涉，因这些新情势而迟迟未能具体化。北洋军阀等得不耐烦了，1922年3月，他们有意拿同样的卖国条件投靠另一个帝国主义国家——大约是日本。一听到这个风声，贺勤斯从北京赶紧密电美国海军部，叫它赶快设法。①

美国虽想要继续推行这侵略计划，但当时的环境使它很难进行。五国海军限制军备条约刚刚签订，正待批准；九国公约签订还不到几个星期。此时若进行这一计划，无疑会生出很多麻烦；但如果因此便放手，则北洋军阀很可能真的投向另一帝国主义国家。

仔细估量以后，美国决定采取如下的政策：一方面保持住这条侵略途径，以便日后再找机会实现；另方面阻挡住其他帝国主义国家，使不得接受北洋军阀的投靠。

为了这样，美国国务院于4月底训令其驻华公使通知北京政府，叫它暂时停止实行1911年"海军借款"合同的计划，但同时则指明这合同现在及将来都仍有效，"美国政府一定用各种必需的手段来保卫美国公司的契约权利"，警告北京政府不得违反。②换言之，即美国要保留权利，准备将来再攫占中国全部的海军、军港、兵工厂与造船厂。

5月4日，美国国务院把同样的觉书送致日、英、法、意四

---

① 《美国对外关系》，1922年，第745页。
② 同上书，第747、750页。

国政府，告诉它们在1911年美国伯利恒钢铁公司和清政府确曾签订了"海军借款"合同（抄本附随觉书送致四国）；说最近北京政府要求实行此合同，美国愿与四国协商，如果四国以为"在中国重新获得一统一的政府之前"，不便按照合同中的条款为中国营建军舰、军械厂、造船厂及训练海军，又如果四国能保证不做类似的举动，则美国将与四国采同一行动。然而，美国国务院在这短短的觉书中，却两次指明这合同将仍为有效。① 换言之，即美国声明目前它不做此勾当（借此表示对日本妥协让步），要求四国也不得做此勾当，但它自己则保留将来有做此勾当的"契约权利"。

英、法、意、日四国的复文都同意了美国的意见。最关心此事的日本，特别指出此合同内容不仅对中国当前混乱局势"殊为不善"，而且与九国公约及华盛顿会议的决议"相违背"；虽未明言，但显然针对美国的保持"契约权利"之意，给了迎头的讽刺。② 是年冬，五国驻北京的公使团遂根据上述美国的提议签订了一个协议，声明"在中国重新获得一统一的政府之前，签字各国政府及其国民均不为中国政府或地方政权营建军舰、军械厂、造船厂或训练海军"。不过美国在协议中，仍着重声明伯利恒钢铁公司1911年的合同仍为有效。③

1900年以来，二十余年美国垄断资本对中国这一侵略企图——攫占三都澳以及控制中国全部海军、军港、兵工厂与造船厂的侵略计划——到了1922年的协议才算暂时搁置了。这协议表示美、日帝国主义间多年尖锐矛盾的暂时妥协，但美国始

---

① 《美国对外关系》，1922年，第747—748、755页。
② 同上书，第750—759页。
③ 同上书，第759—761页。

终仍图维持其"契约权利",给这条侵略道路保留着将来继续推行的地步。

美国多年喜欢用一句话做骗人的宣传:"美国对中国从来没有过领土野心。"这完全是撒谎!二十余年连续不断地攫占三都澳的企图,和控制中国全国军港、兵工厂和造船厂的计划,已足以把这句虚谎给揭穿了。

附　　编

中国古代社会经济发展之趋势

中国的历史从商代起才透露出一点光明，但因史料的缺乏，我们对于那时的社会组织仍是茫然。我们只知道商代末叶黄河中下流域的经济生产，已脱离采集游牧的阶段而进入了相当兴盛的农业时代；政治上由族团部落已进化成为统一的王国。这王国的领域并不大，四周被许多部落式的异族方国所环绕。这些方国虽也有被征服的和称侯的，但与商人的关系似很松弛。商人的生产组织已杳不可考。虽有奴隶，但绝非以奴隶为主要生产的劳动者。贵族与庶民虽有阶级之分，但封建的色彩恐还不甚浓厚。

当商民族文化已入成熟期的时期，西方渭水流域突起了周民族。在公元前12世纪周人已进入了兴盛的农业经济时代。公元前11世纪中叶以后渐渐扩充势力，统一了渭水流域，急欲东进；至其末叶竟以武力灭了殷国。周人在灭殷以前，封建社会的一些基本因素，如长子继承的宗法，族戚分封的采邑，克服新土的建藩，及庶民耕地贵族当兵的社会分工等，都已形成。迨至灭殷以后，便把全部封建制度移植到东方，作为治理新土的唯一的原则。周的灭殷把整个文化世界改了个新局面，对于这新局面的处理，在周人看来舍封建别无他法。封建是周人唯一的政治社会观念。尽管文化方面周人大部分承继了商人，但政治社会的组织却是周人克服了商人。东方民族不甘于此，不久便发动了叛乱，周公乃二次再平东方。这第二次的东伐意义很重大，他不仅表示西方封建政治国家的胜利，给以后数百年历史奠定了基础，而且兵力直达到海滨，黄河流域遂统一于一个富有封建观念的征服者之下。从此中原文化区域的社会经济生活，便都随着这个观念向前进展。封建主义虽是周人的贡献，却不是周人意识的产物，乃是族团部落社会组织与农业经济结合演进所成的自然的结果。

周公以后社会便在封建的大道上向前进展。大致说起来，自公元前 1000 年至公元前 500 年（春秋末叶）是中国的封建时代。封建社会的基础第一是土地的分封。简陋的农业生活与薄弱的统治能力，使没有帝国组织观念的周人，对此新征服的广大的领域不得不依传统的习惯实行封藩，同时他们也深信这是天经地义的唯一政治原则，因此便把土地分封给若干同姓的诸侯。诸侯们也本诸同一的原则，封土多时即再分封与卿大夫士。名义上"溥天之下，莫非王土"，实际上土地人民的治理权分成为无数层叠的小单位；臣对君只有一种尽忠履信的空洞的义务，在他自己的封土上却享有十足的政治经济法律及自卫的权利。第二是农业劳动之特殊的组织。封建的观念使土地与庶民均为贵族所有，庶民绝对没有自由，等于农奴。贵族只把土地授予庶民，收取其一部分的生产所得，曰私田；保留一些土地令庶民代己耕种，收取其全部所得，曰公田；公田散布于私田之中，平原上阡陌分划方形，故曰井田。山林川泽都是贵族的私产。耕地授自贵族，故不得买卖。庶民是被治而食人者，贵族是治人而食于人者。第三是自给自足的农业经济生活。每个采邑是一个独立的经济单位，不供给人，也无求于人。制造只有农村的小手工业，商业交换也仅以小小的农村市场为限。另外在贵族的宫中也有工人商人，都仅为贵族而制造贩输，等于仆役，此之谓"工商食官"。因为采邑的农业虽简陋而仍能自足，工商业便没有独立的活动，而交换也只有小规模的以物易物，货币绝少流通。第四是阶级与秩序。在政治主权极端分散的情况下，只有阶级制度可以维持社会的安宁。统治阶级的贵族以系统的宗法，实行对庶民的治理，并用充分的武力来维持阶级制度与社会秩序的存在，庶民则只有忍受。因要维护这阶级制度使其尊卑不紊，遂产生了诸般繁缛的"礼"，和维护此阶级制度与"礼"的理论与观念。政治组织与经济生活的简陋，使封建时代不得不成为如此一种不平等的社会。

封建社会是历史自然演化的结果，在别种政治制度产生以前，只有它可以暂时维持社会的秩序。在这秩序中，文化乃有发展的可能。封建社会在那时对于文化并非一种进步的阻碍；因其能暂时维持安宁与秩序，反有助于文化的进步。封建时代文化的前进是很显明的。在西周初年，灭殷不久，商文化被摧残了而周人的学习尚未成熟，一般文化比较低落。王室忙于巩固自己的威势，诸侯忙于开辟发展，整个时代在发展动荡中，是个奠基尚武的时代。到了西周后半期，中原均已平定，文化的进展也趋于典章制度礼乐祭祀等尚文的方面。虽然宣王时曾一度打算以武力恢复王室的威风；虽然此时期王室备受戎狄的压迫，终于不得已而东迁；虽然自中叶以后四方强大的诸侯实力渐已长成，终于在东迁（公元前770年）以后势凌王室而过之；但此时期的文化确比初期进步得多。迨至进入春秋时代以后，使封建制度瓦解崩溃的种种社会经济的因素都还未成熟，以"礼"为中心的封建文化，以及物质文明的急进，在春秋时代中弥漫隆盛到了一种烂熟的阶段。到后来封建社会虽已崩溃，这种封建文化的一部分却遗留了下来，成了中国文化很重要的一个元素。

中国的封建社会到了春秋战国之交便崩溃了。在我们讨论崩溃过程以前，有两点需要特别注意的。首先我们当知道中国的封建社会始终没有一个静止的时期，这500年社会间的一切永远在演变动荡中。封建制度、封建文化及其观念的发展，本出自一个简单的源泉，但随着时间的发展，滚荡成千支万流，触及当时人们的一切生活。同时，在封建初期，崩溃的因素即已种下了根芽，它随着封建文化的发展而成长，时间愈久，崩溃的因素也愈成熟。等封建时代到了文化的烂熟期，封建的基础则早已动摇，封建只剩下一个文采斑斓的空躯壳了。所以我们没有法子说封建社会是何时完成何时崩溃的，它是一面在完成着一面在崩溃着。其次我们当注意中国封建的发展有地域的分别。在这封建时代的500年间，有些地方封建色彩极浓，如晋及宋郑鲁卫等；有的地方较淡，如楚；有的地方简直不曾受到多少传染，如秦与吴越；又有的地方曾一度想摆脱而未成功，如齐。这种地域的区别对于后代历史的发展关系极大，是一个不可漠视的现象。因此中国的封建社会是一个发展不平衡而又时时在变动的社会，不是一个静止的时代、组织或系统。

封建社会的崩溃是一个长久而复杂的过程，各种因素不是同时进行的。不过一直到了春秋末叶及战国初年，各种因素才混合成熟，使崩溃的速度急转直下。春秋战国之交是一个变动极大又极重要的时代，不幸史料却极其缺乏。我们只知道战国年间许多现象与春秋以前绝对不同，但其演变的详细过程已杳不可考。我们只能根据一鳞半爪的材料推想其大概。目下有五个方面我们还可以看出崩溃的痕迹。第一，阶级的破坏。封建社会的基础全赖阶级制度来维持，王侯卿大夫士庶民奴隶的金字塔式的社会组织不摇动，则封建制度才得存在。以"礼"为中心的封建文化进展之目的即在维护此阶级制度。但阶级制度之难以维持，自西周中叶已露了苗芽。恭王以后王室便有不能驾驭诸侯的趋势。西周末王室之衰，主因即在此。春秋霸权兴起，王室威望扫地，而卿大夫上凌诸侯的新运动则亦萌芽。春秋中叶可以说是世族全盛时代，迨至末叶则陪臣竟又上凌世族。同时平民渐得参政，而贵族则沦落为庶民奴隶的事也渐次加多。孔子悲叹名不正，下犯上，正是悲叹阶级制度的破坏；孔子的崇"礼"正表示"礼"之不再能维持阶级制度。即在孔子时代，列国的农民动乱更足表示阶级制度只剩了一个空壳，庶民的抬头是想推翻一切封建的阶级观念。第二，春秋200余年间物质生产的进步促成了工商业独立的发展。封建末叶社会中先产生了自由的商业买卖。工业农业技术的进步，地域生产交换的需要，因战争而发达的道路与交通工具，都使商人的活动范围扩大。贵族为了奢泰生活的需要，鼓励商人自由活动。列国金属货币的运用使商业染上了资本性。最初商品只是奢侈品，后来工业生产都渐渐商品化了。商业的发达使城市发展成为经济活动的中心。战国初年务商已被视为一种厚生致富之道，很多下级贵族与上级庶民都舍农耕而务商。商业发达刺激了工业生产，小手工业渐渐脱离了官府农村而入城市独立发展，且有几种工业已有走向大规模资本式的生产之趋势。于是封建经济整个起了革命。第三，土地的所有权渐渐转移。自春秋中叶以降，中原一带先取消了受田代耕种，改为"税亩"，农民的献纳改为租赋。这种新制度使得封建贵族与庶民之间改变了关系，诸侯们成了新政府的君主，大夫士成了地主，而一般农民则自农奴的身份解放而成为佃农与自耕农，他们渐次获得了生活的自由、工作的意志，与土地所有权。土地已不再是神圣的封土，而渐渐可以自由转手买卖。贵族的没落迫使他们出卖土地，购买土地的正是庶民。庶民有了职业的自由，他可以作自耕农，也可以改业务工商学仕。庶民的解放与土地的灵卖在那200年间慢慢地进行着。迨至公元前 4 世纪，李悝商鞅这一派的法家出头后，不过是想在法律上承认并法定这种已成的事实而已，土地制度的革新摇动了封建社会最根本的经济基础。第四，贵族阶级本身也起了变化。在封建初期，贵族，特别是下级的"士"，负有保护庶民维持治安的责任，只有他们能当武士，也只有他们是武士，少数的庶民奴隶（徒）在战场上不过附随而已。迨至文化进步，这些贵族阶级的"士"也渐染文风；而战争规模的扩大使步兵渐渐重要，封建军队中庶人因亦加多，且占了主要地位。至春秋末年，"士"已大半变成了文士，失掉固有武士的意义，转而从事其他职业。一部分仕为官吏，便成了后代所说的上中下士；一部分致学（学最初本是贵族武士教育，但随封建文化的进步，后转成文士之学），便成了战国年间的学人；一部分货殖，抛弃了小贵族的地位竟成了城市里的工商业家；又一部分爱生产作业，竟投资土地成了地主。这是封建统治者自己的摆脱封建。第五，列国关系与政治观念的转变。封建初期，藩国类似星罗棋布的城邦，各自忙于开辟和扩张，没有显明的势力冲突。迨至东迁以后，王室衰微，列国疆土渐渐接触，在势力发展时自然引起斗争。春秋初年斗争的目的只在尊王攘夷维持秩序和保卫小国，仗义为霸，封建的观念极浓。到了春秋末叶，封建主义已渐渐失落其为最高政治原则的地位，列国都产生了土地人民的占有欲，政治主权也渐次趋于集中。吴越的陡强益发加急了这种趋势，推翻了封建政治观念。一入战国时代，列国为了生存自卫，全力集中于富国强兵，战争的目的由争霸而变为土地资源的侵略占有，野心更大的乃提出"王天下"的理想。战争遂成为生死之争，军国主义的政治观念代替了旧的封建政治观念。因而产生了新的社会经济政策。在列国关系上这种新的潮流是推翻封建制度的一种极大的力量。

在春秋战国之交，以上所说的这几种潮流鼓荡汇合，遂把整个社会从封建的束缚中解放出来，是中国历史上一个最大的变动时代。这种变动给与时人的心灵与精神以极深的刺激，使人们对于宇宙人生政治社会开始运用独立自由的思考。独立自由的思考与活动促成了"个人"的出现。这种"个人"的新精神正是这封建崩溃后新社会的最重大而深刻的表现。

封建崩溃的新潮流把战国 200 余年激动成为一个经济发展极迅速的时代。自战国初叶以来，铁制农具的使用渐渐普遍，种植乃由耦垡进为深耕，缦田进为条播。灌溉技术较前大发达，列国政府都假此大规模地开辟荒地。肥料的使用，土质的辨别，对时节知识的增加，园艺的兴盛，都使农业技术突飞猛进。封建采邑的衰溃与小地主自耕农的兴起是促成农业进步的主要原因，但列国因企图富国强兵，鼓励农业生产，"尽地力之教"与"耕战"一类的经济政策也是一种很大的助力。农业进步增高了土地的价值，同时又因商业的发达，农产物遂亦商品化，于是土地兼并之风逐渐兴起；不过战国时代的土地分配实际上还远较汉代平均。虽然佃农雇佣两种人已日益增多，但社会的中坚分子仍是小地主自耕农。这些自封建束缚中摆脱出来的农民虽已得到了自由，可是对政府的赋役负担仍然很重。在列国纷争之下，统治者的问题全在如何同时充分地鼓励农民生产，又如何充分地役使农民，协调这两件事是很不容易的。此外，战国时代最明显的发展是工商业。商业最初发达于齐鲁韩魏及中原区，以后渐及燕赵吴楚，秦国怕是最落后的。交通的发达减少了商业活动的许多阻碍。列国政府的鼓励自由商业，使商人不仅得到十足的自由，而且负担比一般农民低得多。战国时代可以说是一个经济自由主义时代，政府不想干涉更不会统制。商人们活跃享乐于都市，使得都市骤然发达。例如临淄，人口便已超过 30 万；此外人口 5 万以上的都市并不罕见。金属货币的使用与商业的兴盛互为因果，当时"黄金"、魏布、齐刀，与晚周的钱货，大量地流通于各国。商业的活跃与货币经济的开展，使战国年间的工商业很快地便走向资本集中的路。同时，借贷事业也发达起来，其影响不仅限于商界，并且深入了农村。列国地域不同的出产固然促使商业活动规模日大，而战国又是个积极向外发展的时代，被征服的文化较低的地方都成了良好的市场。经济自由主义同样影响了工业发展，列国政府并不干涉工业家的活动。城市手工业进步得极快，分工也相当地细密，尤其以纺织、食用具、车马具、装饰品等为最发达。而煮盐冶铁两种工业，因为制造规模较大和所需财力人力较多，自战国中叶以后便成了资本式的生产，以盐铁致富的大资本家都富埒王侯了。这新兴的工商业阶级虽饱受儒家的贬斥，但并没有受多大影响。这种工商业迅速的发展与农业技术的改善使得战国时代的物质文明进步很大。封建时代的发展是由武而文，人们企羡的是"贵"；战国时代的发展是由文而奢，人们企羡的是"富"。

以上所说的经济发展促成了封建的崩溃，而封建的衰溃又促成了经济急速的发展。不过社会的变迁是复杂而迟缓的，新潮流在奔腾前进时，旧潮流却也在挣扎图存中。两种势力相搏，社会便呈现出极端的动荡与不安。战国时代即是如此的一个时代，一方面新社会在建成中，一方面封建残余的势力习俗观念与理论却依然存在，双方各有其拥护者。社会的混乱与动荡，表现于思想方面，即是诸子百家之说，而真能代表这新旧两势力之倾轧的，简单地讲，即是儒家与法家。儒家思想昌盛于封建传统最深的齐鲁区域，法家的主张则只有封建传统最薄弱的秦国最容易接受。社会的混乱与列国的纷争促使一般农民、工商、思想家，与新兴的士大夫阶级共同企望着和平秩序与大一统，这正适合政治上

"一天下"的理想；而当时的经济环境实早已给一统打好了根基。谈统一天下，列国之中只有彻底推行法治主义与军国主义的秦国有此能力。这统一的事业，到了公元前221年终于完成了。不过，秦始皇的统一基础虽已稳固，但政策失之过激，他想把治理秦国成功的传统的秦式法治主义推广以统治天下，结果终归失败。残余的封建观念尚存在而同时又享受着自由的东方社会，不能接受这种极端的法治主义，此为秦末革命的主因。革命在表面上虽要恢复六国，但革命所引起的战乱不久便使一般人益发企望更根本的和平秩序与一统。汉初似封建而又一统的局面即在此矛盾的心理上推衍成形的。

这种矛盾并没有多大的妨害。汉初的社会大体上讲虽仍是战国的形态，但经过战国200余年的发展，新社会已渐渐成熟又稳定了下来；残余的封建制度，经过秦代一度积极的斩除，已不复存在。遗留到汉初的只剩了一团空洞的封建观念。本着这种观念所复兴的不是已死的旧式封建，而仅是一种"家天下"主义同姓分割的新型的封建。所以封建在汉初70年间已不是社会问题，而只是一个政治问题。这个政治问题因为阻碍了帝国的统一，所以也间接影响到社会的不能彻底安定；但自吴楚七国之乱平定后，又经汉武帝时左官附益之法的颁定与推恩令的实行，最后的封建残影终于消灭。我们可以说自战国以来鼓荡了300余年的封建余波，本已日渐衰微，最后到了汉武帝时代遂完全灭绝。从此以后，中国的社会便凝固成了一个新形态，这新形态的社会是从封建社会渐次崩溃以来，动荡了300余年的长时间，才得完全成熟又稳定下来；并且从此成了2000年来中国社会坚定的基础。这稳定以后的新社会，因其有种种特色，我想可以暂名之为两汉形态的社会。

所谓两汉形态的社会，大致说来始自公元前2世纪中叶至公元后2世纪末叶，这300余年间没有十分激烈的变动。这个社会仍以农业为基础，农民约占全国人口百分之八十以上。农民中以5口之家"治田百亩"的自耕农占大多数。这种"小农"生活是很艰苦的，他们除了得应政府相当重的力役兵役征敛外，向政府交纳的田租算赋口赋更赋约共占其每年农田收入的百分之十五至二十，而全家最低的生活费用约占其百分之七十五。为了此种生活压迫，他们在节衣缩食之外，不得不努力发展农村副业，特别是纺织、园圃、豢养家畜与农村小手工业，汉代农村工业的发达此为主因。但他们的生活到底还是常在破产的边沿上，一遇到天灾兵祸贪吏豪强便易典田卖子，沦为佃佣游民奴婢或盗贼。不过汉政府对此问题的救济尚比较尽力，且很收效。汉代在中国农业史上是一个极光明的时代。大约到战国晚年才起始的铁犁与牛耕，经汉武帝时赵过的改革，大有进步；他所发明的代田法也渐推行于农业兴盛区；到西汉末又发明了区田法（点播）。这种技术进步使汉代农田的产量比战国时几乎增多一倍。灌溉与肥料都更进步。并且大规模荒田的开辟与农业技术一般的普遍化（特别在江南）是很惊人的。农业的急进虽使经济生活向上，但土地分配却发生了问题。自战国以来兴起的兼并之风，至汉初还没有发生显著的灵征，但到了公元前1世纪便日甚一日，据有三四万亩农田的大地主已不罕见，最高有到20万亩的。兼并者是官僚、商人与地主。这种土地权的集中在社会上逐渐发生了影响，许多自耕农被迫沦为佃户以及佣仆游民或奴婢。汉代田租本不算重，只取农产三十分之一，但大地主把土地分"假"与佃农，租酬甚至高到十分之五。政府收入之薄，佃农生活之苦及大地主得利之厚可以想见。时人对土地问题几次图谋改革，但都未成功。到了东汉中叶以后兼并之风更盛，遂引起社会上极度不安，政府不谋限制，这是汉帝国终于崩溃的主因之一。

社会的最下层是官私奴婢，但在整个社会中比较不甚重要。他们仅占全人口百分之一二，而且有一小部分参加农工生产，大部分是在贵族官僚富人家中任仆役。汉代蓄奴之风比较盛，富贵人家有多到数百乃至一两千的，即便是小农家有时也养一二奴婢，因奴婢价格不太高。奴婢在社会及法律上的地位虽低，但有时得主人优养，生活比小农还舒适得多。汉人阶级观念并不严格，富贵阶级和平民因犯罪破产而降为奴婢，及奴婢为主人宠顾而升为平民甚至贵族官僚的事并不少见。

汉初太平了六七十年，工商业仍沿着战国以来的自由主义的精神急速发展，资本势力的活跃渐使社会感觉失了平衡。政府虽极力想重农抑商，但仍不能制止都市人口的增加与富商大贾及盐铁家资本的积累。直到汉武帝时因外战发生了财政困难，才起用桑弘羊等来推行一种新的经济政策，把盐铁酒大工业收归国有，提高了工商税，官办均输平准以分削商利，公开卖爵卖复以吸收游资，政府统一了铸币权，稳定了货币价格。经过这次改革，国家财政每年收入自70亿增多至一百七八十亿，不过工商业一时受了很严重的打击。自武帝至东汉和帝这200年间可以说是政府推行统制经济时代，资本势力因之确稍杀灭。但统制并不彻底，工商业在相当范围内还很能自由发展。武帝以后除两汉之交有10余年纷乱外，几乎200多年的统一与和平，交通的发达，货币制度的安定，皆有助于商业的繁荣。两汉的向外发展不仅使域内土地增加了一倍，而且和西域南海的交通日繁，给商业开辟了广大的市场，使纪元前后200年成了国内外商业的黄金时代。在经济统制期间，都市中小规模手工业极为发达，尤以木工、漆业、陶业、装饰品、车船业，及食用具等为著；而纺织业则最显露头角，且集中于临菑襄邑成都三地。官办纺织冶铸工厂每厂用工到二三百人。不过在乡村中农民的需要则仍依靠相当发达的农村工业。所以汉代可以说是以家庭工业为基础，但有几种工业已开始走上资本式生产之路。迨至和帝以后，取消了一部分经济的统制，工商业更加发达，且有再恢复汉初情况的趋势。农工商业的进步使两汉继战国之后，成了一个物质文明进步极速的时代。不过当时由工商业盈利的人，都喜欢把剩余的资本购买土地，遂成了兼并者之一，就是这般人间接促成了农村破产，终于使帝国崩溃的。

站在社会上层治理者地位的是官僚。战国年间新兴的士大夫阶级日渐拆毁封建以争求自身的权势。到了秦汉时代，借助系统完密的帝国政治组织与法治主义，乃得建立成十分巩固的地位。上中级官僚享受高爵厚禄与法律政治上的许多特权，如受封国邑，不事徭赋，犯法减罪等。察举制度使他们便于提携宗族乡党，厚俸与权势使他们极容易发财。两汉是一个极端的实利主义时代，一般人民的企望即是做官，做官的目的即是据得势与富。汉代全部教育制度即是培养官僚。他们人数虽少，但整个社会与政治都在他们控制中。所谓高级文化也就是这般士大夫阶级的文化。这般人发财以后，大半投资于土地，也成了兼并者之一；兼务工商的为数较少。下级官僚则生活较苦。汉代政治道德比较高尚，但至东汉晚年政风衰溃，贪官暴政使得民不聊生，也是帝国崩溃的主因之一。皇室贵族仍依封建余制被封为王侯食国邑，但自武帝以后他们都只是"衣食租税"，成了专制政治下一个寄生阶级。表面上社会地位很高，生活很奢侈，法律上有特权，但事实上他们既不能享有政治威权，又不能自由从事经济生产活动。要想满足野心，仍需作官。所以在两汉社会的构成里，他们不占什么重要地位。

以上所述两汉社会经济的概况，是自封建崩溃后历史自然演化的结果，且给以后 2000 年中国的社会奠定了基础。汉代在中国历史上最大的贡献，一是完密的政治组织，二是法治的精神。此二者都是秦的遗产，到汉代才得以发扬光大。两汉社会经济组织比较稳定而平衡，但上述情形已暗示其中潜藏着动乱的根苗，即靠此二者力量，社会得以维持了和平300余年，迨至汉末，政治组织解体，法治精神衰退，道德败坏，国防不修，社会的动乱一爆发便难以收拾，历史乃转入六朝另一个混乱的时代了。

(《中国古代社会经济论丛》第一辑，
云南全省经济委员会，1943年)

战国秦汉时代的纺织业

前 言

在我国历史上，战国秦汉时代是一个社会经济发展较快，变革较大的时代。经过这 700 年的发展和变革，我国古代的社会经济面貌——社会生产力发展水平，土地所有制和剥削关系，手工业的劳动组织，商品交换关系，社会财富的分配形式——和社会阶级结构，以及以此为基础而产生的政治制度和意识形态，都呈现出与西周春秋时代截然不同的新形势，并且为其后千余年封建社会历史奠定了物质基础。

在这个社会经济发展较快、变革较大的时代里，手工业也起了相当大的变化。手工业生产力普遍显著地提高，劳动组织也远比前一时代复杂。在手工业的各种行业中，纺织业，由于它重要，特别具有代表性和典型性，同时它又具有与其他手工业行业不同的一些特殊之点。

在战国秦汉时代的 700 年间，我们纺织业的生产技术，从较低的水平飞跃地发展到了当时世界上未曾有的先进水平。纺织技术的进步，使我国古代精美的丝织品在世界上各文明国家里赢得了崇高的声誉。然而，在纺织业总体范围内，技术的发展并不平衡。丝织是我国的特产，生产技术最进步。它带动了麻织和葛织，但后者在纺绩这一环节上受到了一些限制。由于地理和经济的条件，以及生活习惯和文化传统关系，我国汉族人民自古以来毛织比少数民族落后，而棉花、棉布则几乎完全是异域的出产。染业相当发达，它主要和丝织存在着密切的联系。这些情况，使我国古代纺织业呈现出某些特殊之点。这些特殊之点，在我国古代人民的经济生活中，起着不小的影响。它影响着纺织业本身的劳动组织，使它比较复杂，并且和其他手工业行业的劳动组织存在着若干差异；它在一定程度上影响着农业生产，影响着农民家庭手工业的结构和性质；它影响着成为商品的那部分纺织品的交换关系；它还影响着国内，尤其是国外的贸易市场。在当时的封建社会中，在纺织品消费方面也必然呈现出阶级的分野。纺织业牵连的关系既然如此之广，所以当时封建统治政权对它曾有过各种管理或干预的措施和政策。因此，对战国秦汉时代纺织业的技术进步，及其生产、交换、消费各方面的特殊情况探讨一下，对我们理解该时代社会经济的发展与变革，有很大的帮助。

战国秦汉时代的纺织业虽然有它的特殊之点，但更重要的是它在当时手工业总体中，具有代表性和典型性。衣着本是广大劳动人民以及其他社会阶级的人的主要生活资料之一，纺织是供应这种生活资料的重要生产活动。这种生产活动在任何时代都必然为它的社会性质所支配。战国秦汉时代的社会生产力发展水平，使当时的社会早已形成了封建的生产关系，并且是我国典型封建社会时期的上升阶段。在那时的社会里，占支配地位的是封建经济。社会生产绝大部分是农业。土地的大部分为地主阶级所私有。地主与农民是社会中基本的对立阶级。小农经济居于统治地位。在地主阶级的剥削和压迫下，占人口绝大多数的无地和少地的农民，过着分散的、落后的、贫困的生活。农业和手工业是密切结合的，自然经济占着统治地位。比起前一时代来，那时商品经济显然有了一定程度的发展，但它从属于封建社会，并为封建社会服务。商人资本相当活跃，但它和封建地主阶级基本上结为一体。在这样的社会经济结构中，手工业必然地带着深深的封建烙印。不论是农村的、城市的、地主的、豪商的，还是官府经营的手工业，都从属于封建经济，并且还是封建经济的重要组成部分。手工业随着封建经济总体的发展而发展，同时它受着封建经济多方面的制约和束缚。一般手工业如此，纺织业也是如此。不管它的生产技术怎样进步，劳动组织怎样复杂，经济影响怎样广泛，它不可避免地受着当时社会历史条件的严格局限。由于这样的情况，作为手工业重要部门之一的纺织业，在手工业生产总体中，不论在生产技术发展方面，在劳动组织方面，在产品的交换、分配、消费各方面，具有显著的代表性和典型性。因此，对战国秦汉时代纺织业的这些方面探讨一下，不仅有助于理解当时手工业一般基本情况，而且有助于理解该时代的封建社会经济结构。

在这篇论文里，笔者想就上面所说的这些问题，试作初步的探讨。本文拟分为两个部分。第一部分主要讨论战国秦汉时代纺织染业技术——包括丝织、麻织、葛织、毛织和练染技术——的进步，以及与之有关的诸问题。第二部分主要讨论该时代纺织业的劳动组织、交换与消费情况，经济影响和封建统治政权对纺织业生产的政策与措施。第一部分，本文相对地用了稍多的篇幅。这是由于关于这个问题，前人留给我们的系统的研究成果较少；

为了搞清楚具体情况，许多零散的史料需要梳耙整理。又由于为了分析战国秦汉时代纺织业的社会经济方面的若干问题，必须以搞清楚当时纺织业生产力发展水平及其技术进步的不平衡情况为前提。作为社会经济史的研究，本文拟以第二部分为重点。和较近的时代的史料比较，战国秦汉时代的文献记录十分贫乏和零碎，仅有的一点史料又往往不具体，不明确。近年来考古工作者给我们提供了不少地下发掘的材料，但是从我们要探讨的问题出发来看，能有助于解决疑难的考古资料还是很有限。因此，在讨论战国秦汉时代纺织业的社会经济方面的一些问题时，难以具体究明之点很多，使我们有时不得不仅根据间接的资料作些估计和推测。纺织业牵涉的方面较广，关连的问题较多，因此在本文第二部分的讨论中，我们有时不得不稍稍越出本文题目应划定的范围。

最后应附带提一句，本文脚注较多。除了证明资料来源和根据外，笔者把若干琐碎但又必须注明的有关史料诠释的问题，都放在了脚注里面。这样写法可能给读者带来许多不便，但笔者一时还想不出什么更好的方法。这一点望读者原谅。文末有附录三则。第一、二则是关于汉代织机的两段重要史料的释文。这两段史料对于理解汉代机织技术发展水平是有帮助的。第三则简要地列举了近年来从春秋至两汉时代丝织品遗物的主要出土地点和主要研究报告，聊供读者参考；可能有许多遗漏，望读者指正。

一　丝织与织机

我国在世界上是最早利用蚕丝作衣着原料的国家。先秦两汉时，蚕、桑和丝织品是我国的特产，后世许多国家的蚕、桑和丝织技术都是从我国辗转流传去的。① 在那样的古代，我国劳动人民在栽桑、育蚕和织造缯帛方面，经过千余年不断的发明创造和经验的积累，已获得了辉煌的成就。织品的绚丽，技巧的精湛，使我们不能不为我们祖先的文化创造力而自豪。这些精美的丝织品在古代曾大量输出到国外，它们在东亚和欧洲各地，曾长期享有着崇高的声誉。

我国的蚕桑事业渊源很古，远在新石器时代，我们的祖先可

---

① 我国的丝织品和蚕桑丝织技术，在西汉时代已传入朝鲜，近年朝鲜北部汉乐浪郡地方出土过一些当时可能在蜀郡、广汉等地织造的缯绢（参阅原田淑人：《乐浪》；梅原末治：《朝鲜古文化综鉴》第二卷）。汉末三国时，乐浪出产的练已很有名（《太平御览》卷八二〇引魏文帝诏："代郡黄布之细，乐浪练为精"）。我国丝织品传入日本，大约始于东汉；但我国织工经朝鲜把养蚕织帛的技术传入日本，则在西晋或东晋之初（参阅《三国志·魏志·东夷传》；木宫泰彦著、陈捷译：《中日交通史》第一至第四章；家永三郎：《日本文化史大系·飞鸟时代》，第 157 页）。从此以后，日本虽从事蚕桑，但生产有限，至江户时代仍经常从我国贩购生丝；直到江户末年，蚕丝业才得进一步发展。在西方，古代近东、希腊与罗马都不产蚕、桑，不知丝织。战国时代，我国的丝织品开始向西方流传，希腊人称我国为"丝国"。自张骞西使后，西域"丝路"畅通，我国的丝与丝织品大量运销于中亚、近东；至东汉初遂达罗马。罗马东疆叙利亚等地有时把从我国输入的缯帛拆成丝线，再掺和毛、麻线缕重织。传说我国的蚕种先传至于阗（《大唐西域记》卷一二，瞿萨旦那国条），然后西传，约在公元 530 年始传至拜占庭。大食帝国兴盛以后，阿拉伯人从近东把蚕桑传入欧洲。至 10 世纪，西班牙开始养蚕，12 世纪意大利开始营蚕桑丝织；又百余年，遂北传至法国、英国。然而，自此以后直到近代，欧洲蚕丝生产的数量和质量始终不能与我国所产的匹敌（参阅姚宝猷：《中国丝绢西传史》；H. Yule：cathay and the Way Thither vol. I. Preliminary Notes；C. Singer：A History of Technology, vol. Ⅱ. chpt. Ⅴ Ⅰ；A. Stein：On Ancient Central Asian Tracks, chpt. Ⅳ）。在南方，远在战国时代，我国丝织品也已流传到南洋和印度。公元前 4 世纪印度文献即称丝为中国所产。汉时我国与印度半岛东南部的黄支国有贸易关系（《汉书·地理志》）。其后，我国丝织品经常流传运销至南亚各地，直至近代。印度半岛人民何时开始养蚕，尚难确考，可能在公元 8 世纪以后，唐末或宋代；养蚕和丝织技术，也许是从和阗辗转流传去的（参阅季羡林：《中国蚕丝输入印度问题的初步研究》，见《历史研究》，1955 年第 4 期）。

能已有利用蚕茧的原始知识。① 殷代甲骨卜辞中有桑、蚕、丝、帛，以及与丝有关的文字，也有过为采桑饲蚕而贞卜的记录。② 近年出土的殷代青铜器上，也发现过有丝织品残留的痕迹。③ 由这些可以推知我国在殷代确已熟知蚕桑和丝织。只是当时所利用的蚕，主要是家蚕（学名 Bombyx mori L.），还是野蚕（学名 Bombyx mandarina Bulter），至今尚难断定。至于我国特产的桑树（学名 Morus alba L.），在殷代的经济生活中无疑地已开始占有一定的地位。④

到了西周春秋时代，蚕桑事业显然已进一步发展，文献记录渐多。《诗经·国风》中提到种桑养蚕和丝织的，有召南、邶、鄘、卫、郑、魏、唐、秦、曹、豳诸《风》,⑤《大雅》、《小雅》和《鲁颂》、《周颂》中也有十余处。⑥ 从这些记录可以看出在

---

① 李济：《西阴村史前的遗存》（1927年），第22页，谓1926年在山西省夏县西阴村发掘的仰韶文化遗存中，曾发现有一个半割开的茧壳。但尚不能确定是否即是与后世相同的蚕茧。

② 闻一多：《释桑》（《闻一多全集》卷二），引卜辞 "丁巳卜，宁贞乎弓口蚕奓弗桑"（《藏》，185、3），谓系卜采桑饲蚕之辞。

③ V. Sylwan; Silk from the Yin Dynasty. (Bulletin of the Museum of Far Eastern Antiquities. No. 4, 1937.) 郭宝钧：《一九五〇年春殷墟发掘报告》（《考古学报》1951年第5册）。许顺湛：《灿烂的郑州商代文化》，第18页。王若愚：《纺织的来历》（《人民画报》1962年第2期）附图一。

④ 闻一多：《释桑》（《闻一多全集》卷二）。参阅天野元之助：《中国农业史研究》，第139—142页。

⑤ 《诗经》的《鄘风·桑中、定之方中》、《卫风·氓》、《郑风·将仲子》、《魏风·汾沮洳、十亩之间》、《唐风·鸨羽》、《秦风·将仲子》、《魏风·车邻、黄鸟》、《曹风·鸤鸠》、《豳风·七月、鸱鸮、东山》等篇，都提到桑。《召南·羔羊》、《邶风·绿衣》、《鄘风·干旄》、《卫风·氓》、《曹风·鸤鸠》等篇，都提到丝。《卫风·硕人》、《郑风·丰》、《唐风·葛生、扬之水》、《秦风·终南》等篇，提到锦和绣。

⑥ 《诗经》的《小雅·南山有台、黄鸟、小宛、小弁、桑扈、隰桑、白华》、《大雅·桑柔》、《鲁颂·泮水》等篇，都提到桑。《大雅·抑》、《周颂·丝衣》提到丝和丝衣。《小雅·巷伯》："萋兮斐兮，成是贝锦。"《大雅·瞻卬》："妇无公事，休其蚕织。"

《诗经》的时代，今陕西省渭水中下游，山西省中部、南部，河北省南部，山东省西部和河南省北部，即黄河流域中下游古代经济文化最发达的地区，蚕桑事业都已发达。这些诗篇，尤其是《豳风·七月》一诗，具体而生动地描绘出当时农村里劳动人民种桑、采桑、育蚕、从事丝织、用丝来交易，[1] 以及统治阶级贵族们满身穿着锦衣朱绣的奢华情景。[2] 此外，在《尚书》、《左传》等书中，也有不少的记录说明当时统治阶级怎样普遍地拿丝织品作衣着材料，珍视精美的锦绣，[3] 重视衣裳冠带的文彩和章服制度。[4] 河南省信阳楚墓出土的春秋末期的菱纹花绢等丝织品，说明那时的丝织技术已达到了相当高的水平。[5] 我们可以说到了春秋时代，蚕桑丝织在整个社会的经济生活中，已占有显著的重要地位。

至战国秦汉时代，我们的蚕桑事业随着社会经济的迅速发展和剧烈的变革，获得了更进一步的发展。蚕桑生产地域的扩大，

---

[1] 《诗经》的《卫风·氓》："氓之蚩蚩，抱布贸丝。"

[2] 《诗经》的《周颂·丝衣》："丝衣其紑，载弁俅俅。"《郑风·丰》："衣锦褧衣，裳锦褧裳。"《秦风·终南》："君子至止，锦衣狐裘。……君子至止，黻衣绣裳。"《豳风·九罭》："我觏之子，衮衣绣裳。"《唐风·扬之水》："素衣朱襮，从子于沃。……素衣朱绣，从子于鹄。"

[3] 《尚书·顾命》记宫廷中席缘、衣裳用各色丝织物。《左传》隐公四年、成公九年都曾提到治丝。闵公二年公记懿公临出战，"与夫人绣衣"。襄公三十一年记郑子产言学制美锦。《左传》不少的地方提到春秋时代人重视锦、帛，常把锦、帛作为贵重的礼物相馈赠。例如，襄公八年，子驷曰："晋师至，吾又从之，敬共币帛以待来者，小国之道也。"庄公二十四年："男贽大者玉帛，小者禽鸟，以章物也。"哀公七年："邾茅夷鸿以束帛乘韦自请救于吴。"闵公二年，齐侯"归（卫）夫人鱼轩，重锦三十两"。襄公十九年，鲁"贿荀偃束锦加璧"。哀公十二年，子贡"乃请束锦以行"去见吴大宰嚭。

[4] 《尚书·益稷》记古礼服用十二章图纹，又可参阅《周礼·春官》司服；《尚书大传·咎繇谟》。

[5] 河南省文化局文物工作队：《河南信阳楚墓出土文物图录》，图版170—175。王若愚：《纺织的来历》(《人民画报》1962年第2期）附图二。

种桑饲蚕的技术的改革，尤其是纺织工具和技巧的飞跃进步，都说明到了战国秦汉 700 年间，我国的蚕桑丝织已进入了一个灿烂的新时代。

《尚书·禹贡》特别提到兖州是蚕桑生产重要的地区。[①]《禹贡》又记载兖、青、徐、扬、荆、豫诸州或贡丝，或贡地方特产的丝织品，[②] 可见这些地方在战国初期都种桑、养蚕，从事丝织，比《诗经》所载的地域广阔多了。近年长沙出土的战国时代楚国的丝织品，说明在蚕桑丝织发达比中原较晚的楚国，丝织技术的成就也已达到了相当的高水平。[③] 秦汉的统一局势，有利于蚕桑生产地域进一步扩展。司马迁在《史记》中叙述汉初各地民风物产时，一再指出山东齐、鲁、燕、代各地蚕桑丝织之盛，他说："山东多鱼、盐、漆、丝、声色。……齐带山海，膏壤千里，宜桑、麻，人民多文彩、布、帛、鱼、盐。……邹、鲁滨洙、泗，……颇有桑麻之业。……沂、泗水以北宜五谷、桑、麻、六畜。……燕、代田畜而事蚕。……齐、鲁千亩桑、麻，……此其人皆与千户侯等。"[④] 渭水中下游关中地区，桑的

---

① 《尚书·禹贡》："兖州……桑土既蚕，是降丘宅土。"按《禹贡》是春秋战国之交的作品。

② 《尚书·禹贡》谓兖州贡丝与织文，青州贡丝与檿丝，徐州贡玄纤缟，扬州贡织贝，荆州贡玄纁玑组，豫州贡纤纩。又《周礼·夏官》职方氏也说豫州"其利林、漆、丝、枲"，并州"其利布、帛"。

③ 中国科学院考古研究所：《长沙发掘报告》，第 63—65 页，图 31—33。北京历史博物馆：《楚文物展览图录》，第 9 页，龙凤人物帛画；第 12、26 页。湖南省文物管理委员会：《长沙广济桥第五号战国木墓清理简报》（《文物参考资料》1957 年第 2 期）。

④ 《史记·货殖列传》；参阅《汉书·地理志》及《史记·齐世家》。《淮南子·坠形训》也说："中央之美者岱岳，以生五谷、桑、麻、鱼、盐出焉。"《晏子春秋·内篇·杂》上也提到"丝蚕于燕"。《古文苑》卷一四，扬雄《兖州箴》说兖州产"漆、丝、绨、纻"；《徐州箴》说徐州"民好农蚕"。

种植通秦汉数百年始终在继续着。[1] 南阳在东汉也是个产桑的地区。[2] 四川盆地，尤其是成都一带，自战国时代蚕桑业已发达，至两汉更加兴盛。[3] 东汉时期，随着江南经济的开发，蚕桑事业在南方也逐渐推广起来。东汉初，桂阳太守茨充曾在长沙、桂阳等郡教民种桑柘，推广蚕桑；庐江太守王景也在庐江推动农民从事蚕织。[4] 刘宽为南阳太守，曾教民"种柘养蚕"；陈晔为巫令，在巴郡也提倡种桑。[5] 在各少数民族地区，在汉代除了西南永昌郡的哀牢夷（可能是今天的傣族）外，还不见有从事蚕桑的记载。[6] 总起来说，和唐宋以后的情况不同，汉代蚕桑事业的兴盛地区主要在黄河流域，尤其以今天的山东省、河南省北部和河北省南部为最盛，其次是四川成都平原；江南的蚕桑开始逐渐推广，其发达还远不如北方。[7]

---

[1] 《史记·商君列传》："僇力本业，耕织致粟帛多者，复其身。"《汉书·东方朔传》谓南山有"桑、麻、竹、箭之饶"。《后汉书·杜笃传》谓雍州"沃野千里，原隰弥望，保ип五谷，桑、麻条畅"。《后汉书·班固传·两都赋》谓西都"五谷垂颖，桑、麻敷棻"；《张衡传·西都赋》有同样的话。

[2] 《后汉书·张衡传·南都赋》："其原野则有桑、漆、麻、苎……。"

[3] 《华阳国志·蜀志》说司马错等劝秦惠王伐蜀时曾说："其国富饶，得其布帛、金银，足给军用。"又谓蜀有"锦、绣、罽、氂……桑、漆、麻、纻之饶"。《巴志》亦谓："土植五谷……桑、蚕、麻、纻。"

[4] 《东观汉记》卷一五："建武中，桂阳太守茨充教人种桑蚕，人得其利，至今江南颇知蚕桑。"《后汉书·循吏·王景传》："（建初八年）迁庐江太守，……教用犁耕，由是垦辟日多，境内丰给。……又训令蚕织，作为法制，皆著于乡亭，庐江传其文辞。"

[5] 《北堂书钞》卷七四引华峤《后汉书》。《太平御览》卷九五五引谢承《后汉书》。

[6] 《后汉书·西南夷传》"哀牢夷"条："土地沃美，宜五谷、蚕桑，知染彩，文绣、罽毲、皂叠、兰干细布，织成文章如绫锦。"又见《华阳国志·南中志》"永昌郡"条，及《太平御览》卷七六八引乐资《九州记》。

[7] 《后汉书·刘般传》谓刘般曾向汉光武帝上奏说："今滨江湖郡率少蚕桑，民资渔采以助口实。"

古时农家种桑,多半利用田边空隙地方,或是沿着堤岸和农村道路两旁,①或在园中,②或在宅前屋后"还庐树桑"。③因此,种桑在农村中是一种容易经理的副业。也有把大片土地辟为桑田来养蚕的,收益很可观,④但这种经营方式在古代还不很多见。我国古代北方所种的桑似乎大半是荆桑,鲁桑较少。荆桑树高叶厚,木质坚实,采桑往往须攀梯登树。汉代种桑似多用畦种移栽法,压条法大约还不普遍。在桑的培育技术方面,虽不如后世江南地区那样精细,但汉代人对栽种、灌溉、施肥、整枝的知识,也已达到了相当高的水平。⑤桑田的收获量大致每亩所收桑叶可饲养三箔蚕。⑥除了桑树和桑蚕外,人们也栽种柘(学名 Cudrania tricuspibata Bur)、樗(学名 Ailanthus altissima Swing)等树,利用柞蚕和野蚕丝来织帛,或制琴弦、绵絮等。汉代人对

---

① 《诗经》的《魏风·十亩之间》、《豳风·七月、东山》。《管子·立政篇》。《说苑·正谏篇》。《列女传》卷六,"齐宿瘤女"条。《太平御览》卷四四一引《列女传》"鲁秋洁妇"条。

② 《诗经·郑风·将仲子》。《孟子·梁惠王上、尽心上》。《太平御览》卷九五五引《荆州先贤传》记司马徽"采桑后园";又引谢承《后汉书》"尹昆"条。

③ 《汉书·食货志上》:"田中不得有树,用妨五谷。……还庐树桑。"颜师古注:"还,绕也。"

④ 《史记·货殖列传》:"齐、鲁千亩桑麻,……此其人皆与千户侯等。"惠栋《后汉书补注》引司马彪《续汉书》,谓樊宏在南阳的大庄园"竹木成林,六畜牧放,鱼蠃梨果,檀棘桑麻,闭门成市",其中似包括大片的桑田。《氾胜之书》(万国鼎辑释本)"种桑法"条叙述的是桑田的耕种方法。《庄子·让王篇》:"回有郭外之田五十亩,足以给飦粥,郭内之田十亩,足以为丝麻。"这里说的是小自耕农经营一点桑田和麻田的情况。

⑤ 《左传》僖公二十三年。《齐民要术》卷五,《种桑柘》。《氾胜之书辑释》,第166—168页,又《太平御览》卷九五五引《氾胜之书》。《诗经·豳风·七月》。参阅王祯《农书》卷二一、徐光启《农政全书》卷三二、杨岫《豳风广义》卷上。

⑥ 《氾胜之书辑释》,第167页。按汉代一亩(汉武帝以后的大亩)合今0.6916市亩。

这些也有着充足的知识。①

由于蚕桑是农业生产中的重要项目之一，丝织品又是封建统治阶级的主要衣着原料，所以从战国时代起，统治者都劝课蚕桑，并且常有保护蚕桑的法令。秦国法令对生产缯帛多的，免除徭役。②《管子》中说，对"通于蚕桑"的农民，应给以物质奖励。③ 政府有时禁止在不合宜的季节斫伐桑柘。④ 为了保护桑树，并保证丝的质量，统治者禁止人民饲养"原（螈）蚕"，即二化蚕或夏蚕。⑤ 为提倡蚕桑，宫廷中把"后亲桑"的象征性的典仪，也看得和帝王亲耕藉田一样重要。⑥ 农民不从事蚕桑的，要

---

① 《尔雅·释木》："檿桑，山桑。"按即柘树。《尚书·禹贡》："青州……厥篚檿丝。"古时桑柘常并提，人们对柘的爱护不亚于桑，详《齐民要术》卷五《种桑柘》。《尔雅·释虫》："螝，桑茧。雔由，樗茧，棘茧，乐茧。蚢，萧茧。"郭璞注："食桑叶作茧者，即今蚕。"食樗叶，食棘叶，食乐叶，食萧叶者，皆蚕类。《太平御览》卷八二五引郭义恭《广志》："有原蚕，有冬蚕，有野蚕，有柞蚕，食柞叶，可以作绵。"《艺文类聚》卷六五引《伏侯古今注》："元帝永元四年，东莱郡东牟山有野蚕为茧，……收得万余石，民人以为茧絮。"《后汉书·光武帝纪》建武二年："野蚕成茧，被于山阜，人收其利焉。"

② 《史记·商君列传》："僇力本业，耕织致粟帛多者，复其身。"

③ 《管子·山权数篇》："民之通于蚕桑，使蚕不疾病者，皆置之黄金一斤，直食八石。"《管子》书很重视桑蚕生产，如《牧民篇》："养桑麻，育六畜，则民富。"《立政篇》："桑麻不植于野，五谷不宜于地，国之贫也。"

④ 《礼记·月令》："季春之月，……命野虞无伐桑柘。"《吕氏春秋·季春纪》，《淮南子·时则训》同。

⑤ 《周礼·夏官》马质："禁原蚕者"，郑玄注："原，再也。"《淮南子·秦族训》："螈蚕一岁再收，非不利也，然而王法禁之者，为其残桑也。"按《政和证类本草》卷二一引陶弘景："原蚕是重养者，俗呼为魏蚕。"又引《本草图经》："此是重养者，俗呼为晚蚕，北人不甚复养，恶其损桑。"

⑥ 《周礼·天官》内宰。《礼记·祭统》。《春秋·穀梁传》桓公十四年。《吕氏春秋·季春纪》。《礼记·月令》季春之月。《汉书·文帝纪》十三年诏："朕亲率天下农耕以供粢盛，皇后亲桑以奉祭服，其具礼仪。"《续汉书·礼仪志上》"先蚕"条。《汉旧仪下》。参阅《文献通考》卷八七，"亲蚕祭先蚕"条。

受责罚。《周礼》中曾规定"凡庶民……不蚕者，不帛"。① 两汉时代，封建政府更注意蚕桑生产。中央的劝农诏令常常把蚕桑事业和谷物生产并提。② 地方官吏督课农作，也总是把提倡种桑育蚕和改进农耕技术同时进行。③

采桑饲蚕，是我国古代农家妇女主要的生产活动之一，是农业副业中的主要项目。从《诗经》到汉乐府，有不少诗歌描写春天农家妇女采桑的情景。④ 一般文献中提到采桑的更多。⑤ 采桑这样一种极富于诗意的劳动题材，常被古代崇尚劳动和写实生活的工艺匠师们，如实地雕铸在青铜的壶钫上，或刻画在画像石和画像砖上。这些采桑图生动地记下了战国秦汉时代农村妇女辛勤劳动的情景。古时不仅妇女，有时男子也从事采桑，并且养蚕。⑥ 在战国时代的几个铸有采桑图纹的壶钫上，可以看到除了妇女外，也有男子和儿童参加。

养蚕是一件辛劳而细致的工作。每当春天，它占去农家妇女大部分的劳动时间，从浴种到收茧，是一段十分紧张的生产季节。统治阶级富贵家庭的妇女，有时督率婢妾饲蚕，有时自

---

① 《周礼·地官》闾师。郑玄注："掌罚其家事也。……不帛，不得衣帛也。"
② 《汉书·景帝纪》三年及后二年诏。《昭帝纪》元平元年诏。《成帝纪》阳朔四年诏。《后汉书·明帝纪》永平三年诏。《章帝纪》建初元年诏等。景帝后二年诏尤其反映汉政府重视蚕桑事业的态度。
③ 参阅本书第 300 页注④。
④ 例如《诗经》中的《魏风·汾沮洳》、《豳风·七月》。郭茂倩：《乐府诗集》卷二八，《陌上桑》。《古文苑》卷三，枚乘《梁王菟园赋》。
⑤ 例如《左传》僖公二十三年谓晋公子重耳谋于桑下，被在桑树上采桑的蚕妾听到了。《说苑·正谏篇》提到在田边采桑的女子。《列女传》卷六提到"采桑道旁"的宿瘤女。《太平御览》卷四四一引《列女传》谓鲁秋胡子妻在路旁采桑。《史记·外戚世家》载窦广国从姊采桑的故事。
⑥ 《三国志·蜀志·庞统传》、《世说新语·言语篇》及《太平御览》卷九五五引《荆州先贤传》，都提到司马徽采桑养蚕的故事。

己也偶然以蚕织作为消遣。① 千余年劳动人民积累的生产经验，使战国秦汉时代的人对蚕的特点、习性及化育过程，已经比较科学地认识掌握。《荀子》的《蚕赋》就反映了战国末叶人对于蚕的细密观察。② 到了汉代，人们对育蚕的知识更日益丰富。

战国秦汉时代，我国北方所养的蚕绝大部分都是三眠蚕。《荀子》说蚕"三俯三起，事乃大已"。③《淮南子》说"蚕食而不饮，二十二日而化"。④《春秋考异邮》说："蚕，阳物；火恶水，故蚕食而不饮。阳立于三春，故蚕三变而后消。死于七，三七二十一，故二十一日而茧。"⑤ 这些正是说蚕子自发蚁以后，三眠三起，大致二十一二日后便可作茧，这就是后世所记载的华北最普通的"三卧一生蚕"，⑥ 它的茧小，丝细，但颜色洁白。上面说过，战国及汉初"禁原蚕"，⑦ 大约法律和习俗上都不养再生蚕；偶然饲养些秋蚕，只是为了留种。⑧ 魏晋以降，日南的一年收8次的所谓"八熟蚕"，逐渐为北方人所传闻，但汉代还

---

① 《全后汉文》卷四七辑崔寔《四民月令》。《礼记·内则》。
② 《荀子·赋篇》。
③ 同上注。
④ 《淮南子·说林训》。刘文典《淮南鸿烈集解》引王念孙说，认为"二十二日"当作"三十二日"。按蚕自初化至老，可短至20余日，亦可长至40日，要看饲养是否得法，日子愈长，得丝愈少。参考下引《春秋考异邮》，此处《淮南子》文应作"二十二日"，不误，王说非是。
⑤ 《齐民要术》卷五，《种桑柘》引《春秋考异邮》。《太平御览》卷八二五引前二句作"蚕，阳者，大火恶水"，按《齐民要术》之"大"字乃"火"字之误，今正。
⑥ 《齐民要术》卷五，《种桑柘》。徐光启《农政全书》卷三一。杨屾《豳风广义》卷中。王祯《农书》卷六，《蚕缫篇》："北蚕多是三眠，南蚕俱是四眠。"
⑦ 同本书第 302 页注⑤。
⑧ 焦赣《易林》卷一四："秋蚕不成，冬种不生。"参阅《农政全书》卷三一。

没有这种记载。[1] 至于后世在江南普遍饲养的四眠蚕,直到北魏时代在《齐民要术》中才开始见于文献记录。

每年夏历3月(亦称蚕月)开始进入养蚕的繁忙季节。[2] 3月初一日(大昕之朝),养蚕的妇女们首先用清水浴种,然后安排在温暖的蚕室里促其发蚁。[3]《豳风·七月》说"春日迟迟,采蘩祁祁。"古时认为把采来的蘩(亦曰游胡、白蒿、旁勃等,学名 Artemisia Sieveriana Willd.)煮了,用它的汁浸沃蚕子,可以起促使蚕子同时发蚁(催青)的作用。[4] 蚕室要温暖、安静、清洁、避风,又要空气流通。蚕发蚁后20余日间须辛勤地饲养,精细地照管,寒暖、干湿、饥饱都须适得其宜,稍不得法便会影响产丝的数量和质量。[5] 待蚕三眠三起后,便能开始作茧。茧成,选择最好的茧使化育成蛾,交配产卵,留作翌年的蚕种。战

---

[1]《文选》卷五,左思《吴都赋》:"国税再熟之稻,乡贡八蚕之绵。"李善注引刘欣期《交州记》:"一岁八蚕茧出日南也。"《齐民要术》卷五,《种桑柘》:"俞益期牋曰:'日南蚕八熟,茧软而薄,椹采少多。'"《太平御览》卷八二五引晋张勃《吴录》:"南阳郡一岁蚕八绩。"疑"南阳"二字有误,似应亦指日南。《齐民要术》又引《永嘉记》(刘宋郑缉之著)述八辈蚕,考证详石声汉《齐民要术今释》,第288—290页。

[2]《大戴礼记·夏小正》:"三月,摄桑……妾子始蚕。"参阅《礼记·月令》季春之月、《全后汉文》卷四七辑《四民月令》,"三月"条。

[3]《礼记·祭义》:"大昕之朝,君皮弁素积,卜三宫之夫人世妇之吉者,使入蚕于蚕室。奉种浴于川。桑于公桑,风戾以食之。"《尚书大传略说上》:"大昕之朝,三公之大夫浴种于川。"《周礼·夏官》"马质",郑玄注引《蚕书》:"蚕为龙精,月直大火则浴其种。"

[4]《诗经·豳风·七月》,毛《传》:"蘩,白蒿也,所以生蚕。"孔颖达:《正义》:"白蒿所以生蚕,今人犹用之。"《大戴礼记·夏小正》:"二月采蘩。"参阅徐光启:《农政全书》卷三一、郝懿行:《尔雅义疏·释草》,"蘩"条。

[5]《荀子·赋篇·蚕赋》:"夏生而恶暑,喜湿而恶雨。"《太平御览》卷八一五引仲长统《昌言》:"均之蚕也,寒而饿之则引日多,温而饱之则引日少。"焦赣:《易林》卷一五:"饥蚕作室,丝多乱绪,端不可得。"

国秦汉时劳动人民不仅对蚕的饲养及化育过程知识日益丰富,[1]而且把世代积累下来的生产经验编写成专门著作,广泛流传。《汉书·艺文志》中著录有《种树臧果相蚕》十三卷。[2]《氾胜之书》提到卫尉某曾上《蚕法》。[3] 郑玄注《周礼》曾引过《蚕书》。[4] 传说淮南王刘安写过《淮南王蚕经》三卷。[5] 这些著作可惜都早已佚失了。汉代人,尤其是依附封建统治阶级的知识界,对自然与社会的规律缺乏理解,便把一些天象和人事交互影响关系作出许多近于迷信的解说。这种风尚也影响到蚕桑。《淮南子》中曾历述年岁的推移如何影响蚕的生产;[6]《史记·天官书》也提到过养蚕和时节风向的关系。[7] 古代人又把蚕的三眠三起看作人死可以再生的象征,所以从周秦至南北朝,人们都喜欢拿玉蚕和金蚕作明器,埋藏在墓葬里面。[8]

我国传统的养蚕工具,远在战国秦汉时代已大致齐备。用来饲蚕的工具首先是"曲"或"薄",即蚕箔。曲薄多半用萑苇编

---

[1] 零散的记录又见《淮南子·说林训》、《论衡·无形篇》,及《尔雅》、《说文》、《广雅》中有关育蚕诸字。

[2] 《汉书·艺文志》杂占18家中著录此书。参阅姚振宗:《汉书艺文志条理》卷五。

[3] 万国鼎:《氾胜之书辑释》,第169页。

[4] 《周礼·夏官》马质,郑玄注。

[5] 王祯:《农书》卷六,《蚕缫篇》曾引《淮南王蚕经》。《崇文总目》农家著录有《淮南王蚕经》三卷,刘安撰,疑是后世伪托之作,但在汉代可能曾有过这样一部书,后世失传。

[6] 《淮南子·天文训》。

[7] 《史记·天官书》:"正月上甲,风从东方来,宜蚕。"

[8] 中国科学院考古研究所沣西发掘队:《1955—1957年陕西长安沣西发掘简报》(《考古》1959年第10期)。原田淑人:《汉六朝的服饰》,第15—16页。天野元之助:《中国农业史研究》,第155—156页。小野胜年、日比野丈夫:《蒙疆考古记》,第286—287页。

成，间或有用竹篾的，数尺宽阔，作长方形。① 曲薄一般大约由饲蚕的农家自己编织；② 但在当时那样盛行养蚕的时代，民间早已有专靠编织曲薄为生的独立的小手工业者了。③ 承蚕作蚕的工具用"蔟"，亦名"薄"。当蚕老将要吐丝时，便将蚕从曲薄移上蚕蔟。蔟也是以茅草、苇、竹等札成的。④ 架曲薄的木架叫做"栚"、"槌"、"㭙"或"植"，用来一层层地悬架曲薄，⑤ 大致一槌可安十箔。⑥ 这几种主要的养蚕工具，流传了两千年，直到近代没有什么改变。⑦

以上叙述的是战国秦汉时代种桑养蚕的大致情况，下面我们谈一下当时缫、纺、织的工具和技术。

---

① 《诗经·豳风·七月》："七月流火，八月萑苇。"毛《传》："薍为萑，葭为苇，豫畜萑苇，可以为曲也。"《荀子·理论篇》："薄器不成内。"杨倞注："薄，竹苇之器。"《方言》卷五："薄，宋魏陈楚江淮之间谓之苗，或谓之麴。自关而西谓之薄，南楚谓之蓬薄。"《说文》草部："薄……一曰蚕薄。"又《曲部》："曲……或说，曲，蚕薄也。"《广雅》："箔，谓之薄。"《礼记·月令》："具曲植籧筐。"郑玄注："曲，薄也。"《吕氏春秋·季春记》："具挟曲蒙筐。"高诱注："曲，薄也，青徐谓之曲。"《史记·绛侯周勃世家·索隐》引韦昭云："北方谓薄为曲"，又引许慎注《淮南》云"曲，苇薄也。"参阅钱绎：《方言笺疏》卷五。《汉官旧仪》下："蚕室养蚕千薄以上。"

② 《古文苑》卷一七，王褒《僮约》："雨堕无所为，当编蒋织箔。"

③ 《庄子·大宗师》："或编曲，或鼓琴。"《释文》引李注："曲，蚕薄也。"似指编曲的手工匠。《史记·绛侯周勃世家》："勃以织薄曲为生。"

④ 《说文》草部："蔟，行蚕蓐"，又"蓐，蔟也。"《齐要术》卷二引《四民月令》："四月……蚕入簇。"《古文苑》卷二○，扬雄《元后诔》："帅导群妾，咸循蚕蔟"，章樵注："蔟，竹器，以茅苴之，承老蚕作茧。"《世说新语·言语篇》注引《司马徽别传》："有人临蚕求簇箔者，徽自弃其蚕而与之。"

⑤ 详《方言》卷五，"槌"条。郭璞注："槌，悬蚕薄柱也。"又详《说文》木部释槌、㭙、栚。《吕氏春秋·季春纪》作"挟"，《淮南子·时则训》作"撰"，王念孙谓皆系"栚字之误。栚，架蚕薄之木也。"《集韵》："槌，悬蚕曲杙。"

⑥ 《齐民要术》卷五："蚕宜于屋里簇之，薄布薪于箔上，一槌可安十箔。"

⑦ 参阅王祯：《农书》卷二○。徐光启：《农政全书》卷三三。杨屾：《豳风广义》卷中；沈秉成：《蚕桑辑要》。

蚕入蔟后，数日茧成，便可摘茧。古时不知道用蒸、烘等办法储茧，为防蛹化为蛾，摘茧后几日内即须及时生缲。缲的方法和后世已没有什么不同，一般是使用缲釜盛沸水煮茧，去掉茧中的胶质，抽取丝绪。《韩诗外传》说："茧之性为丝，弗得女工燔以沸汤，抽其统理，不成为丝。"① 《春秋繁露》中也说："茧待缲以涫汤而后能成丝。"② 古时称缲釜为"盆"。③ 缲丝用的沸水叫做"湉"。④ 抽丝时，手里拿着小箸（杖）先在釜中搅动，用箸端把丝头挑起，⑤ 然后将几根茧丝绾绞在一起，便可开缲。一条蚕所吐的一根丝叫做"忽"（或"单纺"），太细，缲时须把5根"忽"绾绞在一起，合成一缕，叫作"丝"。两根丝，即10忽，纺绞成为一缕丝绳，叫做"丝。"⑥ 把丝缕从缲釜引出后，大约也用和后世一样的方法通过丝眼和桄上高悬的丝钩，然

---

　①　《韩诗外传》卷五。《淮南子·泰族训》中有同样的话："茧之性为丝，然非得女工煮以热汤而抽其统纪，则不能成丝。"《一切经音义》卷一七引《仓颉解诂》："茧，未缲也。"

　②　《春秋繁露·实性篇》。涫汤即沸汤。

　③　《礼记·祭义》："及良日，夫人缲，三盆手，遂布于三宫夫人世妇之吉者，使缲。"《汉旧仪》下："皇后春桑，皆衣青，手采桑；以缲三盆茧，示群臣妾从。"惠栋《后汉书补注》引《汉仪》："桑于蚕宫，手三盆于茧馆。"又见《蔡中郎集·交趾都尉胡府君夫人黄氏神诰》。

　④　《说文》水部："湉"，缲丝汤也。"

　⑤　《释名·释采帛》："䌷，抽也，抽引丝端出细绪也。又谓之绊。绊，挂也，挂于杖端振举之也。"《礼记·祭义》郑玄注："三盆手者，三淹也。凡缲，每淹大总而手振之，以出绪也。"孔颖达《正义》："三盆手者，犹三淹也。手者，每淹以手振出其绪，故云三盆手。"《说文》系部："缲，绎茧为丝也。"糸，《礼记·释文》引作"抽茧出丝也。"又"绎，抽丝也。"《汉书·谷永传》："燕见䌷绎"，颜师古注云"绎者，引其端绪也，"即以缲绎抽绪作譬。

　⑥　《孙子算经》："蚕丝吐丝为忽，十忽为一丝。"徐锴《说文繫传》释糸曰："一蚕所吐为忽，十忽为丝；糸，五忽也。"按一根茧丝亦称"单纺"。《续汉书·舆服志下》："凡先合单纺为一丝，四丝为一扶，五扶为一首。"

后络在缫丝车上。① 古时不知用脚踏丝车，只知用手摇丝车，名曰"筀"或"轩"。② 轩一般系竹制，四角或六角，用短辐交互构连而成，中间贯一根轴。轩的名称和形制一直沿用到明清和近代。③ 残余不能缫的"茧滓"和乱丝头，或抽作粗的丝绳，或用作垫在衣袍衾被中的绵絮。④

丝缫成后，下一个工序是纺。古时所谓纺，和后代纺棉之纺不同，是指把缫成的丝络上丝籰。《说文》曰："纺，网丝也。"⑤ 网丝的方法是把丝轩上缫成的丝脱下来（脱轩之丝），张在一个箍丝的架子上，然后从架子上络丝上籰。这箍丝的架子古时名曰"欄"、"梖"或"柎"，⑥ 形制是在平铺于地面的横木框上竖着立四根半人高的短竹。把丝圈箍在竹上，叫丝绳通过旁边倚柱上的悬钩再缠绕在籰子上，转动籰子，即可络丝。汉画像石

---

① 参阅王祯：《农书》卷二〇，"缫车"条。关于此点，古文献中缺乏记录，但从汉画像石上所见的络车、纬车纺织时皆用桄高悬丝缕的情况看，推测缫丝可能也用类似的方法。这方法是使丝缕络上络车之前，能充分地在空气中风干。

② 《说文》竹部："筀，可以收绳也，从竹，象形，中象人所推握也。"《一切经音义》卷一二引《通俗文》："缫车曰轩。轩，筀也。"《广雅·释器》："轩谓之筀。"《说文》车部："轩，纺车也。"《玉篇》："轩，纺车也。"徐灏：《说文解字注笺》谓《通俗文》及《玉篇》从王，即呈之省。

③ 王祯：《农书》卷二〇，"缫车"条。《天工开物》卷上，《乃服》，"治丝"条名曰"大关车"。杨屾《豳风广义》卷下，"缫丝法"条名曰"丝轩"，卫杰《蚕桑萃编》卷四同。

④ 《说文》系部："絓，茧滓絓头也"；《急就篇》颜师古注："䌷之尤粗者曰絓，茧滓所抽也。"古时人穿的缊袍，表里之间即衬以绵絮。《庄子·逍遥游篇》提到的"絣澼絖"，《汉书·韩信传》提到漂母漂絮，都指的是绵絮。

⑤ 《说文》系部。

⑥ 《说文》木部："欄，络丝欄，从木，尔声，读若柅。"《易经》姤卦："系于金柅"，《释文》曰："柅，《说文》作欄，络丝跗也。"按跗即柎；欄、柅通。《太平御览》卷八二五引《通俗文》："张丝曰柅。"《玉篇》："欄，络丝柎也。"《字书》、《广韵》并同。段玉裁《说文解字注》："络丝柎者，若今络丝架子。"《天工开物》称这络丝架子为"络笃"，见本书第310页注①。

上有相当清楚的络丝的图像，上面画着有坐在络丝架子旁边的女子手持籰子在络丝，络的丝线都通过横桄或倚柱的悬钩，然后上籰。① 籰（俗称篗），后世仍称籰子。《说文》曰：" 籰，收丝者也。"②《方言》曰："籰，榬也，兖豫河济之间谓之榬"，郭璞注："所以络丝者也。"③ 汉代的籰，从汉画像石上看，形制和后世的籰子几乎完全相同，恐怕也是用四根或六根竹箸由短辐交互连成，中间贯以轴，手持轴柄，用指推籰，可自由转动，以缠络丝绳。④ 古时籰亦名曰"䈷"、⑤ "榬"、⑥ 或"䈂"。⑦ 贯于籰中的轴柄名曰"㧱"或"棣"。⑧ 籰虽然只是个简单的机械，但它的发明解决了纺织技术中一个关键问题，它灵巧地加速了纺丝的速度，并给牵经络纬以很大的便利。

---

① 王祯：《农书》卷二一，"络车"条言络车之制："以脱轩之丝张于枑上，上作悬钩，引致绪端，逗于车上。其车之制，必以细轴穿籰随轴转，丝乃上籰。"宋应星《天工开物》卷上，《乃服》，"调丝"条："以木架铺地，植竹四根于上，名曰络笃。丝匡竹上，具傍倚柱高八尺处钉具，斜安小竹偃月挂钩，悬搭丝于钩内。手中执籰旋缠，以俟牵经织纬之用。"按汉代自樃上络丝于籰的情况，与王祯、宋应星所记后世的络法大致相同。

② 《说文》竹部。

③ 《方言》卷五。又曰："络谓的格"，郭璞注："所以转籰络车也。"

④ 同注①。宋应星说的络法是"手中执籰旋缠"。王祯说的络法是用"车"，比较复杂些（参阅杨屾《豳风广义》卷下，"解丝图说"条），汉代似尚不知运用。

⑤ 《说文》竹部："䈷，籰或从角从间。"

⑥ 《方言》卷五。《广雅》同。《玉篇》："榬，络丝籰也。"又"籰，榬也，所以络丝也。"

⑦ 《淮南子·说林训》："古之所为不可更，则推（庄逵吉谓推当作维，是）车至今无蝉䈂。"高诱注："蝉䈂，车类。䈂读如孔子射于瞿相之瞿。"钱绎：《方言笺疏》谓"䎂、籰、䈂并与籰同。按蝉䈂，谓䈂上络的丝疏薄如蝉翼之意，犹薄的鬊曰蝉鬊。

⑧ 《说文》木部："㧱，籰柄也。"朱骏声《说文通训定声》："丝收于籰，既收则去其柄。"王祯《农书》卷二一："籰……必窍贯以轴，乃适于用。"《广雅·释器》："籰，其㧱谓之棣。"又"㧱，柄也。"

丝既上籰之后，便可牵经和络纬。络纬须用纬车。纬车古时名曰"䌥车"、"缫车"、"轵辘车"、"道轨"、"轨车"，或"鹿车"。① 它的用处是把籰子上的丝绳，通过䌥车的大绳轮带动小绳轮轮轴的力量，绞纺到缠绕纬线的筟管上面。《天工开物》记明代的纬车说："凡供纬籰，以水沃湿丝，摇车转铤而纺于竹管之上。"② 汉画像石上，都画着䌥车的图像，说明汉代络纬和《天工开物》记载的情况大致相同。《天工开物》所谓的竹管，汉代名曰"筟"、"筦"或"筳"。③《通俗文》说："织纤谓之䌥，受纬曰筟"，④ 可见筟正是"受纬"的管子。山东滕县宏道院出土的汉画像石和滕县龙阳店出土的汉画像石画的筟很清楚，有两根短柱支承筟（纬管）如车状，使它能被纬车的大绳轮带着急速旋转，这工具也叫做"筟车"。⑤ 此外，还有两点可以注意。龙阳店汉画像石画的是把一个籰子上的丝线用䌥车纺到筟管上，宏道院汉画像石则是把两个籰子上的丝线用䌥车纺到一个筟管上。后者的效用在于可以把两根细的丝线合纺成一根较粗的丝

---

① 《方言》卷五："䌥车，赵魏之间谓之轵辘车（按《太平御览》卷八二五及《一切经音义》卷一四引均作历鹿车），东齐海岱之间谓之道轨。"《淮南子·说林训》称作䌥车，"䌥"误作"推"，当依庄逵吉说；钱绎《方言笺疏》谓"推车"即"䌥车"者，误。又《淮南子·主术训》高诱注曰："徽读纷麻䌥车之䌥。"缫车亦即䌥车，音同。《说文》系部："䌥，箸丝于筟车也。"《广雅·释器》："䌥车谓之历鹿，道轨谓之鹿车。"《玉篇》："䌥车亦名致车，亦名轨车。"《续汉书·舆服志》注引《独断》，历鹿亦作缕鹿。参阅王念孙《广雅疏证》卷七下。

② 宋应星：《天工开物》卷上，《乃服》，"纬络"条。

③ 《说文》竹部："筳，䌥丝筦也。""筦，筟也。""筟，筳也。"段玉裁注曰："筳、筦、筟，三名一物也。"

④ 《太平御览》卷八二五引《通俗文》。

⑤ 《说文》系部："䌥，箸丝于筟车也。"戴侗《六书故》："筟车，纺车也。著丝于筳，著筳于车，踏而转之，所谓纺也。"汉代似不用足踏而用手摇。按刘仙洲：《中国机械工程发明史》第一编第86页载有一个"汉墓壁画"上的纺车图，画虽清晰，但疑该石是赝品，不足为据。

线，或是把两根丝线绞纺成一根韧性较强的坚固的丝绳，二者都正适应纬线的要求。① 再者，二画像石都明显地画出籆子和筟车之间，丝线须通过高悬的横桄，推想横桄上应有悬钩。这种络法正与《天工开物》所记相同。②

牵经是较复杂的工序。牵经的方法，可惜古代文献中没有记载。王祯《农书》记后世牵经的方法是："先排丝籆于上，上架横竹，列环以引众绪，总于架前经篗；一人往来挽而归之纼轴，然后授之机杼。"③ 根据汉代织机的结构推测，古时牵经的方法当亦与此相类似。经耙的使用可能较早，经篗（经牌）也许是后世的发明。古代牵经时大约用"构"。《埤苍》说："凡织先经以构，梳丝使不乱。"④ 构即《天工开物》中所说的"筬"。这个筬是牵经时梳丝之筬，近代有的地区名之曰"绳"。⑤ 它与织机上打纬用的"织筬"形制相似，都是"一齿受一缕，多少有数"，⑥但

---

① 参阅《天工开物》卷上，《乃服》，"纬络"条。C. Singer：A History of Technology, vol. I, chpt. XVI. 按，不仅络线有时须把两个籆子上的丝线纺到一根筟管上，而且经线有时也须把两个籆子上的丝线并到一个籆子上。缫丝时大抵只能把单纺合为一纟。之后，把两纟合为一丝时，即须把两个籆子上的纟再绞纺到一个籆子上。又《急就篇》颜师古注："纺谓纺麻丝之属为纑缕也。"任大椿《释缯》谓"绅既先纺而后织，则是先为缕而后织，质近于线。"因此，把丝缕并为线然后再织，则并线亦须用此法。古时用粗线皆言大丝。疑大丝皆须重纺。

② 《天工开物》卷上，《乃服》，"纺车"条附图。王祯：《农书》卷二一，"纬车"条，络纬不用倚柱、横桄及悬钩。

③ 王祯：《农书》卷二一，"经架"条。参阅宋应星：《天工开物》卷上，《乃服》，"经具"条。"经牌"，《天工开物》称作"掌扇"。

④ 《玉篇》木部引张揖《埤苍》。《广韵》同。《广雅·释器》："经梳谓之构。"王念孙：《广雅疏证》："构之言均也。《字通》作均。"参阅本文末附录一。

⑤ 《天工开物》卷上，《乃服》，"经具"、"过糊"、"经数"、"穿经"诸条。"经具"条中特别注明"此筬非织筬"。杨屾：《豳风广义》卷下，"纼床图说"条谓之"绳"，卫杰《蚕桑萃编》卷七，"纼丝床"条则仍名之为"筬"。

⑥ 《列女传》卷一，"鲁季敬姜"条，旧注："均（构）谓一齿受一缕，多少有数。"参阅附录一。

是它的作用却全不相同。牵经后是否过筘，已无文献可考。牵好的经线从绔轴卷上持经的䌉子，治经的工序即告完成。

牵经络纬以后，即可上机开织。关于古代的织机，古文献中缺乏完整的记载。本文附录一、二是仅有的两段较整齐的记述织机的史料，但文字较难诠解。因此，要探求古代织机的构造，首先只能依靠汉画像石上所画的几幅织机图。最近宋伯胤、黎忠义二同志根据7块汉画像石的资料，把汉代织机的基本构造做了较清楚的解说，① 比日人太田英藏的研究大大迈进了一步。② 今以宋、黎二同志的研究为基础，拿古文献中的零散记录做些补充说明，略加诠释，并提出些个人的意见。

宋、黎二同志指出"织机的演变，从经面看，最早是垂直于地面，以后角度逐渐缩小，最后发展成为与地面接近平行的位置"；并认为"汉画像石上的七个织机，还是一种由竖机向平机发展的过渡样式"。③ 这个论断是正确的。按汉画像石上的织机应是汉代最流行的普通织机。这种织机的构造的主要部分，首先是一架与地面平行的木制机台，有四根机脚。机台前部的横板是织工的坐位。从汉画像石上看，坐在机台上的织工似乎还不知使用后世腰机用的皮幅。④ 机台后部的机脚有的向上引伸很高，像两根柱子，柱顶支撑着机架的顶端；有的则后部的机脚和前部的相等，只在机架背后立一根撑柱。机架是一个长方形的木框。机架顶端安置"䌉子"。这䌉子，古时名曰"䌉"、"胜（勝）"、"樀"

---

① 宋伯胤、黎忠义：《从汉画像石探索汉代织机构造》(《文物》1962年第3期）。
② 太田英藏：《古代中国の机织技术》(《史林》第34卷第1、2合并号，1951年2月）。
③ 同注①。
④ 《天工开物》卷上，《乃服》，"腰机"条："织匠以熟皮一方寘坐下，其力全在腰尻之上，胡曰腰机。"

或"栀";①《梓人遗制》中名曰"𣝑子",②《天工开物》中名曰"的杠";③ 清人著作中或作"𣝑子"或"䌙子。"④ 𣝑子是一根圆的或有楞的木轴,可以转动,上面缠卷着经线,所以《说文》说它是"持经者"。木轴的两端有"𣝑耳",转动一次后便用𣝑耳把𣝑子制牢在机架顶端上。机架的下端安置"卷轴",古时名曰"楘"、"䌙"或"复(復)";⑤《梓人遗制》中名曰"卷轴",近世或称作"怀辊"。⑥ 卷轴也是一根较粗的木轴,可以转动,用以缠卷织工胸前的已拿纬线穿经织成的缯帛,所以《说文》说它是"持缯者"。卷轴的两端也有键,转动一次后便用键把卷轴锴制坚牢。机架木框两侧"立颊"之间有两条"横槐",⑦

---

① 《说文》木部:"𣝑,机持经者也。"段玉裁注:"《三仓》曰:'经所居机𣝑也。'《淮南·氾论训》曰:'后世为之机杼胜复以便其用,而民𣝑以捄形御寒。'𣝑胜者,𣝑之假借字。戴胜之鸟首有横纹似𣝑,故郑云:'织纴之鸟。'《小雅》云:'杼轴其空。'𣝑即轴也。"《方言》卷八郭璞注:"胜,所以缠纴。"按纴指经丝,《说文·糸部》:"纴,机缕也。"焦赣《易林》卷七:"织缕未就,胜折无后,女工多能,乱我政事。"亦假胜为𣝑。《列女传》中名𣝑为"楠"(误作"摘"),旧注:"摘谓胜也。"参阅本文末附录一。按《集韵》:"楠,机上卷丝器。"《广雅·释器》:"栀谓之䌙。"

② 《永乐大典》卷一八二四五(影印第172册)引元薛景石《梓人遗制》。

③ 《天工开物》卷上,《乃服》,"经具"条。

④ 杨屾:《豳风广义》卷下作"𣝑子"。按《广雅》字亦作"𣝑"。卫杰:《蚕桑萃编》卷七作"𣝑子",乃䌙字之讹。

⑤ 《说文》木部:"楘,机持缯者。"缯乃已织成的帛。上面的"𣝑,机持经者"之经,乃指未织成的经丝。经、缯正就未拿纬线织成和已拿纬线织成相对而言。段玉裁注据《玉篇》之误而改"缯"为"绘",非。《广雅》作"卷缯者",是。王筠《说文句读》:"《系传》曰'楘即轴',是也。吾乡至今呼之。缯长则𣝑去织工远,故以楘卷之,以键辖之,便再织也。"按《淮南子·氾论训》:"后世为之机杼胜复以便其用",乃假"复"为"楘"。王逸《机妇赋》(详见本文末附录二):"胜复回转",乃假"复"为"楘"。

⑥ 卫杰:《蚕桑萃编》卷七。

⑦ "立颊"、"横槐",古时名称不详,今亦仿宋、黎二同志的论文,暂借用《梓人遗制》的名称。

为使机架平整牢固，縢用以缠转经线，复用以缠卷已织成的缯帛，二者的作用都在旋卷，所以有时又都称作"轴"或"柚"。古文献中"杼轴"二字常连用，① 这里的"轴"实兼指縢复而言。② 机架斜置在机台之上，与机台成50度至60度角；縢在上，距织工最远，复在下，距织工最近。

机架的中部是织机的最重要的部分。据宋、黎二同志的研究，以为："两立颊上各安'立叉子'一个，其端装'马头'。两马头之间，安一圆形'豁丝木'。豁丝木有两个作用，一个是分经，一个是作为'马头'的中轴。马头的前端用绳悬一单综，后端安一小圆棍，作为'压交'之用。其运动由两个'脚踏'来操作。"③ 这是对汉画像石上几个织机图的很明确的解说。宋、黎二同志所作的复原图，对于我们理解汉代的织机构造很有帮助。

这样的织机构造，在古文献中略有记录可寻。王逸的《机妇赋》（详见本文末附录二）描写的虽然是提花机（见下），但基本部分的结构是一样的。《机妇赋》说：

> 胜复回转，剋像乾形。大匡淡泊，拟则川平。光为日月，盖取昭明。三轴列布，上法台星。两骥齐首，俨若将征。

---

① 《诗经·小雅·大东》："小东大东，杼柚其空。"《淮南子·说林训》："黼黻之美，在于杼轴。"焦赣《易林》卷九："杼柚空虚，家去其室。"《隶释》卷七，《竹邑侯相张寿碑》："萌于□弋，杼轴磬殚。""轴"俗作"柚"。这类的例子很多。

② 参阅本书第314页注①，段玉裁注。又，王筠《说文释例》云："縢即《诗》'杼柚'之'柚'，《释文》云'或作轴'，吾乡犹沿此称矣。其'持经'也，使丝不乱也。……织既成缯，则縢去身远，不便于织矣，故有梭以卷之。小徐曰'复即轴'者，今人亦呼'持缯'之木为轴，与'持经'之轴同名。然复以圆木为之，两端多通孔，卷缯之后，以直木辖孔中，使之不动。縢则以竹之而木为框，名同而形固不同。案縢以辖制为用，复以旋转为用，各与杼轴相似，故均得名轴也。"王筠这段话是对縢、复的极精辟的解说。

③ 同本书第313页注①。文中织机部件的名称，大半均借用《梓人遗制》的名称。

所谓"三轴",即指滕、楱和"豁丝木",三者都是轴状,等长并平行,横列于平整的机架上,因此说"剋像乾形"(≡)。"上法台星"指三台。"三台六星,两两而居",形似阶梯,所以也称作"天阶",①正是"三轴"的很恰当的比喻。"两骥齐首"指的就是"马头",织时一俛一仰,俨若两匹并辔的服马齐头前进。由此可见《梓人遗制》中所见的"马头"这个名称,渊源很古;至于后世罗机、平机、花机上的所谓"特木儿"、"老鸦翅"或"瞌睡虫",②都是从这较原始的"马头"变化来的。两马头之间承接经线的中轴,即"豁丝木",在古代它的名称尚未见记录。经线经过豁丝木分为面经与底经。马头的前端悬挂单综(亦可能是双综)。③马头一俯一仰,综绕即随之一起一落。综的用处在提底经。底经提起后,底经与面经两个平面交错形成一个三角形的开口(交),以便使织纬线的梭子(杼)穿过。《三苍》曰:"综,理经也,谓机缕持丝交者,屈绳制经令得开合也。"④《说文》曰:"综,机缕持丝交者也。"⑤《三苍》又说:"综,理经也,谓机缕纪领丝者也。"⑥ 这些说的都正是综绕在织

---

① 《晋书·天文志》上。详见本文末附录二421页注②。

② "特木儿"见《梓人遗制》。"老鸦翅"见《天工开物》卷上,《乃服》所附花机图。"瞌睡虫"见本书第313页注①所引宋伯胤、黎忠义文。

③ 太田英藏前引文(本书第313页注②)谓是"双半综"。按杨屾《豳风广义》卷下,"织紝图说"条说近世普通织机"若织无花绢缣,只用综二付"。

④ 《一切经音义》卷二引《三苍》。按同书卷二二引《三苍》作:"综,理经者也,谓机缕持丝交者也。"无"屈绳"一句。

⑤ 《说文》系部。按今本《说文》作"综,机缕也",脱"持丝交者"四字,遂不辞。唐写本《玉篇》"综"字下引《说文》作"机缕持丝交者也"。

⑥ 《一切经音义》卷一引《三苍》。按同书卷五曰:"综緔机缕纪领丝者也。综,理也,领理之也。"未言所据。又,卷二三曰:"《说文》曰,综,机缕也,谓持丝交者,屈绳令得开合也。丝,纪也,理也,纪领丝别也。"此条似是混《说文》与《三苍》文为一,且有讹字。参阅本文末附录一。

机上的作用。赵宧光曾说综之用在于"分经受纬,令丝成文",①确是一句简洁明确的解说。

从汉画像石上看,机架都是斜置于机台上,经线从滕上牵下,经过豁丝木分为面经、底经;在综绕处投梭穿纬后织成的缯帛,则差不多都是在织工胸前直着垂下,然后紧紧卷在榎上。机下有长短两个"脚踏","脚踏"的末端用绳和杆子曲折联系以牵动马头。脚踩着脚踏一起一落,依靠简单的杠杆作用,即能使马头一俛一仰,综面随着一起一落,织工便能投梭穿纬。脚踏,古时名曰"奎"、"蹑",或"牵挺"。《说文》曰:"奎,机下足所履也。"②"蹑"本是用脚往下踩的意思,或作"鑷"。③《梓人遗制》中名曰"脚踏",并且说织机有两个脚踏,一个"长脚踏",一个"短脚踏"。汉画像石上织机的奎也正是一长一短。脚踏在近代或称"脚竿"。④ 熟练的织工踏脚很快。《列子》中记载着一个故事,生动地描写着织机上的妇女怎样飞快地踩踏机蹑:"纪昌者,又学射于飞卫。飞卫曰:'尔先学不瞬,而后可言射矣。'纪昌归,偃卧其妻之机下,以目承牵挺。⑤二年之后,

---

① 桂馥:《说文解字义证》"综"字条引。按近世"综俗呼为缯",见杨屾《豳风广义》卷下,"织絍图说"条,乃是音讹。

② 《说文》止部。段玉裁注谓"奎者,蹑也。"王筠《说文句读》释"综"字下说:"止部'奎,机下足所履'者,即所以抑扬此综也。"

③ 《说文》足部"蹑,蹈也。"《方言》卷一:"蹑,登也,自关而西秦晋之间曰蹑。"《释名·释姿容》:"蹑,摄也,登其上使蹑服也。"《广雅·释诂》:"蹑履也。"《一切经音义》引《仓颉篇》:"蹜,蹑也。"蹑本为动词,义为蹬、踩,假动词为名词则为机蹑,见《三国志·魏志·杜夔传》注叙马钧传;"鑷"见《西京杂记》,乃蹑之假借字。

④ 卫杰:《蚕桑萃编》卷七。

⑤ 张湛注:"牵挺,机蹑。"杨伯峻《列子集解》引王绍兰说,谓"'挺'当为'奎'之误('奎'讹为'捷',又讹为'挺')。"按,"挺"字不误。"挺"训"引拔"。《说文》手部:"挺,拔也。"《汉书·师丹传》颜师古注:"挺,引拔也。"牵挺有以机蹑牵引马头之意。张注是。若作"牵奎",反不辞。

虽锥末倒眥而不瞬也。"① 牵挺即是筶或机蹑。

织纬的工具古时名曰"杼"、"梭"或"筴"。《说文》曰："纬，织衡丝也。"② 又曰："杼，机之持纬者。"③ 古文献中，"机杼"、"杼轴"常连用，以统言机织。④《通俗文》曰："梭，织具也，所以行纬谓之筴。"⑤ 杼、梭、筴，三字系一声之转，⑥ 最初本指同一工具。按织纬线时原包括两个动作。一是送纬，即把缠着纬线的工具，不管是原始式样的梭，还是进步式样的梭，从底经与面经交错形成的开口（交）处横穿过去，就带过一根纬线。一是打纬。较原始的方法是用一长的带刃的工具，拿它的刃部把已穿过的纬线打紧，使其相互密接，织物才能平緻牢固。后世织机上专司打纬的机件是筬，筬是个窄窄的长方形的有许多"筬齿"的工具，空悬在织工胸前地方，横拦经面，使经丝一缕缕穿过筬齿，每送过一根纬线后，织工把筬用力一拉，便能把纬线打紧，然后推开，再投一次梭。最原始的送纬打纬的方法是：送纬用一个工具，通常只是一根缠着纬线的短木杆或类似的工具；而打纬则用另一工具，一个尺形的或长刀形的带刃的打纬器，刀形的或曰斫刀；二者截然分开。这种方法当然费事，送一

---

① 《列子·汤问篇》。《太平御览》卷八二五引，"瞬"作"瞋"。

② 《说文》系部。段玉裁注："云织衡丝者，对上文'织从丝也'为言。"按同部"经"字下曰："经，织从丝也。"《广雅·释言》："纬，横也。"《大戴礼记·易本命》："凡地，东西为纬，南北为经。"盖以经线纬线为喻。

③ 《说文》木部。

④ 如《史记·樗里子传》："（曾参之母）投杼下机，逾墙而走。"（《新序·杂事篇》同）焦赣《易林》卷二："机杼纷扰，女巧不成。"《潜夫论·赞学篇》："女工加五色而制之以机杼。"《古诗十九首》："札札弄机杼。"《诗经·小雅·大东》："小东大东，杼轴其空。"《淮南子·说林训》："黼黻之美，出于杼轴。"

⑤ 《太平御览》卷八二五引《通俗文》。《玉篇》："筬，织筬也，亦作梭。"《一切经音义》卷一五："梭，又作捘、篓二形，同先支反，谓织梭，行纬者也。"

⑥ 徐灏：《说文解字注笺》："杼俗作梭，声转而异其文也。"

次纬，便须放下送纬器再拿起打纬器打一次纬。较此进步些的方法是：把两个工具并为一个工具，即把杇刀挖成空心，把缠纬线的筟管安在杇刀的空心处，就省便多了。更进步的方法是：送纬器与打纬器复分为二，送纬用两头尖的安着筟管的舟形小梭，而打纬则用悬空着的横栏经面的筬，一手投梭，一手推筬拉筬，就更加迅速而省力了。宋、黎二同志认为汉代用的是第二种方法，说汉代的杼"是纳送纬与打纬于一器，形状是一把杇刀样子，中空，曲背，背脊有一孔，下部嵌一长条铁刃，作为杇刀"；缠着纬线的纬管即嵌于背脊的长孔中。① 太田英藏也有同样看法。② 宋、黎二同志又说汉画像石上的织机没有用筬的痕迹，因此认为汉代织机不用筬打纬。③ 太田英藏意见大致相同，认为在汉代除了薄绢外，一般织造布帛均不用筬；并且根据张揖《埤苍》中始见"筬"字（即后世所谓的筬），遂认为晋以后的织机方普遍用筬。④

织机是否用筬，是机织技术水平的重要标志之一。我们部分同意宋、黎二同志的意见。汉代一些普通的织机，大约都使用宋、黎二同志所说的那样的杼。《说文》说杼是"持纬者。"⑤ 杼既持纬，可能即是"纳送纬与打纬于一器，形状是一把杇刀的样子"的杼。武梁祠画像石上慈母投杼的杼正是这种杼。

然而，汉代文献中似乎已有用筬打纬的痕迹。《说文》曰：

---

① 同本书第313页注①。
② 同本书第313页注②。太田英藏称这样的杼为"管大杼"。
③ 同本书第313页注①。
④ 同本书第313页注②。按太田英藏文中，一方面从出土的汉代丝织品的织纹组织上观察，认为薄的绢有用筬（筬）的痕迹，另方面却又认为筬的使用是在魏晋以后，自相矛盾。他在解释我国古文献上，也有不少讹错之处，故论证多误。
⑤ 《说文》木部："杼，机之持纬者。"《一切经音义》卷一〇引《字林》："杼，机持纬者。"

"䈆，织绢从糸贯杼也。"① 就是把织绢的经丝穿过（贯）杼，叫做䈆。《释名》曰："筓辟，经丝贯杼中，一间并，一间疏；疏者筓筓然，并者历辟而密也。"② 这就是说，使用贯穿着经丝的杼，结果使织物的经丝一格疏、一格密，密处经丝密接，而疏处则略有空隙，这样的织物叫作筓辟。《说文》和《释名》这两处说的从（从、纵）丝或经丝所"贯"的"杼"，显然已不再是上述嵌着纬管的斫刀式样的旧式的杼，而是与后世所谓筬相似的一种打纬工具了。这个工具在《埤苍》中叫做"箴"。《埤苍》曰："箴，竹杼也。"③ 箴即是筬，用竹制，有筬齿，经丝一缕缕地从筬齿"贯"过。④《埤苍》的话反映在晋代，"箴"仍或名曰"杼"，⑤ 不过这个"杼"与旧式的杼的名称和打纬作用虽同，而形制却很不相同了，它已从旧式斫刀样的杼变化为后世长方形的筬了。《说文》和《释名》所说的经丝所"贯"的"杼"正是这样的"杼"，它即是箴，亦即是筬。

---

① 《说文》糸部。《玉篇》："䈆，织缯以丝贯杼也。"与《说文》不同。按《说文》此条，诸家解说多误。《说文》文本不误。《玉篇》误"绢"为"缯"，误"从"为"以"（《广韵》作"以丝贯杼为䈆"，亦误"从"为"以"）。诸家多以《玉篇》校改《说文》，而不知以《说文》校正《玉篇》。段玉裁更妄改《说文》为"织以丝母杼也"，尤难解。只有徐锴《说文系传》作"织绢从糸贯杼也"，写"从"为"从"，最为得实。"从丝"即是经丝。《说文》"经"字下曰："织从丝也"，与"纬，织衡丝也"相对为文。"从丝贯杼"亦即下引《释名》所说的"经丝贯杼中"。

② 《释名·释彩帛》。王先谦《释名疏证补》引叶德炯曰："筓读如车筓之筓，辟读如辟析之辟。一间并犹言一格合并，一间疏犹言一格稀疏。《广雅·释器》'筓，笼也'。今织熏笼者亦是如此。"

③ 《一切经音义》卷一〇引《埤苍》。按《海山仙馆丛书》本《一切经音义》作"葴"，乃"箴"之讹。桂馥《说文解字义证》引作"箴"，是。黄奭《逸书考》亦讹作"葴"。

④ 《一切经音义》卷二三引《仓颉篇》："贯，穿也，以绳穿物曰贯也。"

⑤ 至唐代，筬、杼二字仍通用。《一切经音义》卷一〇："今俗呼杼为筬。"

《说文》既释"筟"为"织绢从丝贯杼",所以用筬打纬一次也可称为"一筟"。《后汉书》中说:"乐羊子妻……曰:'此织生自蚕茧,成于机杼。一筟而累,以至于寸,累寸不已,遂成丈匹。'"① 这里的"一筟",意即投梭后用筬打纬一次。这样的筬或筬亦名曰"捆"。汉末人训"捆"为"叩椓","叩"义为"击"。叩椓即是打纬,因而打纬的工具筬有时也就称为捆了。②

综上所述,我们可以认为汉代织机上所用的打纬的工具实有两种。一种是旧式的嵌着筟管的斫刀式样的杼,用它投梭送纬,又用它的刃部打纬。另一种则是从这种杼演变分化而成的两个截然分开的工具——梭与筬,梭只用于送纬,③ 而筬则专司打纬(不过梭和筬两物的名称都或称作"杼",因此在解古文献时也就容易混乱)。后一种方法在技术上远比前者进步,它使打纬动作节省了劳动,加快了速度,并且由于加在纬线上的力量与斫刀式的杼刃不同故使织物更为平缌规整。它的出现,至晚应在东汉时期。

以上所述以汉画像石上的织机图为主要根据所看到的织机,是汉代最常见的普通织机,亦即后世王祯《农书》和徐光启《农政全书》中所谓"布机",以及宋应星《天工开物》中所谓"腰机"的原始形制;薛景石《梓人遗制》中的"罗机"已较此类型复杂。④ 这样的织机可以织造一般的缯帛、麻布、葛布,

---

① 《后汉书·列女·乐羊子妻传》。"筟",官本误作"丝",汲古阁本作"筟",是。详见王先谦《后汉书集解》。

② 详见本文末附录一。

③ "梭"字不见于《说文》,而首见于服虔《通俗文》。《太平御览》卷八二五引《通俗文》:"梭,织具也,所以行纬谓之筬。"与筬分工而不再用以打纬的梭,大约逐渐缩小而成为后世两头尖的、中心嵌着纬管的、较灵便的梭了。

④ 王祯:《农书》卷二二。《农政全书》卷三六。《天工开物》卷上,《乃服》。《永乐大典》卷一八二四五引《梓人遗制》。

也可以织造带有简单图案纹的绫罗。汉代这种普通织机构造虽然简单、原始，且尚未发展到更进步的平机形式，但比起它同时代的近东与罗马的竖机和重锤竖机来，在构造上和织造技巧与速度上，无疑地都优越得多，已确可称为当时世界上最先进的织机了。①

然而，从近年来出土的汉代的锦、绮、纹罗等丝织品的织纹组织上来看，这些织物文采的瑰丽，花纹的生动，织纹组织的复杂，决不是上述普通的织机所能织造得出来的。为织造这些高级丝织品，必须得用提花机。提花机在汉画像石上没有见到过，②古代文献记录中也没有很完整明确的记载。但是，从古代零星的史料中却也透露出汉代有使用提花机的痕迹。提花机本是将上述织机的构造复杂化：机架后部大致取平机形式，上建"花楼"，"中托衢盘，下垂衢脚"；③ 机架前部仍稍斜倾，多悬综面，增加脚踏；把穿篦的面经与底经加以复杂而规整的安排；织花时二三人协作，坐在花楼上的织工依照"花本"提经，机台上的织工则专司织纬。④ 这种织法相当复杂，需要织工们精练的技术、大量的劳动和时间。

对汉代提花机较完整的记载是王逸的《机妇赋》（详见本文末附录二），其中有这样一段话：

---

① C. Singer: A History of Technology, vol. I, chpt. XVI; vol. II, chpt. VI. 太田英藏：《明代以前的机织技术》（载薮内清等：《天工开物研究论文集》）第二节，注8。

② 传世最早的提花机的画像，大概是南宋的"耕织图"。

③ 《天工开物》卷上，《乃服》，"机式"条。

④ 参阅王祯：《农书》卷二一，"织机"条。《梓人遗制》，"华机子"条。《天工开物》卷上，《乃服》，"机式"与"花本"条。杨屾：《豳风广义》卷下，"织纴图说"条。卫杰：《蚕桑萃编》卷七，《织政》。The Maritime Customs, Special Series, No. 3, Silk (1881)。

　　　　方员绮错，极妙穷奇，虫禽品兽，物有其宜。兔耳跧伏，若安若危；猛犬相守，窜身匿蹄。高楼双崎，下临清池，游鱼衔饵，瀺灂其陂。鹿卢并起，纤缴俱垂，宛若星图，屈伸推移。一往一来，匪劳匪疲。

这段文字所描叙的实是提花机。前四句讲的是织的各种花纹，这从出土的汉代丝织品可以看到不少的实物例证。"兔耳"见于《梓人遗制》，是机台上靠近织工左右手的一对小机件，一半卧伏在"兔耳眼"中，上有"讹角"，它的形状似兔子的两耳，用来承架横在织工身前的卷轴（榎）。[①]"兔耳跧伏，若安若危"，描写着兔耳的半隐半现的模样。同时它说明《梓人遗制》中的"兔耳"一词的渊源很古，远在汉代便已存在。"猛犬"不详。这里以犬对兔，是拿郊猎的情景来比喻织机上的两对机件。据后世的织机推测，疑"猛犬"比喻的是《天工开物》中所说的提花机上的"叠助木"。叠助木在机台后部，下端接"眠牛木"，上端以长杆连接着织篦的两头，用以加强打纬的力量。[②] 它运动时总是向织工方向，亦即兔耳的方向，猛力一跃，然后退回到原来位置，很有点"窜身"的模样；也许因为这个原故，《豳风广义》中名之曰"撞"。[③] "高楼"显然指的是"花楼"，专司按照"花本"提花的织工坐在花楼上，俯瞰光滑的经面，正如"下临清池"。"游鱼衔饵"乃指在花楼上牵提衢线（渠线）。《天工开物》记明代的花机说："隆起花楼，中托衢盘，下垂衢脚；对花楼下堀坑二尺许，以

---

　　① 《梓人遗制》中所叙述的华机子（提花机），立机子（竖机）和罗机子（平机），都有兔耳。详见本文末附录二第422页注②。
　　② 《天工开物》卷上，《乃服》，"机式"条。
　　③ 杨屾：《豳风广义》卷下，"织纴图说"条。

藏衢脚。"衢脚以"水磨竹棍为之，计一千八百根"，① 这是后世提花必要的装置。织工在花楼上牵提衢脚，极像垂钩；以衔饵的鱼比喻衢脚，也很恰当。"纤缴俱垂"也是指衢线。在后世的花机上，花楼顶端有"文轴子"或铁环，用以悬挂衢线，牵提时一起一落，正像"鹿卢"（辘轳）。② 花机在运动时，衢线、马头（或更进步的特木儿、老鸦翅、涩木）、综绕等各部分机件牵提不同的经丝，错综曲折，有屈有伸，从侧面看，确如汉代人习惯的星图的画法。③"宛若星图，屈伸推移"是一句十分形象化的比喻。"一往一来"则指《列女传》中所说的"推而往、引而来"的打纬的筬（篦）。④ 以上我们对《机妇赋》的这些解释如果大致不误，那么王逸这段文字实在可以看作是关于汉代提花机的一篇很好的描述。⑤

至于综绕和脚踏的增多，则见于傅玄关于马钧的记载：

扶风马钧，巧思绝世。……为博士，居贫，乃思绫机之变，不言而世人知其巧矣。旧绫机五十综者五十蹑，六十综者六十蹑，先生患其丧功费日，乃皆易以十

---

① 《天工开物》卷上，《乃服》，"机式"条。参阅 The Maritime Customs, Special Series, No. 3, Silk, 镇江报告所附宫绸机、□机、桩花机等图（1881年版）；及薮内清等：《天工开物研究论文集》第129页的花机图。

② 《梓人遗制》。《天工开物》卷上，花机图。

③ 《甘石星经》（《汉魏丛书》本）。山东肥城孝堂山郭巨祠汉画像石所画星图，画法与此相似。

④ 详见本文末附录一。

⑤ 王祯：《农书》卷二一，"织机"条引王逸此赋，末附按语曰："□赋似未全然，王赋本如此。"王逸此赋本是一篇文学作品，大半是比喻之辞，从描叙织机的写实性方面看，是可以说"似未全然"。但从大体上说，赋文所描叙的是提花机而非普通布机，则似无可疑。

二蹑。①

马钧在曹魏的初年改进绫机的详情,据此段简单记载虽不能十分明了,但所记该绫机的综绕的脚踏之多,显然是提花机。近世花机或用综绕10付,下用脚竿棍10根;②或用综绕16付(一半上系于老鸦翅,一半上系于涩木),下用脚竿棍8根。③这里说的"旧绫机"综蹑数目多达五六十,也许是因为尚不知用花楼、衢盘、衢脚,而全靠用增多综面来提花。马钧改进绫机,削减蹑数,可能意味着以综面提经的重新合理安排,也可能意味着把提花任务从综绕转移给衢线、衢脚。不过这只是我们的揣测,其详已无法推考。又《西京杂记》记载说:

> 霍光妻遗淳于衍……散花绫二十五匹。绫出钜鹿陈宝光家,宝光妻传其法,霍显召入其第,使之。机用一百二十镊,六十日成一匹,匹直万钱。④

这里也提到"镊"(假镊或蹑)数之多,且多至120。文中所说的织造速度之缓慢,也近似提花机。

上面我们把汉代与提花机有关的几段资料作了些初步的诠释。从这些文献记录来看,我们若肯定在汉代织造高级丝织品时,确已使用远比当时普通织机复杂的提花机——即便还不如宋元明时代的花机那样复杂灵巧——恐怕距离事实也不会太

---

① 《三国志·魏志·杜夔传》裴松之注引傅玄序马钧。《太平御览》卷八二五引《傅子》同,文略异。
② 杨屾:《豳风广义》卷下,"织紝图说"条。
③ The Maritime Customs, Special Series, No. 3, Silk, 附摹本缎机图。
④ 《西京杂记》(《汉魏丛书》本)卷一。《西京杂记》虽是汉以后的作品,且多伪羼之处,所说的故事也不见得真是西汉昭帝时事,但其反映的机织技术,则与东汉其他记录相近。

远。① 如果这个结论不错的话,那么我国在两千年前的汉代,纺织工具与技术确已发达到了很高的水平,远远跨到了当时世界上任何文明国家和民族的前面。

以上讨论的是战国秦汉时代缫、纺、织的工具和技术的大致情况。下面再谈一谈当时在这样技术条件下生产的丝织品。关于丝织品,古代文献记录遗留了一些材料,但大都零碎而不具体。近几十年来,各地出土了一些战国秦汉时代的丝织品,数量虽然不多,但对我们了解当时丝织情况已能给予很大的帮助。②

关于战国秦汉时代的丝织品,首先应提一下的是,当时织造布帛的长度和宽度都有严格规定的标准。《礼记·王制》说:"布帛精粗不中数,幅广狭不中量,不粥于市。"③ 根据《汉书》,织

---

① 原田淑人:《汉六朝の服饰》,第18页,及《汉代の缯绢》(《东亚古文化研究》,第431页),均谓汉代一般大约使用腰机,而织锦时可能使用花机。原田仅根据出土的汉代丝织品推测,未提出其他证据。王若愚:《纺织的来历》(《人民画报》1962年第2期)说:"两汉时期,广泛使用了丝织提花机,织出的云彩、鸟兽纹样很生动。"因为是画报上的文章,很简短,也未作论证。原田淑人与王若愚虽未论证,但意见是正确的。武敏:《新疆出土汉—唐丝织品初探》(《文物》1962年第7、8期),详细研究了民丰出土的汉代锦、绮、纹罗等织纹组织、提花技巧,文中虽未提到织机,但从所述提花织物的情况看不能不使用提花机。宋伯胤、黎忠义:《从汉画像石探索汉代织机构造》(《文物》1962年第3期),探索了汉画像石上的织机构造,没有涉及提花机问题。段拭:《江苏铜山洪楼东汉墓出土纺织画像石》(《文物》1962年第3期),认为洪楼出土的汉画像石上的织机等,只是"汉代民间一般使用的小型织机","其时已经有提花机",是正确的。太田英藏:《古代中国の机织技术》(《史林》第34卷1、2合并号)也从汉画像石来探索汉代织机,并涉及当时全部机织技术,低估了汉代纺织业技术水平。史宏达:《试论宋元明三代棉纺织生产工具发展的历史过程》(《历史研究》1957年第4期)一文中论织机部分,过分低估了宋元时代织机的发展水平;实际上远在汉代,我国织机的构造和技巧早已发达到了相当进步的程度。

② 详见本文末附录三。

③ 《礼记·王制》。

造的规格是"布帛广二尺二寸为幅，长四丈为匹。"① 《说文》也说："匹，四丈也。"② 斯坦因在新疆曾发现过一块汉代的残缣，上有文字写着"任城国亢父缣一匹，幅广二尺二寸，长四丈，重廿五两，直钱六百一十八"，③ 正合制度。郑玄注《礼记》也说过："今官布幅广二尺二寸。"④ 又说："四十尺，今谓之匹。"⑤ 这样的规格大约始于战国时代，直到北魏时还大体维持。⑥ 汉代的2尺2寸，合今1.5246市尺，或50.82厘米；4丈合今27.72市尺，或9.240米。⑦ 汉代丝织品规定幅广为2尺2寸，已从近年出土的实物得到了证明。甘肃古玉门关出土过一块素绢，边维完整无缺，计宽19.5英寸，即50.43厘米。⑧ 蒙古人民共和国诺因乌拉汉代匈奴墓出土的汉代锦、绢，有些比较完整，也保存着织物的边维，它们的幅广都在49.4厘米左右。⑨ 新疆古楼兰遗址汉墓中，发现过一束黄绢，很完整，幅广为48.49厘米。⑩ 它们较规定标准稍

---

① 《汉书·食货志上》。

② 《说文》匚部。

③ Ed. Chavannes：Les Documents chinois, decouverts par Aurel Stein dans les sables du Turkes tan Oriental, No. 539.《释文》见王国维《流沙坠简》、《屯戍丛残》。

④ 《礼记·乡射记》，郑玄注。

⑤ 《礼记·杂记》，郑玄注。

⑥ 《魏书·食货志》："旧制，民间所织绢布，皆幅二尺二寸，长四十尺为一匹，六十尺为一端，令任服用。后乃渐至滥恶，不依尺度。高祖延兴三年秋更立严制，令一准前式。"可见至北魏时仍大致遵循自汉以来规定的标准。按，汉文献中，与此不同的记载仅见于《淮南子·天文训》，谓"幅广二尺七寸"，匹长仍为4丈，恐是地方的特殊习惯。

⑦ 万国鼎：《秦汉度量亩考》(《农业遗产研究集刊》第二册)。王达：《试论"中国度量衡史"中周秦汉度量衡制之考证》(《农史研究集刊》第一册)。参阅王国维：记现存历代尺度17种（《观堂集林》卷十九）。根据前二文，汉代一尺合今0.693市尺，即0.231米。斯坦因在敦煌发现的东汉木尺，合今0.229米，见 A. Stein Serindia, pp. 373—374。

⑧ A. Stein：Serindia, pp. 70l—704.

⑨ 梅原末治：《蒙古ノた·ウゥ发见の遗物》，第82页。

⑩ A. Stein：Serindia, pp. 373—374. 参阅梅原末治：《东亚考古学概观》，第105页。

窄,可能由于年久收缩之故。从现代眼光看起来,汉代布帛似乎幅稍窄、匹稍短,但这绝不反映当时机织技术的落后。汉代每匹布帛规定这样的宽度和长度,是因为这样一匹布帛恰巧能裁制一件当时标准的"深衣",适合普通身材的人穿着。①

布帛开始织造时,便按照这样的规格在织机上安排。宽度由"幅"来确定。《说文》:"幅,布帛广也。"② 郑玄注《礼记》说:"制,布帛幅广狭也。"③《左传》中早就提到布帛的幅的重要:"且夫富如布帛之有幅焉,为之制度,使无迁也。"④ 在织机上,首先织作一段幅(今称机头),可作织物全匹的规制,所以《列女传》说:"幅者所以正曲枉也,不可不彊。"⑤ 根据后世的记载,在提花机上经面的两边须"牵边",两旁各20余缕,叫做"边维"、"边丝"或"边线","边丝不登的杠,别绕机梁之上。"⑥ 边丝古代或名曰"画"。《列女传》说:"画所以均不均、服不服也,故画可以为正。"⑦ 边维的作用和两头的幅一样,可以使织物整齐平缴,又可在边维上用墨画上记号,以记录长度,使织物合乎标准的规格。诺因乌拉出土汉锦的边维的宽度均在一

---

① 详《礼记·玉藻·深衣》。按《仪礼·士丧礼》郑玄注:"半幅一尺,终幅二尺。"《正义》曰:"布幅二尺二寸,今云二尺者,郑君计侯与深衣皆除边幅一寸,此亦两边除二寸言之。"盖深衣自袂至袂正长8尺,用帛4幅,幅边各交搭一寸缝缀。又《淮南子·天文训》:"匹者,中人之度也,一匹而为制。"

② 《说文》巾部。《诗经·商颂·长发》毛《传》:"幅,广也。"孔颖达《正义》:"幅如布帛之幅,故为广也。"

③ 《礼记·王制》:"度、量、数、制",郑玄注:"度,丈尺也;量,斗斛也;数,百十也;制,布帛幅广狭也。"

④ 《左传》襄公二十八年,齐子尾语。

⑤ 参阅本文末附录一释文。

⑥ 《天工开物》卷上,《乃服》,"边维"条。杨屾:《豳风广义》卷下,"织纴图说"条谓之边线。参阅附录一。

⑦ 参阅本文末附录一释文。

厘米左右。①

战国秦汉时代人十分重视纺织品的厚薄、精粗,丝缕的粗细、多寡。今天在织造棉布时,我们习惯用若干支纱来分别精粗,支数愈多,织物愈细薄坚致。在古代则丝言綃,布言总,绶带言首。《汉律》说:"绮丝数谓之綃,布谓之总,绶、组谓之首。"②在古文献中,"綃"字仅见于《说文》,后世文字学家均未详解。"总"(升、稷、缀)字义明确,"布八十缕为升。"幅广2尺2寸共有经线800缕,就叫做"十升布"。③关于绶首,汉代文献中也有明确的记载:"凡先合单纺为一丝,四丝为一扶,五扶为一首,……首多者糸细,首少者糸粗。"绶"皆广尺六寸",最细的皇帝的绶是"五百首",以次至"黄绶六十首。"④500首计用细糸1万根,240首计用细糸4800根,60首只用粗糸1200根。⑤根据这些我们可以推知丝织品言綃,应正如布之言升、绶之言首,丝织品,至少一般平织的缣、绢,也可能

---

① 同本书第327页注⑨。
② 《说文》糸部"綃"字下引《汉律》。按清代学者解《说文》,对"綃"字均无解说。或以兆解綃,实与《说文》本义无关。
③ 详见本文论布的升数。
④ 《续汉书·舆服志》下。又详载皇帝绶500首,诸侯王绶300首,相国绶240首,公侯将军绶180首,九卿、中2000石、2000石绶120首,1000石、600石绶80首,400石至200石绶60首。又曰:"凡先合单纺为一系,四系为一扶,五扶为一首,五首为一文,文采淳为一圭;首多者系细,少者系粗,皆广尺六寸。"按文中"系"皆为"糸"之讹。《北堂书钞·仪饰部》引《汉官仪》亦有此文,惟"糸"皆讹为"丝"。
⑤ 绶以彩丝织几何图案纹,丝数多,厚重,密缀,与多层经的经锦类似。绶广1尺6寸,合今36.96厘米。500首细糸一万根,则每厘米有经糸270.53根;300首细糸6000根,则每厘米应有经糸162.34根;240首细糸4800根,则每厘米应有经糸129.87根;60首细糸1200根,则每厘米应有经糸32.47根。按诸家乌拉出土汉6层经织锦,每厘米经糸达约400根,较500首还细得多。民丰出土菱纹锦,每厘米经糸138根,与240首之相国绶经糸数相近。由此可见,汉代的绶首记载可靠而明确。又民丰出土的绢,每厘米经糸43—46枚,然则60首绶比平绢的经糸数还要少些,必是用粗丝。

以绋数的多寡来分别精粗。①

不过，丝织品和麻织品不同。古代麻织品一般都是平织，用升（总）数分别精粗很便利。丝织品则织造技术复杂，种类繁多。除了简单的平织的缣、绢外，绋数少，织的疏薄，也可能是很精美的织物；绋数少，织物紧厚，可能是普通的绨、练，也可能是几层经的织纹复杂的纹锦。关于丝织品的绋数，古文献中没有记载，也没有规定，原因大约就在这里。古文献中虽无记载或规定，但我们从出土的古代丝织品实物的考察中，对于经纬丝数多寡，织造方法和提花技术，也可以知道些大概情况。下面举几个典型的例子。

（一）锦　锦是用彩色的经丝和纬丝织出各种图案花纹的织物。② 经丝一般二三层，多的竟达6层。纬丝有明纬、夹纬，露在外面的曰明纬或母纬，夹在经丝层间的曰夹纬或阴纬。民丰北东汉墓中出土的"万世如意锦"和"延年益寿宜子宜孙锦"都是

---

① 汉代对于一束生丝的数量，也以丝数多寡计。《古文苑》卷一〇，邹长倩《遗公孙贤良书》："公孙弘以元光五年为国士所推，上为贤良。国人邹长倩……赠以……素丝一襚，书题遗之曰：'……五丝为𫄧，倍𫄧为升，倍升为緎，倍緎为纪，倍纪为緵，倍緵为襚，此自少至多，自微至著也。士之立功勋，效名节，亦复如之，勿以小善为不足修而不为也。故赠君素丝一襚。'"（此文亦见《西京杂记》及《太平御览》卷八一四引《西京杂记》，文大同小异。）这里计算丝数，与丝织品之言绋无关，但亦可看出汉代人的习惯。可注意的是，这里10丝为升，与布不同（"升"可能为"什"之讹）；但80丝为緵，与布80缕为緵（稷、总）同。按，这样计算丝数的习惯，渊源很早。《诗经·召南·羔羊》即曾言"素丝五纪"、"素丝五緎"、"素丝五总"，毛《传》释纪、总皆言"数也"。"总"又或作"䌌"（《陈风·东门之枌》毛《传》），或作"𦁐"（《玉篇》）。

② 《急就篇》颜师古注："锦，织彩为文也"，即以彩色的丝织出花纹的织物。《诗经·卫风·硕人》毛《传》："锦，文衣也。"《秦风·终南》毛《传》："锦衣，彩衣也。"《小雅·巷伯》："成是贝锦。"毛《传》："贝锦，锦文也。"《仪礼·聘礼》郑玄注："玉锦，锦之文纤缛者也。"这些都说明锦是织彩丝为文。锦亦曰织文。《说文》："锦，襄邑织文。"又曰织成。《续汉书·舆服志》："襄邑岁献织成虎文。"任大椿《释缯》："古之锦必有地，于素地织彩则为'素锦'，于朱地织彩则为'朱锦'。若'织成'则全以彩丝织为文章，非若锦之有素地、朱地也。不假他物为质，自然织就。故曰'织成'。"古代的"织成"，后世曰缂锦。

3层经，前者平均每平方厘米（以下单位皆同）经丝38枚（计经丝达114丝），明纬、夹纬各13枚；后者经丝36枚（计经丝108丝），明纬、夹纬各14枚。同地出土的菱纹锦也是3层经，经丝16枚（计经丝138丝），明纬、夹纬各16枚。3层经即由3根不同颜色的经丝穿过同一筬齿，成为一个单位（一枚），织时依照花纹的需要，令明纬、夹纬相间穿过经丝形成经畦纹，用不同颜色的经丝的上提或下压来显花。① 蒙古人民共和国诺因乌拉汉代匈奴墓出土的3层经锦共有6种，其中"云岳禽纹锦"经丝50枚（计经丝150丝），明纬、夹纬各45枚。2层经锦有两种，其中"云气神仙纹新神灵锦"经丝73枚（计经丝146丝），明纬、夹纬各22枚。最特殊的是同地出土的"山岳双禽树木纹锦"是6层经，经丝66枚（计经丝达约400丝），它的织作技术异常精巧复杂。② 这种锦古时名曰"织成"，即后世所谓缀锦。③

（二）绮　绮是单层经丝一色素地织纹起花的提花织物。④ 民丰出土的"鸟兽葡萄纹绮"，平均每平方厘米经丝66枚，纬

---

① 武敏：《新疆出土汉—唐丝织品初探》（《文物》1962年第7、8期）。参阅 F. A. Andrews: Ancient Chinese Figured Silks Excavated by Sir Aurel Stein（Burlington Magazine, July - September, 1920），谓古楼兰遗址出土汉锦的织绞组织亦皆作经畦纹。

② 梅原末治：《蒙古ノイン・ウラ発见の遗物》，第73—78页。参阅 C. Trever: Excavations in Northern Mongolia。

③ 任大椿：《释缯》（《皇清经解》卷五〇三）。

④ 《说文》糸部："绮，文缯也。"《楚辞·招魂》："纂组绮缟"王逸注："绮，文缯也。"《战国策》鲍彪注、《汉书》颜师古注、《后汉书》李贤注、《文选》李善注等释"绮"字皆同。是绮必有花纹。《释名·释彩帛》："绮，欹也，其文欹邪，不顺经纬之纵横也。有杯文，形似杯也。有长命，其彩色相同，皆横终幅，此之谓也。言长命者，服之使人长命，本造意之意也。有棋文者，方文如棋也"。据此则刘熙所谓"绮"，以斜纹组织的织物为主，而且"彩色相间"，非单色。戴侗《六书故》："织素为文曰绮。"意是单色的提花织物。今从《六书故》。据任大椿《释缯》，汉魏晋南北朝文献中反映，绮有白绮，亦有各色的绮，似皆单色。花纹则以凌文为主。"多为交错之状"。民丰出土的"菱纹绮"大约是典型的绮，又按《释名·释彩帛》："绫，凌也，其文望之如冰凌理也。"《玉篇》："绫，文缯。"《西京杂记》有"散花绫"。则绫亦是单色提花织物。至唐代，绮、绫可通称。《汉书·高帝纪》颜师古注："绮，文缯也，今之细绫也。"《后汉书·边让传》李贤注："绮，绫也。"

丝 26 枚；同地出土的"菱纹绮"，经丝 66 枚，纬丝 36 枚。二者都是平织，用经畦纹显花。武敏同志说："在素地上显花纹的经畦文，较多层经丝夹纬的经畦纹织物（如锦），在织造方法上更为复杂。"①

（三）纹罗　纹罗是单层经丝单色提花，由经纬组织显出椒眼纹的织物。②民丰出土的菱纹罗，每平方厘米经丝 120—128 枚，纬丝 35 枚。罗地织纹全由纠经织成。③朝鲜平壤附近乐浪郡遗迹东汉王盱墓出土的菱纹罗，与民丰出土的芰纹罗十分相似，经丝 124 枚，纬丝 28 枚。④诺因乌拉汉代匈奴墓和山西省阳高东汉墓中，都曾有与此完全相同的菱纹罗出土，⑤可见这种菱纹罗是汉代很流行的一种高级丝织品，极其疏薄精细，汉代所谓冰纨、方空縠、纱縠等，⑥大约都属于这一类。

（四）绢与缣　绢和缣都是单层经丝的平纹织物，经纬密度

---

① 同本书第 331 页注①。

② 《释名·释彩帛》："罗，文罗疏也。"今本作"文疏罗"，毕沅据《初学记》等引改。王先谦《释名疏证补》引苏舆说谓文当作"文罗罗疏也"，并引《世说新语》"阿大罗清疏"语证之。按苏说是。罗作为丝织品，古文献中诂训者少。《楚辞·招魂》："罗帱张些。"王逸注："罗，绮属也。"《广韵》及《汉书·外戚传》颜师古注皆谓"罗，绮也"。据此，则罗是疏薄而单花提花如绮的织物。古文献中，罗绮、罗纨、罗縠常连用。绮、纨、縠皆是轻而薄的织物，故罗必亦疏细轻薄。又或言纤罗，亦指其轻细。后世有不起花的素罗或平罗和起花的纹罗。纹罗的特点是用"纠经"的方法使经纬组织显出椒眼纹，且罗地与罗纹组织不同。汉代的纹罗是一种精细而织技复杂的提花织物。

③ 同本书第 331 页注①。

④ 原田淑人：《汉代の缯绢》（《东亚古文化研究》），第 430—431 页，图版 62 上。梅原末治：《朝鲜古文化综鉴》第二卷，第 67 页，图版 48。

⑤ 同本书第 331 页注②。C. Trever: Excavations in Northern Mongolia, P. 40, pl. 20。小野胜年、日比野丈夫：《蒙疆考古记》，图版 58 上，《蒙疆阳高县汉墓调查略报》，图版 35。

⑥ 《后汉书·章帝纪》建初二年。《汉书·江充传》。

或大致相同，或经多于纬，但织纹组织简单均等。① 这类织物虽都是平织，但经纬丝的粗细疏密有很大的差异。细而疏薄的曰绢、缟、素等，粗而缜密厚重的曰缣、练、绨等。民丰出土的绢、缣类平织的织物很多。绢类平均每平方厘米经丝43—46枚，纬丝33—36枚。缣类经丝62—80枚，纬丝35—55枚。② 平壤附近王盱墓出土的3种平织的织物，一种经丝68枚，纬丝39枚，应属缣类；一种经丝44枚，纬丝34枚，应属绢类。另一种特别

---

① 绢之本字原作绢。《说文》："绢，白鲜支"（支原误为色）。《广雅》："鲜支，绢也。"《汉书·地理志》颜师古注："缟，鲜支也。即今所谓素也。"是绢、鲜支、缟、素同类物。《说文》又曰："绢，缯如麦䅌。"以麦稍为喻，谓色微黄，故《说文》言绢与绢不同，后绢字渐废，而以绢字代，绢之本义遂亦失。《类篇》释绢为熟丝作，更非本义。《释名·释采帛》"绢，缢也，其丝缢厚而疏也。"缢，古坚字。据此，绢丝坚厚，但经纬较疏。又各书言绢多谓是生帛。《广雅·释器》："绡谓之绢。"《说文·糸部》："绡，生丝也。"《一切经音义》卷一五引《通俗文》："生丝缯曰绡。"《广韵》："绡，生丝缯。"是绢即绡。即生丝缯。《急就篇》颜师古注："绢，生白缯。"《玉篇》："绢，生缯也。"又《急就篇》颜师古注："素谓绢之素白者。"《汉书·元帝纪》颜师古注："纨素，今之绢也。"《礼记·曾子问·正义》："缟，白绢也。"故唐人训绢皆同缟、素，均指生丝缯，丝韧。织物疏薄，无纹。缣，《说文》："缣，并丝缯也。"《释名·释彩帛》："缣，兼也。其丝细致，数兼于绢，染兼五色，细致不漏水也。"（据《御览》引，参阅毕沅《疏证》）。《急就篇》颜师古注："缣之言兼也，并丝而织，甚细密也。"与许慎、刘熙合。是缣的特色在于并丝，致密，无纹。唐代有所谓单丝罗，双丝绫（《唐书·地理志》），"双丝即并丝，并则密，故不漏水"（任大椿：《释缯》）。《释名》言"数兼于绢"，意即经丝纬丝数倍于绢，或多于绢。《释缯》："考《晋令》：其赵郡中山常山国输缣当绢者，缣一匹当绢六丈。缣每匹凡长四十尺，以四十尺之缣当六十尺之绢，则是缣重而绢轻矣。"《晋令》文正可释"数兼于绢"四字。总之，绢与缣同类，皆平织，无纹。绢稍疏薄，缣则并丝、密致。武敏：《新疆出土汉—唐丝织品初探》（《文物》1962年第7—8期），谓绢经纬密度大致相等，汉绢比较厚重，但亦有薄细者：缣则致密厚重，经丝密于纬丝缣、绢类似，故唐人二物通训。

② 同本书第331页注①。

疏薄，经丝23.5枚，纬丝20枚，应是纱。① 不论从考古资料上或从文献记录上看，这种平织的绢、缣类的丝织品，在战国秦汉时代是很普通的织物，产量很大，用途很广。上述锦、绮、纹罗等高级织品，织造技术复杂，须用提花机。而绢、缣类的普通织物，织造技术简单，用汉画像石上描绘的汉代普通织机便能织造。②

从上面举的这些出土的实物的例子已可看出，在战国秦汉时代，由于蚕桑事业的兴盛，丝织的普遍，织造技术的进步，丝织品的品种很多，从朴质雅净的缣、缟、素、绢，到纹彩珣烂的锦、绮、绫罗，确是多种多样。从古代文献记录上看，当时人对这许多不同品种的丝织品给予了很多不同的名称，这些名称也很能反映当时丝织兴盛的情况。清代学者任大椿在他的《释缯》一书中，曾对古代丝织品的名称、种类作过一些整理。③ 兹根据任大椿的研究，略加诠释如下。

一般说来，一切丝织品泛称曰缯或帛。④ 帛有生帛，有熟帛。经过精湅的熟帛名曰练。⑤ 未经精湅的生帛名曰缟、素、绡

---

① 原田淑人：《汉代の缯绢》（《东亚古文化研究》），第431—432页，图版62—63。梅原末治：《朝鲜古文化综鉴》第二卷，第63—67页，图版45—48。由民丰及平壤出土的绢和缣的经纬丝数来看，《释名》说缣"数兼于绢"，大致是正确的。又按，"纱"，古文献中不多见。《周礼·天官》内司服："素沙"，郑注："缚也。"《汉书·江充传》："衣纱縠禅衣"，注："轻者为纱，绉者为縠。"魏晋以降多言绢之疏细者为纱。

② 平织无花纹的缣、绢、纱，在长沙战国墓、阳高汉墓、平壤附近汉墓、新疆民丰及古于阗、古楼兰遗址汉墓、诺因乌拉汉代匈奴墓等处皆有出土。参阅本文末附录三。

③ 任大椿：《释缯》（《皇清经解》卷五〇三）。

④ 《说文》："缯，帛也"；"帛，缯也。"《汉书·匈奴传》颜师古注："缯，帛之总名。"《文选》李善注引《字林》："缯，帛总名也"是一切丝织品都称作缯或帛。

⑤ 《说文》："练，湅帛也。"《急就篇》颜师古注："练者，煮缣而熟之也。"按生帛经过精湅，均可称练，不分厚薄精粗。《广雅》训绹、缟皆为练，是细者。《后汉书·明德马皇后纪》"衣大练"，是粗者。

或绢。① 熟帛大致都是染了色的，用来制作衣裳、被褥、帷帐等，取其柔软、美观。生帛则色白不染，除用作衣服外，又用于书写、绘画、制扇、作屏风等，或作冠履的原料。上文说过，古时人很重视缯帛的精粗、厚薄。用细丝织造的细薄的缯帛名曰缟、素、纤、阿（绹）、织、縠、绫，或縤。② 用粗丝织造的粗重而质量低劣的缯帛名曰绅、绖、绐、缠，或络。③ 一般平织的

---

① 《礼记·王制·正义》："白色生绢曰缟。"《礼记·杂记》郑注"素，生帛也"；《玉篇》："缟，生帛也。"《说文》："绡，生丝也"；《广韵》："绡，生丝缯也。"《急就篇》颜师古注："绢，生白缯"；《玉篇》："绢，生缯也。"是缟、素、绡、绢名虽不同，都指生帛类似的品种有时有相通的名称，有时亦有不同的名称。如：缟亦曰素，亦曰鲜支，亦曰縠，亦曰缣。《楚辞·招魂》王逸注："缟，素也。"《汉书·地理志》颜师古注："缟，鲜支也。即今所谓素也。"《说文》："白縠，缟也。"《类篇》："缟，白缣也。"素亦曰绢，亦曰纨，亦曰縠。《急就篇》颜师古注："素谓绢之素白者，即所用写书之素也。"《淮南子·齐俗训》高诱注："纨，素也。"《说文》："縠，素属"绢亦曰缟，亦曰纱，亦曰縤，亦曰鲜支，亦曰縠，亦曰总，亦曰纺，亦曰绡，亦曰缣。《礼记·曾子问·正义》："缟，白绢也。"《广韵》："纱，绢属。"任大椿案："盖纱为绢之疏细者。"《广雅》："縤，绢也。"《急就篇》颜师古注："绢，一名鲜支。"《说文》："縠，细绢也。"《汉书·江充传》颜师古注："轻者曰纱，绉者曰縠。"《广雅》："总，绢也。"又："总，青文细缯。"《仪礼·聘礼》郑注："纺，丝为之，今之绢也。"《广雅》："绡谓之绢。"《后汉书·外戚传》李贤注："缣，即今之绢。"按这些名称中，缟、素、绢、纨、縠、缣诸字常用，其余不常用。

② 《战国策》高诱注："缟是薄缯，不染故色白也。"《淮南子·兵略训》高诱注："缟，细缯也。"《汉书·食货志》颜师古注："缟，皓素也，缯之精白者也。"《广韵》："缟，细缯也。"《小尔雅》："缯之精者曰缟。"《说文》："素，白致缯也。"《方言》："缯帛之细者谓之纤。"《汉书·地理志》颜训古注："纤，细缯也。"《楚辞·招魂》王逸注："纤谓罗縠也。"《淮南子·脩务训》高诱注："阿，细縠。"《汉书·司马相如传》注引张揖曰："绹，细缯也。"《玉篇》："绹，细缯。"《史记·夏本纪集解》引《尚书》孔《传》："织，细缯也。"《急就篇》颜师古注："白縠谓白素之精者，其光縠縠然也。"《方言》："东齐言布帛之细者曰绫。"《说文》："縤，撒缯也。"《玉篇》："縤，致缯也。"

③ 《说文》："绅，大丝缯也。"《急就篇》颜师古注："抽引粗茧绪纺而织之曰绅。"（按绸为绅之俗字；又稍细之绅曰绐、曰绐。）《释名》："绅谓之绖。"《急就篇》颜师古注："绅之尤粗曰绖，茧泽所抽也。"《说文》："绐，布也，一曰粗绅。"《玉篇》："绐，粗绅也。"《说文》："缠，粗绪也。"《广韵》："缠，缯似布"（按字或作绐。）《急就篇》颜师古注："络，即今之生绐也，一曰今之绢绅。"

名曰绢，厚重而密缴的名曰缣。① 粗厚而坚实的曰绨、大练，或大帛。② 汉代人贵细缯而不喜粗厚的缯帛。蔡邕讥讽汉末浮奢的风尚说："而今之务在奢丽，志好美饰，帛必薄细，彩必轻浅。"③ 汉文帝衣皂绨，明德马皇后衣大练，便都被称誉为俭朴的了。④ 从上文又可看出，古时人十分爱好织物的花纹。一般没有花纹的缯帛泛称曰缦。⑤ 有花纹的名曰织、织文、织成、锦、绣、绮、绫、罗。⑥ 花纹素淡（或无显著花纹）而极轻薄的，名

---

① 详见本书第332页注⑥。
② 《说文》："绨，厚缯也。"《管子·轻重篇》尹注："缯之厚者谓之绨。"《汉书·文帝纪、贡禹传、外戚传》颜师古注均谓："绨，厚缯也。"《后汉书·明德马皇后传》李贤注："大练，大帛也。"任大椿案："既云大练，则为练之粗厚者。"《左传》闵公二年，杜注："大帛，厚缯也。"
③ 《北堂书钞》卷一二九引蔡邕《女诫》。又曰："缯贵厚而色尚深，为其坚韧也。"盖汉人以质厚色深的缯表示俭德，缣、绨、练皆为其类。
④ 《汉书·文帝纪、东方朔传》。《后汉书·明德马皇后纪》。
⑤ 《说文》："缦，缯无文也。"《急就篇》颜师古注："缦，无文之帛也。"《管子·霜形篇》："君何不废虎豹之皮、文锦，以使诸侯，以缦帛、鹿皮报。"《韩非子·十过篇》："缦帛为茵。"《盐铁论·力耕篇》："夫中国一端之缦，得匈奴累金之物，而损敌国之用。"《春秋繁露·制度篇》："庶人衣缦。"古称平而无纹的丝织品皆为缦。上述缟、素、绸、绢、阿、䌷、纨、䌷、绨、缣、练及平罗，皆无花纹，均可称缦。从出土实物看，汉代没有花纹的丝织品都是平纹组织，但据上引诸文献，应亦有斜纹组织者。
⑥ 关于锦及织成，详见本书第330页注②；绮、绫，详见本书第331页注④；罗，详见本书第331页注②。《尚书·禹贡》："厥篚织文。"《正衣》："织是缯之有文者。"《礼记·玉藻》："士不衣织。"郑注："染丝织之，士衣染缯也。"《玉篇》："织文，锦、绮之属。"《盐铁论》："文缯薄织，不鬻于市。"是织或织文即是锦、绮之类。《周礼·考工记》："五彩备谓之绣。"《尚书·益稷》孔《传》："五色备曰绣。"《正义》："凡画者为绘，刺者为绣。"《史记·货殖列传》："刺绣文不如倚市门。"《汉书·贾谊传》颜师古注："绣者刺为众文。"《急就篇》颜师古注："绣刺彩为文也。"是绣即今之刺绣，以平绢为地，用彩丝刺成花纹。近年出土的战国及汉代的丝织品中，刺绣很多（长沙、民丰、古楼兰遗址、阳高、诺因乌拉等地皆有），彩丝、花纹异常精美。因为绣是织成缯帛以后再加工的另一种工艺，所以本文讨论从略。在古代绣比锦还要珍贵。

曰縠、罗、纱、纤。① 我们在上文讨论出土实物的例子时已可看出，一般平织无纹的绢、缣等，织造技术比较简单；纹彩愈复杂，织造愈需要特殊的技艺，不是一般织工所能胜任的。王充曾指出这一点，他说："恒女之手，纺绩织纴。如或奇能，织锦刺绣，名曰卓殊，不复与恒女科矣。"② 又说："刺绣之师，能缝帷裳；纳缕之工，不能织锦。"③ 可见一般的"恒女"和有奇能的卓殊的"刺绣之师"，在技巧上差异是很大的。

丝织品品种既然如此之多，织造技术差异又如此之大，织造的速度当然也就很不相同。粗丝的和平织无纹的缣、练、绨、绢等，织得较快。锦、绮、绫、罗则"丧工费日"，需要织工卓越的技巧、大量的劳动和时间。关于古代丝织的速度，缺乏确实的记载。古诗："新人工织缣，故人工织素。织缣日一匹，织素五丈余。"④ 又古诗《为焦仲卿妻作》："鸡鸣入机织，夜夜不得息，三日断五匹，大人故嫌迟。"⑤ 当时使用普通织机，织造平织的缣、素，即便是技巧熟练的织工，一天织一匹（40尺）已是相当吃力；至于3日织5匹，则恐怕确非一般人力所能及。⑥

---

① 《释名·释彩帛》："縠，粟也，其形戚戚，视之如粟也。又谓之沙，亦取戚戚如沙也。"《文选》宋玉《神女赋》李善注："縠，今之轻纱。"《一切经音义》卷一〇："縠，似罗而疏，似纱而密者也。"《淮南子·齐俗训》高诱注："罗，縠。"《楚辞·招魂》王逸注："纤谓罗縠也。"按縠实相当于后世之绉。

② 《论衡·量知篇》。"纴"字原误作"经"，今正。

③ 《论衡·程材篇》。

④ 《玉台新咏》卷一。

⑤ 同上注。

⑥ 据张世文《定县农村工业调查》，第97页，抗日战争前在定县，使用农村中常见的普通织机，即使是熟练的织工，每日也不过成布10码左右。近代农村普通织机虽然比较简单、原始，但比汉代普通织机显然进步些。每日成布10码，折合汉尺约37.5尺，尚不足一匹。因此上引古诗中说的"织缣日一匹"应是较熟练的织工的一般速度；"织素五丈余"则须很熟练的技巧和辛勤的劳动；至于"三日断五匹"则恐确非一般人力所能做到的了。

至于高级丝织品则织造很缓慢。《九章算术》："今有女子善织，日自倍，五日织五尺……"① 这虽是算术拟题，恐也有实际生活的根据。上引《西京杂记》谓陈宝光妻织散花绫，"六十日成一匹"。② 从出土的锦、绮、纹罗看，若使用汉代的较原始的提花机，即便是技巧卓越的织师，每3天能织两三尺，不是不可能的。③

根据上述战国秦汉时代丝织的生产工具和技术发展水平，丝织品的品种以及织造速度来看，我们可以大致得到这样一个结论，即蚕桑丝织作为农业副业或独立的小手工业，一般农家妇女或个体的小手工业者大约只使用普通织机，只能织造普通的丝织品——平织的缣、绢或只有简单花纹的绫、罗等，速度大约日织一匹。至于需要提花机和卓越技巧才能生产的高级丝织品如锦、绮、纹罗等，织造异常复杂缓慢，恐怕如果不是官府经营的大型丝织作坊，或有特殊技艺的织师，如果不具备足够的设备、技术、人力和财力，便很不容易织造了。

战国秦汉时代的人很爱好丝织品。一般普通的丝织品有着广泛的用途。彩色珣烂、花纹瑰丽、织造精巧的锦、绣，和细薄轻软，织纹纤巧的罗縠，尤其受到人们的珍视。但是，战国秦汉时代是一个封建统治很强、封建剥削很重、贫富悬殊的社会。作为生活资料的重要种类之一的丝织品，在其分配和消费方面，必然呈现出社会阶级的分野。丝织品本都是广大劳动人民辛勤劳动所生产出来的社会物质财富，但其绝大部分，尤其是高级丝织品，却全被封建统治阶级富贵家族及其仆从们所掠夺、占有、享受、

---

① 《九章算术》卷三。
② 参阅上文所引《西京杂记》。
③ 明代万历年间，陕西织入贡的盘绫，技术复杂，只能"日织一寸七分"。参阅严中平：《中国棉纺织史稿》，第21页。

消费。在战国时代，墨子便指责过当时的封建统治阶级，说他们"冬则轻煖，夏则轻清。皆已具矣，必厚作敛于百姓，暴夺民衣食之财，以为锦绣文采靡曼之衣，铸金以为钩，珠玉以为珮，女工作文采，男工作刻镂，以为身服。此非云益煖之情也，单财劳力，毕归之于无用也。以此观之，其为衣服，非为身体，皆为观好，是以其民淫僻而难治，其君奢侈而难谏也"。① 墨子的话实在可以概括整个战国秦汉时代。高级丝织品的生产，需要劳动人民的大量劳力和时间。封建政府虽然有时也装一装崇尚节俭的姿态，不鼓励生产丧工费日的"锦绣纂组"，② 有时甚至于禁止某些人服用这类奢侈品，③ 社会中有知之士对于浮侈之风也作些批评和讽刺，④ 但是毫无效果。战国秦汉时代一般贵族、官僚、地主、豪商等，莫不以衣饰相夸尚，经常服用"诡文繁绣，弱緆罗纨"。⑤ "富者缛绣罗纨，中者素绨冰锦，常民而被后妃之服，亵人而居婚姻之饰"；⑥ "或剋削绮縠，寸窈八彩，以成榆叶无穷水波之纹，碎刺缝纴，作为笥囊裙襦衣被，费缯百缣，用功十倍"。⑦ 封建统治阶级不仅"绮襦纨绔"，⑧ "锦带"、"丝履"，⑨ 甚至宫室、帷帐、车舆、狗马，都使用绫罗锦绣。豪商们也是

---

① 《墨子·辞过篇》。
② 如《汉书·景帝纪》后二年四月诏。
③ 《汉书·高帝纪》八年诏："贾人毋得衣锦、绣、绮、縠、絺、纻、罽，操兵，乘骑马。"
④ 《墨子·辞过篇》；《管子·重令篇、五辅篇》；《韩非子·诡使篇》；《汉书·贾禹传、贡禹传》；《淮南子·齐俗训》；《潜夫论·浮侈篇》等。
⑤ 《淮南子·齐俗训》。
⑥ 《盐铁论·散不足篇》。
⑦ 《潜夫论·浮侈篇》。
⑧ 《汉书·叙传》。
⑨ 《礼记·玉藻、少仪》。

"衣必文采"，"履丝曳缟"。① 富贵家族的"从奴仆妾"的衣服也都是"细致、绮縠、冰纨、锦绣，……文组彩褋，骄奢僭主"；② 连奴婢在被拍卖时，卖者也"为之绣衣丝履偏诸缘"。③ 在战国秦汉时代，广大劳动人民所生产的社会财富，被封建统治阶级富有者及其仆从们如此掠夺、占有并消费，是在当时封建社会生产关系支配下的必然结果。至于广大劳动人民生产者自身，却连普通粗重的缯帛也穿不起。孟子所说的农民"五十者可以衣帛"，④ 只不过是儒家空洞的幻想；实际上一般贫寒勤苦的老百姓，终身只能穿件麻衣、竖褐，⑤ 幸运的能有件鹿裘，这与轻暖的缯帛真是相距霄壤了。

最后，我们须大致谈一下丝织品的产地问题。

在战国秦汉年代，由于丝织技术的进步和当时的社会经济条件，丝织品的生产已开始有地域集中的倾向。需要特殊技艺的高级丝织品，已逐渐成为少数几个城市的特产。一般丝织品虽然各地多少都有些生产，但逐渐也呈现出某几个地区产量最多、质量最好的现象，并且由各该盛产区经商人之手运销于全国各地以及国外。这种地域集中的倾向是逐渐缓慢地形成的。在这 700 年间，时代愈靠后，这倾向也愈显著。

通观战国秦汉时代，丝织品生产最发达的地区首推齐、鲁一带，两汉时包括泰山以北的齐郡（东汉称齐国）等地及泰山西南的东郡、鲁国及东平国（东汉分为任城国）。这个地区蚕桑丝织有悠久的历史传统，至两汉时仍十分兴盛。齐地的丝织业最负

---

① 《汉书·食货志上》晁错语。
② 《潜夫论·浮侈篇》。
③ 《汉书·贾谊传》。
④ 《孟子·梁惠王上》。《尽心上》也说过："老者足以衣帛"，"五十非帛不暖"。
⑤ 参阅本文第二节。

盛名，生产的品种多，产量大，① 经常大量外销于各地，所以司马迁说："齐冠带衣履天下。"② 齐丝织品的生产中心是临淄（今山东省临淄县北）。汉中央政府所设的有名的"齐三服官"即在临淄，它是官办最大的丝织作坊。③ 而以临淄为中心的齐地一般民间丝织业，显然也很兴盛。④ 东郡的东阿（今山东省阳谷县东北）或简称阿，则以织造一般丝织品精细而著名。东阿出产的细缯、细布特别好，遂以该地地名为名。⑤ 鲁（今山东省曲阜县一带）远在战国时代便以产缟、绨驰名，民间生产很盛。数百年间，鲁缟几乎成了最薄的缯绢的同义语。⑥ 鲁国的西南近邻任

---

① 《汉书·地理志下》说，齐地"其俗弥奢，织作冰纨、绮、绣、纯丽之物。"《盐铁论·本议篇》："齐阿之缣，蜀汉之布。"《淮南子·脩务训》："衣阿锡，曳齐纨。"《文选》卷二七，班婕妤《怨歌行》："新裂齐纨素，皎洁若霜雪。"《太平御览》卷八一五引范子《计然》："白纨素出齐、鲁。"范子《计然》一书的著作年代已难确考，但就其佚文来看，似大致能反映汉代的情况。

② 《史记·货殖列传》。《汉书·地理志下》袭用此文，作"号为冠带衣履天下"，颜师古注："言天下之人冠带衣履曾仰齐地。"

③ 《汉书·地理志·齐郡》。《元帝纪》初元五年四月诏。《贡禹传》。《哀帝纪》绥和二年六月诏。《后汉书·章帝纪》建初二年四月诏。《急就篇》后汉人所续二章曰："齐国给献素缯帛，飞龙凤凰相追逐"的"齐国"亦指"齐三服官"。

④ 按司马迁说"齐冠带衣履天下"，非只指官办的服官，而主要指齐地一般民间丝织业之盛。又《淮南子·说林训》："临淄之女织纨而思，行者为之悖戾。"似指临淄民间的丝织。《论衡·程材篇》："齐部世刺绣，恒女无不能。"则更显然是指民间一般的丝织之盛。"部"为"郡"之讹。

⑤ 《史记·李斯传》："阿缟之衣，锦绣之饰。"《正义》引徐广曰："齐之东阿县，缯帛之所出。"《盐铁论·本议篇》："齐阿之缣，蜀汉之布。""阿"原讹为"陶"，误，洪颐煊谓当作"阿"，即指东阿。《史记·司马相如传》："被阿锡。"《正义》谓"东阿出缯。"《淮南子·脩务训》："衣阿锡，曳齐纨。"应是指东阿之锡（细布），临淄之纨，则东阿不仅出缯帛，且出细布。《水经注》卷五，河水注："（东阿）县出佳缯缣，故《史记》云'秦昭王服太阿之剑，阿缟之衣也'。"

⑥ 《管子·轻重戊篇》："鲁、梁之民俗为绨。"《韩非子·说林上》："鲁人善织履，妻善织缟。"《战国策·韩策》："强弩之馀不能穿鲁缟。"《淮南子·说山训》："矢之于十步贯兕甲，于三百步不能入鲁缟。"《论衡·效力篇》："筱簵之箭，机不能动发，鲁缟不能穿。"《汉书·韩安国传》："彊弩之末，力不能入鲁缟。"颜师古注："缟，素也。曲阜之地俗善之，尤为轻细，故以取喻也。"

城国的亢父县（今山东省济宁县南），亦产普通的缣帛，并远销于西北边郡各地。①

第二个盛产丝织品的地区是陈留、河南、河内三郡。陈留郡襄邑（今河南省睢县）以织锦最有名，汉中央政府在此亦设有"服官"，② 汉代宫廷官府中礼服所用的锦绣，很多都依靠襄邑一地的生产来供给。③ 除了政府官办的"服官"外，襄邑民间织造锦绣之风也很盛，王充曾说："襄邑俗织锦，钝妇无不巧。"④ 襄邑以西，东京洛阳也产纤美的阿缟。⑤ 黄河以北，河内郡的朝歌（今河南省汲县东北）则以织造罗绮闻名。⑥

在上述两个盛产丝织品的主要地区以外，在黄河以北冀州北

---

① 王国维：《流沙坠简·屯戍丛残》著录一块残帛上的文字："任国城亢父缣一匹，幅广二尺二寸，长四丈，重廿五两，直钱六百一十八。"参阅王氏释文。按《后汉书·郡国志》刘昭注谓章帝元和元年分乐平国为任城国。

② 《汉书·地理志上》，陈留郡："襄邑，有服官。"《尚书·禹贡》孔颖达《正义》："汉世陈留襄邑县置服官。"

③ 《续汉书·舆服志》："冕冠，……郊天地、宗祀明堂则冠之，衣裳玉佩备章采。乘舆刺史公侯九卿以下皆织成，陈留襄邑献之云。"又："虎贲武骑皆鹖冠，虎文单衣。襄邑岁献织成虎文。"《太平御览》卷八一五引《陈留风俗传》："襄邑县南有涣水，北有睢水。传曰'睢涣之间文章'，故有黼黻藻锦日月华虫，以奉天子宗庙御服焉。"又，《南齐书·舆服志》："衮衣，汉世出陈留，襄邑所织。"

④ 《论衡·程材篇》："齐部（当作郡）世刺绣，恒女无不能。襄邑俗织锦，钝妇无不巧。目见之，日为之，手狎也。使材士未尝见，巧女未尝为，异事诡手，暂为卒睹，显露易为者犹愦愦焉。"这里所说的是民间的织造。又说，《说文》帛部："锦，襄邑织文也。"《太平御览》卷八一五引范子《计然》："锦大文出陈留。"《文选》卷六，左思：《魏都赋》："锦绣襄邑。"这几处所说的襄邑产锦绣，也不仅指官办的"服官"，而是指一般民间的织造。

⑤ 《全后汉文》卷五五，张衡《七辩》："京城阿缟，譬之蝉羽，制为时服，以适寒暑。"京城指洛阳。此处的"阿"已非指东阿，而是指如东阿所产的细美的缟。

⑥ 左思：《魏都赋》有"罗绮朝歌"句，张载注："《中都赋》曰'朝歌罗绮'。"又，劳干：《居延汉简考释·释文》卷三著录一简："河内廿两帛八匹三尺四寸大半寸，二千九百六十七八。"可见河内所严的缯帛和亢父缣一样，也远销于西北边郡。

部的常山、清河、钜鹿等郡大约是一个次要的产区。左思《魏都赋》："锦绣襄邑，罗绮朝歌，锦绀房子，缣总清河，若此之属，繁富夥够。"① 左思时代虽然稍后，但推想他所说的情况大约自东汉以来已是如此。房子（今河北省高邑县西南）属常山郡（东汉为国），清河（今河北省清河县东）是清河郡（东汉为国）治，两地虽只产锦、绀、缣、总，但产量应是很多。房子在汉末亦产"官锦"。② 钜鹿（今河北省平乡县）则以产缣闻名。③ 另一个次要的产区是三辅（今陕西省渭水中下游）和河东（今山西省西南部汾水下游），产绨和素，质量似不如山东诸地区。④

能与齐郡、陈留比美的另一个丝织品主要生产地区是蜀郡，其中心是成都。这个地区的蚕桑事业也有悠久的历史传统。在西汉晚年，蜀锦已负盛名，扬雄曾歌颂他家乡"奇锦"的华丽精巧，说它"发文扬采，转代无穷"。⑤ 东汉初李熊怂恿公孙述割据益州时，便提到"蜀地女工之业覆衣天下"，⑥ 是该地经济特别繁荣富庶的重要原因之一。至汉末三国时代，蜀丝织业更趋兴盛。诸葛亮讲到蜀汉的经济情况时说过："今民贫国虚，决敌之资唯仰锦耳。"⑦ 三国时割据战争虽然频繁，但蜀锦及一般丝织品却依然常运销到魏、吴境内，广泛受到赞扬；蜀汉政府并且从

---

① 《文选》卷六，左思《魏都赋》。锦、绀是细绵絮；总是青色的绢。
② 《古文范》卷一〇，曹公卞夫人《与杨太尉夫人袁氏书》："送衣服一笼，文绢百匹，房子官锦百斤……以达往意，望为承纳。"
③ 《太平御览》卷八一八引《东观汉记》："马援行亭鄣，到右北平，诏书赐援钜鹿缣三百匹。"
④ 《太平御览》卷八一六引范子《计然》："绨出河东。"《艺文类聚》卷八五引范子《计然》："白素出三辅，匹八百。"
⑤ 《古文范》卷四，扬雄《蜀都赋》。
⑥ 《后汉书·公孙述传》。参阅《华阳国志·蜀志》与《巴志》。
⑦ 《太平御览》卷八一五引《诸葛亮集》。

关右迁来工匠,设置官办丝织作坊,名曰"锦署"。① 后来,身在洛阳的左思,对蜀地丝织之盛、织锦之美,也行文歌颂,② 文中讲成都"阛阓之里,伎巧之家,百室离房,机杼相和",③ 反映了该城一般民间丝织业是如何兴盛。蜀锦之所以精美,当时人传说是由于锦江的水特别宜于"濯锦",④ 这种传奇式的解释虽然没有什么意义,但也说明蜀锦的织造技术在当时大约确有独到之处,不是其他地方所能比美的。⑤

总括上述关于丝织品产地的这些古文献记录,我们可以进一步看到,战国秦汉时代丝织业的兴盛地区主要在黄河流域,尤其以今天的山东省西部、河南省北部和河北省南部为最盛,其次是四川成都平原,这些地方在古代正是一般经济繁荣、人口最密集的地区,又是蚕桑丝织的历史传统最悠久的地区。这情况在战国秦汉时代经济发展的历史中具有一定的意义。关于这个问题,我们将在本文第二部分叙述丝织品的交换情况时再行讨论。

二 麻、葛、毛织

在战国秦汉时代,丝是封建统治阶级富贵家族及其仆从们的

---

① 《太平御览》卷八一五引《丹阳记》:"斗场锦署,平关右迁其百工也。江东历代尚未有锦,而成都独称妙,故三国时,魏则布(疑'市'字之讹)于蜀,而吴亦资西道。"《艺文类聚》卷八五引《魏文帝诏》:"前后每得蜀锦,殊不相似,比适可讶,而鲜卑尚复不爱也。自吾所织如意虎头连璧锦,亦有金薄蜀薄。东至洛邑,皆下恶,是为下工之物,皆有虚名。"参阅《太平御览》卷八一五所引诸条。

② 《文选》卷四,左思《蜀都赋》:"贝锦斐成,濯色江波。"

③ 同上注。

④ 《文选》卷四,左思《蜀都赋》刘逵注引谯周《益州志》:"成都织锦成,濯于江水,其文分明,胜于初成,他水濯之不如江水也。"《华阳国志·蜀志》:"锦江织锦,濯其中则鲜明,濯他江则不好,故命曰锦里也。"

⑤ 蜀地自汉魏以后,长期以产锦著称,蜀的丝织品流传并影响西南各少数民族。参阅季羡林:《中国蚕丝输入印度问题的初步研究》(《历史研究》1955年第4期)。

主要衣着原料,而广大劳动人民的衣着原料则主要是麻,因此麻织比丝织更为重要。

我国麻的种植和利用,渊源比蚕丝更古。远在新石器时代,氏族社会的人们已服用麻织品,河南省出土的仰韶文化遗物和甘肃省出土的齐家文化遗物的陶器上,都发现过麻布纹的痕迹。[①] 近年各地出土的新石器时代遗物中,发现了各种形式的石制和陶制的纺轮,证明麻类纤维的纺织曾普遍存在。[②] 殷代甲骨卜辞中关于麻虽没有明确的记载,但出土的殷代遗物陶器和铜器上,都曾发现有麻布印纹的痕迹。[③] 同时,与新石器时代的纺轮类似的纺轮,在殷墟、郑州、辉县等地都有发现。[④]

西周春秋以降,文献上关于麻的种植和利用的记载渐多。《诗经》中提到麻和麻织的,有《王》、《齐》、《陈》、《豳》、《卫》、《曹》诸《风》和《大雅·生民》;[⑤]《尚书·顾命》也

[①] 中国科学院考古研究所:《新中国的考古收获》,第8、24页。J. G. Andersson: An Early Chinese Culture. (Bulletin of Geological Survey of China, No. 5, 1923.) 黄河水库考古队甘肃分队:《临夏大何庄、秦魏家两处齐家文化遗址发掘简报》(《考古》1960年第3期)。

[②] 中国科学院考古研究所:《新中国的考古收获》,第7—42页,记录自东北、华北至华南,新石器时代的遗存中,许多地方都有石制与陶制的纺轮出土。

[③]《安阳发掘报告》第三册,第466页。张龙炎:《殷史蠡测》(《金陵学报》创刊号,1931年5月)。许顺湛:《灿烂的郑州商代文化》,第18页。岩间德也:《殷墟出土戈形兵器に现はれをゐ铜锈の布纹に就いて》(《满洲学报》第四号,1936年)。郭宝钧:《一九五〇年殷墟发掘报告》(《考古学报》1951年第5号)。

[④] 中国科学院考古研究所:《辉县发掘报告》,第11页。河南省文化局文物工作队:《郑州二里岗》,第30—33页。河南省文化局文物工作队第一队:《一九五五年秋安阳小屯殷墟的发掘》(《考古学报》1958年第3号),图版参。

[⑤]《诗经》中,种麻见《王风·丘中有麻》、《齐风·南山》、《豳风·七月》、《大雅·生民》。沤麻、沤纻见《陈风·东门之池》。绩麻见《东风·东门之枌》、《豳风·七月》。麻衣见《曹风·蜉蝣》。褐(麻布衣)见《豳风·七月》。《卫风·氓》:"氓之蚩蚩,抱布贸丝"之布,应释为麻布,而非刀布(货币)之布。

提到拿细麻布来制冕。① 从这些零星的记录已可看出，当时种麻的地区至少包括今陕西省渭水中下游、河南省北部和山东省。《尚书·禹贡》说青州贡枲，豫州贡枲与纻。②《周礼》说豫州产枲，并州"利布帛"。③ 上节引司马迁叙述汉初山东各地民风物产时，说齐、鲁一带蚕桑兴盛之地同时也产麻。④ 此外并州及荆州北部的南阳也产麻、纻；⑤ 兖、豫二州也产纻。⑥ 渭水中下游关中平原也是"桑麻敷棻"的地区。⑦ 四川盆地成都一带在两汉不仅丝织兴盛，麻织也同样发达，"蜀汉之布"驰名于全国。⑧ 长江中下游，自先秦以来早就有麻织。⑨ 近年长沙出土的战国时代楚国的麻织品，提供了珍贵的实物例证。⑩ 两汉时代，随着中原文化向边远地方的传播，麻的种植纺织也逐渐推广了。东汉初茨充任桂阳太守时，不仅推广蚕桑，也"教民种纻麻"。⑪ 崔寔

---

① 《尚书·顾命》："王麻冕黼裳，由宾阶隮。卿士邦君麻冕蚁裳，入即位。太保太史、太宗皆麻冕彤裳。"孔颖达《正义》："《礼》绩麻三十升以为冕，故称麻冕。"

② 《尚书·禹贡》说豫州"贡漆、枲、绤、纻"，《史记·夏本纪》"枲"作"丝"。

③ 《周礼·夏官》职方氏。《逸周书·职方解》同。

④ 见《史记·货殖列传》。参阅《汉书·地理志》。又《淮南子·坠形训》也说该地区产"五谷、桑、麻"。

⑤ 《史记·货殖列传》："山西饶材、竹、谷、纑、旄、玉、石。"《索隐》："纑，山中纻，可以为布。"《淮南子·坠形训》："汾水濛浊而宜麻。"与注③引《周礼》言并州"其利布帛"合。《后汉书·张衡传·南都赋》："其原野则有桑、漆、麻、苎。"

⑥ 《盐铁论·本议篇》："兖、豫之漆、丝、绤、纻。"《古文苑》卷一四，扬雄《兖州箴》也说兖州产"漆、丝、绤、纻"。

⑦ 见本书第302页注①。

⑧ 蜀汉指蜀郡和广汉郡。

⑨ 《越绝书》卷八："勾践欲伐吴，种麻以为弓弦，使齐人守之。"越的种麻技术可能受北方齐人的影响。

⑩ 中国科学院考古研究所：《长沙发掘报告》，第64页，图版叁6。

⑪ 《东观汉记》卷一五，"茨充"条。

任五原太守时，也"教民种麻纺绩"。① 再者，汉代南方及西南各少数民族地区，除哀牢夷外，虽无蚕桑的记载，但自战国时代以来种麻织布却很普遍，成为当地人民最主要的衣着原料。他们出产的具有民族风格的麻布是很有名的。② 至于北方的胡人，则只知毛织而不知麻织。③ 总括来说，古代文献记录反映我国到了汉代，除了北方、西方地理环境不适宜的地区外，麻的种植已普遍于全国各地；麻在农业中已经成为很重要的一种经济作物。

自殷周以降，千余年来我国农业技术各方面都不断在发展、进步，麻的栽培技术到了汉代也进展到了相当高的水平。我国古代种植的麻有大麻、苎麻和苘麻，西汉年间又从西域传入了胡麻（亚麻）。④ 大麻（学名 Cannabis sativa L.）在古代名曰"麻"。麻雌雄异株。雄麻曰"枲"，雌麻曰"苴"，麻子曰"黂"、"蕡"或"蓖"。⑤ 雄麻的纤维主要作为衣着原料，雄麻的麻子则可作食粮。⑥ 麻子的油，在汉代也已开始利用。⑦ 苎麻（学名

---

① 《后汉书·崔寔传》。

② 详见前。

③ 《吕氏春秋·知接篇》："戎人见暴布者而问之曰：'何以为之莽莽也？'指麻而示之，怒曰：'孰之壤壤也，可以为之莽莽也？"《淮南子·齐俗训》："夫胡人见黂，不知其可以为布也。"

④ 《齐民要术》卷二，《胡麻》："《汉书》张骞外国得胡麻。"参阅沈括：《梦溪笔谈》卷二六，"胡麻"条。高承：《事物纪原》，"胡麻"条。

⑤ 罗愿：《尔雅翼》："麻之属总名枲；别而言之，则有实者别名苴，而无实者别名枲。"《仪礼·丧服传》："盖经者，麻之有蕡者也。""牡麻者，枲麻也。"《尔雅·释草》："枲，麻。"邢昺：《疏》："枲，麻也。故麻亦曰枲，苴之释甲曰荸（《说文》作荂），麻子曰黂（或蕡）。"《说文》林部："林，蓖之总名也。"麻部："麻，枲也。"木部："枲，麻也。""蓖，枲实也，或从麻贲。"关于麻的种类、名称的文字训诂，可参阅李长年编：《麻类作物》上编（《中国农业遗产选集》甲类第八种），第4—60页，及程瑶田：《九谷考》（《皇清经解》本）。

⑥ 李长年编：《麻类作物》上编，第2页。古代以麻子为食粮，见《周礼·天官》笾人。《仪礼·少牢馈食礼》。《礼记·内则，月令》。《诗经·豳风·七月》。《吕氏春秋·孟秋纪》。

⑦ 《齐民要术》卷二《种麻子》，注引崔寔语。

Boeh meria nivea 和 Boehmeria nivea tenacissima）是我国的特产，在古代名曰"纻"或"苎"，① 它的纤维长而细，韧性强，也很适宜作为衣着原料。苘麻（学名 Abutilon avicennae Gartn. 或 Sida abutilon L．）在古代名曰"蒅"、"蒉"、"苘"、"枲"或"颎"，有时也用作衣着原料，但由于它的纤维较粗，所以大半用来做绳索。② 大麻的种植，以黄河流域为最兴盛，自古以来人们把它看得和粮食作物同样的重要，有时算它是五谷或九谷之一。③ 苎麻的栽培则大半在淮水和长江流域，尤以江南所产为良。苘麻由于用途有限，种植不多。胡麻（即亚麻，学名 Linum ustatssimum）因为在汉代刚刚传入，尚未推广，古文献中关于它的记载十分贫乏。④

古代种麻和种其他谷物一样，很重视精耕细作。麻田需要肥熟，要多耕细耙。《诗经》里说耕治麻田须"衡从其亩"，⑤《氾

---

① 《诗经·陈风·东门之池》："可以沤纻。"陆德明《音义》："纻，字又作苎。"孔颖达《疏》引陆机《疏》："纻亦麻也。"《急就篇》颜师古注："纻，织纻为布及疏之属也。"《说文》糸部："纻，蒅属，细者为绤，粗者为纻。"《玉篇》："纻，麻属，所以缉布。"关于苎麻，可参李长年编：《麻类作物》上编，第 187—196 页；又李长年：《祖国的苎麻栽培技术》（《农业遗产研究集刊》第二册）。

② 《说文》林部："蒅，枲属，《诗》曰'衣锦蒅衣'。"按今《诗经》作"枲"。《周礼·天官》典枲："掌布、缌、缕、纻之麻草之物，以待时颁功而授赍。"郑玄注："草、葛、蒉之属。"《礼记·杂记》郑玄注"颎，草名，无葛之乡去麻则用颎。"关于颎麻，可参阅李长年编：《麻类作物》上编，第 261—272 页。

③ 《周礼·天官》冢宰，郑玄注："五谷：麻、黍、稷、麦、豆也。"又："九谷：黍、稷、秫、稻、麻、大小豆、大小麦。"郑玄这两处皆就麻实可食而言。《初学记》卷二七引范子《计然》："五谷者，万民之命，国之重宝。东方多麦、稻，西方多麻，北方多菽，中央多禾。"《太平御览》卷八三八引，"稻"字作"南方多稷"。二者均误，应作"南方多稻"。

④ 或疑汉代不种胡麻，非。《全后汉文》卷四七辑崔寔《四民月令》，"二月"、"五月"条皆提到种胡麻。

⑤ 《诗经·齐风·南山》："蓺麻如之何？衡从其亩。"郑玄笺："树麻者必先耕治其田，然后树之。"陆德明《晋义》："韩云，东西耕曰横，……从，韩诗作由，云南北耕曰由。"意谓横着耕然后再纵着耕。古代耒耜及犁皆小，不易深耕，故须如此耕法。

胜之书》说种麻要"豫调和田",种枲须"春冻解,耕治其土,春草生,布粪田,复耕,平摩之"。①施肥要充足。《氾胜之书》认为在苗高一尺时,"以蚕矢粪之,树三升;无蚕矢,以溷中熟粪粪之亦善,树一升"。②麻田下种多在夏历二三月间,葹麻可提早或推迟。为了能生产较好的麻皮,人们很注意选种,抓紧下种的时节,掌握留苗均匀和行距的疏密得宜。在麻的成长期间,须仔细进行浇灌和追肥。③夏末秋初,刈麻需要及时。如果耕耘得法,收成很高:"美田则亩五十石及百石,薄田尚三十石。"④苎麻是多年生植物,"宿根在地中,至春自生,不岁种"。繁殖照管比大麻容易,但古时人们也注意它的土宜、品种、施肥。苎麻大致在"荆、扬之间,一岁三收"。⑤

麻在刈获以后,将其纤维加工织造麻布的生产过程,主要是沤、绩和织。⑥

---

① 万国鼎:《氾胜之书辑释》,第146—150页。《齐民要术·杂说》:"凡种麻,地须耕五六遍,倍盖之。"又卷二《种麻》:"耕不厌熟(原注:纵横七遍以上,则麻无叶也)。"古时麻或称曰"畴"。《说苑·辨物篇》:"王子建出守于城父,与成公乾遇于畴中问曰,'是何也?'成公乾曰,'畴也'。'畴也者,何也?''所以为麻也'。'麻也者,何也?'曰,'所以为衣也'。"《齐民要术》卷二引崔寔:"正月粪畴。畴,麻田也。"《说文》:"畴,耕治之田也。"段玉裁注:"有谓麻田曰畴者,刘向《说苑》,蔡邕《月令章句》,韦昭《国语》注,如淳《汉书》注同。此别为一说,非许义也。"按畴即熟耕细耙之田。

② 《氾胜之书辑释》,第149—150页。

③ 《氾胜之书辑释》,第146—151页。《吕氏春秋·上农篇》。《齐民要术,杂说》及卷二《种麻》。参阅李长年编:《麻类作物》上编。

④ 同上注。

⑤ 《诗经·陈风·东门之池》,孔颖达《正义》引陆机《疏》。《管子·地员篇》。参阅李长年编:《麻类作物》上编。李长年:《祖国的苎麻栽培技术》(《农业遗产研究集刊》第二册)。

⑥ 《太平御览》卷九九五引《春秋说题辞》:"……故麻三变。……宋均注曰:三变谓麻生成形,一变也;沤取皮,二变;绩成为缕,三变也。"

《诗经》中最早记载古时人用水来沤麻、沤纻。[1]《氾胜之书》说沤麻应在"夏至后二十日"。[2]沤麻须用清水久渍,通过发酵作用使麻茎腐蚀柔软,才容易把麻皮剥离,取出它的纤维。[3]古时沤法记载不详。魏晋以后的记录说大麻须沤,而苎麻则刈后生剥再沤。[4]麻沤后晒干,剥去麻皮,去掉茎部的木质组织,即可取得其纤维。[5]麻丝以洁白柔韧细长者为上,黑浊粗硬者只能作网罟绳索使用。

　　剥取了麻的纤维以后,下一工序是纺绩。纺绩的方法,自远古以来便都使用纺锤。近年出土的古代遗物,从新石器时代经殷周直到两汉,都有纺轮,有石制的,有陶制的(且有陶制彩画的),也有木制的,形制没有什么变化。新疆民丰出土的东汉时代的木纺轮上且带有捻杆。[6]甘肃武威磨咀子汉墓出土的木纺锤,捻杆下部作6层轮的形式。湖南长沙沙湖桥汉墓出土的陶纺轮,上面带有捻杆。[7]纺锤在古代名曰"瓦"或"瓦

---

[1] 《诗经·陈风·东门之池》:"东门之池,可以沤麻。……东门之池,可以沤纻。"郑玄笺:"于池中沤麻,使可缉绩作衣服。"

[2] 《氾胜之书辑释》,第147页。

[3] 《诗经·陈风·东门之池》,毛《传》:"沤,柔也。"《说文》水部:"沤,久渍也。"《周礼·考工记》郑玄注:"沤,渐也。楚人曰沤,齐人曰滰。"

[4] 《诗经·陈风·东门之池》,孔颖达《正义》引陆机《疏》:"纻亦麻也,科生数十茎,宿根在地中,至春自生,不岁种也。荆、扬之间一岁三收。今官园种之,岁再刈,刈便生剥之,以铁若竹挟之,表厚皮自脱。但得其里韧如筋者,谓之徽纻。今南越纻布皆用此麻。"参阅王祯:《农书》卷二二,"沤池"条。《天工开物》卷上,《乃服》,"夏服"条。

[5] 《说文》木部:"木,分枲茎皮也,从屮,八象枲皮。"

[6] 新疆维吾尔自治区博物馆:《新疆民丰县北大沙漠中古遗址墓葬区东汉合葬墓清理简报》(《文物》1960年第6期)。

[7] 甘肃省博物馆:《甘肃武威磨咀子汉墓发掘》(《考古》1960年第9期)。李正光、彭青野:《长沙沙湖桥一带古墓发掘报告》(《考古学报》1957年第4期)。

砖"。① "瓦"系就其质多为陶制而言。它又名曰"叀"、"专"、"纺专"、"纺砖",或"䥈"。"叀"字像纺锤之形,如"寸"(寸)为"专(專)",表示纺锤拿在人的手里。② 纺锤是一个旋转的工具,贾谊《鵩鸟赋》里曾说:"大专槃物兮,坱轧无垠",便是拿纺砖来比喻天的运行。③ 要纺绩的麻缕粗细不同,品质不同,便须使用大小轻重不同的纺锤。在古代封建社会里面,"纺绩织纴"完全是妇女的生产劳动,所以从很早以来人们便把纺锤和妇女联系起来,把它当作了女性的象征。④

---

① 《诗经·小雅·斯干》:"乃生女子,载寝之地,载衣之裼,载弄之瓦。"毛《传》:"瓦,纺砖也。"《释文》:"砖音专,本又作专。"《后汉书·列女曹世叔妻传》:"古者生女三日,卧之床下,弄之瓦砖而斋告焉。卧之床下,明其卑弱,主下人也,弄之瓦砖,明其习劳,主执勤也。"《说苑·杂言篇》:"子独不闻和氏之璧乎?价重千金,然以之间纺,曾不如瓦砖。"

② 《说文》寸部:"专,六寸簿也。一曰专,纺专。"徐锴《说文系传》谓即"今络丝之砖"。段玉裁注谓"网丝者以专为锤"。(按段氏言"网丝",实误纺麻为纺丝)。徐灏《说文解字注笺》曰:"此疑当以纺专为本义。收丝之器谓之专,其锤谓之䥈,引申为圜转之称,又为专壹专谨之义。……叀与专相承,加又,取手持之义,寸与又同也。叀即专之古文,象形。"徐灏又于"叀"字下云:"叀即古专字。寸部'专,一曰纺专'。纺专所以收丝,其制以瓦为之,《小雅·斯干》《传》'瓦,纺专'是也。今或以竹为之。叀象纺车之形,上下有物贯之。……专从寸,与又同,盖取手持之意。叀训小谨,与专同义,其形亦相承,本为一字无疑也。"按诸家释叀、专,以徐灏最为核实精当。又《说文》缶部"䥈,瓦器。"《广韵》:"䥈,纺锤。"《集韵》:"砖,纺砖。"又曰:"䥈,纺砖。"

③ 《史记·贾谊传》。按《汉书·贾谊传》此句作"大钧播物兮",钧(陶轮)与专虽异物,但二者皆取旋转之意则同。

④ 见注①。古文献中提到纺绩,率言妇功、女工,妇女之事。例如《周礼·考工记》:"治丝麻以成之,谓之妇功。"《诗经·陈风·东门之枌》,郑玄《笺》:"绩麻者,妇女之事也。"《孟子·滕文公下》:"彼身织屦,妻辟纑。"赵岐注:"缉绩其麻曰辟,练其麻曰纑。"参阅《礼记·内则》、《列女传》卷二"宋鲍女宗"条、《孔丛子·嘉言篇》等。

纺绩在古代文献中多名曰"绩"或"缉",专指绩麻;①"纺"则多半指的是纺丝。绩与纺是截然不同的两种操作。纺丝用欚和篗(络车),把䋈在欚上的丝络上篗子,已如上述。绩则是使用纺锤。把约二米长的麻的纤维,用手不断接续捻搓成为线缕,利用纺锤的旋动力量,把线缕旋绞成朝着S方向或倒S方向拧转的、细而坚韧的线绳;当线绳长了,纺锤将碰地时,便把已绩好的线绳缠上捻杆(䋛),然后旋动纺锤继续再捻。② 这当然是一种吃力而缓慢的劳动,是一种原始的落后的操作方法,然而从远古直到汉代,似乎并没有多大的改进。这样的纺绩方法,生产效率较低,它显然比不上丝织用缫车、络车和维车那样便利。

要想改变这种原始落后的操作方法,提高生产效率,必须使用麻纺车。但是战国秦汉时代的文献中,还没有用纺车绩麻的记载。我们知道七八百年以后,到了宋代,民间已普遍使用麻纺车与木棉纺车,③ 但是在汉代还没有类似的痕迹。汉代在丝织生产过程中,各个工序都已使用比较进步的工具乃至构造复杂的机械,已如上节所述;但我们不能由此推论出绩麻可能也已使用纺车,因为纺丝与绩麻性质很不相同,而且把麻的纤维缉绩成缕,

---

① 《诗经·豳风·七月》:"七月鸣鵙,八月载绩。"毛《传》:"载绩,丝事毕而麻事起矣。"孔颖达《正义》:"八月之中,民始绩麻……绩麻之布,民自衣之。"又《陈风·东门之枌》:"不绩其麻,市也婆娑。"《史记·甘茂传》:"贫人女与富人女会绩。"《齐民要术》卷三引崔寔《四民月令》:"(十月)可析麻缉绩布缕。"《说文》糸部:"绩,缉也,""缉,绩也。"段玉裁注:"析其(麻)皮如丝而撚之,而剥之,而续之,而后为缕,是曰绩,亦曰缉,亦象言缉绩。"

② 《淮南子·氾论训》说:"缘麻索缕",王念孙谓"缘者续也,缉而续之也",说的正是绩麻的动作。又《人间训》:"妇人不得剡麻考缕",剡麻亦即绩麻。《说文》糸部:"欻,绩所缉也。"徐灏《说文解字注笺》云:"谓次第相接",即绩时把麻的纤维接续起来。《一切经义》卷一五引《通俗文》:"收绩曰紫。"

③ 陆心源:《宋诗纪事补》卷七五引艾可叔《木棉诗》提到棉纺车。参阅王祯:《农书》卷二一,"木棉纺车"条;卷二二,"麻苎门","小纺车"、"大纺车条"。

从某些方面说，比棉纺还要困难些。① 王祯《农书》中所载纺麻用的大、小纺车，形制已很进步。② 这种纺车从什么时候开始发明使用的，从什么样的较原始的麻纺车发展演变而来，在我国纺织史上还是一个有待探讨的重要问题。

把麻的纤维纺绩成的线缕，在古代文献中名曰"缕"、"绐"或"线（綫）"。③ 线缕一般说当然比丝粗。线缕需要精练、漂白，然后方能织。精练、漂白多用木灰，叫做"灰治"。④ 已灰治的线缕洁白柔软，可以织成较白净的麻布。

绩麻成缕并练治以后，也需要用络车上簐，再经过牵经、络纬，然后上机织造。这些工序与丝织没有什么不同。织麻布、纻布和织普通的缯帛所使用的织机，基本上也是相同的。关于这些工序以及织机的构造等，上节业已详述。"纺绩织纴"在战国秦汉时代的广大劳动人民尤其是农村妇女的生活中，占着十分重要的地位。她们每个人的一生中，除了手中拿个小小的纺锤辛劳纺

---

① 蚕丝本身丝长，接头时容易捻接，使用籰车、缫车均便。麻的纤维比羊毛、木棉虽长，但只有数尺，且有时长短不齐，故绩麻须用手力劳动接续捻搓，方易成缕。这就使得在治丝过程中所发明使用的工具，不能顺利地运用于绩麻。佐藤武敏：《中国古代の麻织物生产》（《东洋史研究》第一九卷，第一号），把山东滕县出土的汉画像石上所画的织纬用的缫车误认为是绩麻用的纺车，遂以为汉代已有麻纺车，尤误。欧洲古代与中世纪，纺绩亚麻亦均用纺锤，纺车至13世纪末才出现。纺车虽已使用，但最初只用于织纬，经线的纺绩仍用纺锤。直至15世纪方有改进最初的纺车，生产效率不高，仍用手力推动。我国宋代已普遍使用纺车绩麻，显然比欧洲早得多。

② 参阅刘和惠：《我国最早关于纺机的记载》（《江海月刊》1961年11期）。

③ 《说文》糸部："缕，线也。"段玉裁注："此本谓布缕，引申之，丝亦名缕。"又："线，缕也。"段注："郑司农《周礼》注曰，'线，缕也'，此本谓布线，引申之，丝亦称线。"又："紵，布缕也。"段注："言布缕者，以别乎丝缕也。绩之而成缕，可以为布，是曰纻。"《急就篇》颜师古注："已纺而成谓之纻。"按汉代文献中，丝指蚕丝，缕指麻缕，常常区别得很清楚，如《论衡·异虚篇》："丝成帛，缕成布。赐人丝、缕，犹为重厚，况遗人以成帛与织布乎？"《释名·释彩帛》："绢，绐也，其丝绐厚而疏也。""布，布也，布列众缕为经，以纬横成之也。"段说不够明确。

④ 灰治布缕详见下节。

绩外，又在一架简单、朴质而熟习的布机上不知度过多少岁月。《淮南子》中有一段话说："伯余之初作衣也，缘麻索缕，手经指挂，其成犹网罗。后世为之机杼胜複，以便其用，而民得以揜形御寒。"① 这段话正说明了古时人对于织布机的发明，以及它对人民物质生活提高的作用，感到多么重要、可敬而亲切。麻布是当时劳动人民最主要的衣着原料，种麻绩缕织布在当时是与农业密切结合的家庭手工业的首要项目。农家妇女经常辛劳勤苦地从事这项生产，首先是为了自己家庭成员的生活需要。其次，生产如有盈余，有时也作为商品出售于市场，以弥补生活费用的不足。因此，在战国秦汉时代，农民差不多家家户户都需绩麻织布。在这种情况下，我们可以想像她们所用的织机，大约都是汉画像石上那样的普通的小型织机，而不需要也不可能使用提花机。近年出土的战国秦汉时代的麻织品遗物，都是平织，技术比较简单，② 也可证明其所用的织机，与同时代织造锦、绮、纹罗等高级丝织品所必须用的提花机，是不相同的。

麻织品生产的技术条件和社会经济条件虽如上述，但是它的品种仍不少，质量的差异也很大。在战国秦汉时代，凡是麻织品，一般都叫做"布"。③ 布的品质高下以粗细分，粗细不同，

---

① 《淮南子·氾论训》。
② 中国科学院考古研究所：《长沙发掘报告》，第64页。本书第353页注①引佐藤武敏文谓朝鲜乐浪王盱墓出土漆器纻胎，考察纹组织，亦是平织。按本文末附录三列举各处出土的麻布及麻布制物，几乎都是平织。
③ 《小尔雅·广服》："麻、纻、葛曰布。布，通名也。"但在战国秦汉时代，布大抵皆指麻、纻所织，葛织的布则多称葛布、越布。《管子·轻重丁》："君子守布则籍于麻，十倍其贾，布五十倍其贾。"《礼记·礼运》："治其丝麻以为布帛。"《淮南子·说林训》："糜不类布而可以为布。"布均指麻布。《说文》巾部："布，枲织也。"段玉裁注："其草曰枲、曰苴；析其皮曰林、曰木；屋下治之曰麻；缉而绩之曰线、曰缕、曰纻；织而成之曰布。……古者无今之木棉布，但有麻布及葛布而已。"

有时用途也就不同。这在丧服中规定得尤其严格,与死者在血缘上不同的亲疏关系,便须着粗细不同的布。① 布的精粗以经缕的多寡来分别,80缕叫做"一升"。② "升"亦曰"稷"、"緵"或"总"。③《礼记》记丧服用布的情况说:"斩衰三升,齐衰四升、五升、六升,大功七升、八升、九升,小功十升、十一升、十二升,缌麻十五升去半。"④ 3升布即在宽2尺2寸(汉尺)的经面上只有经线240缕,粗而稀疏;10升布有经线800缕,比较细密多了;15升计1200缕,在古代的麻织技术条件下,算是相当精细的了。最细密的布可达30升,即2400缕,用制礼服的弁冕。⑤ 在战国秦汉时代,3升至6升布只用于丧服。7升布算是粗布,仆妾、徒隶等服着;8升布亦被看作是粗

---

① 《仪礼·丧服》。《礼记·檀弓上,间传》。《白虎通·丧服篇》。
② 《礼记·王制》:"布帛精粗不中数,幅广狭不中量,不粥于市。"郑玄注:"数,升数多少。"是布的精粗以升数计。《国语·鲁语》韦昭注:"八十缕为一升。"《仪礼·丧服》郑玄注:"布八十缕为升。"
③ 《说文》禾部:"稷,布之八十缕为稷。"《史记·孝景本纪》:"令徒隶衣七緵布。"《索隐》:"七緵,盖今七升布。"《正义》:"緵,八十缕也,与布相似,七升布用五百六十缕。"《晏子春秋·内篇·杂下》:"十总之布。"孙星衍云:"总即緵,假音字。"
④ 《礼记·间传》。《仪礼·丧服》略异。按礼经记古代丧服用布制度互有差异,《间传》只略述大概情况。参阅胡培翚:《仪礼正义》、孔颖达:《礼记正义》、及吴嘉宾:《丧服会通说》(《皇清经解续编》所收)。
⑤ 《礼记·士冠礼》爵弁服,郑玄注:"爵弁者,冕之次……其布三十升。"贾公彦《疏》引《汉礼器制度》:"冕以木为体,广八寸,长尺六寸,绩麻三十升布为之。"《论语·子罕篇》:"麻冕,礼也。"孔注:"古者绩麻三十升布为之。"江永曾疑三十升过密,以古布幅阔二尺二寸,容二千四百缕,"此必不能为者"(见胡培翚《仪礼正义》卷一引)。但岩间德也考察殷墟出土一戈形兵器上残留的布纹经纬线,谓每平方厘米经线48根,纬线18根,接近汉代所谓30升布。《后汉书·王符传》李贤注引刘宋盛弘之《荆州记》曰:"秭归县室多幽闲,其女尽织布,至数十升。"可见古代30升是可能的。

布。① 10升布算是最普通的布，一般人通常大约都服用这样的布。② 以今日公制来折合，汉代布幅2尺2寸合今50.82厘米，10升布则每厘米约有经线16缕（平织纬线数或与经线数略同，或较少）。朝鲜平壤附近东汉王盱墓出土的夹纻漆耳杯的纻胎，经考察每平方厘米经纬线约十五六缕，大致正是所谓10升布。③ 汉代两匹10缏布的价格当帛一匹。④ 15升布已相当精细，一般用制朝服、深衣；⑤ 或名曰"緦"，緦布的线缕之细据说接近丝织品的丝缕。⑥ 15升布的经缕数每厘米应约24缕，大致相当平绢的经丝数的一半。⑦ 这样的细度需要品质优良的麻苎纤维和较

---

① 《史记·孝景本纪》后二年："令徒隶衣七缏布。"《国语·鲁语上》："子服之妾衣不过七升之布，马饩不过粮莠。"可见自古即认为7升布是粗布。劳干《居延汉简考释》第372页有七稷布，又第359页有一简云："出广汉八稷布十九匹八寸大半寸，直四千三百廿，给吏百石一人。元凤三年正月尽六月，积六月。"可见边郡吏民亦服用7稷、8稷布。《说苑·臣术篇》："为人臣……八升之布，一豆之食，足矣。"又劳干：《居延汉简释文》卷一："九稷布三匹，值三百。"

② 《晏子春秋·内篇·杂下》："晏子相齐，衣十升之布，食脱粟之食，五卵、苔菜而已。"言晏子之俭；又："夫十总之布，一豆之食，足以中免矣。"《汉书·王莽传》中，天凤三年："五月，莽下吏禄制度曰：'予遭阳九之阨，百六之会，国民不足，民人骚动，自公卿以下，一月之禄，十缏布二匹，（孟康曰："缏，八十缕也。"）或帛一匹。予每念之，未尝不戚焉。'"中国科学院考古研究所：《居延汉简甲集》录一简："出都内第一十稷布十八。"

③ 佐藤武敏：《中国古代の麻织物生产》（《东洋史研究》第一九卷，第一号）。佐藤考察了王盱墓出土的铜覆轮附檠及夹纻漆耳杯残片的纻胎（苎麻织），谓每缕由几丝纤维积成，阔约0.6厘米；织纹密度每平方厘米经纬线各约十五六缕。

④ 见注②引《王莽传》文。

⑤ 《仪礼·士冠礼》郑玄注"朝服者，十五升布衣而素裳也。"《礼记·杂记》孔颖达《疏》："朝服精细，全用十五升布为之。"又《深衣》郑玄注："深衣者，用十五升布，锻濯灰治，纯之以彩。"

⑥ 《说文》糸部："緦，十五升布也。一曰，两麻一丝布也。"《仪礼·丧服》郑玄注："谓之緦者，治其缕细如丝也。"《释名·释彩帛》："緦，丝也，绩麻緦如丝也。"

⑦ 参阅上文。

高的纺绩技巧。长沙出土的战国时代楚国生产的麻布，经鉴定知道为平纹组织，每平方厘米经线 28 缕，纬线 24 缕，十分精细，它的细度已超过 15 升布。① 至于更细的 30 升布，似用以制冕，古代文献中还没有用以裁衣的记录。

由于麻的纺绩织造的技术比不上丝织，又由于麻织品主要是广大劳动人民服用，而封建统治阶级服用不多，② 古代麻织品的品种和名称遂远不如丝织品之多。然而，根据麻的种类的分别，和线缕精粗疏密的差异，战国秦汉时代对麻织品也给予了一些不同的名称。这些名称也能稍稍反映麻织技术的发达情况。

麻、纻、葛织品虽然一般通称曰"布"，③ 但分言之，大麻织物曰布，苎麻织物则曰纻或纻布，葪麻织物曰緆或绉。④ 一般

---

① 中国科学院考古研究所：《长沙发掘报告》，第 64 页，图版叁壹 6。
② 古代封建统治阶级丧服皆用布，已如上述。祭服、朝服，为了维持古代的传统，部分用布作衣裳，或作冠冕的原料，《周礼》、《仪礼》、《札记》中零碎的记载很多。大致时代愈靠后，用布的场合愈少。参阅《续汉书·舆服志》。
③ 《小尔雅·广服》："麻、纻、葛曰布。布，通名也。"但在战国秦汉时代，布大抵皆指麻、纻所织，葛织的布则多称葛布、越布。《管子·轻重丁》："君子守布则籍于麻，十倍其贾，布五十倍其贾。"《礼记·礼运》："治其丝麻以为布帛。"《淮南子·说林训》："麇不类布而可以为布。"布均指麻布。《说文》巾部："布，枲织也。"段玉裁注："其草曰枲、曰萉；析其皮曰林、曰木；屋下治之曰麻；缉而绩之曰线、曰缕、曰纻；织而成之曰布。……古者无今之木棉布，但有麻布及葛布而已。"
④ 《说文》巾部："布，枲织也。"《礼记·杂记》："有司麻衣。"郑玄注："麻衣，白布深衣。"《说文》糸部："纻，萉属，细者曰绉，粗者曰纻。"（《一切经音义》引《说文》作"布白而细曰纻"。）《汉书·高帝纪》颜师古注："纻，织纻为布及疏也。"（《急就篇》颜注同。）《周礼·天官》典枲，郑玄注："白而细疏曰纻。"《淮南子·说林训》："布之新，不如纻；纻之弊，不如布，或盖为新，或恶（当作善）为故。"又《人间训》："冬日被裘、罽，夏日服绤、纻。"纻布，见上引陆机《诗疏》。《诗经·卫风·硕人》："衣锦緆衣。"《郑风·丰》："衣锦緆衣，裳锦緆裳。"《礼记·杂记》："如三年之丧，则既绉其练祥皆行。"郑玄注："绉，草名；无葛之乡，去麻则用绉。"

品质低劣的粗厚的布名曰大布或苴布，① 通常只是贫寒俭朴的劳动人民的衣着材料。最普通的粗厚些的布或称楀布或荅布。② 布贵精细、薄软。10升以上的细而薄的布名曰细布、绖（茎）、緫、緆（锡）、纤，或缏赀。③ 细而疏薄者名曰縤或疏。④ 有纹者

——————

① 《左传》闵公二年："卫文公大布之衣，大帛之冠。"《庄子·山木篇》："庄子衣大布而补之，正𪗦系履，而过魏王。魏王曰：'何先生之惫耶？'庄子曰：'贫也，非惫也。士有道德不能行，惫也。衣弊履穿，贫也，非惫也。此所谓非遭时也。'"又《让王篇》："颜阖守陋闾，苴布之衣而自饭牛。"洪适《隶释》卷九，《玄儒先生晏寿碑》："麤纻大布之衣，糒糙蔬菜之食。"

② 《史记·货殖列传》："其帛絮细布千钧，文彩千匹，楀布皮革千石……此亦比千乘之家。"《汉书·货殖列传》文同，只"楀布"作"荅布"。按楀布或荅布有二解。一谓是白叠。裴骃《史记集解》："《汉书音义》曰楀布，白叠也，"《汉书》孟康注曰："荅布，白叠也。"颜师古则反对此说，他说荅布乃"粗厚之布也，其价贱，故与皮革同其量耳，非白叠也。荅者，重厚之貌，而读者妄为楀音，非也。"张守节《史记正义》引颜师古说，并谓："按白叠木棉所织，非中国有也。"梁玉绳《史记志疑》卷三五、沈钦韩《汉书疏证》卷三四、王先谦《汉书补注》卷六一，皆赞同颜师古说。按颜说是，今从之。藤田丰八：《棉花棉布に关する古代那人の知识》（《东西交涉史の研究》，《南海篇》）同意孟康说，而释荅布、楀布以及《后汉书·马援传》之"都布"皆为棉布，非。

③ 《说文》糸部："绖，细布也。"又纻字下曰："细者曰绖。"《广韵》："绖，细布别名，通作茎。"按细葛布亦曰绖或茎。緫为细布，见本书第356页注⑥。緆本字，锡假借字，礼经多作锡。《仪礼·丧服》"锡衰"，郑玄注："谓之锡者，治其布使之滑易也。"《周礼·天官》司服，郑司农注："锡，麻之滑易者。"《说文》糸部："緆，细布也。"段玉裁注："布一本作麻，古亦呼布为麻也。《燕礼》'幂用绤若锡'，郑注'今文锡为緆。緆，易也，治其布使滑易也'。按今文其本字，古文其假借字也。《子虚赋》之'被阿锡'即《列子》之'衣阿緆'。许意从《礼》今文，故录緆字。"《淮南子·齐俗训》："弱緆罗纨。"高诱注："弱緆，细布。"《汉书·文帝纪》："纤七日，释服。"注引服虔曰："纤，细布也。"《说文》糸部："缏，缏赀布也。"《急就篇》颜师古注："缏带，緆布之尤精者也。"帶赀同。《集韵》引《埤苍》："帶，布名。"

④ 《礼记·檀弓上》："络衰縤裳，非占也。"郑玄注："布细而疏曰縤。"孔颖达《正义》："縤，布疏者。"《说文》糸部："縤，细疏布也。"《一切经音义》卷八引《说文》作："縤，蜀白细布也。"《仪礼·丧服》郑玄注："凡布细而疏者谓之縤。"《释名·释彩帛》："縤，惠也，齐人谓凉为惠，言服之轻细凉惠也。"又："疏者，言其经纬疏也。"

名曰服琐，或亦曰绫。① 这些高级的麻织品产量少，需要优良的原料，精巧的纺织技术，也只是封建统治阶级富贵家族及其仆从们所使用的衣着原料，被看作和高级丝织品同样贵重，绝不是一般劳动人民所能享受得到的。

普通的麻织品，一般说来，只是广大劳动人民的衣着原料，封建贵族、官僚、地主、豪商们，除了服丧、祭祀等特别场合，或少数比较俭朴的人以外，基本上是不会服用的。因此，"布衣"便成了劳动人民和贫寒的士人的通俗称谓。《盐铁论》说："古者庶人耋老而后衣丝，其余则麻枲而已，故命曰布衣。"②《荀子》说："布衣纫履之士诚是，则虽在穷间漏屋，而王公不能与之争名。"③ 汉成帝时广汉农民郑躬等起义，梅福诬蔑他们说："方今布衣乃窥国家之隙，见间而起。"④ 老百姓穿着布衣，被看作低人一等，有时连进官府谒见官吏都发生困难。⑤ 至于少数俭朴的官吏，偶然穿着布衣裤，在当时社会中便被看作是很古怪的了。⑥ 一般劳动人民，尤其是在封建剥削压榨下贫困的农民，多半只能拿粗麻布裁制成一件长将及膝的交领的裋子或袄，

---

① 《急就篇》："服琐緰帒与缯连。"颜师古注："服琐，细布，织为连琐之文也。緰帒，緆布之尤精者也。言此二种虽曰布类，其质精好，与缯相连次也。"《方言》二："东齐言布帛之细者曰绫，秦晋曰靡。"是布帛可通名曰绫，犹可通名曰纤。

② 《盐铁论·散不足篇》。

③ 《荀子·富国篇》。

④ 《汉书·梅福传》。

⑤ 《史记·娄敬传》："娄敬，陇西人，过洛阳，衣羊裘，因齐人虞将军求见上。虞将军欲为易其衣，不肯，曰：'臣衣帛，衣帛见；衣褐，衣褐见。'"《太平御览》卷六八八引《东观汉记》："建武中征周党，党着短布单衣、谷皮绡头待见。尚书欲令更服，党曰：'朝廷本以是征之，安可复更？'遂以见。自陈愿守之所志，上听之。"

⑥ 《太平御览》卷六九五引《东观汉记》："第五伦，性节俭，为二千石，常衣布襦。"又卷六九六引《东观汉记》："王良为司徒司直，妻布裙徒跣曳柴。"《汉书·公孙弘传》："汲黯曰：'弘位在三公，奉禄甚多，然为布被，此诈也'。上问弘，弘谢曰：'有之'。"

名曰"褐"或"短（竖）褐"，下身着裤；① 腰间系一条韦制的带子乃至绳索，所谓"布衣韦带"、"衣褐带索"；② 头上包一块幅巾，脚下穿一双草履。为了勉强御寒，褐衣中间或衬以乱麻，③ 犹丝衣制的缊袍中间衬以绵絮。日子久了，褐衣破烂了，便成了"褴褛"、"敝衣"了。④ 在战国秦汉时代那样的封建社会里面，不仅纺织品的生产是在封建的生产关系支配下进行的；在纺织品的分配和消费方面，也必然呈现出阶级的差异。拿普通农民的一身破烂的麻布短褐和统治剥削者的"锦绣文采靡曼之衣"来对照一下，二者的分别真是再清楚没有了。

麻织品在战国秦汉时代既然主要是劳动人民的衣着原料，在当时麻织的技术条件和社会经济条件下，农民多半自绩自织，所

---

① 《诗经·豳风·七月》："无衣无褐，何以卒岁。"《墨子·鲁问篇》："始吾游于子之门，短褐之衣，藜藿之羹。"《老子》："圣人被褐而怀玉。"《孟子·滕文公上》："许子衣褐。"《庄子·天下篇》："（墨子）使后世之墨者多以裘褐为衣，以跂蹻为服，日夜不休，以自苦为极。"《荀子·大略篇》："衣则竖褐不完。"《韩非子·说林》："旄象豹胎，必不衣短褐而舍茅茨之下。"《史记·秦始皇本纪》："夫寒者利短褐。"《索隐》："盖谓褐布；竖，裁为劳役之衣，短而且狭，故谓之短褐，亦曰竖褐。"《汉书·禹贡传》："臣禹年老贫穷，家訾不满万钱，妻子糠豆不赡，裋褐不完。"颜师古注："裋者，谓僮竖所著布长襦也；褐，毛布之衣也。"《说文》衣部："裋，竖使布长襦。""褐，编枲袜；一曰粗衣。"

② 《汉书·贾山传》："布衣韦带之士。"颜师古注："言贫贱之人也。韦带，以单韦为带，无饰也。"《说苑·奉使篇》："柳下惠特布衣韦带之士。"《荀子·富国篇》："墨子虽为之衣褐带索，嚽菽饮水，恶能足乎？"《后汉书·张玄传》："玄自田卢被褐带索要说温。"

③ 《论语·子罕篇》："衣敝缊袍。"孔注曰："缊，枲著。"《汉书·蒯通传》："束缊请火于亡肉家。"颜师古注："缊，乱麻也。"《韩诗外传》："士褐衣缊著，未尝完也。"《列子·杨朱篇》："昔者宋国有田夫，常衣缊黂，仅以过冬。"张湛注："缊，乱麻。"《急就篇》："给纭枲缊裹约缠。"颜师古注："枲，粗麻也。缊约犹束缚也。言贫乏之人无好绵帛，但以此物自苞裹缠束为衣被也。"

④ 《方言》四："以布而无缘，敝而纮之，谓之褴褛。"《淮南子·齐俗训》："贫人则夏被褐带索，唅菽饮水，……冬则羊裘解札，短褐不掩形。"《汉书·鲍宣传》："唐尊衣敝履空，以瓦器饮食。"

以麻织品的生产普遍于全国各地，没有地域集中的倾向。这是当时自然经济占统治地位的必然结果。然而，由于那时商品经济也已有了一定程度的发展，少量作为商品而生产的麻织品，尤其是精细的高级织物，由于某些地区技术精巧、品质优良，也获得了特殊的声誉。司马迁说，"齐冠带衣履天下"，指的不仅是该地盛产的丝织品，而且也包括麻织品。"鰶布"是东莱郡（今山东省东部）特殊的产品。① 东郡东阿（今山东省阳谷县东北）产的"缔"和该地产的"阿缟"一样负有盛名。② 北方代郡（今河北、山西省北部）产的"黄布"以纤细著称。③ 南阳郡邓县（今河南省邓县）产的"邓缌"也是地方名产。④ 江东的太末县（今浙江省龙游县）产的布以洁白著称，⑤ 但不知是麻布还是葛布。曾怂恿公孙述独霸益州的李熊说"蜀地女工之业覆衣天下"，⑥ 也兼指该地的丝织品与麻织品而言。蜀郡与广汉郡的"蜀汉之布"早就驰名于全国。⑦ 尤其是"蜀布"，以精细纤丽著称，扬雄在他的《蜀都赋》中曾描叙赞扬，说它胜过丝织品。⑧ 蜀布不仅在国内有广大市场，而且在张骞出使西域以前便已远销到了身毒

---

① 《说文》巾部："鰶布出东莱。"
② 《淮南子·脩务训》："衣阿锡，曳齐纨。"《史记·司马相如传》："被阿锡。"皆指东阿之锡。参阅本书第341页注⑤。
③ 《太平御览》卷八二〇引《魏略》载魏文帝诏曰："代郡黄布为细，乐浪练为精，江东太末布为白。"
④ 《仪礼·丧服》郑玄注："凡布细而疏者谓之缌，今南阳有邓缌。"《礼记·檀弓上》："绤衰缌裳。"孔颖达：《正义》："缌，布疏者，汉时南阳邓县能作之。"
⑤ 同注③。
⑥ 《后汉书·公孙述传》。
⑦ 《盐铁论·本议篇》："齐阿之缣，蜀汉之布。"
⑧ 《说文》糸部："缚，蜀细布也。"《古文苑》卷四，扬雄《蜀都赋》："其布则细都弱折，绵茧成衽，阿丽纤靡，避晏与阴，蜘蛛作丝，不可见风，筒中黄润，一端数金。"

（今印度与巴基斯坦）和大夏（今阿富汗北部）。① 在东汉初年，远销到乐浪（今朝鲜北部）的蜀汉漆器的纻胎，用的也是蜀布。② 蜀地出产的有一种"都布"，大约以精细著称。③ 蜀布中最珍贵的一种叫做"黄润"。司马相如说"黄润纤美宜制禅"，④ 扬雄说"筒中黄润，一端数金"，⑤ 左思说"黄润比筒，籯金所过"，⑥ 说的都是蜀地的这种黄润。它在汉代的麻织品中，大约是最精致、最珍贵的了。综上所述，我们可以看到一个现象，即在汉代凡是出产麻织品有名的地方，多半也就是盛产丝织品的地方。其原因大约是各该地区丝织技术的精巧和进步，影响并带动了麻织技术的发展和进步。

这里我们附带提一下所谓筒中布。上引扬雄赋中说"筒中黄润"，左思说"黄润比筒"，刘逵注谓"黄润谓筒中细布也"。⑦《华阳国志》说蜀郡江原县"出好麻，黄润细布，有羌筒盛"。⑧ 王符也提到过"葛子升越，筒中女布"。⑨ 颜师古解释《汉书》中的"荃葛"说："盖今南方筒布之属，皆为荃也。"⑩ 由此可见从汉到唐，长江流域以南各地都有筒中布。所谓筒中

---

① 《史记·大宛传》："骞曰：'臣在大夏时见邛竹杖、蜀布。问曰，安得此？大夏国人曰，吾贾人往市之身毒。'"又《西南夷传》："张骞使大夏来，言居大厦时见蜀布、邛竹杖，使问所从来，自从东南身毒国，可数千里，得蜀贾人市。"

② 原田淑人：《乐浪》。

③ 《后汉书·马援传》述马援至成都见公孙述，公孙述"更为援制都布单衣"。本书第361页注⑧引扬雄《蜀都赋》中之"细都"，即指都布。

④ 《文选》卷四，左思《蜀都赋》注引司马相如《凡将篇》。

⑤ 见本书第361页注⑧。

⑥ 《文选》卷四，左思《蜀都赋》。黄润大约是一种优良的纻麻织成的布。

⑦ 同上，刘渊林（名逵）注。

⑧ 《华阳国志·蜀志》。

⑨ 王符：《潜夫论·浮侈篇》，亦见《后汉书·王符传》。

⑩ 《汉书·江都王建传》颜师古注。

布，即是把新织好的整匹的精细的布，装在小竹筒中，[①] 便于储藏和贩运。这是南方的习俗，直到宋代仍很普遍。[②]

上文说过，在西南各少数民族地区，除哀牢夷外，都还不知蚕桑。他们大都以麻、葛为衣着原料，织品具有特殊民族风格。秦汉时期，把西南各地逐步并入中华民族的共同疆域版图，传统的政策是令各少数民族按户口多寡交纳"賨布"或"賨布"作为贡赋。秦时令巴人，"户出布八丈二尺"；汉时令武陵蛮夷每岁"大人输布一匹，小口二丈，是谓賨布"。[③] 东汉时冯绲征五溪蛮，"收逋賨布州万匹"。[④] 这些足以说明西南各少数民族麻织是很盛的。西方的氐人出产一种"殊缕布"，叫做"绨"。[⑤] 西南永昌郡哀牢夷纺织业特别发达，除了丝、毛、棉织品外，他们特产的拿绎麻织的"兰干细布"，在中原也是很享盛名的。[⑥]

战国秦汉时代麻织品的生产及其使用，大致如此。

其次谈一下葛织。

葛（学名 Pueraria thunbergiana Benth）是一种多年生含木质的蔓生植物，宜生山地，我国南北各地都产，江浙一带尤多。它是自西周以来我国人民便已知利用的一种野生纤维植物，和大麻、苎麻同样被用作衣着原料。《诗经》里已有采葛、煮葛，和

---

① 《一切经音义》卷二引《三苍》："筒，竹管也。"又引《说文》："筒，断竹也。"

② 周去非：《岭外代答》："邕州左右江溪峒，地产苎麻，洁白细薄而长，土人择其尤细长者为练子，暑衣之轻凉离汗者也。汉高祖有天下，令贾人无得衣练，则其可贵，自汉而然。有花纹者为花练，一端长四丈余，而重止数十钱，卷而入之小竹筒，尚有余地。以染真红，尤易著色。厥价不廉，稍细者，一端十余缗也。"

③ 《后汉书·南蛮西南夷传》。

④ 洪适：《隶释》卷七，《东骑将军冯绲碑》。

⑤ 《说文》糸部："绨，氐人殊缕布也。"

⑥ 见本书第300页注⑥《华阳国志·南中志》"永昌郡"条说哀牢夷"有兰干细布；兰干，獠言纻也"。

取其纤维织造葛布的记载。① 《尚书·禹贡》说青州、豫州都贡葛织品"绤"。又说扬州"岛夷卉服",意思是说该地人们普遍以葛织布做衣服。可见从战国初叶以来,扬州,即吴越一带,已是产葛最盛的地区了。② 这种情况通战国秦汉700年始终如此,优良的葛织品主要生产于今江苏、浙江一带。③

葛有野生的,有种植的。《诗经》中提到的似乎都还是野生的葛。④ 大约从春秋末叶以降,开始了人工种植。《周礼》便讲到从山农、泽农征葛以供织造。⑤ 汉代以降,"家葛"在农业中也成了经济作物的一种。⑥ 葛在春天播种,夏天便可采割,只要土质得宜,种植和管理的技术都比种麻容易。⑦

葛在刈获以后,将其纤维加工织造葛布的生产过程,与麻大

---

① 《诗经》中采葛见《王风·采葛》。煮葛见《周南·葛覃》。葛织品绨绤见《邶风·绿衣》、《周南·葛覃》。葛屦见《齐风·南山》、《魏风·葛屦》、《小雅·大东》。

② 《尚书·禹贡》:"岛夷卉服。"孔《传》:"南海岛夷,草服葛越。"孔颖达:《正义》:"葛越,南方布名,用葛为之。"

③ 《吴越春秋》卷八。《越绝书》卷八。《淮南子·原道训》:"匈奴出秽裘,干越生葛绤,各生所急,以备燥湿,各因所处,以御寒暑,并得其宜,物便其所。"高诱注:"干,吴也。绤,细葛也。"《太平御览》八一六引魏文帝诏:"江东为葛,宁比罗纨绮縠。"

④ 《诗经》诸诗提到葛,未见有明显的种植痕迹,视其文句,大约都是采割野生之葛。《说苑·尊贤篇》引佚诗:"绵绵之葛,在于旷野,良工得之,以为绨纻,良工不得,枯死于野。"更显然是野生之葛。《左传》宣公八年:"旱无麻,始用葛茀。"《楚辞·离骚》:"石磊磊兮葛蔓蔓。"恐怕都指的是野葛。

⑤ 《周礼·地官》掌葛:"掌以时征绨绤之材于山农。凡葛征,征草贡之材于泽农。"所说情况已是人工种植。《逸周书·文传解》:"润湿不谷,树之竹苇莞蒲。砾石不可谷,树之葛木,以为绨绤,以为材用。"更显然是人工种植。按《越绝书》卷八"葛山"条:"种葛,使越女织治葛布,献于吴王夫差。"但同一件事,《吴越春秋》卷八却说是"使国中男女人山采葛,以作黄丝之布"。

⑥ 焦赣:《易林》卷一五:"葛生衍蔓,绨绤为愿,家道笃厚,父兄喜悦。"魏晋以后提到种葛的更多了,例如曹植的诗:"种葛南山下,葛藟自成荫。"张华:《博物志》:"野葛食之杀人;家葛种之,三年不收,后旅生,亦不可食。"

⑦ 参阅李长年编:《麻类作物》上编,第292—337页。

致相同。麻在刈后用清水沤渍，葛则须用沸水煮，方能使它的皮容易剥落，纤维容易从木质组织脱离。这种方法从《诗经》时代便早已实行了。① 纺绩、织造的方法，与麻织没有什么差别。葛的纤维比麻更细更长，一般说来，可以织成比麻更细更薄的织物。

葛织品细薄些的，在古代名曰"绤"，粗厚些的名曰"绤"。《说文》曰："葛，絺绤艸也。"② 《诗经》毛《传》："精曰絺，粗曰绤。"③《说文》又说："絺，细葛也。""绤，粗葛也。"④ 比絺更细而有绉纹的名曰"绉"，⑤ 很细的葛布亦名曰"绖"或"荃"，或称"毦翅"。⑥ 一般的俗称则率曰"葛"或"葛布"。⑦

---

① 《诗经·周南·葛覃》："葛之覃兮，施于中谷，维叶莫莫。是刈是濩，为絺为绤，服之无斁。"毛《传》："濩，煮之也。"孔颖达《疏》："舍人曰，'是刈，刈取之；是濩，煮治之'。孙炎曰，'煮葛以为絺绤，以煮之于濩，故曰濩煮，非训濩为煮'。"《尔雅·释训》郭璞注、邢昺疏同。冯应京《月令广义》记明代的治葛方法曰："取采后，即挽成网，用紧火煮烂熟，以指甲剥看，麻白不粘青，即取剥下，于长流水边搔洗净，风干，露一二宿，尤白，收用。"王象晋《群芳谱》、徐光启《农政全书》同。《吴越春秋》卷八："令我柔葛以作丝，女工织兮不敢迟。"濩煮即可起"柔"葛的作用。

② 《说文》艸部。《诗经·王风·采葛》毛《传》："葛，所以为絺绤也。"《周南·葛覃》毛《传》同。

③ 《诗经·周南·葛覃》毛《传》。

④ 《说文》糸部。又《尚书·禹贡》孔《传》："絺，细葛。"《急就篇》颜师古注："绤谓葛之粗者。"《小尔雅·广训》："葛之精者曰絺，粗者曰绤。"

⑤ 《诗经·鄘风·君子偕老》："蒙彼绉絺，是绁袢也。"毛《传》："絺之靡者为绉。"郑玄《笺》："绉絺，絺之蹙蹙者。"《说文》糸部："绉，絺之细者也。"

⑥ 《汉书·江都王建传》："餙王闽侯亦遗建荃葛。"颜师古注："苏林曰，'荃音诠，细布属也'。服虔曰，'音荪，细葛也'。许慎云，'荃，细布'，字本作绖，……盖今南方筦之属，皆为荃也。葛即今之葛布也。以荃及葛遗建也。"《说文》糸部："绖，细布也。"《一切经音义》卷一四引《说文》作"细葛布也"。按细麻布与细葛布均可称绖，《汉书》之荃则似为细葛布。沈钦韩《汉书疏证》谓荃与绖不同，荃应为南方之蕉布、竹布。又《太平御览》卷八一九引《通俗文》："细葛谓之毦翅。"

⑦ 注⑥引文中之葛，即指葛布。又《庄子·让王篇》："冬日衣皮毛，夏日衣葛絺。"《史记·李斯列传》："冬日鹿裘，夏日葛衣。"《后汉书·和熹邓皇后纪》："赐葛布各有差。"《太平御览》卷八一九引《东观汉记》："赐（黄香）钱三万，黄白葛各一端。"

由于好的葛织品多半产于东南江浙一带，所以在汉代常称该地特产的品质优良的葛布曰"越布"或"白越"，① 有时亦名曰"蕉布"或"蕉葛"，② 被看作是葛织品中最珍贵的了。

葛织品薄而凉爽，人们一般拿它裁制夏季的单衣。《论语》说："当暑，袗絺绤，必表而出之。"③《礼记》也说："袗絺绤，不入公门。"④ 由于絺绤薄，贵族、官僚们虽用作夏服，但不得作朝服。在汉代，统治阶级虽然暑天喜穿讲究的葛布，一般也只作单（禅）衣一类的私服而不作礼服。⑤ 至于一般老百姓，则用普通的葛布制作夏衣。"夏日葛衣，冬日鹿裘"差不多成了一句表示农民衣着的熟语。⑥ 粗的葛布和麻布一样，可以作为丧服。⑦ 此外，古时人也用葛布作履，⑧ 作巾，⑨ 作帷帐，⑩ 以及浴巾、手巾等。⑪

---

① 《后汉书·陆续传》："陆续……会稽吴人也。……喜着越布单衣。光武见而好之，自是常敕会稽郡献越布。"《北堂书钞》卷一二八引谢承《后汉书》有同样记载。又《明德马皇后纪》："各赐王赤绶，加安车骈马，白越三千端。"
② 《后汉书·王符传》："徒御仆妾皆服葛子升越，筒中蕉布。"《文选》卷五，左思《吴都赋》："蕉葛升越，弱于罗纨。"刘渊林注："蕉葛，葛之细者。"
③ 《论语·乡党篇》。何晏《集解》："孔曰，暑则单服。絺、绤，葛也。必表而出之，加上衣。"
④ 《礼记·曲礼下》。又《玉藻》："振絺、绤，不入公门。"
⑤ 见注①。
⑥ 《韩非子·五蠹篇》："冬日鹿裘，夏日葛衣，虽监门之服养不亏于此矣。"《史记·太史公自序》谓墨者言尧舜之俭："粝粱之食，藜藿之羹，夏日葛衣，冬日鹿裘。"《庄子·让王篇》说贫俭的农民"冬日衣皮毛，夏日衣葛絺"。《列子·汤问篇》也说一般人"冬裘夏葛"。《墨子·节用中》："古者圣王制为衣服之法曰：冬服绀緅之衣，轻且暖，夏服絺、绤之衣，轻且清。"也指普通人的衣着。
⑦ 《礼记·丧服小记》。
⑧ 《诗经·魏风·葛屦》和《齐风·南山》。《仪礼·士冠礼》。
⑨ 《三国志·吴志·虞翻传》注引《吴书》言虞翻"被褐葛巾"。
⑩ 《史记·孔子世家》："（卫灵公）夫人在絺帷中。"
⑪ 《礼记·玉藻》："浴用二巾，上絺下绤。"又《曲礼》上："为天子削瓜者副文，中以絺。为国君华之，中以绤。"

战国秦汉时代葛织品的生产及其用途，大致如此。

其次谈一下毛织。

关于我国古代毛织的情况，我们知道得较少。在战国时代以前，古文献和考古资料都没有遗留什么有关毛织的痕迹。① 从殷代至春秋时期，羊（在古代各民族历史上，羊毛都是毛织的最主要原料，虽然也有利用其他兽毛的，如骆驼毛等）在我国畜牧业中占有一定的地位，但养羊的目的主要是为了吃羊肉（包括祭祀时用作牺牲）和衣羊裘，还没有看到为剪取羊毛进行纺织而大规模养羊的记载。在这一点上，我国古代和西方古代的情况很不相同。②

从战国时代以降，古文献中开始有了关于毛织的记载。其中可注意的是，汉族的毛织不发达，而在北方和西北方以游牧为生的各少数民族中，毛织则占很重要的地位。

《尚书·禹贡》曾提到雍州和梁州的贡物中有"织皮"。传统的解释谓"织皮"即是毛织品"罽"，但这种解释很可怀

---

① 在古文献记录中，《诗经·王风·大车》曾提到"毳衣"："大车槛槛，毳衣如菼……大车啍啍，毳衣如璊。"毛《传》、郑《笺》以及后世的注释家多以为毳衣即《周礼·春官》司服所说的毳冕。郑玄《笺》："毳衣之属，衣绘而裳绣。"然而许慎《说文》毛部"𣰠"字下引《诗》作"毳衣如𣰠"，遂把毳衣解为罽（毛织品）。《周礼·春官》司服所说的"毳冕"，郑众注曰："毳，罽也。"贾公彦《疏》亦随之而言："罽，绩毛为之，若今之毛布。"均误。清代学者也偶有释此毳衣、毳冕为罽者，非。前人驳斥已多，不详述。

② 按在古代，埃及的衣着原料主要用亚麻及少量的苎麻，不用毛织品。印度虽有毛织，但主要用棉。属于亚利安族的欧洲诸民族，则自远古以来即已为剪取羊毛（当然也为了吃肉，饮乳，并利用骨、皮）而养羊。在斯堪的那维亚出土遗存中，即有属于公元前1000年的青铜文化时期的粗羊毛织物。在公元前2000年，近东两河流域及叙利亚已有毛织。至希腊、罗马时期，毛织技术已发展到较高水平，并作为商品远销至中亚和中国。毛织品是古代欧洲人主要衣着原料。

疑。① 即便是氍，它也是西方戎人的土产。②《逸周书》提到西北诸民族的献物中有"白旄、纰、氍"，大致指的也是西戎的特产。③ 西方少数民族的这种特产，在战国时代已传入中原，为汉族所服用。④

稍晚的文献中，关于北方各游牧民族毛织的记载渐多。首先是匈奴人。匈奴人"逐水草迁徙"，主要畜产是马、牛、羊、骆驼，"自君王以下咸食畜肉，衣其皮革，被旃裘"。⑤ "旃"（毡）这种毛织物是他们很重要的衣着材料。东胡族的乌桓人也是一样。乌桓"随水草放牧"，"以穹庐为宅……食肉饮酪，以毛毳为衣……能刺韦作文绣，织缕氀毼"。⑥ "氀毼"是同类的毛织物。比乌桓稍落后的鲜卑人，生活大致和乌桓相同。⑦ 西汉时代

---

① 《尚书·禹贡》："梁州……厥贡璆、铁、银、镂、砮、磬、熊、罴、狐、狸、织皮。"又："雍州……织皮，昆仑、析支、渠搜，西戎即叙。"前句孔《传》曰："贡四兽之皮，织金氍。"（阮元《校勘记》谓"古本作'织皮，金氍也'，"误。《史记·夏本纪·集解》引孔《传》作"织皮，今氍也"，是。）《汉书·地理志》颜师古注谓"织皮，谓氍也，言贡四兽之皮，又贡杂罽"。后句孔《传》曰："织皮，毛布。"《汉书·地理志》颜师古注谓"言此诸国皆织皮毛，各得其业"。嗣后凡解经者，自孔颖达（《尚书注疏》）、苏轼（《东坡书传》）直到孙星衍（《尚书今古文注疏》）、胡渭（《禹贡锥指》）、丁晏（《禹贡集释》），无不释织皮为氍。然而"织皮"二字不见于其他古籍，其被释为氍，始于魏晋以降。郑玄对此的解释则仅云"织皮，谓西戎之国也"，"衣皮之民居此昆仑、析支、渠搜三山之野者，皆西戎也"。（见孙星衍《尚书今古文注疏》卷三中）按"织皮"释为氍，颇可疑。考《禹贡》上下文辞，疑"织"当训文采之"文"，即熊、罴、狐、狸四种兽的文采很好看的皮，亦即文皮之意。

② 同注①。详孔颖达《尚书注疏》及胡渭《禹贡锥指》。

③ 《逸周书·王会解》："正西昆仑、狗国、鬼亲、枳已、闟耳、贯胸、雕题、离丘、漆齿，请令以丹青、白旄、纰、氍、江历、龙角、神龟为献。"

④ 《荀子·王制篇》："西海则有皮革文旄焉，然而中国得而用之。"

⑤ 《史记·匈奴传》，《汉书·匈奴传》同。

⑥ 《三国志·魏志·乌丸鲜卑传》注引《魏略》。《后汉书·乌桓传》作"妇人能刺韦作文绣，织氀毼"，李贤注引《广雅》曰："氀毼，氍也。"

⑦ 《后汉书·鲜卑传》。

北方的匈奴、乌桓、鲜卑等胡人，以畜牧为主要生产，辅以狩猎，他们在生活各方面使用皮革、裘和毡罽，是很自然的，因而毛织在他们的经济生活中占有十分重要的地位。

毛织品在北方各游牧民族中用途很广。首先是衣着。胡服大抵是下裤上褶，即上身一件袖筒窄狭的袄，下身一条有时连着袜子的长裤，腰间束一条革带；头上戴帽，脚下穿靴。[①] 这些都是用毡罽、皮、裘或三者混合缝制的。他们的部落联盟的贵族统治者，除这些外还喜欢使用从汉人获得（受汉政府赠赐、通过关市交易或武装掠夺）的缯帛锦绣。[②] 这样的胡服，从蒙古人民共和国诺因乌拉地方汉代匈奴古墓出土的遗物，已得到很多实物例证。[③] 其次是毡帐席褥。"逐水草迁徙，无城郭常居耕田之业"[④]的胡人，经常"以穹庐为家室"。[⑤] 胡人所住的"穹庐"近似近世的蒙古包，"织柳为室，旃席为盖"，[⑥] 即以柳枝作间架而以毡罽来覆盖，因此也常称为"毡帐"。[⑦] 穹庐里面壁上悬挂的帐幔，地上铺垫的褥席，一般都用毛织物。[⑧] 胡人的贵族统治者使用这

---

① 王国维：《胡服考》（《观堂集林》卷二二）。
② 《汉书·匈奴传》。
③ C. Trever: Excavations in Northern Mongolia; W. P. Yetts: Discoveries of the Kozlov Expedition (Burlington Magazine, 1926)；梅原末治：《蒙古ノイン·ウラ发见の遗物》。
④ 《史记·匈奴列传》。
⑤ 《盐铁论·备胡篇》："匈奴处沙漠之中，生不食之地，天所贱而弃之。无坛宇之居，男女之别，以广野为间里，以穹庐为家室。衣皮蒙毛，食肉饮血。"《汉书·匈奴传》："匈奴父子同穹庐卧。"颜师古注曰："穹庐，旃帐也，其形穹隆，故曰穹庐。"
⑥ 《盐铁论·论功篇》。
⑦ 注⑤引《汉书》颜师古注。按后世文献中对柔然、高车、突厥、契丹、蒙古的同类住室，亦称穹庐，或毡帐、毡车。
⑧ 《后汉书·文苑杜笃传》载杜笃《论都赋》："深之匈奴，割裂王庭，席卷漠北，叩勒祁连，横分单于，屠裂百蛮。烧罽帐，系阏氏。"又《太平御览》卷七〇八引杜笃《边论》："匈奴请降，氍毹、罽褥、帐幔、氆裘，积如丘山。"

类毛织物，上面往往绣着繁缛瑰丽的花纹。诺因乌拉古墓出土的很多绣花毛毡，异常豪华精美，估计就是死者生前在穹庐中使用的。① 再者，匈奴人的风俗是，"其送死，有棺椁金银衣裘"。② 塔因乌拉古墓出土的遗物也说明，匈奴的贵族统治者的随葬品不仅有衣裘，而且大量的锦绣花毡挂满椁壁，垫盖棺木。③ 由上述这些我们可以看出，在匈奴人以及与匈奴类似的乌桓、鲜卑和西北的乌孙人的经济生活中，④ 毛织是多么重要。他们使用的毛织品种类很多，数量很大。这些基本上都是他们自己用羊毛、骆驼毛等纺织的。⑤ 他们的贵族统治阶级有时使用一些从当时中东各国输入的毛织物，但数量很少。他们如何纺织，使用什么工具，可惜古文献上没有留下记载。从诺因乌拉出土的遗物看来，在公元前后匈奴人的毛织技术已发展到了较高的水平，织纹和刺绣的技巧达到了相当精美的程度。⑥

汉代在西方青海高原和甘肃南部、四川西北部，居住着羌人和氐人两个少数民族。他们分散为许多小的氏族部落，以畜牧为

---

① 同本书第369页注④。参阅江上波夫：《匈奴の住居》(《ユウラシワ古代北方文化》)。

② 《史记·匈奴列传》。

③ 同本书第369页注③。

④ 《汉书·西域传》"乌孙"条载江都王建女细君的歌辞："吾家嫁我兮天一方，远托异国兮乌孙王，穹庐为室兮旃为墙，以肉为食兮酪为浆。""旃"，《玉台新咏》作"毡"。

⑤ 《淮南子·齐俗训》："夫胡人见黂不知其可以为布，越人见毳不知其可以为毡，故不通于物者难与言化。"《急就篇》："旃裘韝鞻蛮夷民。"匈奴自织的毡罽比较结实，《史记·匈奴列传》载中行说的话："得汉缯絮以驰草棘中，衣袴皆裂敝，以示不如旃裘之完善也。"诺因乌拉出土的毛织品有羊毛织的，也有骆驼毛织的。

⑥ 同本书第369页注③。

主要生产，也都和北方胡人一样从事毛织。① 近年考古工作者曾发现青海高原上古代居民的染色的毛织遗物。② 羌人妇女喜好贵重的"华氎"作为"盛服"。③ 稍后的记载说羌人也和北方胡人一样，一般以毡裘作衣，居住的屋宇也以毛织物覆盖。④ 氐人生活大致与羌人相似，织作的"纰、罽"是他们的特产。⑤ 氐人中的冉駹夷善于织作各种文采的毡罽。⑥ 羌、氐毛织所使用的原料，除羊毛外还偶然用氂牛尾织粗毡。⑦ 此外，在西南广大地区居住的"西南夷"，包括很多不同族的少数民族，过着不同的经济生活。其中以游牧为主的一些氏族部落，也都出产毛织物，并且拿来交纳给政府作为贡赋。⑧ 东汉时住在永昌郡即今云南省西

---

① 《后汉书·西羌传》。
② 黄能馥：《中国印染史话》，第4页。
③ 杜佑《通典》卷一八九引郭义恭《广志》："女披大华氎以为盛服。"
④ 《北史·宕昌传》说羌人之一种的宕昌羌："俗皆土著，居有屋宇。其屋织氂牛尾及毼羊毛覆之。……皆衣裘褐；收养氂牛羊豕以供其食。"按氂牛是西方羌氐地区的特产。此处所谓的"褐"，不是麻布而是"毛布"。同书《党项传》说党项羌"织氂牛尾及粘羺毛为屋，服裘褐，被毡为上饰；……养氂牛羊猪以供食，不知稼穑"。可参考。
⑤ 《说文》糸部："纰，氐人䌷也。"即上引《逸周书·王会解》所说的纰。
⑥ 《后汉书·西南夷传》："冉駹夷……其人能作旄毡、班罽、青顿、毞毲、羊羖之属。"李贤注："青顿、毲、羖并未详，字书无此二字。……何承天《纂文》曰：'纰，氐罽也。'……毞即纰也。"《华阳国志·蜀志》谓冉駹夷有牛、马、旄、毡、班、罽、青顿、毞毲、羊羖之属，为范晔所本。按"毲"，《集韵》曰"都括切，蛮夷织毛罽也"。又按《史记》及《汉书·西南夷传》均谓冉駹"在蜀之西"，为氐人。
⑦ 《说文》氂部："氂，氂牛尾也"。徐锴《说文系传》："其牛曰氂，其尾曰氂，以饰物曰旄。"氂牛尾本只作旗饰、车饰。但上引《北史·党项传》："织氂牛尾及粘羺毛为屋。"《尔雅·释言》："氂，罽也。"“氂"乃"毲"之讹。
⑧ 《华阳国志·南中志》谓西晋时"每夷供贡南夷府，入牛、金、旃、马，动以万计"。

部的哀牢夷文化较高，纺织特别发达，既能织作氀罽，又能织作绢、布和棉布。①

在西北，住在天山以南，葱岭以东，古西域的城郭诸国，自古以来也织作毛织品。汉初这些小国受匈奴控制的时候，匈奴统治者便强迫他们贡献"马、畜、旃罽"。② 汉武帝以后，汉政府治理这个地区时，他们和汉族的贸易相当兴盛，他们的毛织品随着也运销于内地。汉人提到罽，多半即指来自西域的毛织物。《说文》曰："𦈡，西胡毳布也。"③ 所谓西胡，即包括这个地区的人。马融说："柠则素旃紫罽，出乎西邻，缘以缋绣，铁以绮文。"④ 可见汉统治阶级对西胡的毛织品是很珍视的。西域城郭诸国文化较高，他们的毛织技术也发达到了相当的水平。近年在新疆境内古楼兰、于阗等遗址出土的毛织物，可以看出一般氀罽的用途很广，高级毛织品的织纹染彩也达到了相当精美的地步。⑤

汉代西域城郭诸国的毛织技术已无从详考。1900 年英人斯坦因窃掘古于阗遗址时，曾出土了一片 18 吋长，$4\frac{5}{8}$ 吋宽的木板，上面画的是"东国君女"嫁给于阗王时，秘密地把蚕种藏

---

① 同本书第 300 页注⑥。
② 《汉书·西域传》："虽属匈奴，不相亲附。匈奴得其马、畜、旃罽，而不能统率与之进退。"
③ 《说文》糸部。
④ 《后汉书·马融传》。
⑤ 见本文末附录三（6）至（9）项各资料。季羡林：《中国蚕丝输入印度问题的初步研究》（《历史研究》1955 年第 4 号）列举了魏晋至唐代的文献记录，说明西域城郭诸国居民一般"多衣氀褐"，只有统治阶级才穿白叠和从中国输入的丝织品。汉代情况近似。

在帽内带出了关,遂把蚕和养蚕技术传到了于阗的故事。① 画的中间是"东国君女",左边侍女手指着她的帽子,意谓蚕种所藏之处。两人中间是一筐蚕茧。右边女子面前是一个织机,机后是四臂的"先蚕"神。可注意的是这个织机。它显然与汉代普通织机不同。它是一个更原始的、无机台的所谓"平地机"。这种织机只用小木桩在平地上架着机架,两端用縢和榎撑紧两层经丝。上面有 3 根横棍。中间一根是"综竿",用提底经以便投梭;右边一根是"交竿",用撑开口以便回梭;左边一根是长尺形斫刀,用以打纬。这种平地机,游牧民族常使用,近代近东农村偶然仍可看到。② 这片画板是南北朝时代的遗物,但我们据此可以推测在汉代西域城郭诸国人民,大约便使用这样较原始的平地机来织造他们的毛织品。

在战国秦汉时代,葱岭以西的中亚细亚、中东、印度,以及当时罗马帝国各省和它北边的日耳曼各族,都普遍出产毛织品。中亚细亚及其西边的各游牧民族——康居、奄蔡,和各种塞人及

---

① A. Stein: Ancient khotan, Vol. I. pp. 259,260, Vol. II . pl. LXIII. D. x. 4,这个传说详见《大唐西域记》卷一二,"瞿萨旦那国"条:"昔者此国未知蚕桑,闻东国有也,命使以求。时东国君秘而不赐,严勅关防无令蚕种出也。瞿萨旦那王乃卑辞下礼,求婚东国,国君有怀远之志,遂允其请。瞿萨旦那王命使迎妇,而诫曰,'尔致辞东国君女,我国素无丝绵桑蚕之种,可以持来自为裳服'。女闻其言,密求其种,以桑蚕之子置帽絮中。既至关防,主者遍索,唯王女帽不敢以检,遂入瞿萨旦那国,止麻射伽蓝故地,方备仪礼奉迎入官,以桑蚕种留于此地。阳春告始,乃植其桑。蚕月既临,复事采养。初至也,尚以杂叶饲之,自时厥后桑树连荫。王妃乃刻石为制,不令伤杀,蚕蛾飞尽,乃得治茧。敢有犯违,明神不祐。遂为先蚕建此伽蓝。数株枯桑,云是本种之树也。故今此国有蚕不杀,窃有取丝者,来年辄不宜蚕。"这个传说中的东国君,显然指中国皇帝。《新唐书·西域传》"于阗"条亦载此传说,文较略。西藏亦有与此类似的传说,见季羡林前引文。参阅 A, stein, Ancient Khotan, pp. 259 sq。

② C. Singer: A History of Technology, Vol. I, pp. 425—427。该书中称这种织机为 Horizontal groundoom,今暂译"平地机"。古埃及亦曾用此种织机。

日耳曼人，文化比较落后，他们所产的毛织物大约很少流传远方。在他们南方的文化较高的国家——大宛、罽宾、乌弋山离、安息、大秦，以及大月氏（贵霜）和身毒等国的毛织品，因为织造得精美，从西汉以来便不断地作为奢侈品输入我国。对西方的这些高级毛织品，汉代人名之曰"氍毹"、"毾㲪"或"氍䩣"。班固曾提到过"月氏毾㲪"。①《汉书》中提到罽宾国"织罽，刺文绣"。②《后汉书》说天竺国"有细布，好毾㲪"；③《吴时外国传》也说"天竺出细靡氍毹、毾㲪；氍毹细者谓之毾㲪"。④ 晋代的记载说，大宛献给石勒的贡品中也有毾㲪。⑤ 在西方各国中，以大秦（罗马东部）所产的毛织品为最有名。《魏略》中曾详细列举大秦的各种名贵的纺织品，其中有海西布、罽帐、10种颜色的氍䩣，和"五色毾㲪"等；⑥《后汉书》也说大秦产"刺金缕绣、织成金缕罽、杂色绫"等。⑦ 所谓毾㲪、氍毹、氍䩣，大约都是汉代人对西域远方外国毛织品原来名称的译音。⑧

以上所述是战国秦汉时代我国北方、西北、西南各兄弟民

---

① 《北堂书钞》卷一三四引班固致弟超书："月氏毾㲪大小相杂，但细好而已。"
② 《汉书·西域传》"罽宾国"条。
③ 《后汉书·西域传》"天竺国"条。
④ 《北堂书钞》卷一三四引《吴时外国传》。
⑤ 《太平御览》卷八二〇引吴笃《赵书》。原作"毹㲪"，"毹"乃"毾"字之讹。
⑥ 《三国志·魏志·乌丸鲜卑东夷传》注引《魏略·西戎传》"大秦国"条。
⑦ 《后汉书·西域传》"大秦国"条。
⑧ 《说文》毛部新附："氍䩣、毾㲪，皆氀毼之属，盖方言也。"《释名·释床帐》作裵㲪："裵㲪，犹数数，毛相离之言也"；作榻登："榻登，施之承大床前小榻上，登以上床也。"《太平御览》卷七〇八引《通俗文》："织毛褥谓之氍毹，氍毹细者谓之毾㲪；名毾㲪者，施大床之前，小榻之上，所以登而上床也。"《后汉书·西域传》李贤注引《坤苍》谓毾㲪"毛席也"。《太平御览》卷七〇八引万震《南州异物志》："毾㲪，以羊毛杂群兽之毛为之，鸟兽、人物、草木、云气，作鹦鹉远望轩若飞也。"参阅 B. Laufer: Sino–Iranica, pp. 492–493，藤田丰八：《榻及ひ毾㲪氍䩣につきて》（《东西交涉史の研究·南海篇》）。

族，以及葱岭以西外国从事毛织的大致情况。现在我们再谈一下当时汉族的毛织品的使用和生产技术。

在古代文献中，关于汉族织造和使用毛织品的记载，远不如关于丝、麻织品那样多。《周礼》中开始提到制毡："掌皮……共其毳毛为毡，以待邦事。"① 又提到用毡铺案，② 和装饰路车。③ 用以制毡的"毳毛"大约是较细的羊毛，④ 但如何制法则不得而知。《战国策》中提到燕国的特产有"毡、裘、狗、马"，⑤《史记》和《盐铁论》中也都有类似的记载。⑥ 燕地产毡，可能由于该地久与东胡接壤，受其影响的原故。自战国末叶以降，人们使用毛织品似乎逐渐增多。在汉初，高帝八年的诏书中规定："贾人毋得衣锦、绣、绮、縠、绮、纻、罽，操兵，乘骑马。"⑦这里所说的罽（缏），无疑是拿羊毛纺织成的"毳布"或"毛布"。⑧ 不过这个诏书也说明罽在当时算是比较贵重的衣着材料，

---

① 《周礼·天官》掌皮。

② 《周礼·天官》掌次："王大旅上帝，张毡案，设皇邸。"郑玄注："张毡案，以毡为床于幄中。"贾公彦《疏》："案谓床也。床上著毡，即谓之毡案。"

③ 《周礼·春官》巾车："玉路，锡、樊、缨。"郑玄注："樊及缨皆以五彩罽饰之。"

④ 《淮南子·齐俗训》："越人见毳不知其可以为毡。"可见汉初人认为毳是制毡的原料。《说文》毳部："毳，兽细毛也。"《周礼·天官》掌皮郑玄注："毳毛，毛细缛者。"这两处没有说明毳指羊毛。稍晚的解释则明确指出是羊毛。《一切经音义》卷二引《三苍》："毳，羊细毛也。"卷一四引《字林》："毳，细羊毛也。"

⑤ 《战国策·赵策二》。《史记·苏秦列传》文同，唯"毡"作"旃"。按两汉文献中多假"旃"为"毡"。

⑥ 《史记·货殖列传》说北方产"马、牛、羊、旃、裘"。《盐铁论·本议篇》："燕齐之鱼、盐、旃、裘。"

⑦ 《汉书·高帝纪》。颜师古注："罽，织毛，若今氀及毡毾之类也。"

⑧ 《说文》糸部："缏，西胡毳布也。"段玉裁注："毳者，兽细毛也，用织为布，是曰缏，亦假罽为之。"按两汉魏晋文献中或作缏，多作罽，亦作罽若毧。《说文》毛部："毳，以毳为缏。"《汉书·东方朔传》："狗马被缋罽。"颜师古注："罽，织毛也，即毡毾之属。"《尔雅·释言》："氂，罽。"郭璞注："毛氂所以为罽。"《释文》曰："氂，字本作毳。"邢昺《疏》："舍人曰，氂谓毛罽也，胡人续羊毛而作衣。然则罽者织毛为之，若今之毛毡毾，以衣马之带鞯也。"

不是一般劳动人民日常服用的。

两汉的文献记录反映汉代人使用毛织品似有日渐普遍的趋势。拿毡罽作衣帽是为了御寒。传说汉文帝从代赴长安就帝位时，"衣罽袭、毡帽"。① 在气候寒冷的北方沿边各地，当时风行用毡罽是自然的。《淮南子》中提到"冬日被裘罽，夏日服绨纻"，把罽还看作是比较讲究的衣着。② 桓谭曾自述在旅途中患了病，蒙着絮被，身穿"绛罽襜褕"。③《东观汉记》提到窦宪曾把"绛罽襜褕"赠给王阜，王阜不接受。④ 汉末刘虞作幽州刺史，"常着氈裘"。⑤ 孙坚则平时"常著赤罽帻"。⑥ 这些记录说明在东汉年间，人们拿毡罽作衣帽，似乎比西汉时更加风行。拿毛织物作毡席来铺垫使用，或作车服马具，显然比衣着更为普遍。汉代宫廷及贵族宅第中，床上、几上、地上，常常使用毡罽来铺垫。⑦ 车马的樊、绥、车茵，辎軿车的屏幛等，也常常使用毡罽铺垫或作缀饰。⑧ 铺垫用的毡罽有如我们今天的地毯，所以

---

① 《风俗通·正失篇》："文帝代服，衣罽袭、毡帽，骑骏马。"

② 《淮南子·人间训》。按《淮南子》此条是讲孟尝君优待来投靠的陈骈子的故事时说的。该故事不见于《史记》。所以《淮南子》的话虽不一定能反映战国时期的情况，至少能反映汉初的情况。

③ 《太平御览》卷八一六引桓谭《新论》："余归沛，道病，蒙絮被，绛罽襜褕，乘骍马，宿下邑东亭。亭长疑是贼，发卒，余令勿斗，乃问而去。"

④ 《太平御览》卷六九三引《东观汉记》："王阜为益州太守，大将军窦宪贵盛，以绛罽襜褕与阜，阜不受。"

⑤ 《太平御览》卷六九四引谢承《后汉书》。

⑥ 《太平御览》卷六八七引《汉献帝春秋》。

⑦ 《汉旧仪》卷上："尚书郎宿留台中，官给青缣白绫被或锦被，帷帐，氈褥，通中枕。"《西京杂记》："汉制：天子玉几，冬则绨锦其上，谓之绨几。……公侯皆以竹木为几，冬则以细罽为橐以凭之，不得加绨锦。"《汉书·王吉传》："夫广厦之下，细旃之上，明师居前，劝诵在后。"

⑧ 《后汉书·舆服志》。车上所用的罽有文罽、紫罽、赤罽等。

论"张"。① 这类毛织物在汉代大约使用得相当普遍，市上出售的较多，所以司马迁说商人若贩售"旃席千具"，获利也可"比千乘之家"。② 新疆古楼兰、古于阗遗址，及诺因乌拉古墓出土的毛织物中，这种氍席不少，虽是匈奴及西北少数民族产品，但从这些我们也可以想见当时汉族人所用氍席，应亦类似。③《盐铁论》说："采旃文罽，充于内府。"恐怕说的就是这一类的讲究的氍席。

关于毛织品的织造方法和生产过程，古代文献给我们没有留下什么记载。除了上述匈奴及西北少数民族地区外，考古资料中也还没有发现过古代汉族人民织造的毛织品。因此，对于古代毛织的生产技术，我们只能作些间接的推测。

根据汉代的文献记录，当时作铺垫、屏幛用的氍毯，大约多半是用普通的羊毛（也可能掺杂其他兽毛）压制的，而裁制衣服用的氍罽，则是用较细的羊毛纺织的。压制氍毯技术简单，只须把剪下来的羊毛或骆驼等毛，练洗干净，去掉其中的污秽和油质，用沸水烫煮搓洗，使其柔软，然后铺绒赶压便成。④ 这样的制氍法，《齐民要术》中有简略的记载，并且说："凡作氍，不须厚大，唯紧薄均调乃佳。"⑤ 估计这种"旃席"在战国秦汉时代北方各地大约都能制造。纺织氍罽的技术则比较复杂。从羊毛的拣、洗、弹、梳，直到纺、织、练、染，都需要一些与丝、麻

---

① 《太平御览》卷八一六引班固与弟超书："窦侍中前寄人钱八十万，市得杂罽十余张。"又引干宝《晋纪》："孙皓遣使，诏书赐班罽五十张，绛罽二十张，紫青各十五张。"
② 《史记·货殖列传》。
③ C. Trever: Excavations in Northern Mongolia；梅原末治：《蒙古ノイン·ウラ发见の遗物》。A. Stein: Ancient Khotan； Innermost Asia； Serindla.
④ 参阅《天工开物》卷上《乃服》，"褐氍"条。
⑤ 《齐民要术》卷六，《养羊》。参阅石声汉：《齐民要术今释》，第396页。

纺织不很相同的技术。其中尤其是弹和纺。羊毛如何弹绒，我国古代文献没有记载。在西方盛产毛织物的各国，拿弹弓弹绒的技术发明得较晚。① 在毛织的生产程序中，最费劳力的是纺。据《天工开物》的记载，我国直到明代，纺毛线还只会用纺锤，"两手宛转搓成"。用"拔绒"来纺，每人穷日之力打线，只得一钱重，费半载工夫方成匹帛之料。用"绐绒"来纺，也不过"打线日多拔绒数倍"。而且，斜纹组织的毛织品仍须西北少数民族织工来织，汉族人还不会这样的技术。② 在千余年前的汉代，毛织技术绝不可能比这种纺法织法更进步。《说文》曰："氈，撚毛也。"又："撚，蹂也。"《方言》："撚，续也。"所谓"撚毛"或续毛，就是使用纺锤拿手把羊毛搓捻成为毛线。③ 这是说纺。稍后的服虔《通俗文》说罽是用毛线"织"成为毛织物，并且提到有斜纹组织。④ 根据这些，我们可以肯定，汉代汉族人的毛织技术比较落后，尤其在纺绩这一环节上，和麻织一样，受到了技术限制，使生产效率不容易提高。

毛纺织技术在战国秦汉时代既然比较落后，再加上当时汉族的畜牧业不很发达，羊毛的产量少，质量粗，⑤ 所以汉族人民一

---

① C. Singer：A History of Technology, Vol. Ⅱ. chpt. Ⅵ. 我国发明以弹弓弹棉花，较欧洲早，参阅王祯：《农书》。

② 《天工开物》，卷上，《乃服》，"褐氈"条。

③ 《说文》毛部： "氈，撚毛也，从毛，亶声。"沈涛《说文古本考》曰："《御览》七百八《服用部》引'撚毛可以为氊'。盖古本尚有'可以为氊'四字。氈本撚毛所为，单训撚毛，义未足，故又加此四字。今本乃二徐妄删。"段玉裁注："手部曰，撚者蹂也，撚毛者，蹂毛成氈也"。桂馥《说文解字义证》及王筠《说文句读》皆在引《说文》"撚，蹂也"外，另引《方言》"撚。续也"。此处疑训续为是。《尔雅·释言》邢昺《疏》引舍人云"氂谓毛罽也，胡人续羊毛而作衣"。

④ 《一切经音义》卷一引《通俗文》："织毛曰罽，邪文曰毲。"《太平御览》卷七〇八引《通俗文》："织毛褥谓之氍氈。"都是说织。

⑤ 关于羊毛质量，参阅《天工开物》卷上，《乃服》"氈裘"条。

般生产的毛织品数量有限。只有北方临近胡人的少数边疆地区，如战国时代的燕、赵，汉代幽、并二州，制氎织罽可能比较风行。① 汉代人用来制衣帽的普通的罽，和铺垫用的普通氎毯，大约自己织制。至于所谓"细罽"、"文罽"等高级毛织品，可能大部分都是从西域或其他少数民族地区输入的，因此价格贵，人们使用得少。② 从全国范围来说，我国历史上毛纺织始终不如丝、麻（及宋代以后的棉）纺织事业发达。这情况不仅在战国秦汉时代如此，而且一直延续到近代。

战国秦汉时代毛织的情况，大致如此。

最后，应附带谈一下战国秦汉时代人们对棉花、棉布的知识。

我国古代不产棉花。关于棉（学名 Gossypium Sqq）的原产地问题，今天学界还有许多争论。公元前两千年前后，印度半岛的居民已知利用野生棉，公元前一千年已知种植；但南美洲古代居民也很早就知道棉花，考古上发现公元前两千年秘鲁已有棉织物。约在公元前 6 世纪至 5 世纪，古亚叙和埃及都已有棉织。希腊文献中常提到埃及和印度的棉花、棉布。在罗马帝国时代，东边诸省都产棉，马尔他岛上设有棉织作坊。至于欧洲大陆各国棉的种植和纺织，则直到中古后期才开始。③

---

① 《战国策·赵策二》谓燕国特产"旃、裘、狗、马"。《史记·货殖列传》："北多马、牛、羊、旃、裘、筋、角。"《盐铁论·本议篇》："燕齐之鱼、盐、旃、裘。"本书第 376 页注①引《风俗通》似谓代地产氎罽。《太平御览》卷七〇八引《魏志》谓"并州有佳氎"。

② 见本书第 377 页注①。

③ 阿拉伯人在 8 世纪将植棉与纺织技术传入西班牙。意大利和法国的棉织始于 12 世纪，荷兰、比利时一带地方始于 13 世纪，德国始于 14 世纪，英国始于 15 世纪。但在中古后期，欧洲出产的棉花、棉布始终比不上近东和埃及的优良。同时希腊北部及黑海沿岸各地也已经植棉。中亚细亚植棉大约是由印度和中东传去的，时代应在中古前期。参阅 C. Singer：A History of Technology，Vol. I. chpt. XIV，XV；Vol. Ⅱ，chpt. Ⅵ。Cambridge Economic History，Vol. I. chpt. Ⅲ。

在东方，至迟至魏晋时代，今缅甸、越南、柬埔寨和印度尼西亚等地都已种植棉花，织造棉布。吴时根据朱应、康泰出使南洋的见闻所撰的《吴时外国传》和万震的《南州异物志》，以及晋郭义恭的《广志》和张勃的《吴录》等书，曾记载这些地方种植"古贝"、"吉贝"，纺织"班布"、"白叠"、"白緤"。① 古贝或吉贝（晋人所译佛经中亦曰"劫贝"、"劫波育"）本是梵语"棉"字（Karpasa，巴利文作 Kappasa）的译音；织作的所谓班布、白叠等，即是棉布。②

古代文献记录反映，我国在东汉以前，人们还不知道棉花和棉布。有人把《尚书·禹贡》所说的"岛夷卉服"和扬州贡物"织贝"释为棉；③ 把《史记》、《汉书》中的"榻布"或"荅布"，④《后汉书》中的"都布"，⑤ 扬雄《蜀都赋》中的"细

---

① 《后汉书·西南夷传》李贤注引《外国传》："诸薄国女子织作白叠花布。"《太平御览》卷八二〇引《广志》："白叠布毛织，出诸薄国。"《梁书·海南诸国传》"林邑国"条："又出瑇瑁、贝、齿、吉贝、沈水香。吉贝者，树名也，其华成时如鹅毳，抽其绪纺之，以作布，洁白与纻布不殊；亦染成五色，织为班布也。"《齐民要术》卷一〇引《吴录·地理志》："交趾安定县有木绵树，高大，实如酒杯，口有绵，如蚕之绵也。又可作布，名曰白緤，一名毛布。"（《太平御览》卷九六〇引同，少"白"字。）《太平御览》卷八二〇引《南州异物志》："五色班布，以（丝布）古贝木所化。此木熟时，状如鹅毳，中有核如珠珣，细过丝绵。人将用之，则治出其核，但纺不绩，任意小抽牵引，无有断绝。欲为班布，则染之五色，织以为布，弱软厚致胜毳毛。外徼人以班布文最烦缛多巧者，名曰城；其次小粗者，名曰文辱；又次粗者，名曰乌骧。"按"班"即"斑"，《一切经音义》卷一七引《苍颉篇》："班，文貌也。"

② 参阅藤田丰八：《棉花棉布に關すち古代支那人の知识》（《东西交涉史の研究·南海篇》）。B. Laufer：Sino - Iranica，pp. 489—492. 藤田认为"白叠"一词乃波斯语 bagtak 或 bugtak 之译音，疑不确。汉称白叠，与波斯语无涉。《一切经音义》卷一谓"高昌名氎"，疑白叠、帛叠、叠、氎是汉魏以降西域居民土语的译音。

③ 蔡沈：《书集传》（《农政全书》卷三五引）。

④ 《史记·货殖列传》："榻布皮革千石。"《汉书·货殖列传》："荅布皮革千石。"

⑤ 《后汉书·马援传》："（公孙述）更为援制都布单衣。"《东观汉记》卷一二，"马援"条作"答布单衣"。

都"、"黄润",① 都释为棉布,恐怕都是根据后代的臆说揣想而产生的误解。② 从东汉时起,才开始有关于益州永昌郡(今云南省西部)哀牢夷(大约是现在的傣族)织作"帛叠"即棉布的记载。③ 这是对棉布最早的确实知识。④ 汉末魏晋时代,汉族人又逐渐传闻南方和西南少数民族地区,以及南方外国,有一种木棉树,当时名曰"梧桐木"、"白桐木"、"橦"、"木棉树"或"古贝木",并传闻它的花成熟时,实中有絮如蚕丝或鹅毛,可"抽其绪纺之以作布",名曰"桐华布"或"橦华布"。⑤ 这个传闻,在南北朝隋唐时代仍继续有类似的记载。按木棉(学名Bombax malabaricum)今天在热带和亚热带地区都有生长,我国南方福建、广东、云南等地皆产,是一种七八丈高的乔木,春天开红花,结实稍长,中间有淡黄色的丝絮。然而,它的纤维短,

① 可参阅上文。
② 藤田丰八即误将这些都释为棉布,见本书第380页注②引文。
③ 《后汉书·西南夷传》谓哀牢夷"土地沃美,宜五谷蚕桑,知染、彩、文绣、罽毲、帛叠、兰干细布,织成文章如绫锦。有梧桐木华,绩以为布,幅广五尺,洁白不受垢污,先以覆亡人,然后服之。……(永昌太守郑纯)与哀牢夷人约,邑豪岁输布贯头衣二领、盐一斛为常赋,夷俗安之。"《华阳国志·南中志》亦谓哀牢夷有"蚕桑、绵绢、彩帛、文绣",又有"梧桐木(按当作橦华木),其华柔如丝,民绩以为布,幅广五尺以还,洁白不受污,俗名曰桐华布。以覆亡人,然后服之及卖与人。有兰干细布,兰干獠言纻也,织成文如绫锦。又有罽、毲、帛叠"。
④ 范晔是刘宋时人,他在所撰《后汉书》中记哀牢夷一段文字大约是根据常璩的《华阳国志》或华峤的《后汉书》。这些虽都是汉以后的著作,但所记哀牢夷的情况则可以看作是东汉时代的事实。
⑤ 梧桐木见注③《后汉书·西南夷传》及《华阳国志·南中志》记哀牢夷。又《太平御览》卷七八六引乐资《九州记》文与《后汉书》略同;卷八二〇引华峤《后汉书》文过简,但亦有相同的记载。《后汉书·西南夷传》"哀牢夷"条李贤注引郭义恭《广志》曰:"梧桐有白者。剽国有白桐木,其华有白氎,取其氎,淹渍缉绩,织以为布。"《文选》卷四,左思《蜀都赋》:"布有橦华。"刘渊林注:"橦华者,树名橦,其花柔毳,可绩为布,出永昌。"木绵树见本书第380页注①引《吴录·地理志》。古贝木亦见同注引《南州异物志》。

直而滑，难纺成线，所以明清以来多拿它衬垫袍褥。古时南方人民是否真拿木棉纺织，很可怀疑。① 在魏晋时代我们知道该地区业已种植草棉，并织作白叠布。因此关于南方用木棉织作桐华布的记载，很可能是一种讹传，是北方人不知实际情况而把南方的木棉和草棉二者混同了起来。② 至于棉的梵语或南方土名叫做"古贝"或"吉贝"，在魏晋时也已为北方人所知，但北方人提及它时仍兼指草本和木本。③ 这样一直到了唐代以后，记载上才逐渐把二者清楚地划分开来。④ 到了宋代，棉花从南道逐步传入我国，种植推广，正确的记载就很多了。⑤ 此外，在西方，在南北朝时，棉花已传到了高昌国（今新疆吐鲁番），并在那里种植、纺织成白叠布，《梁书》中有明确的记载。该地的棉花无疑的是草棉。⑥ 高昌国是当时新疆境内经济文化最发达的地区，棉花从中亚传入以后，高昌具有种植传播的良好基础。关于高昌产的棉花棉布，唐宋时代均有记载。⑦ 但从西域向东再传到陕西，则迟至元初。⑧ 至于棉花何时传到，以及如何传到高昌，已无法

① 有人说可以纺织成布，参阅本书第380页注②引藤田丰八文及B. Laufer：Sino‑Iranica, p. 491. 徐光启：《农政全书》卷三五曾指出木棉不能纺织："攀枝花（按闽广一带称木棉为攀枝花。——笔者）中作袍褥，虽柔滑而不韧，绝不能牵引，岂堪作布？或疑木棉是此，可谓作布，而其法不传，非也。"

② 程溯洛：《中国种植棉花小史》（《历史教学》1954年第1期）曾指出这种古时对"草本、木本闹不清楚"的情况，乃谓木棉不能纺织。

③ 如本书第380页注①引《梁书·海南诸国传》、《吴录·地理志》及《南州异物志》。

④ 《旧唐书·林邑传》。《新唐书·南蛮传》。程大昌《滨繁录》卷一〇。

⑤ 参阅本书第380页注②引程溯洛文，及冯家昇：《我国纺织家黄道婆对于棉织业的伟大贡献》（《历史教学》1954年第4期）。

⑥ 《梁书·诸夷传》"高昌国"条："多草木。草实如茧，茧中丝如细纻，名为白叠子，国人多取织以为布，布甚软白，交市用焉。"

⑦ 《新唐书·高昌传》。《宋史·回鹘传》。

⑧ 《农桑辑要》卷二。参阅注⑤引程溯洛、冯家昇文。

确考；推想不可能在北魏以前，因为魏晋时代的文献记录中，对此没有留存任何痕迹。

　　让我们再回到汉代。东汉时虽然对棉花还没有什么知识，但是永昌郡哀牢夷的以及西域远方的棉布，可能已有些传入我国。永昌郡在东汉时北与蜀郡、西与掸国（今缅甸）都有经常的贸易关系，① 哀牢夷的帛叠可能即输入内地而为中原人所熟知。西域的白叠，魏晋人常提到。魏文帝诏书里就说过："夫珍玩所生，皆中国及西域，他方物比不如也。代郡黄布为细，乐浪练为精，江东太末布为白，故不如白叠布鲜洁也。"② 可见西域的白叠在魏初已很有名。推想这种白叠传入我国应非仅始于魏初，可能在东汉时业已输入。曹魏时的孟康注《汉书》，认为《汉书》中所说的"荅布"即是"白叠"。③ 吴笃《赵书》曾提到"石勒建平二年，大宛献珊瑚、琉璃、毼氈、白叠"。④ 严格地说，西域输入白叠虽不见于汉代人的记载，但根据上述这些，我们可以推测大约至少在汉末，西域的白叠可能已成为从印度半岛及中东各地输入到我国的"远方珍物"之一种。不过它的输入量不会大，价格一定较高，而且不如西方精美的毛织品曾在我国汉代那样久享盛名，受人珍视罢了。

　　总括来说，在战国秦汉时代，我国不产棉花、棉布。当时人对棉花还没有什么确实的知识。在东汉时，西南哀牢夷所产的棉布和西域远方外国的棉布刚刚开始有少量输入我国。我国人当时主要的衣着原料是丝、麻、葛，而不是棉、毛。这种情况使得战

---

① 《后汉书·西南夷传》。《三国志·魏志》引《魏略·西戎传》。参阅夏光南：《中印缅道交通史》，第15—24页。
② 《太平御览》卷八二〇引《魏略》。
③ 《汉书·货殖列传》："荅布皮革千石。"孟康曰："荅布，白叠也。"
④ 《太平御览》卷八二〇引吴笃《赵书》。

国秦汉时代的纺织业，不仅和它同时代的亚洲、欧洲各民族和国家的纺织业比较起来，有它的特色；而且和宋元以降棉花在我国各地大规模种植纺织，代替了麻而成为广大劳动人民主要衣着原料时的情况比较起来，也显然很不相同。战国秦汉时代的纺织业的这种特殊情况，对当时人民经济生活在一定程度上起着不少特殊的作用和影响，它本身内部也存在着若干特殊的经济问题。这些问题，不同于和它同时代的其他民族和国家的纺织业中存在的问题，也不同于我国宋元以后纺织业中所存在的问题。这是我们在下面还要进一步讨论的。

三　练染

在战国秦汉时代，不仅我国的纺织技术发展到了当时世界上未有的高水平，而且和纺织有密切联系的染业，也发达到了足以和纺织技术相配合的地步。

我国人民自古以来就喜爱花纹和彩色。从殷周到秦汉，遗存的大量古代的陶器、铜器、玉器、漆器，以及建筑、雕刻、壁画、画像砖石等，在雕绘花纹或运用彩色方面，处处可以看到我国古代手工业工人制造技巧的卓越，高度的艺术创造性，和独特的民族风格。这些特长，在古代的纺织业，尤其是丝织品中，也充分地表现了出来。以上述近年各地出土的汉代的锦、绮、纹罗为例，这些精美的丝织品不仅是我国古代的织工以高度的智慧和技巧生产出来的生活用品，而且是富有时代色彩和民族格调的艺术品。它们花纹的丰实缛丽、新颖生动，彩色的珣烂璀璨，色调的浓淡调和，使我们在两千年后的今天欣赏时，也不能不惊叹观止。

战国秦汉时代人穿衣服，喜欢上面有图案规整又富有写实意味的缛丽的花纹。《尚书·益稷》所记的有名的十二章图纹——

日、月、星辰、山、龙、华虫、藻、火、粉、米、黼、黻①——通战国秦汉数百年始终是礼服上使用的主要花纹。东汉明帝永平二年根据古典制定章服制度时，曾正式规定"乘舆备文日、月、星辰十二章，三公诸侯用山、龙九章，九卿以下用华虫七章，皆五彩"。② 这些图案花纹的使用，实际上并非仅限于礼服。除了日、月、星辰三章为皇帝专用的纹饰外，由其他九章变化出来的各种花纹图案，大量使用于一般织品，尤其是精美的织锦上。我们把近年各地出土的汉代织锦的花纹图案观察一下，便可看到它的内容是多么繁缛瑰丽、丰富多彩，其中有些可以看出是从上述九章图纹变化派生而来，又有些则超出惯用的图纹以外。这些花纹图案包括有连绵不断的涡云纹、波状起伏的连山纹、海涛样勾连曲卷的浪花纹、交错的夔龙或蟠螭纹、叶状的连云纹和连理枝纹。在这样主要的图案纹间，织着各种飞翔奔驰的或伫立蹲伏的祥禽瑞兽，其中有麒麟、狮、虎、鹿、马、兔、辟邪、带翼的飞兽、兽首，以及不知名的奇兽；有飞鸿，及鹤、鹄、鸳鸯等禽类。植物图纹较少，有树木、灵芝、花、草。另外，有骑马的神仙，有和"朱提堂郎洗"中所见的同样的双鱼图案，有先秦器物上曾见的黼黻纹，还有春秋时代以来丝织物上常见的斜方形的菱纹。在这些既整齐又生动的花纹图案隙间，常织着各种吉祥语句。简单的如"登高"、"燮山"、"（永）昌长乐"、"君时于意"、"万世如意"；长些的如"延年益寿宜子孙"、"鸿昌万岁宜

---

① 《尚书·益稷》："帝曰：予欲观古人之象。日、月、星辰、山、龙、华虫，作会宗彝；藻、火、粉、米、黼、黻，绨绣以五彩，彰施于五色，作服，汝明。"关于这段文字所说的十二章图纹，历代的诠释有些差异。就在汉代，马融、郑玄和孔《传》解释亦不相同，嗣后自唐至清，注释经典的人争论更多，今依马融说。

② 《续汉书·舆服志》。按《尚书》的十二章图纹和明帝的这次规定奠定了以后千余年封建时代礼服图纹的基础。

子孙"、"新神灵广成寿万年"、"韩仁绣交龙子孙无亟"。① 不仅织锦上花纹如此丰富多彩，民丰出土的一段织绮上，虽单色提花，也有很美的连枝葡萄和生动的鸟兽纹。② 比起这些来，出土的绫、罗、织带上的单纯菱纹和棋纹图案就显得比较简单了，虽然后者的端庄雅静具有另一种美，长期为战国秦汉人所爱好。③ 我们看过这些花纹图案后，再读史游《急就篇》中讲到织物花纹的话，便感到很具体了。《急就篇》说："锦绣缦纯离云爵，乘风县钟华洞乐，豹首落莫兔双鹤，春草鸡翘凫翁濯"。④ 这里所提到的花纹，在出土的汉代织锦中，差不多都可以找到实物的例证。

关于这些花纹图案的艺术评价，以及它们反映的思想意识，超出本文的范围之外，不拟详论。我们这里要注意的有两点：一是这些美丽的花纹图案充分说明了汉代机织技术已发展到了很高的水平，体现了当时手工业工匠在技术方面崇高的智慧和创造

---

① 以上根据的资料，详见本文末附录三，不再分别注明。按《邺中记》（《汉魏丛书》本）中曾提到石虎有"大登高锦，小登高锦"，又提到"大交龙锦，小交龙锦"。"新神灵广成寿万年"的"新"大约是新莽之新，参阅江上波夫：《北蒙古ノィン·ウラ古坟出土'新'の铭辞ある绣に就いて》（《加藤博士还历记念东洋史集说》所收）。

② 武敏：《新疆出土汉—唐丝织品初探》（《文物》1962年第7、8期）。

③ 同本书第331页注①；本书第332页注②、④。

④ 《急就篇》颜师古注曰："离云，言为云气离合之状也。爵，孔爵也。言织刺此象以成锦绣缯帛之文也。自离云爵以下至凫翁濯，其义皆同。今时锦绣绫罗及縠䌷氀毼之属，摹写诸物，无不毕备，其来久矣。一曰，离谓长离也，云谓云气也。长离，灵鸟名也。作长离、云气、孔爵之状也。乘风，一名爱居，一名离县，盖海鸟也，言为乘风之状。作篪虡之悬钟，文为华藻之形，兼列众乐之器，以成章也。洞犹通也，言遍载其文彩也。豹首，若今兽头锦。落莫，谓文彩相连，又为兔及双鹤之形也。乌二枚曰双。春草，象其初生纤丽之状也。鸡翘、鸡尾之曲垂也。凫者，水中之鸟，今所谓水鸭者也。翁，颈上毛也。既为春草、鸡翘之状，又象凫在水中引濯其翁也。一曰，春草、鸡翘、凫翁皆谓染彩而色似之，若今染家言鸭头绿、翠毛碧云。"

力。二是为了织造这样五彩缤纷的纹锦,当时练染技术必然已发展到了能与织锦的要求相配合的成熟地步。

从染色方面来观察上述这些出土的汉代丝织品,其中大部分虽然因为年代久远早已褪色,但仍然可以看出当时染色种类的繁多。仅民丰出土汉代刺绣的丝线,便至少有 11 种彩色;同地出土的平织的縑、绢等,也染成很多不同的颜色。诺因乌拉和新疆古楼兰遗址出土的锦绣、绫、绢,所用的彩色也同样地缤纷璨烂。[①] 这些充分说明汉代练染的技艺已达到了相当高的水平。

我国古代人爱好彩色。在古代纺织品中,虽也有不少单色的绮、縠、罗、纨,但人们总是喜爱彩色繁多的锦、绣。即便是普通的布帛,人们也爱好染色。尤其是封建统治阶级,经常穿的是"锦绣文采靡曼之衣",[②] 在他们看来,丝帛有"五色之巧",[③] "一衣而五彩具",[④] 是正常的、必需的。封建习俗礼法的传统使历朝政府都重视文采章服制度。《左传》中记子太叔论礼时便说礼的重要内容之一就是"为九文、六彩、五章以奉五色"。[⑤] 战国秦汉时代,封建政府无不严格规定祭服、朝服、礼服的衣、裳、冠、带的式样、花纹、彩色,以区别贵贱阶级差等,其中彩色尤其是重要的标志。[⑥] 汉代礼服不仅衣裳冠履法定某些图纹和

---

① 梅原末治:《蒙古ノィン・ウラ发见の遗物》。A. Stein: Innermost Asia, Plates.
② 《墨子·辞过篇》。
③ 《论衡·量知篇》。
④ 《晏子春秋·内篇·谏下》。
⑤ 《左传》昭公二十五年。自此以后,战国秦汉时代文献反映,凡是讲究"礼"的人,几乎无不讲究文章彩色。
⑥ 《仪礼·士冠礼》。《礼记·玉藻·深衣》。《续汉书·舆服志》。《太平御览》卷八一四引蔡邕《女诫》。《周礼》中各处记载尤详。《吕氏春秋·季春记》说官府染彩织文的目的是"以给郊庙祭祀之服,以为旗章,以别贵贱等级之度"。

彩色，就连贵族和高级官僚的绶带，也规定必须二至四彩，① 且很讲究织纹组织。② 《礼记》说，"衣正色，裳间色，非列彩不入公门"。③ 可见列彩对封建统治阶级是多么重要。至于富贵家族的人们的常服，常常比礼服还要奢豪华丽。东汉时，"公主贵人妃以上，嫁娶得服锦绮罗縠缯彩十二色"，县令长级以上的官僚家庭都可服"重练彩九色"。④ 这样崇尚彩色的习俗，我们从上述汉代丝织品出土实物得到了充足的具体例证。

不仅高级丝织品如此，就是一般普通的麻布也须染色。凡是"吉服"都染色，只有"丧服"用素不染。"染练布帛，名之曰彩，贵吉之服也；无染练之治名縠粗，縠粗不吉，丧人服之。"⑤ 麻布有花纹的很少，一般多是平织，更少用不同色的线缕提花。然而，喜好文采的我国古代人却从很早便发明了印花技术，给朴质的麻布也增添了艺术性，丰富了人民的生活。民丰出土的蓝白印花布，具体地告诉了我们汉代人在染缬方面新颖的工艺成就。⑥

上述这些情况已足以说明，在战国秦汉时代，染练是与纺织密不可分的一种重要的手工业。

而且练染是当时人们相当重视的一种手工业。《周礼》所记与练染有关的职官就有7个：征集染料的有"掌染草"，掌染丝帛的有"染人"，⑦ 另外"设色之工五"，包括"画、缋、锺、

---

① 《续汉书·舆服志》。
② 《太平御览》卷六八二引《博物志》。
③ 《札记·玉藻》。
④ 《续汉书·舆服志》。
⑤ 《论衡·量知篇》。
⑥ 新疆维吾尔自治区博物馆：《新疆民丰县北大沙漠中遗址墓葬区东汉合葬墓清理简报》（《文物》1960年第6期）。黄能馥：《中国印染史话》二，"印染"。
⑦ 《周礼·地官》"掌染草"。《周礼·天官》"染人"。

筐、筐"氏5种工师。① 封建政府重视染彩的类似记载，也见于《吕氏春秋》。② 西汉时，长安未央宫中有专职的"织作染练之署"，叫做暴室。③ 东汉时，大司农的属官之一平准令，除了"掌知物价"外，还"主练染作彩色"，员吏达"百九十人"。④ 至于地方的"服官"，当然是织作兼染练了。在豪族地主庄园中，染练是各种庄园手工业之一种。⑤ 民间则有专门种植染草兼营染业的人。⑥ 城市中从事练染的独立小手工业者，记载虽然缺乏，估计应已不少。墨子所见的"染丝者"，可能已是一个独立的小手工匠。⑦ 一般广大农民家家户户自绩自织，推想他们大约是在自己家中弄些染料自己练染，染的技术当然就远不如专业染练的官府作坊或手工匠师了。

战国秦汉时代的人既然重视染色，所以古文献中关于染练有较多的记载，使我们对于当时染练的技术尚能知其大概。

不管是染丝缕还是染布帛，在染以前都需要练。《周礼》染人职："凡染，春暴练，夏纁玄，秋染夏，冬献功。"郑玄注说："暴练，练其素而暴之。"⑧ 这就是说，在染以前把丝帛先精练

---

① 《周礼·考工记》。
② 《吕氏春秋·季夏记》："是月也，命妇官染彩，黼黻文章必以法，故无或差忒。黑、黄、赤、苍莫不质良，勿敢伪诈。"《礼记·月令》、《淮南子·时则训》文略同。
③ 《三辅黄图》卷三。
④ 《续汉书·百官志》。
⑤ 《全后汉文》卷四七辑崔寔《四民月令》。
⑥ 《艺文类聚》卷八一引赵岐《蓝赋》："余就医偃师，道经陈留，此境人皆以种蓝染绀为业，蓝田弥望，黍稷不植。"
⑦ 《墨子·所染篇》："子墨子言见染丝者而叹曰：染于苍则苍，染于黄则黄，所入者变，其色亦变，五入必而已则五色矣。故染不可不慎也。"
⑧ 《周礼·天官》"染人"。

了，① 然后晒干。练的方法，或用温水浸渍，或用沸水煮。《周礼·考工记》详细记载了古代涑丝、涑帛的方法。关于涑丝，《考工记》说："涑丝，以涚水沤其丝七日，去地尺暴之，昼暴诸日，夜宿诸井，七日七夜，是谓水涑。"② 这就是说，把生丝放在和了灰汁的温水里浸沤，③ 然后白天悬挂在阳光里晒干，夜晚悬在井里浸渍，如此反复浸沤晒洗，7日7夜，便完成了精涑过程。④ 关于涑帛，《考工记》说："涑帛，以栏为灰，渥淳其帛，实诸泽器，淫之以蜃；清其灰而盝之，而挥之；而沃之，而盝之，而涂之，而宿之；明日沃而盝之，昼暴诸日，夜宿诸井，七日七夜，是谓水涑。"⑤ 这就是说，把织成的生帛放在和了较

---

① 《说文》糸部："绡，生丝也。"（《玉篇》同。）段玉裁注："生丝，未涑之丝也，已涑之缯曰练，未涑之丝曰绡。"又："练，涑缯也。"又水部："涑，澗也。"段玉裁注："帗氏 如法涑之、暴之，而后丝帛之质精，而后染人可加染。涑之以去其瑕，如澗米之去穅粊，其用一也。"《战国策》高诱注："练，濯治也。"

② 《周礼·考工记》"帗氏"。郑玄注曰："故书涚作湄。郑司农云'湄水，温水'。玄谓涚水，以灰所沸水也。沤，渐也，楚人曰沤，齐人曰涹。"

③ 孙诒让：《周礼正义》引段玉裁说，谓"湄"当作"澳。"《说文》水部："澳，汤也。"又："涚，财温水也。"孙诒让《正义》谓："此涚亦谓沸清之水也。涑丝必以灰和水，又恐其浊而失其色，故必沸而清之，而后可沤。"

④ 《考工记》这段话，戴震《考工记图》释为"凡涑丝涑帛，灰涑水涑各七日"，意即将丝先在灰水中沤7日，然后再暴诸日，宿诸井7日7夜。孙诒让《周礼正义》对此点解说虽不明确，但似亦承袭戴震之说。吉田光邦在他的《周礼·考工记的考察》（《东方学报》，京都，第三十册）一文中也释为以灰汁水浸渍7日，并且从技术上来考虑，认为7日为时过长，半日即可，又说用冷水也许需要7日。这些解说其实都是误释了"以涚水沤其丝七日"一句。玩原文之意，实指涑丝一共要7日，每日用灰汁浸沤些时，然后晒干，夜间悬井中浸渍，翌日再沤再暴，夜间再宿诸井，如此反复浸沤晒洗，7日7夜而毕。"沤其丝"下之"七日"二字，乃总言涑丝日数，非承上单言沤丝。

⑤ 《周礼·考工记》"帗氏"。郑玄注："以栏木之灰渐释其帛也。"按栏即楝。《诗经·邶风·简兮》毛《传》："渥，厚渍。"与沤义同。泽器，郑众谓"滑泽之器"。淫，杜子春谓字亦或作"湛"，义通。蜃谓大蛤。盝，《尔雅·释诂》曰："涸竭也。"馀详孙诒让《周礼正义》。

浓的楝木灰的水里浸沤，使其柔润；然后再放在可能是带釉的光泽的陶器里，用拿蜃蛤壳烧成的特别白的石灰水浸渍。用木灰和石灰水，都是为了利用这样的碱性液体来除掉生帛上的污垢、油脂、浆质等；用光泽的陶器，因为它不怕碱性液体浸蚀，等到陶器里的灰水澂清了，把帛捞出来拧干、晒干，再把附着在帛上的细灰抖掉。① 然后再而楝木灰浸沤，再拧干而涂以蜃灰，悬在井里浸渍；② 翌日再重新重复这一浸沤晒洗的手续。如此反复浸沤晒洗，7日7夜，便完成了帛的精湅过程。《考工记》记载的这种湅法是科学的，直到近代，旧式染坊仍使用这种湅法。《考工记》只提缫丝使用温水，但汉末的文献开始提到煮湅。《释名》说："湅，烂也，煮使委烂也。"③ 煮湅得法，能节省精湅的时日，这种湅法可能始于东汉时期。

麻缕、麻布也需要精湅，精湅布缕在汉代一般称作"治"，④也用灰，称作"灰治"。《礼记·深衣》郑玄注说："深衣者，用十五升布，锻濯灰治，纯之以彩。"孔颖达解释说："锻濯谓打洗，锻濯用灰治理，使和熟也。"⑤ 灰治布缕的方法虽没有详细

---

① 戴震：《考工记图》："每日之朝，置水于泽器中以澂蜃灰，乃取帛出，盥之，挥之。"孙诒让：《周礼正义》："盖以水澄去其灰之粗滓，其细灰仍著帛不去，故后复振之也。"又说："俟灰清时出布去其水而暴干之，……因其于更振去其蜃也。"

② 戴震：《考工图记》："每日之夕盥栏沈，涂蜃灰，经宿。"

③ 《释名·释彩帛》。《玉篇》："湅，煮沤也。"《急就篇》颜师古注："湅者，煮缣而熟之也。"

④ 《仪礼·丧服》："小功布衰裳，澡麻带绖。"郑玄注："澡者，治去莩垢。"又："传曰，总者十五升抽其半，有事其缕，无事其布，曰总。"孔颖达：《正义》："事犹治也。所以'有事其缕'即治其缕，'无事其布'即不治其布。《仪礼·士冠礼》："不屦繶屦。"郑玄注："繶屦，丧屦也。缕不灰治曰总。"《说文》麻部："繸，未湅治纻也。"可见战国时期称精湅布缕为"澡"或"事"，汉代则率称"治"。《玉篇》："锡，治麻布也，"即灰治过的麻布。

⑤ 《礼记·深衣》，孔颖达《正义》。《仪礼·士丧礼》："幂奠用功布。"郑玄注："功布，锻濯灰治之布也。"

的记载,推测大约与《考工记》中练丝、练帛的灰练方法相近似。灰治是利用碱性液体除去布缕中的污垢、油脂,使其洁白、光滑,并且有使布缕紧缩的效用。① 用灰汁去污垢,本是我国古代最普通的浣布方法。② 为了使麻缕、麻布染色鲜洁,在染以前必须经过灰治过程。

丝、缕、布、帛经过练治之后,便可进行染色。我国古代文献中记载染色用的染料,大致可以分为草染和石染两大类。所谓草染(包括木染),是使用含有色素的植物染料来染色;所谓石染,是使用矿物质的染料来染色。③

我国古代各地生长的含有色素的可以用来染色的植物,种类很多。在西周春秋时代,大致都还是野生。④ 到了战国时期以降,由于农业技术的发展和药物知识的进步,有些重要的如

---

① 《仪礼·丧服》:"传曰,锡者何也?麻之有锡者也。锡者,十五升抽其半,无事其缕,有事其布,曰锡。"郑玄注:"谓之锡者,治其布使之滑易也。"《周礼·春官》司服:"王为三公六卿锡衰。"郑众谓"锡,麻之滑易者。"《释名·释布帛》:"锡缞,锡,易也,治其麻使滑易也。"《说文》系部:"缌,细布也。"缌、锡,古今字。徐灏《说文解字注笺》:"十五升布,以蜃灰治之,使滑易,谓之锡。"《仪礼·丧服》:"锻而勿灰。"锻是槌打,使其柔熟;一般是锻后再灰治。《礼记·杂记上》:"朝服十五升去其半,而缌加灰锡也。"郑玄注:"缌,精麤与朝服同,去其半,则六百缕而疏也。又无事其布,不灰焉。"孔颖达《正义》:"加灰锡也者,取缌以为布,又加灰治之,则曰锡,言锡然滑易也。"

② 《潜夫论·实贡篇》:"攻玉以石,治金以盐,濯锦以鱼,浣布以灰。"《礼记·内则》:"冠带垢,和灰请漱;衣裳垢,和灰请澣。"《太平御览》卷八二六引仲长统《昌言》:"攻玉以石,澣布以灰。"

③ 《周礼·天官》染人郑玄注:"石染当及盛暑热润,始湛研之,三月而后可用。"按植物染料又可分为"木染"与"草染",前者包括木本植物如柞实(皂斗)等,后者包括草本植物如蓝、茜等,详见刘宝楠《论语正义·乡党篇》。木染、草染合起来亦可总称草染,见《周礼·地官》"掌染草"。

④ 战国秦汉文献中记载的几种人工种植的重要染草,在《诗经》里都还是野生。采蓝见于《小雅·采绿》。茜(茹藘)见于《郑风·东门之墠》。栩(栎,其实曰皂斗)见于《唐风·鸨羽》。卮、葰、茈则不见于战国以前的文献。

蓝、茜、苨、卮等，都已进行人工种植，成为农业中的经济作物。

青色是古代最常用的彩色之一，蓝草是染青色的最主要的原料。蓝草（学名 Polygonum tinc torium Lour）亦名蓝蓼、葴、藐、豕首、虌卢、蟾蜍兰、天名精、天蔓青、地菘，① 我国各地都有出产。从蓝中可以提制蓝靛，方法比较简单。② 蓝靛可以直接染色，不需要媒染剂。它可以染成纯正的青色。《荀子》说"青取之于蓝而青于蓝"，指的便是这种蓝草。③ 蓝在《诗经》时代还是野生。④ 到了战国秦汉时代，由于它是最重要的染料之一，人们便把它当作一种经济作物来大量地进行人工种植。大致二三月间下种培苗，⑤ 五月间移苗分栽，⑥ 七月间刈获，便可提制蓝靛。⑦ 东汉年间，崔寔在他的《四民月令》中曾记载种蓝的时

---

① 《诗经·小雅·采绿》："终朝采蓝，不盈一襜。"郑玄《笺》："蓝，染草也。"《说文》艸部："蓝，染青艸也。"《尔雅·释草》："葴，马蓝。"郭璞注："今大叶冬蓝也。"又："藐豕首"，《说文》艸部："藐，豕首也。"《周礼·地官》"掌染草"，郑玄注把蓝、豕首都列为染草之一。《神农本草经》："天名精……一名麦句薑，一名虾蟆蓝，一名豕首，生川泽。"徐详《名医别录》，及《政和证类本草》卷七，"天名精"条。《礼记·月令》仲夏"毋艾蓝以染"。

② 《齐民要术》卷五，《种蓝》。

③ 《荀子·劝学篇》。《淮南子·俶真训》："以蓝染青则青于蓝。"《韩诗外传》卷五："蓝有青而丝假之，青于蓝。"都说的是这种蓝草。

④ 《诗经·小雅·采绿》："终朝采蓝，不盈一襜。"郑玄《笺》："蓝，染草也。"

⑤ 《全后汉文》卷四七辑《四民月令》："（二月）榆荚落时可种蓝。"《齐民要术》卷五《种蓝》谓浸子生芽畦种当在三月。

⑥ 《大戴礼记·夏小正》："五月……启灌蓝蓼——启者，别也，陶而疏之也。灌也者，聚生者也。记时也。"张尔岐注曰："盖种蓝之法，先莳于畦，生五六寸许，乃分别栽之，所谓启也。"《吕氏春秋·仲夏记》："（仲夏之月）令民无刈蓝以染。"高诱注："为蓝青未成也。"《淮南子·时则训》同。《礼记·月令》："（仲夏之月）令民毋艾蓝以染。"郑玄注："此月蓝始可刈。"

⑦ 《齐民要术》卷五，《种蓝》。唯引崔寔谓"五月可刈蓝，六月可种冬蓝"。

令。① 杨震在贫寒时曾经"以种蓝为业";② 赵岐在陈留一带曾看到"以种蓝染绀为业"的人,在田间大片地种植着蓝草。③ 后世在北魏时期,贾思勰在《齐民要术》中说:"种蓝十亩,敌谷田一顷;能自染青者,其利又倍矣。"④ 由此估计,在汉代种蓝的收益一定也不会太少。

茜草是染红色的主要染料。茜草(学名 Rubia cordifolia L．)亦名蒨、茹藘、茹芦、茅蒐、地血、牛蔓、韎。⑤ 依照染料浓淡和染的次数多寡,可以用茜草染成红(即水红或桃红)、赤黄(即橙红)、纁、赤或绛(即略带黄色的朱红)等各种深浅色调不同的红色。⑥ 在《诗经》时代,茜草是野生植物,人们采集来使用。⑦ 到了汉代,已大规模人工种植,司马迁说,若种植"千

---

① 《全后汉文》卷四七辑崔寔《四民月令》。

② 《太平御览》卷一八一引谢承《后汉书》:"杨震客居湖县,立精舍,家贫,常以种蓝为业。"又卷九九六引同书:"弘农杨震字伯起,常种蓝自业。诸生恐震年大,助其功佣,震喻罢之。"

③ 《艺文类聚》卷八一引赵岐《蓝赋》:"余就医偃师,道经陈留,此境人皆以种蓝染绀为业,蓝田弥望,黍稷不植。"

④ 《齐民要术》卷五,《种蓝》。

⑤ 《尔雅·释草》:"茹藘,茅蒐。"郭璞注:"今之蒨也,可以染绛。"《诗经·郑风·东门之墠》,孔颖达《正义》引李巡《尔雅注》:"茅蒐一名茜,可以染绛。"《说文》艸部:"茜,茅蒐也。"又:"蒐,茅蒐,茹芦,人血所生,可以染绛。"《玉篇》引《说文》作"茅蒐,可以染绯"。《诗经·郑风·东门之墠》孔颖达《正义》引陆机《疏》:"一名地血,齐人谓之茜,徐州人谓之牛蔓。"《史记·货殖列传·集解》:"徐广曰,茜音倩,一名红蓝,其花染缯赤黄也。"《说文》糸部:"綪,赤缯也,以茜染,故谓之綪。"《礼记·杂记》:"其辑有綪。"郑玄注:"綪读如蒨旆之蒨。蒨,染赤色者也。"《神农本草经》:"茜,……生川谷。《名医》曰,可以染绛。一名地血,一名茹藘,一名茅蒐,一名蒨。生乔山。二月、三月采根暴干。"《仪礼·士冠礼》郑玄注:"韎韐,缊韍也。……士染以茅蒐,因以名焉。今齐人名蒨为韎韐。"

⑥ 同上注。可参阅下文。

⑦ 《诗经·郑风·东门之墠》:"东门之墠,茹藘在阪。"又《郑风·出其东门》:"缟衣茹藘,聊可与娱。"毛《传》:"茹藘,茅蒐之染女服也。"

亩卮、茜"，收益足可以"与千户侯等"。① 另一种染红色的染草是蒫。蒫（学名 Polygonum cuspidatum）亦名虎杖，是一种多年生草本的蓼科植物，郭璞的《尔雅注》说用它"可以染赤"。②

比茜草更好的染红色的染料是红花。红花（学名 Carthamus tinctorius）亦名红蓝、黄蓝、燕支或烟支。③ 红花原产西方凉州一带，名为燕支，焉支山大约即以产燕支而得名。④ 燕支一词原来可能是蒙古语或突厥语。⑤ 自张骞西使后，西域商路畅通，燕支遂东传至华北，汉人名之曰红蓝或黄蓝。⑥ 在两汉魏晋时代，大约只有北方少数地区种植。⑦ 到了南北朝时，华北各地种植日广。《齐民要术》中详细地记载了种红蓝花的方法，并且说："负郭良田，种一顷者，岁收绢三百匹。一顷收子二百斛，与麻子同价，既任车脂，又堪为烛。即是直头成米，二百石米已当谷

---

① 《史记·货殖列传》。
② 《尔雅·释草》："蒫，虎杖。"郭璞注："似红草而粗大，有细刺，可以染赤。"
③ 崔豹《古今注》卷下："燕支叶似蓟，花似蒲公，出西方，土人以染，名为燕支，中国人谓之红蓝，以染粉为面色，谓为燕支粉。"参阅注④。
④ 《史记·匈奴列传》之《正义》引《西河故事》："匈奴失祁连、焉支二山，乃歌曰：亡我祁连山，使我六畜不蕃息，失我焉支山，使我妇女无颜色。"《索隐》引《西河旧事》及《太平御览》卷五〇引《西河旧事》与此文稍异。《魏书·尉古聿传》："寻出为平西将军东凉州刺史，凉州绯色天下之最，义送白绫二千匹，令聿染，拒而不许。"参阅《北史·卫操传》。
⑤ 参阅藤田丰八：《焉支上祁连》（《东西交涉史的研究·西域篇》）。
⑥ 赵彦衡：《云麓漫抄》："《本草》红蓝花堪作燕脂……一名黄蓝。《博物志》云'黄蓝，张骞所得。'……近世人多种之，收其花，候干，以染帛，色鲜于茜，谓之真红，亦曰干红，目其草曰红花。以染帛之余为燕支。干草初渍则色黄，故又为黄蓝也。"参阅 B. Laufer: Sino-Iranica, p. 327。
⑦ 《史记·匈奴列传》之《索隐》引习凿齿与燕王书："山下有红蓝，足下先知不？北方人采其花染绯黄，采取其上英鲜者作烟支，妇人采将用为颜色。吾少时再三过见烟支，今日始视红蓝，后当为足下致其种。匈奴名妻作'阏支'，言其可爱如烟肢也。阏音烟。想足下先亦不作此读《汉书》也。"《北堂书钞》卷一三五引同。由此可见晋时尚只有北方个别地区种红蓝。

田；三百匹绢，超然在外。"① 可见到了北魏时期，红花在华北已是一种大规模种植而且收益很多的经济作物。红花经碓捣加工后，可以作上等的红色染料，也可以制造成化妆用的胭脂。②

用来染黄色的染料植物有卮、栌、芐、蘗。卮是比较重要的一种，卮（学名 Gardenia florida）亦名栀子、支子、鲜支。③ 栀子树的果实可以染淡黄的颜色。在汉代，栀子和茜草一样已大规模人工种植，司马迁说若种植"千亩卮、茜"，收益都可以"与千户侯等"；④ 又说巴蜀地特别盛产栀子。⑤ 栌（学名 Rhus cotinus）亦名櫜芦、宅栌、柂栌、黄栌。⑥ 黄栌是一种属于漆树科的落叶乔木，它的叶子可以染黄色。芐（学名 Rehmannia lutea）亦名地黄、地髓，⑦ 是一种属于玄参科的多年生草本植物。把它

---

① 《齐民要术》卷五，《种红蓝花栀子》。参阅石声汉：《齐民要术今释》，第330—339页。

② 同上注。

③ 《史记·货殖列传》："千亩卮茜。"《集解》："徐广曰：卮音支，鲜支也。"王先谦：《汉书补注》引周寿昌谓"卮子，俗写作栀子，可染黄"。《说文》木部："栀，黄木可染者。"段玉裁注："栀，今之栀子树，实可染黄。相如赋谓之鲜支，《史记》假卮为之。"《汉书·司马相如传》："鲜支黄砾。"颜师古注："鲜支，即今支子树也。"

④ 《史记·货殖列传》。《齐民要术》卷五，《种红蓝花栀子》，关于种栀子部分已佚，但自其标题亦可见栀子为人工种植的染料植物。

⑤ 《史记·货殖列传》："巴蜀亦沃野，地饶卮、薑、丹沙、石、铜、铁。"

⑥ 《史记·司马相如传》："华枫枰栌。"《索隐》："栌，今黄栌木也。"《说文》木部："栌……一曰宅栌木，出弘农山也。"《周礼·地官》掌染草，郑玄注提到櫜芦乃染草之一。孙诒让：《周礼正义》释櫜芦云："櫜芦者，《说文》木部云'栌，一曰宅栌木，出弘农山也'。《文选·南都赋》李注引郭璞注《上林赋》云'栌，櫜卢'。《玉篇》木部又作柂栌。櫜、宅、柂、芦、卢、栌，声并相近，皆即一物。櫜芦盖木类，其叶可染，故通谓之染草。……《证类本草》引陈藏器《日华子》云'黄栌，堪染黄，生商洛山谷，叶圆，木黄'，疑即是木矣。"参阅《天工开物》卷上，《彰施》，"诸色质料"条。

⑦ 《尔雅·释草》："芐，地黄。"郭璞注："一名地髓，江东呼芐。"

的根碓捣加工，可作染黄色的染料，"大率三升地黄，染得一匹御黄"。①《韩诗外传》说"地有黄而丝假之，黄于地"，即指以地黄染丝。② 蘗（学名 Phellodendron armurense）亦名黄蘗，茎的内皮色黄，可作染料。《周易参同契》说："若蘗染为黄色，似蓝成绿组。"③ 王逸也说过："皎皎练丝……得蘗则黄，得涅则黑。"④《齐民要术》说北魏时把蘗汁加工后可以染纸。⑤

荩草是染黄绿色的主要染料。荩草（学名 Arthraxonciliare Beauv）亦名绿、菉、王刍、鼕、戾、菉蓐、邸脚莎、荩草，⑥ 原野上随处生长。荩草中有黄绿色汁液，可加工制成染料。用荩草染的帛叫做"綟"。⑦ 依照染料的浓淡和染的次数多寡，用荩草可以染成各种深浅色调不同的黄绿色，浅则近黄及金黄（留黄、流黄），浓则近绿（鼕、戾）。汉代通常用荩草染诸侯王的绶，所以称为"鼕绶"。⑧ 贵人用紫青色与黄绿色二采织成的绶，称为"綟綟绶"。⑨ 后世的记载说，荩草"荆襄人煮以为黄，色

---

① 《齐民要术》卷三《杂说》。
② 《韩诗外传》卷五。
③ 《周易参同契》下篇。
④ 马总：《意林》卷四引王逸《正部论》。参阅《天工开物》卷上，《彰施》，"诸色质料"条。
⑤ 《齐民要术》卷三《杂说》。
⑥ 《说文》艸部："荩，艸也，可以染留黄。"《汉书·司马相如传》："攒荩莎。"晋灼谓荩"可以染绿"。《诗经·卫风·淇奥》："瞻彼淇奥，绿竹猗猗。"毛《传》："绿，王刍也。"《尔雅·释草》："菉，王刍。"郭璞注："菉，蓐也，今呼鸱脚莎。"《唐本草》："旧注云，荩草，俗名菉蓐草，《尔雅》所谓王刍者也。"《后汉书·南匈奴传》李贤注："鼕音戾，草名，以戾草染绶，因以为名。"《汉书·百官公卿表》："诸侯王鼕绶。"晋灼曰："鼕，艸名，出琅邪平昌县，似艾，可染绿，因以为绶名也。"《说文》艸部："荩，艸也。"《急就篇》颜师古注："荩草可以染黄而作金色。"
⑦ 《说文》糸部："綟，帛，芦艸染色。"
⑧ 《汉书·百官公卿表》："诸侯王鼕绶。"参阅注⑥。
⑨ 蔡邕：《独断》："贵人綟綟，金印。綟戾，色似绿。"

极鲜好"。① 茜草在古代是否由人工种植,没有明确记载。因汉代人重视茜染,推测亦有人工种植的可能。除了茜草以外,汉代人也用艾(学名 Artemisia vulgaris, var. indica)染绿,②其效果似不如茜。

染紫色的染料最主要是茈草。茈草(学名 Lithospermum officinale. var. erythrorniron)亦名藐(蔜)、紫荋、紫茢、紫丹、紫芙、紫草。③ 它是紫草科的一种多年生草本植物,是效果很好的染紫色的染料。在战国时代,茈草的主要产地是齐国东部。《荀子》说染紫是"东海"的特产;④《管子》也说莱人善以茈染练。⑤ 西方也有些出产,《山海经》说"劳山多茈草"。⑥ 紫色,在古代人看起来,"非正色,五色之疵瑕以惑人者"。⑦ 但是齐国人似乎很喜好紫色,茈草染的素帛价格特别昂贵。⑧ 到了汉代以

---

① 《政和证类本草》卷一一,"茜草"条引《唐本草》旧注。
② 《后汉书·张奂传》:"吾前后仕进,十要银艾。"李贤注:"银印绿绶也。以艾草染之,故曰艾也。"但《后汉书·冯鲂传》:"赐驳犀具劍,佩刀,紫艾绶。"李贤注谓"艾即䴂,绿色也,其色似艾"。
③ 《说文》艸部:"茈,茈艸也。"段玉裁注:"《周礼》注云'染草,茅蒐、橐卢、豕首、紫荋之属'。按紫荋即紫茢也,紫茢即茈艸也。《广雅》云'茈茢,茈草也'。古列、庚同音,茈、紫同音。《本草经》:'紫草一名紫丹,一名紫芙。'陶隐居云'即是今染紫之茢,别于染骍黄之茢也'。"《尔雅·释草》:"藐,茈草。"郭璞注:"可以染紫,一名茈草。"《说文》艸部:"藐,茈草也。"
④ 《荀子·王制篇》:"东海则有紫紶(王先谦《集解》谓是绤字之讹)鱼盐焉,然而中国得而衣食之。"
⑤ 《管子·轻重丁篇》:"昔莱人善染练,〔纂〕茈之于莱纯锱,绢绶之于莱亦纯锱也,其周中十金。"(依郭沫若《〈管子集校〉读》。)
⑥ 《山海经·西山经》。郭璞注:"一名茈荋,中染紫也。"
⑦ 《释名·释彩帛》。《论语·乡党篇》:"红紫不以为亵服。"邢昺《正义》谓二者间色,不正。又《阳货篇》:"恶紫之夺朱也。"孔注:"朱,正色,紫间色之好者,恶其邪好而夺正色。"
⑧ 《史记·苏秦列传》:"齐紫,败素也,而贾十倍。"《索隐》:"按谓紫色价贵于帛十倍,而本是败素。"《韩非子·外储说左上》):"齐桓公好服紫,一国尽服紫。当是时也,五素不得一紫。"参阅《左传》哀公十七年。

降，其他各地也产苊草了。① 苊草大约自战国时代以降便已人工种植。《齐民要术》中详细地记载了种苊草的方法，并且说"其利胜蓝"。② 推测在汉代，种植苊草的收益也一定是很大的。

染皂褐色的主要染料是皂斗。皂斗是栎树的果实。栎（学名 Quercus serrata）亦名栩、柔（杼）、柞栎、柞、芧、采；③ 它的果实曰样、皂、草斗（皂斗）、象斗（橡斗）、橡子、梂。④ 栎树在我国南北各地皆产；木料可作家具，丛生者宜作薪炭，叶可供作柞蚕的饲料，果实是最普通的染皂褐色的染料，也是养猪的好饲料。皂色之皂即自皂斗之皂而来。此外，《尔雅》提到荋和椒，都可以染皂褐色，⑤ 但似乎远不如皂斗用得那样普遍。

上述各种植物染料中，只有蓝草提制的蓝靛是还原染料，可

---

① 张华：《博物志》："平氏阳山紫草特好，其他者色浅。"桂馥：《说文解字义证》引郭义恭《广志》："陇西紫草，紫之上者。"

② 《齐民要术》卷五，《种紫草》。《太平御览》九九六引《列仙传》："昌容能致紫草，与染家，得钱以遗弥老。"

③ 《诗经·唐风·鸨羽》："肃肃鸨羽，集于苞栩。"毛《传》："栩，杼也。"孔颖达《正义》引陆机《疏》："今柞栎也。徐州人谓栎为杼，或谓之为栩。其子为皂，或言皂斗，其壳为汁，可以染皂，今京洛及河内多言杼汁。谓栎为杼，五方通语也。"《尔雅·释木》："栩，杼。"郭璞注："柞树。"《说文》木部："栩，柔也；其皂一曰样。""柔，栩也。"《庄子·齐物论》："狙公赋芧。"司马彪注："芧，橡子也。"《史记·李斯传》："采椽不斲。"《集解》引徐广曰："采，一名栎。"《汉书·司马相如传》应劭注："栎，采木也。"《淮南子·本经训》高诱注："杼，采实也。"

④ 同上注。又《尔雅·释木》："栎其实梂。"郭璞注："有梂彙自裹。"《说文》木部："梂，栎实。"又："样，栩实。"徐锴《说文系传》："今俗书作橡。"段玉裁注："样、橡正俗字。《尔雅》旧注曰'芧实为橡子'，以橡壳为柔斗者，以剜剜似斗故也。"又："草，草斗，栎实也，一曰象斗。"《周礼·地官》大司徒职："其植物宜皂物。"郑众注谓："皂物，柞栗之属，今世间谓柞实为皂斗。"《吕氏春秋·时君篇》："冬日则食橡栗。"高诱注："橡，皂斗也，其状似栗。"

⑤ 《尔雅·释》："荋，鼠尾。"郭璞注："可以染皂。"郝懿行《尔雅义疏》："荋，一名鼠尾。吴普《本草》名山陵翘，陶注'田间甚多，人采作滋染皂'。"又："椒，乌阶。"郭璞注："即乌杷子也，子相连著，状如杷齿，可以染皂。"郝懿行《尔雅义疏》引陈藏器《本草》谓"狼杷草，生道旁，秋穗子并染皂"。

以直接染色，其他都是媒染染料，不能直接染色，而需用媒染剂来媒染。① 我国古代所用的媒染剂主要是矾石，亦曰涅石、石涅、羽涅，或简称涅，② 即今矾土石或明矾土。③ 纺织品的丝或纤维本来不能与可溶性的色素直接结合，矾石这种媒染剂能使它和色素结合，产生不溶性的有色物质，沉淀在丝与纤维间，有效地完成染色作用。以矾石为媒染剂的染色技术，可能开始于战国时代，或更早些。

上面已经说过，利用矿石染料来染布帛，古代叫做石染。矿石染料的利用，比植物染料渊源更古。我国在石器时代，人们已知道使用赭来染绘。殷周以降，为染绘曾利用过各种矿物质颜料。到了战国秦汉时代，用于纺织品染色的矿石染料主要有丹沙、空青和石黄。

丹沙是自然的硫化汞，古代名曰丹、赤丹、丹干、丹沙（砂）、朱。④ 除了可以作染料外，它也是药物，又是油漆、绘画和书写用的颜料，所以在古代有广泛的用途。丹沙在战国秦汉时

---

① 黄能馥：《中国印染史话》，第 14 页。G. Singer：A History of Technology, Vol，I，p. 249.

② 《山海经·西山经》："女床之上……其阴多石涅。"郭璞注："即矾石也。楚人名为涅石，秦人名为羽涅也。《本草经》亦名曰石涅也。"《神农本草经》："涅石……一名羽碇，生山谷。吴普曰：矾石，一名羽碇，一名羽泽。"《玉篇》："矾，石也。""碇，矾石也。"《淮南子·俶真训》："以涅染锱。"高诱注："涅，矾石也。"

③ 郝懿行：《山海经笺疏》卷二。参阅章鸿钊：《石雅》中编，"石涅"条。

④ 《尚书·禹贡》："荆州厥贡……砺砥砮丹。"孔《传》："丹，朱类。"孔颖达《正义》："丹者，丹砂，故云朱类。王肃云'丹可以为彩'。"《荀子·王制篇》："南海则有羽翮齿革曾青丹干焉，然而中国得而财之。"杨倞注："丹干，丹砂也，盖一名丹干。"《汉书·司马相如传》："其土（云梦）则丹青赭垩。"颜师古注："张揖曰，'丹，丹沙也'。师古曰，丹沙，今之朱沙也。"《管子·侈靡篇》："丹砂之穴不塞，则商贾不处。"《神农本草经》："丹沙……能化为汞，生山谷。"《本性篇》："传曰，譬犹练丝，染之蓝则青，染之朱则赤。"

代主要的产地是荆州和巴蜀，其次是江南，① 他处虽也有些出产，数量不多。② 丹沙"生山谷"，采挖丹沙的矿穴古时称丹穴。③ 秦始皇时候巴寡妇清就是数世擅丹穴之利而发财致富的。④《考工记》记载着以丹沙染羽的方法："钟氏染羽，以朱。湛丹秫三月而炽之，淳而渍之。三人为纁，五人为緅，七人为缁。"⑤ 这就是说，把粟状的丹沙矿粒在水里浸渍3个月，⑥ 再用火烧炽，使成粉末；⑦ 然后用沸水"淋所炊丹秫，取其汁以染鸟羽，

---

① 《禹贡》说荆州产丹，见本书第400页注④。《周礼·夏官》职方氏也说荆州"其利丹银齿革"。《荀子·王制篇》把丹干列为南海的特产，见本书第400页注④。《逸周书·王会解》说卜人贡丹砂，注谓"卜人，西南之蛮，丹砂所出"。《史记·李斯传》："必秦国之所生然后可，则……江南金锡不为用，西蜀丹青不为采。"《史记·货殖列传》："巴(蜀)寡妇清，其先得丹穴，而擅其利数世。"又说江南与巴蜀均产丹沙。《续汉书·郡国志》载巴郡涪陵及牂牁郡谈指出丹。《说文》丹部："丹，巴越之赤石也。"巴指巴郡，越指江南。
② 《山海经》提到出丹粟的地方有10余处，其中《西山经》有7处，《南山经》有2处。
③ 《说文》丹部："丹，巴越之赤石也，象采丹井，◗象丹形……ᛉ，古文丹形，亦古文丹。"段玉裁注："谓╠也，采丹之井，《史记》所谓丹穴也。蜀、吴二《都赋》注皆云'出山中，有穴'。"参阅注④。
④ 《汉书·货殖列传》："巴寡妇清，其先得丹穴，而擅其利数世，家亦不訾。清寡妇，能守其业，用财自卫，人不敢犯，始皇以为贞妇而客之，为筑女怀清台。"颜师古注："丹，丹砂也。穴者，州谷之穴出丹也。"
⑤ 《周礼·考工记》"钟氏"。郑众注："湛，渍也。丹秫，赤粟。"郑玄注："淳，沃也。以炊下汤沃其炽烝之以渍羽，渍犹染也。"
⑥ 《周礼·天官》"染人"，郑玄注谓"石染当及盛暑热润，始湛研之，三月而后可用"。郑注所谓三月，即根据《考工记》此文。
⑦ 《考工记》钟氏这段文字，自贾公彦《疏》以降，传统的读法都"以朱湛丹秫"为句，并从郑众释丹秫为赤粟，解为赤色的秫或粟（参阅戴震《考工记图》及孙诒让《周礼正义》)，结果遂与原文本意相去甚远。其实二郑的诠释本不误。郑众谓丹秫为赤粟，是指像秫粒或粟粒的绯红色粒状体的丹沙，并无赤色的谷物之意。丹秫即丹粟。丹粟屡见于《山海经》，意均为丹沙之形作粟粒的形状。把丹沙浸炽加工所成的染料叫做"朱"。《论衡·本性篇》"譬犹练丝，染之蓝则青，染之朱则赤"，这里的"朱"，即指以丹沙为原料加工制成的红色染料。朱亦可称丹。《论衡》这句话亦见《率性篇》，唯"朱"字作"丹"。《意林》卷四引王逸《正部篇》："皎皎练丝，得蓝则青，得丹则赤。""丹"亦谓"朱"。《考工记》此文中朱、丹二字则截然有别，本来意思很清楚，贾公彦、孙诒让皆从深浅不同来释朱、丹二字，遂难得正解。《考工记》文应以"以朱"为句，连上读，而"湛丹秫"三字连下读，则疑难处均可立释。

而又渐渍之"。① 这样用染汁浸染，按照浸渍次数的多寡可以获得深浅不同的颜色。《考工记》讲的只是染羽，但可以推测拿朱来染丝缕布帛的方法大致也与此相同。②

空青是一种盐基性碳酸铜，在古代亦名曰曾青、青、青䕶、青曾、青石。③ 它是染青色的矿石染料，也是药物，又是油漆、绘画和书写用的颜料。和丹沙一样，它在古代主要的产地是荆州和巴蜀，另外西北也有些出产；④ 但空青的产量不如丹沙之多。⑤ 因为它和丹沙都是重要的矿石颜料，用于绘画、书写，所以古时人常把它和丹沙并提，谓之"丹青"。⑥ 作为纺织品的染料，空

---

① 《周礼·考工记》贾公彦疏。按孙贻让《正义》不赞成贾说，而就郑玄注曲为疏解，非；贾《疏》不误。

② 参阅本书第401页注⑦引《论衡·本性篇、率性篇》文，及引王逸《正部论》文。又《太平御览》卷八一四引袁宏《汉记》："欲以素丝之质，附近朱蓝。"朱指从丹沙提制的红色染料，蓝指蓝靛。

③ 《周礼·秋官》"职金"："掌凡金玉锡石丹青之戒令。"郑玄注："青，空青也。"《山海经·西山经》："皇人之山……其下多青。"郭璞注："空青、曾青之属。"《荀子·王制篇》："南海则有羽翮齿革曾青丹干焉，然而中国得而财之。"杨倞注："曾青，铜之精，可缋画及化黄金者，出蜀山、越嶲。"《汉书·司马相如传》："其上（云梦）则丹青赭垩。"张揖注谓"青，青䕶也"，颜师古注："青䕶，今之丹青。"《淮南子·地形训》："青夭八百岁生青曾。"高诱注："青曾，青石也。"按《本草》把空青、曾青并列，似是二物，但实际上分别只在矿石的形状，前者中空作球状，后者"累累如连珠相缀"，其化学成分则完全相同。参阅《神农本草经》卷一及《政和证类本草》卷三，"空青、曾青"条。

④ 《荀子·王制篇》说曾青与丹干同是"南海"的特产。《汉书·司马相如传》说丹与青都是云梦一带的产物，《后汉书·张衡传》也说南阳产"青䕶丹粟"。《史记·李斯传》说巴蜀特产丹青。《神农本草经》注引《名医别录》谓空青生益州及越嶲山有铜处，曾青亦生蜀中及越嶲；《荀子·王制篇》杨倞注恐即本此而言，曾青"出蜀山（山疑中字之误）越嶲"。《管子·揆度篇》："秦明山之曾青一笑也。"《山海经·西山经》："皇人之山……其下多青、雄黄。"

⑤ 《政和证类本草》卷三，"空青"条引陶弘景言"诸石药中惟此最贵，医方乃稀用之，而多充画色，殊为可惜"。

⑥ 《荀子·正论篇》："加之以丹矸，重之以曾青。"《管子·小称篇》："丹青在山，民知而取之。"《史记·李斯传》："江南金锡不为用，巴蜀丹青不为彩，"《汉书·苏武传》："竹帛所载，丹青所画。"《后汉书·阳球传》："位升郎中，形图丹青。"又《公孙述传》："以明丹青之信。"

青远不如蓝草那样普遍。此外，与空青同类的绿青，亦曰碧青、扁青、石绿，在古代大约只用作颜料而不用于染。①

石黄是一种三硫化砒素，在古代亦名雌黄、雄黄、黄食石，是染黄色的矿石染料及颜料，也是药物。雄黄屡见于《山海经》，有时单言雄黄，有时与青（空青）并提。② 雌黄似首见于司马相如的《游猎赋》。③《山海经》记载石黄的产地虽多，但后来主要的产地是武都仇池（今甘肃省成县）和敦煌，他处所产的质量较差。④ 东汉以降，人们认为最好的雌黄是从西域和南海的输入品，后者或称昆仑黄。⑤ 石黄产量较少，因此作为染料，便远不如染黄色的几种植物染料那样普遍。

染赭红色的赭石，即赤铁矿，随处皆产。⑥ 在战国秦汉时代，赭似乎主要用作颜料，只有罪人刑徒才被迫穿着用赭来染的

---

① 《政和证类本草》卷三，"绿青"条。
② 《山海经·西山经》："皇人之山，其上多金玉，其下多青、雄黄。"郭璞注："即雌黄也，或曰空青、曾青之属。"按《山海经》记述各地矿产时，提到雄黄共15处（《西山经》8处，《中山经》6处，《北山经》1处），其中3处单提雄黄，其余均谓"青雄黄"。对"青雄黄"旧注有二解：一谓青雄黄是一物，乃雄黄之青黑色而坚者，名曰熏黄（吴任臣《山海经广注》）；一谓青雄黄乃空青与雄黄二物（郭璞或说）。按后说较妥。石黄本有紫赤色者、黄色者、青黑色者、黑色者，化学成分则一样；作为药物，质量虽略有分别，但基本上作用相同。用作颜料则以黄色者为上（参阅《政和证类本草》卷四）。
③ 《史记·司马相如传·游猎赋》："其土（云梦）则丹、青、赭、垩、雌黄、白坿"。《正义》引《药对》曰："雌黄出武都山谷，与雄黄同山。"《神农本草经》："雄黄……一名黄食石，生山谷。"
④ 《神农本草经》卷二。《政和证类本草》卷四。《抱朴子·内篇·仙药》。
⑤ 《水经注》卷二，"河水注"。《政和证类本草》卷四引陶弘景说。
⑥ 《说文》赤部："赭，赤土也。"《史记·司马相如传·索隐》引张揖："赭，赤土。"《一切经音义》卷九引《三苍》同。《山海经·西山经》："灌水……其中有流赭。"郭璞注："赭，赤土。"

粗麻布衣服。①

除了矿石染料外,染皂黑色有时用涅。《论语》说:"不曰白乎?涅而不缁。"②《淮南子》说:"夫素之质白,染之以涅则黑;缣之性黄,染之以丹则赤。"③ 又说:"今以涅染,缁则黑于涅。"④ 涅是水中的黑土,可以把布帛染成皂黑色。⑤ 但古文献中的"涅",有时亦指矾石。矾石一般在草染时用作媒染剂,但青矾、皂矾也可以染皂黑色。⑥

在古代练染技术的发展中,石染较原始,先于草染。草染的生产过程较复杂,彩色多,效果好。在战国秦汉时代,染色以草染为主,而且经济,石染处于次要地位。草染既然普遍,所以染草的种植和经营,在农业生产中也开始占有一定的地位。

战国秦汉时代,人们利用上述这些植物染料和矿石染料,把丝缕布帛染成各种彩色。染的方法有两种:一种方法是把丝缕练治后,先染色,然后再织。另一种方法是把丝缕先织成布帛,然

---

① 《荀子·正论篇》:"杀赭衣而不纯。"杨倞注:"以赤土染衣,故曰赭衣。"《汉书·刑法志》:"赭衣塞路。"《方言》卷三:"卒……或谓之褚。"郭璞注:"言衣赤也。褚音赭。"

② 《论语·阳货篇》。孔安国注:"涅,可以染皂。言……至白者,染之于涅而不黑。"

③ 《淮南子·齐俗训》。

④ 《淮南子·俶真训》。

⑤ 《说文》水部:"涅,黑土在水中者也。"《汉书·叙传》:"涅而不缁。"颜师古注:"涅,污泥也,可以染皂。缁,黑色也。"《广雅·释诂》:"涅,黑泥也。"

⑥ 章鸿钊:《石雅》中篇,"石涅"条。按"涅"亦或称"缁"。《论衡·率性篇》:"蓬生麻间,不扶自直;白纱入缁,不练自黑。彼蓬之性不直,纱之质不黑。麻扶缁染,使之直黑。夫人之性犹蓬纱也,在所渐染而善恶变矣。"《说苑·臣术篇》:"晏子衣缁布之衣。"即以涅染的布。

后练治,墨子所见的"染丝者"显然是先染后织。① 《论衡》引《诗》《传》:"譬犹练丝,染之蓝则青,染之朱则赤。"② 《礼记》说:"士不衣织。"郑玄解释"织"是"染丝织之",士只"衣染缯"。③ 《荀子》说:"黼黻文织。"杨倞注谓"染丝织为文章"。④ 《尚书·禹贡》孔《传》释"织"说:"凡为织者,先染其丝乃织之,则成文矣。"⑤ 这些都是说把丝先染色然后再织。这种方法使染的颜色比较坚牢,便于织作彩纹,多彩的提花的纹锦必须使用这种方法。《论衡》说:"湅染布帛,名之曰彩。"⑥《尔雅》提到"练旒",郭璞注:"练,绛练。"⑦《说苑》提到"练紫之衣,狐白之裘"。⑧ 古文献中提到绨,有绿、赤、青、

---

① 《墨子·所染篇》:"子墨子言见染丝者而叹曰:染于苍则苍,染于黄则黄,所入者变,其色亦变,五入必而已则为五色矣。故染不可不慎也。"《吕氏春秋·当染篇》:"墨子见染素丝者而叹曰:染于苍则苍,染于黄则黄,所以入则变,其色亦变,五入而以为五色矣(高诱注:一入一色)。故染不可不慎也。"《淮南子·说林训》:"墨子见练丝而泣之,为其可以黄,可以黑。"

② 《论衡·本性篇》:"《诗》曰:'彼姝之子,何以与之?'其《传》曰:'譬犹练丝,染之蓝则青,染之朱则赤。'"《率性篇》同,唯"朱"作"丹"。马总《意林》卷四引王逸《正部论》:"皎皎练丝,得蓝则青,得丹则赤,得蘗则黄,得涅则黑。"《太平御览》卷八一四引袁宏《汉记》:"经师易获,人师难遭。欲以素丝之质,附近朱蓝。"

③ 《礼记·玉藻》。孔颖达《正义》:"织者,前染丝而后织者,此服功多色重,故士贱不得衣之也。大夫以上衣织,染丝织之也。士衣染缯。"《诗经·邶风·绿衣》:"绿兮丝兮,女所治兮。"郑玄《笺》:"先染丝,后制衣,皆女之所治为也。……礼,大夫以上衣织,故本于丝也。"

④ 《荀子·礼论》。

⑤ 《尚书·禹贡》"厥篚织贝"孔《传》。

⑥ 《论衡·量知篇》。《北堂书钞》卷一二八引董巴《舆服志》:"后世圣人观翚翟之文,荣华之色,乃染帛以效之,始作五彩以为服。"

⑦ 《尔雅·释天》。

⑧ 《说苑·反质篇》。

白、黄各色。① 民丰出土的绢、缣有十几种不同的颜色。② 这些都是说把丝先织成缯帛，然后练治，然后再染。这种方法染色淡些，较易褪色，但好处是全匹颜色调和均匀，单色的布帛多用这种方法。

织而未染的缯帛有 3 种不同的颜色。一是白色。《说文》："素，白致缯也。"③《诗经·毛传》："缟衣，白色男服也。"④ 可见缟、素等生绢都是纯白色。⑤ 二是黄色。《淮南子》说："夫素之质白，染之以涅则黑；缣之性黄，染之以丹则赤。"⑥《东观汉记》提到黄缣、白纨。⑦ 可见厚重密致的缣一般是黄色。三是"色在苍白之间"的"璧色"。郑玄注《仪礼》和《周礼》时都说"帛"是"璧色缯"。⑧ 未染的缯帛的原色，微有白、苍白、黄 3 种之别，可能由于茧质的不同，也可能由于水练的结果，或厚薄的差别关系。缯帛原色的不同，对于染色当然有一定的影响。⑨

染丝缕布帛的方法比较简单，都是浸染。⑩ 把一定数量的染

---

① 任大椿：《释缯》。
② 武敏：《新疆出土汉—唐丝织品初探》（《文物》1962 年第 7、8 期）。
③ 《说文》糸部。
④ 《诗经·郑风·出其东门》，孔颖达《疏》："缟是薄缯，不染故色白也。"
⑤ 《礼记·王制》孔颖达《正义》："白色生绢曰缟。"《汉书》颜师古注："缟，皓素也，缯之精白者。"《急就篇》颜师古注："白豹，谓白素之精者。"
⑥ 《淮南子·齐俗训》。
⑦ 《东观汉记》卷七：楚王英"奉黄缣三十五匹、白纨五匹人赎"。
⑧ 《周礼·大宗伯》："孤执皮帛。"郑玄注："帛，如今璧色缯也。"《仪礼·聘礼》："受束帛加璧。"郑玄注："帛，今之璧色缯也。"
⑨ 参阅《天工开物》卷上，《彰施》，"诸色质料"条谓某些色只能用白茧的帛染，而不能用黄茧的帛。
⑩ 《周礼·考工记》"钟氏"："淳而渍之。"郑玄注："渍犹染也。"孙诒让《正义》云："渍犹染也者，亦谓浸而染之"。《一切经音义》引《通俗文》："水浸曰渍。"

料放在水里煎煮使它溶解了，加上一定数量的媒染剂，把要染的丝缕布帛浸在染液里若干时候，然后提出，晒干；这样染一次叫做"一染"或"一入"。① 所使用的工具，主要的只有染缸和染棒。染缸可能也用带釉的"泽器"，② 使染料不致发生化学变化。染棒古时名曰"染梧"，③ 用以调搅染液。古时一般都拿浸染次数的多寡，来获得深浅不同的颜色。《尔雅》曰："一染谓之縓，再染谓之赪，三染谓之纁。"④《仪礼》郑玄注曰："凡染绛，一入谓之縓，再入谓之赪，三入谓之纁，朱则四入与？"⑤ 这就是说拿红色的染液浸染 1 至 4 次，依次数多寡可获得 4 种深浅不同的红色。使用的染料可能是朱，也可能是茜。综合古文献和清人诠释，⑥ 它的效果大致如下：

一染，成水红或桃红色。古时名曰縓、红、䞓。作红而兼黄白色。

二染，成石榴红色。古时名曰赪、䞓、窥、缙。作稍浅的红色。

三染，成朱红色，古时名曰纁、绛、赤、彤、缇。作赤而稍兼黄色。

四染，成大红色。古时名曰朱、絑、绛、䞓。作纯朱即正红色。

一般染红色类（古曰"染绛"），最多四染。这种染法，与后世如《天工开物》所记的依靠染料"分两加减"而染成深浅

---

① 《尔雅·释器》。《周礼·考工记》"钟氏"。详下。又本书第 405 页注①。

② 涑用泽器，见上文。

③ 阮元:《积石斋钟鼎彝器款识》卷一〇著录一个汉代染梧的铭文："史侯家铜染梧第四，重一斤十四两。"释文云："染梧未详何器。"容庚《汉金文录》卷四亦著录此铭，但释文中"梧"释为"桮"，题曰"染杯"，疑误。按《太平御览》卷三五七引《通俗文》："大杖曰梧。"所以染梧正是染棒。陈直:《西汉经济史料论丛》第 84 页解释是，但言"梧或为桮字假借"则非。

④ 《尔雅·释器》。

⑤ 《仪礼·士冠礼》。

⑥ 孙诒让:《周礼正义·考工记》"钟氏"。郝懿行:《尔雅义疏·释器》。

不同颜色的染法,有些差别。①

为求获得更多种彩色,古代已知用两色套染,即先用一种染料染底色(下染),然后再用另一种染料盖上去(上染)。例如,《释名》曰:"绀,含也,青而含赤色也。"② 是先染红色为底,然后上面再加染青色,其结果成绀,即是紫色。《释名》又说:"蒸栗,染绀使黄色如蒸栗然也。"③《淮南子》说:"染者先青而后黑则可,先黑而后青则不可。"④ 指的大约是这种两色套染法。《考工记》说:"三入为纁,五入为緅,七入为缁。"⑤《仪礼》郑玄注:"凡染黑,五入为緅,七入为缁,玄则六入与?"⑥ 这就是说,拿红色染液浸染至3或4次(下染)以后,再拿黑色染料(用涅)浸4或3次(上染),最后可以获得深黑色。再综合古文献和清人诠释,⑦ 它的效果大致如下:

四染,以红色染料则成大红色,已如上述;若以黑色染料则成紫色。古时名曰绀(一说绀与緅或玄同)。

五染,成青紫色。古时名曰緅、爵(雀)、纔。作赤黑色(爵头色),赤多黑少。

六染,成紫黑色,古时名曰玄。作黑而带赤色,黑多赤少。

七染,成纯黑色。古时名曰缁。

这种两色套染的方法效果好,可以使几种基本的原色染料变

---

① 《天工开物》卷上,《彰施》,"诸色资料"条。《吕氏春秋·当染篇》:"五入而以为五色。"高诱注:"一入一色。"这是古代最普通的染法。参阅本书第405页注①。

② 《释名·释彩帛》。

③ 同上注。

④ 《淮南子·说山训》。

⑤ 《周礼·考工记》"钟氏"。郑玄注:"染纁者三入而成,又再染以黑则为緅。……又复再染以黑,乃成缁矣。"

⑥ 《仪礼·士冠礼》。

⑦ 同本书第407页注⑥。又《论语·乡党篇》刘宝楠《正义》。

化出许许多多不同色调的颜色。

此外，古代也有时用一种介乎彩与色之间的简单方法获得特殊效果。如拿黑经丝和白纬丝织成平绢，就呈现灰色；① 青经丝和縹（浅青色）纬丝或白色丝织成平绢，就呈现深浅色调不同的淡青色。②

战国秦汉时代的练染方法，大致如上所述。当时人用这样的方法染成各种彩色。他们把这些彩色分成为两类，一类叫"正色"，一类叫"间色"。《礼记》说："衣正色，裳间色，非列彩不入公门。"③ 正色有5种：青、黄、赤、白、黑。间色是介于两种正色之间（即二正色混合成的）的颜色，如赤白之间为红（即水红），黑赤之间为紫，青白之间为縹或碧（即淡青），青黄之间为绿，黄黑之间为流黄（亦曰駵黄），青赤之间为绀（即青紫）等。自战国晚年，阴阳五行学说兴起以后，人们逐渐把5种正色和五行与方位联系了起来，成了"五方正色"：青，东方色，为木；黄，中央（地）色，为土；赤，南方色，为火；白，西方色，为金；黑，北方色，为水；并且从此推演出许多神秘主义的怪论。④

---

① 《礼记·间传》："襌而纤。"郑玄注："黑经白纬曰纤。"
② 《说文》糸部："縞，帛青经縹纬。一曰育阳染也。"《玉篇》："縞，青经白纬也。"
③ 《礼记·玉藻》。《论语·阳货》："恶紫之夺朱也。"孔注："朱，正色；紫，间色之好者。恶其邪好而夺正色。"
④ 《周礼·考工记》："画缋之事，杂五色。东方谓之青，南方谓之赤，西方谓之白，北方谓之黑，天谓之玄，地谓之黄。青与白相次也，赤与黑相次也，玄与黄相次也。"《仪礼·聘礼》："设六色，东方青，南方赤，西方白，北方黑，上玄，下黄。"《论语注疏》邢昺《正义》引皇氏曰："（正色）谓青、赤、黄、白、黑五方正色；不正谓五方间色，绿、红、碧、紫、駵黄是也。青是东方正，绿是东方间。东为木，木色青。木克土。土色黄，并以所克为间，故绿色青黄也。朱是南方正，红是南方间。南为火，火色赤。火克金，金色白，故红色赤白也。白是西方正，碧是西方间。西为金，金色白。金克木，故碧色青白也。黑是北方正，紫是北方间。北为水，水色黑。水克火，火色赤，故紫色赤黑也。黄是中央正，駵黄是中央间。中央为土，土色黄。土克水，水色黑，故駵黄色黄黑也。"参阅《礼记·礼运》孔颖达《疏》；《释名·释彩帛》；《说文》青、黄、赤、白、黑诸字。

封建统治者曾根据这些怪论规定一年四季礼服的颜色,① 以及代表本朝帝王之"德"的"服色"。② 这些本是封建统治阶级当政者把自身统治地位和身份等级制神秘化的把戏,但也反映当时人如何重视和严肃对待采色。

正色本是较原始的颜色,它的使用可溯源到远古的时代。战国秦汉时代的祭服、朝服、礼服,虽然因为要保持传统,主要使用正色;但由于人们对于文采变化的自然要求,时代愈靠后,使用的间色愈多。③ 至于封建统治阶级富贵家族的豪华奢侈的常服,使用的彩色便不胜枚举了。史游《急就篇》中为蒙学儿童举些字例说:"郁金半见缃白纨,缥䌤绿纴皂紫硟,烝栗绢绀缙红燃,青绮绫縠靡润鲜,绨络缣练素帛蝉,绛缇絓䌷丝絮绵",便列举了各种丝织品染的十几种颜色。这里面除了白、绿、紫、青(蓝)外,据颜师古的诠释,郁金是一种黄色,缃是浅黄色,缥是青白色,䌤是苍艾色,皂是黑色,烝栗是像蒸熟的栗子似的褐黄色,绀是青赤色,缙是浅赤色,燃是像火似的红色,绛是赤色,缇是黄赤色。④ 再据《释名》,缃是像桑叶初生的浅黄色,缥这种浅青色又可分为碧缥(石青)、天缥(天青)、骨缥(略带黄的浅青)色,皂是像日出前的深灰黑色。⑤ 以上举的例子已可看出古时人使用的彩色的名称词汇是很丰富的。⑥ 再以实物为例。民丰出土的汉代6种刺绣所用的丝线,便有大红、正黄、叶绿、翠蓝、宝蓝、湖蓝、绛紫、茄紫、藕荷、古铜、纯白等色。

---

① 《吕氏春秋·十二纪》。《礼记·月令》。
② 《史记·秦始皇本纪》。《汉书·贾谊传》。
③ 《续汉书·舆服志》。
④ 《急就篇》颜师古注。
⑤ 《释名·释彩帛》。
⑥ 参阅《说文》和《广雅·释器》的有关彩色诸字,文多,不尽举。

同地出土的织绵，有绛、绛紫、紫、绿、淡蓝、蓝、宝蓝、香色、浅驼、黄、纯白等色。① 此外，在其他各地出土的汉代丝织品，颜色的珣烂瑰丽，也不亚于民丰出土的织品。这些出土实物和上引文献记录，同样说明汉代染色的种类是怎样的丰富多彩。这些足以具体证明战国秦汉时代的练染业技术水平，已达到了很高的程度。

和纺织业技术发展一样，染业的技术发展也不是短期间容易获得的成就，它也是我国古代劳动人民千余年发明创造和经验积累的技术成果。纺织品的文采能反映独特的时代色彩和民族风格，它能表现出人民的爱好和手工工人的艺术匠心。战国秦汉时代练染业的高度发展，协助并促进了纺织业的成熟和发展，丰富了人民生活，体现了当时织工的艺术和技巧的伟大创造能力。

结　语

上文叙述了战国秦汉时代我国纺织业生产技术进步的大致情况。由于史料零碎，记载贫乏，未能搞清楚的地方仍然很多。现在我们把上述情况再简单回顾一下。

我国自殷周以来，蚕桑事业便日渐发达，到了汉代已十分兴盛。丝织业已普遍于全国大部地区，但以黄河流域中下游和四川盆地为最盛。千余年劳动人民的智慧和经验积累，已使种桑、养蚕和缫、纺、织的技术发展到了很高的水平。缫、纺的工具和技艺已达到和近世相近似的地步。缫车、籆子、络车和緯车的发明，大大加快了缫、纺和牵经络纬的速度。民间一般使用的普通

---

① 武敏：《新疆出土汉—唐丝织品初探》(《文物》1962年第7、8期)。可参阅本文末附录三所列新疆古楼兰遗址及蒙古人民共和国诺因乌拉出土的汉代锦绣的彩色。

织机，构造虽然简单、原始，还没有发展成为后世更进步的平机，但在当时已经是世界上最先进的纺织机械了。它可以织造一般平织和斜纹的布、帛，也可织造有简单图案花纹的绫、罗。用这种织机，一个熟练的织工一天可以织成一匹（汉尺4丈）布或帛。为织造高级丝织品，汉代业已发明提花机。它的构造虽然还原始，许多具体情况我们还不知其详，生产需要大量的劳动和时间，但它已能织造出文采异常复杂美丽的锦、绮、纹罗。它体现了我国古代劳动人民在技术上的创造能力。在这样的技术条件下，汉代手工业工人织造出很多品种的精美的丝织品，声誉远播于东亚和欧洲各地。

麻的种植与纺织，比蚕桑丝织更为重要，因为它是古代广大劳动人民的主要生活资料之一种。麻布的使用远在新石器时代便已开始，到战国秦汉时代已普遍于全国各地。麻的种植与纺织技术，一般说来，和丝织一样，也发展到了很高的水平。汉代所产精细的麻织品，和高级丝织品一样地被人们重视。但是，在全部生产过程中，纺绩这一环节受到了一些技术限制，它阻碍了麻织品生产效率的进一步提高。葛的生产有地方性，它主要产于江南。葛织品的生产与麻织品近似，但它只能制作夏服，因此它在人民生活中的重要性次于麻织。由于地理和经济条件，以及生活习惯和文化传统关系，我国汉族人民自古以来毛织不很发达；但各少数民族，尤其是北方各游牧民族，则以毛织为主要衣着原料。他们的毛织技术也发展到了相当的水平。至于棉花，汉代人还没有什么知识；西南少数民族和异域出产的棉布，在东汉时期只有少量输入到中原各地。这些情况综合起来，使战国秦汉时代的纺织业呈现出某些特殊之点，对广大人民的经济生活有一定的影响。

随着纺织业的飞跃发展，练染业也发达到了很高的水平。经过长期的发明创造和经验的积累，我国古代劳动人民在植物和矿物中发现了多种染料，用来把丝缕布帛染成各种美丽的颜色。到了汉代，精练、漂白、调色、媒染、套染和印染的技术，都已发展到了相当成熟的地步。练染技术的成就是纺织技术进步的重要条件之一。它配合并促进纺织业技术发展，使它生产出汉代那样文采绚烂的各种织品，大大丰富了人民的生活，协助了那一伟大时代的手工业工人们的艺术和技巧的创造力。

战国秦汉时代纺织染业的发展获得了辉煌的成就。纺织染业中生产力发展到如此高水平，在当时绝不是、也不可能是孤立的、独特的现象。它必须以当时社会一般手工业和农业生产力发展水平为基础。它不能脱离农业和其他手工业部门而独立发展。纺织染业需要的原料——丝、麻、葛、毛、植物染料——几乎全部须由农业生产来供给。农业的发展水平支配着纺织染业的发展。纺织染业需要的各种工具，须由许多其他手工业部门的生产与技术来配合。一般手工业生产力发展水平的提高，是纺织染业进步的必要前提。如果当时农业和其他手工业发展水平没有达到一定的高度，纺织染业获得如此成就是不可能的。事实也正是如此。战国秦汉时代是我国农业发展显著而迅速的时代。铁制农具的普遍使用，水利的发达，农业技术多方面的进步，农产品产量的提高，经济作物品种的增多，园艺的新发展，都足以说明这个时代是我国农业发展史上一个大踏步前进的时代。手工业也不落后。采矿地区的广泛推广，冶金，尤其是炼铁技术的突飞猛进，木材加工业和制陶业技术的不断提高——这些与纺织染业有联系的手工业部门技术的进步，都说明战国秦汉时代在我国手工业发展史上也是一个大踏步前进的时代。与此相联系的还有当时人们在植物、矿物、药物、化学、数学和机械等方面知识的积累、发明和显著的成就。农业和手工业以及自然科学知识一般的进步，给纺织染业的进步奠定了物质基础。同时，从另方面说，我们研究的有代表性的纺织染业的技术发展，也正反映了战国秦汉时代一般社会生产力发展的高水平。

上文已经说过，在这样生产力水平较高的条件下蓬勃发展的战国秦汉时代的纺织业，有许多特殊之点。这些特殊之点，在我国古代人民的经济生活中起着不小的影响。它影响着纺织业本身的劳动组织，它在一定程度上影响着农业，影响着农民家庭手工业，影响着交换和国内外贸易市场，并引起当时封建统治政权对它曾有过某些管理或干预的措施和政策。上文也已说过，战国秦汉时代是我国典型封建社会的上升阶段。当时封建的社会生产关系，大致说来，和当时农业和手工业生产力发展水平相适应。因此，战国秦汉时代的纺织业，在其劳动组织、生产情况、交换和消费各方面，处处都呈现出从属于封建经济的本质。它随着封建经济总体的发展而发展，它同时又受着封建经济多方面的制约和束缚。它是封建经济的一个重要组成部分，它是封建经济的典型产物。

附录一

《列女传·鲁季敬姜传》释文

〔本释文只就与织机有关的字句加以诠释，其他皆从略。关于文伯之母季敬姜，可参阅《国语·鲁语下》。王指王照圆《列女传补注》，梁指梁端《列女传校注》，萧指萧道管《列女传集注》；其他系笔者按语。〕

鲁季敬姜者，莒女也，号戴己，鲁大夫公夫穆伯之妻，文伯之母。……

文伯相鲁，敬姜谓之曰："吾语汝，治国之要尽在经矣。① 夫幅者，所以正曲枉也，② 不可不彊，③ 故幅可以为将。④ 画者，所以均

---

① 王云："此以经纬喻治理也。以下当有成文，今未见所出。"梁（端）云："《太平御览·资产部》卷六引注云，'经者，总丝缕以成文采，有经国治民之象'。"宋本《太平御览》卷八二六（下同）引，"矣"作"耳"。按《说文》系部："经，织从丝也"，对"纬，织衡丝也"而言。此处之"经"盖谓织机上的经丝或经面。

② 梁云："《太平御览》无'曲'字。"按：《说文》巾部："幅，布广也。"《诗经·商颂·长发》毛《传》："幅，广也。"孔颖达《正义》："幅如布帛之幅，故为广也。"故幅本谓布帛的宽度。《礼记·王制》言八政包括"度、量、数、制"，郑玄注曰："制，布帛幅广狭也。"《王制》又说："布帛精粗不中数，幅广狭不中量，不粥于市。"制和量都是说布帛的幅是由封建政府规定的标准宽度。在织机上，幅则是今天所谓的机头。布帛在开始织时，先织一段幅，可作全匹织物的规制。《左传》襄公二十八年，齐子尾说："且夫富如布帛之有幅焉，为之制度，使无迁也。"《左传》的"为之制度使无迁"，和本文的"正曲枉"，正可互相参证。

③ 梁云："旧误'疆'，《太平御览》作'彊'，今校改。"按：幅须织得坚直而牢固，则以后织的一根根纬线都可随着平直密致。

④ 梁云："注云：'枉，曲也。幅强乃能正曲，将强乃能除乱，以幅喻将也。'"

不均、服不服也，①故画可以为正。②物者，所以治芫与莫也，③故物

① 梁云："《太平御览》无'均不服'三字。"按以作"均不均、服不服"为顺。均、服皆指经丝而言。均则经丝均匀，服则经丝齐整。

② 梁云："注云：'画，傍也。正，官长也。总缕得画。以喻徒庶得长而后齐。'案'傍'疑'榜'之误。"宋本《太平御览》"画"皆作"昼"，误；又注文"总"作"緦"。按《说文》田部："画，界也。象田四界，聿所以画之。"《论语·雍也篇》："今汝画。"孔注："画，止也。"刘宝楠《正义》谓"盖凡有所界限而不能前进者，亦为画。"本文的"画"，原有边缘、界限、止境之意。旧注"画，傍也。""傍"与"旁"通，犹"边"也。旧注不误；梁谓"'傍'疑'榜'之误"，非。盖此处织机上的"画"，后世谓之"边维"、"边缕"、"边丝"或"边线"。《天工开物》卷上，《乃服》，"边维条"说："凡帛不论绫罗，皆别牵边，两傍各二十余缕。边缕必过糊。用篦推移梳干。凡绫罗必三十丈、五六十丈一穿。以省穿接繁苦。每匹应截画墨于边丝之上，即知其尺寸之足。边维不登的杠，别绕机架之上。"杨屾《豳风广义》卷下谓之"边线"，且详述织机上边线的拴法，与《天工开物》同。本文的"画"，即指边线。边线对整个经面来说是边缘，是界限。边线须绷得很紧，在织的过程中，能使整个经面经常保持均匀齐整。所以说"均不均、服不服"。边线上"截画墨"，使织工容易知道丈尺多寡，即下残注所说的"一丈墨"。"画墨"即"边墨"，即边线上用墨作的记号。由此可见《天下开物》中的"画"字渊源很古，即《列女传》此句中的"画"。

③ 王云："芫如丝额之属，莫与膜同，《内则》注云'皮肉之上䐈莫也'。"萧云："洪氏颐煊云：'物'字当是'惣'之讹，惣，古'总'字。《诗》'素丝五总'。'都'亦有'总'义，故惣可以为都大夫。"按《说文》艸部："芫，薉也"《广雅·释诂》同。《国语·周语》"田畴荒芫"，高诱注："芫，秽也。"《吕氏春秋·辩土篇》、《文选·魏都赋》注引《国语》贾注同。《楚辞·招魂》："牵于俗而王逸注云："不治曰芫。"《孟子·告子下》："土地荒芫"《说苑·修文篇》作"土地荒秽"。是"芫"与"秽"同义《小尔雅·广言》："芫，草也。"《尔雅·释诂》，"芫，丰也。"《释文》谓"蕃滋生长也"。是芫秽本出于蔓草的蕃滋。王释为"丝额之属（额即丝结）"，是；意谓经丝如有丝结之类，即须除掉，使之平滑整洁，犹治田须芸除芫秽。"莫"，假借字。原作"膜"。《礼记·内则》："去其皾"郑玄注："皾谓皮肉之上䐈莫也。"亦假"莫"为"膜"。"䐈莫"之"䐈"乃"糟魄"之"魄"。《庄子·天道篇》云："古人之糟魄已夫"《释文》云："糟烂为魄。"又《说文》肉部："膜，肉间胲膜也。"（《一切经音义》卷二○引及《玉海》注皆作"肉间膜也"，无"胲"字。）《释名·释形体》："膜，幕也，幕络一体也。"是则炮肉时皮肉之上的"䐈莫"，和动物的肉间之"膜"，皆曰"膜"。不论是皮肉之上的膜或肉间的膜，在经丝上皆指粘绺、结丝或疙瘩，因此，芫与膜义实相近。用以"治芫和莫"的"物"，洪颐煊认为是"惣"字之讹，非是；改"物"为"总"，仍不可解。今疑"物"为"弗"之假借字，声相近。《周礼·夏官》司弓矢："矰矢，弗矢，用诸弋射。"郑玄注："结缴于矢谓之矰，矰高也，弗矢象焉。弗之言制也。二者皆可以弋飞鸟，制罗之也。"又《考工记》："弗矢茎分。"字或作"第"。《广雅·释器》："第，箭也。"弗或第都是一种箭，用弋射飞鸟。"制"有"击"及"去"义。《说文》刀部："制，击也。"《楚辞·愍命》："制谗贼于中瘤兮。"王逸注："制，去。"因此，在整理经丝时，用形如

可以为都大夫。① 持交而不失、出入不绝者，捆也，捆可以为大行人也。② 推而往，引而来者，综也，综可以为关内之师。③

茀矢的一种工具来除去经丝上的丝结等毛病，即是以"物"来"治芜与莫"。按，杨屾：《豳风广义》卷下"缫床图说"条记后世清理经丝上的丝结的方法说："一人手执拨簪（原注：用扇子边股，将一头削光，如扁簪形）。往来在经缕上拨挑，如有粘络、结丝，俱用簪排开。"古代大约也是用此方法。物（茀、第）即形如茀矢的"拨簪"，"芜与莫"即是"粘络、结丝"，而"治"即是"用簪排开"。

①梁云："注云'物为一丈墨也。不知丈尺多少，使意与世芜而莫莫也。都大夫，主治民理众也。'按此文亦有讹。"宋本《太平御览》引注文"为"作"谓"，为、谓古通用。按注文自"物为"至"多少"12字，疑本是正文"故画可以为正"句下旧注的残文（其中且有误字），误羼移于此；而"使意"一句9字则本是释"芜与莫"的旧注的残文，惜已舛讹残乱至不可解。洪颐煊谓"都亦有总义"，非。都乃"都鄙"之"都"。《周礼·春官》典路："师都建旗，州里建旟，县鄙建旐。"郑玄注："师都，六乡六遂大夫也，谓之师都，都，民所聚也。"疑"都大夫"即指此。

②王云："捆盖如今之梭。"梁云："《太平御览》'捆'作'梱'，无'也'字。注云：'捆，使缕交错出入不失理也；似大行人，交好邻国，不离畔也。大行人，主使命者。'"宋本《太平御览》"捆"、"梱"均作"梱"。又缺"捆可"二字，误"大行人"下之"也"字，应依梁校删。

③梁云："'关'旧误'阅'，从《太平御览》校改。注云：'总，推缕令往，引之令来，似关内师收合人众，使令有节。关内师，主境内之师众。'"王云："综者，持丝交也。交之言爻，机综往来，丝缕相持，形如爻也。门上木名阒，亦内外交之处。"萧云："关内师未有实证。《周礼》有司关，师或误司。郑注云：'此是掫检校十二关，所司在国内。下云每关下十二人者。自在关门开闭'"宋本《太平御览》引注文"总"作"综"，是，当据改。按此两句，梁、王、萧等家注释，及段玉裁《说文解字注》、徐灏《说文解字注笺》、桂馥《说文解字义证》、王筠《说文句读》等书间引《列女传》此文以释《说文》中有关诸字，无不牵强费解。唯王照园注近似，但尚不确切；且依王注，对全文仍难解通。《列女传》此文恐因传写致误而将"综"、"捆"二物互倒，原文应为："持交而不失，出入不绝者，综也。综可以为大行人。推而往，引而来者，捆也。捆可以为关内之师。"理由如下：今本《说文》系部："综，机缕也。"《说文》此句有误。唐写本《玉篇》："综"字下引《说文》云："机缕持丝交者也。"是。《一切经音义》卷二引《三苍》："综，理经也，谓机缕持丝交者，屈绳制经令得开合也。"《三苍》之说实本《说文》。《一切经音义》卷一又引《三苍》："综，理经也，谓机缕纪领丝者也。"据此，"持丝交者"均指综，王照园注大致得其实（只泥于"往来"二字）。因此，正文的"持交而不失，出入不绝者"，正是综而不是捆，并且是综的很生动的描写。至于"捆"字，本有二义。一训"织"，原是动词。《说文》手部："捆，织也。"《墨子·非命下篇》："捆布缘。"（按《非乐上篇》作"绁布缘"，系假绁为捆；《辞过篇》作"梱布绢"，梱为捆之讹；毕沅谓当作稇，非。）《孟子·滕文公上》："捆屦织席以为食。"《淮南子·脩务训》："梱（捆字之讹）纂组。"义均为织。一训"叩椓"，亦是动词。赵岐《孟

主多少之数者,均也,均可以为内史。①服重任,行远道,正直而固者轴也,轴可以为相。舒而无穷者,摘也,摘可以为三公。"②文伯再拜受教。(《列女传》卷一,《鲁季敬姜》。)

子注》:"捆,犹叩椓也,织履欲使坚,故叩之也。"《淮南子》高诱注:"捆,叩椓。纂组邪文,如今之绶,没黑见赤,亦其巧也。谓织组而扣椓之也。"叩椓(扣椓)实即打纬,使织物坚致。正文中的"捆",乃假动词为名词,指用以"叩椓"之捆,即打纬的工具。在机织技术的发展中,曾有过三种打纬的工具,捆是那一种呢?从"推而往、引而来"来看,可以认为它不会是斫刀式样的打纬的杼,而是《释名》所谓"经丝贯杼"之杼,亦即"筬"或"篗"。如果这样考虑不错,则"推而往、引而来"正是描写用捆(篗)打纬时的动作:织一根纬线后,织工便把悬在织机上的横栏经面的篗向怀里一拉,即"引而来",好把纬线打(叩椓)紧;然后再把篗往外一推,即"推而往",以便踏筳提综开交再投梭送纬。"篗"字俗作"筘",皆后出字。"篗"字始见于《广韵》,释作"织具"。疑其本字原即"叩(扣)椓"之"叩"或"扣"。《论语·宪问篇》:"以杖扣其胫。"孔注云"扣,击也。"《说文》无"叩"字,字作"敂",亦训"击"。叩、扣、敂、篗同音,捆、篗双声,可通假,故本文名篗为捆。至于"筬",则是"杼"之声转。梁注谓《太平御览》引"捆"作"梱",遂以为应作"梱"字,非。《说文》木部:"梱,门橛也。"与捆无涉。王注谓"捆盖如今之梭",亦误。又按,萧注引郑注云云,非郑注,乃贾公彦《疏》语。关内之师不见先秦文献,但他和《周礼·地官》司关全无关系,则可断言。

①梁云:"注云:'均谓一齿受一缕,多少有数,犹内史之治民也。'按'均'当作'构'。《广雅·释器》'经梳谓之构',曹宪音子允反。《广韵》二十一震:'凡织,先经以构,梳丝使不乱,出《埤苍》。'"宋本《太平御览》引"可"下脱"以"字。按梁引《广韵》文原见《玉篇》木部。《集韵》引《埤苍》:"构,织具,所以理丝经。""均"非误字,乃"构"之假借字。王念孙《广雅疏证》谓"构之言均也,字通作均",是。构,《天工开物》卷上,《乃服》各条中名曰"篗",但宋应星在经具条特别标明"此篗非织篗",盖谓非打纬之篗,而是理经之篗。杨屾《豳风广义》卷下"纠紝图说"条中称之曰"绳",卫杰《蚕桑萃编》卷七仍名之曰"篗"。这样的篗只用于牵经、过籰、梳整经丝。《天工开物》卷上,《乃服》,"经数"条说:"凡织帛,罗纱篗以八百齿为率,绫绢篗以一千二百齿为率。"说的即是《广雅》中所谓"经梳谓之构"的构,亦即《列女传》此处所谓的"均"。它与打纬用的"织篗"形制相似,但作用却完全不同。名之曰构或均,盖取梳理经丝使均整之意。

②梁云:"注云:'摘谓胜也,舒而无穷,喻三公道德洁备,无匮竭也。'按'摘'当作'樀'。《集韵》二十三锡:'樀,机上卷丝器。'"宋本《太平御览》上"摘"字下无"也"字,下"摘"字下多"者"字。按"摘"当作"樀",梁说是。樀亦名"滕"、"胜"或"柽",后世曰"滕子"、"的杠"、"𩎋子"或"𩎋子"。《说文》木部:"滕,机持经者也。"滕用以缠卷经线,安置在机架的最上端或最后部。滕作轴形,因亦称"轴",可以转动,以舒展待织的经丝,所以说"舒而无穷"。

附录二

王逸《机妇赋》释文

〔本释文只就与织机构造有关的一段，即自"胜复回转"至"匪劳匪疲"一段的字句加以诠释，其他皆从略。这篇不完全的《机妇赋》（或仅称《机赋》），《艺文类聚》卷六五、《北堂书钞》卷一五八、《太平御览》卷八二五、王祯《农书》卷二一，都曾引过，引文繁简不同，字句亦有歧异。兹根据严可均《全后汉文》卷五七所录，其他不再标明。又，这段文字有些部分在本文他处已大致诠释过。凡已诠释过的，此处从简；凡前面未诠释的，此处稍详。〕

舟车栋宇，粗工也；杵臼碓硙，直巧也；盘杆缕针，小用也；至于织机，功用大矣。

素朴醇一，野处空藏，上自太始，下讫羲皇。帝轩龙跃，庶业是昌，俯覃圣思，仰览三光，悟彼织女，终日七襄，爰制布帛，始垂衣裳。

于是取衡山之孤桐，南岳之洪樟，结灵根于盘石，托九层于岩旁。性条畅以端直，贯云表而剀良，仪凤晨鸣翔其上，怪兽群萃而陆梁。

于是乃命匠人，潜江奋骧，逾五岭，越九冈，斩伐剖析，拟度短长。

胜复回转，剋象乾形。① 大匡淡泊，拟则川平。② 光为日月，盖

---

① "勝（胜）"乃"滕"之假借字。《说文》木部："滕，机持经者也。"古时滕亦名"榐"或"栿"，后世称曰"滕子"、"的杠"或"藤子"。滕是一根缠卷经丝的木轴，安置在机架的顶端或后部。"復（复）"乃"楾"之假借字。《说文》木部："楾，机持缯者。"古时楾亦名"複"，后世称曰"卷轴"或"怀辊"。楾是一根较粗的缠卷已织成的布帛的木轴，安置在机架的下端或前部，正在织工的面前。滕与楾都可旋转，所以又都称作"轴"。因其旋转，所以说"胜复回转"。机架两立颊上有两个立叉子，上面装"马头"，两马头间有"豁丝木"，用以分经丝为底经与面经。滕、楾与豁丝木三者都作轴形，等长并平行，横列于机架上，所以说"克象乾形"（☰）。

② "大匡"指长方形的机架。按《说文》匚部："匡，饮器，筥也。从匚，㞷声。筐，匡或从竹。"按"饮"字当作"饭"，《说文系传》及《韵会》引《玉篇》并作"饭器也，筥也"。《诗经·召南·采苹》："维筐及筥。"毛《传》："方曰筐，圆曰筥。"《淮南子·时则训》："具扑曲筥筐。"高诱注："圆底曰筥，方底曰筐。"盖筐是一竹编的方形的筐子，盛器，用以盛饭或其他什物（参阅朱骏声《说文通训定声》所引诸例）。引申之，作为形容词，方的东西曰匡《庄子·齐物论》："与王同筐床。"《释文》引崔注："正床也。"《玉篇》："匡，方正也。"作为动词，匡亦训正。《尔雅·释言》："匡，正也。"《诗经·小雅·六月》："以匡王国。"《左传》襄公十四年："过则匡之。"《论语·宪问篇》："一匡天下。"等等，古注匡皆训正。《管子》有《大匡篇》，尹注谓"以大事匡君"，匡义亦为正。因此"匡"字不论是名词、动词或形容词，皆有方正之意。本文的"大匡"实指大的长方形的机架而言。"淡泊"，古或作"澹漠"。《庄子·缮性篇》："古之人在混芒之中，与一世而得澹漠焉。"成元英注谓"恬澹寂寞无为之道也"。或作"澹薄"。《淮南子·主术训》："非澹薄无以明德，非宁静无以致远。"《太平御览》卷七七引"澹薄"作"淡漠"，或作"澹泊"。司马相如《子虚赋》："泊乎无为，澹乎自特。"《汉书·叙传》："清虚澹泊，归之自然。"或作"淡泊"。曹植《蝉赋》："实淡泊而寡欲兮。"字不同而义皆同，作恬澹平静之意。本文"大匡淡泊"，乃用以形容机架，意谓大而方的机架恬然平整。下面的"拟则川平"，则是把恬然平整的机架比作平静的川流。

取昭明。① 三轴列布,上法台星。② 两骥齐首,俨若将征。③ 方员

① 这里是拿日月来比喻机架上的底经和面经。按《易经·系辞上》:"县象著明,莫大乎日月。"又《系辞下》:"日往则月来,月往则日来,日月相推而明生焉。"本文系用此典,拿日月来比喻面经和底经,一上一下,犹如日月往来相推。《尚书·尧典》:"昔在帝尧,聪明文思,光宅天下。"又说帝尧"钦明文思义安,允恭克让,光被四表,格于上下",又说"九族既睦,平章百姓,百姓昭明,协和万邦"。"昭"古多训"明"。本文的"昭明"盖本此。

② "三轴"指机架上的滕、梭和辖丝木,三者都作轴形(且滕与梭或即称轴),等长并平行,横列于机架上,故曰"列布"。《续汉书·天文志上》:"斗衡、太微、摄提之属百二十官、二十八宿,各布列。"盖古人言星宿常用"布列"字。"上法台星"乃指"三台"。《史记·天官书》:"魁下六星,两两相比,曰三能。三能色齐,君臣和;不齐,为乖戾。"《集解》:"苏林曰,'能音台'。"《后汉书·郎顗传》:"三公上应台阶,下同元首。"李贤注引《春秋元命包》曰:"魁下六星,两两相比,曰三台。"是三能与三台同。三台亦曰"泰阶"。《汉书·东方朔传》:"愿陈泰阶六符。"孟康注曰:"泰阶,三台也,每台二星,凡六星。符,六星之符验也。"应劭注引《黄帝泰阶六符经》曰:"泰阶者,天之三阶也。上阶为天子,中阶为诸侯公卿大夫,下阶为士庶人。上阶上星为男主,下星为女主;中阶上星为诸侯三公,下星为卿大夫;下级上星为元士,下星为庶人。三阶平,则阴阳和,风雨时,社稷神祇咸获其宜,天下大安,是为太平,三阶不平,则五神乏祀,日有食之,水润不浸,稼穑不成,冬雷夏霜,百姓不宁。"《后汉书·崔骃传》李贤注:"三台谓之三阶,三公之象也。"是三台即泰阶,亦即三阶。《晋书·天文志上》:"三台六星,两两而居,起文昌列抵太微,一曰天柱,三公之位也。在人曰三公,在天曰三台,主开德宣符也。……又曰,三台为天阶,太一蹑以上下,一曰泰阶。"根据这些可以确知"三轴列布,上法台星",是以两两相比、形似阶梯的三台六星,来与机架上以滕、梭和辖丝木组成的三轴互相比喻。这比喻不仅是很恰当,而且隐喻着"三阶平","天下大安,是为太平"之意。

③ 《诗经·郑风·大叔于田》:"叔于田,乘乘鸨,两服齐首,两骖如手。"毛《传》:"马首齐也。"王逸应用此典来描写织机的"马头"。织工在织机上织时,脚下踏机躡,机躡牵引"马头",一俛一仰,以提压综纮,俨如两匹并辔的服马齐头并进。按作为织机机件名称的"马头"这个名字首见于元薛景石《梓人遗制》(《永乐大典》卷18245,影印本第172册)。在《梓人遗制》中的立机子上,"马头"在"大五木"下约二寸地方,自机身伸出,以安置"豁丝木"。在布卧机子上亦有"马头",但布卧机子的构造和本文前述汉代织机不相同,所以马头的位置也变了。至于更进步的罗机和华机子则不再用马头,而用从马头演变成的特木儿来代替提综。汉代的织机比《梓人遗制》中的立机子进步,宋伯胤、黎忠义二同志认为马头装在立叉子上是正确的。以汉代织机为基础初步加以复杂化的汉代提花机,应依然有马头。它远不如《梓人遗制》中的华机子或《天工开物》中的花机那样进步,似乎还没有完全发展成为像老鸦翅及涩木一样的机件。如果是这样,那么王逸所说的"两骥齐首",指的正是《梓人遗制》中的"马头"。王逸虽只用《诗经》典故作比喻而未直道其名,但可推测它的名称、形式、作用均应与"马头"相近。所以《梓人遗制》中"马头"这个名称,大约可以溯源到汉代。

绮错，极妙穷奇，虫禽品兽，物有其宜。① 兔耳跧伏，若安若危，② 猛犬相守，窜身匿蹄。③ 高楼双峙，下临清池，④ 游鱼衔饵，

---

① 这四句是描叙织物上的花纹。

② "兔耳"一词，见《梓人遗制》。《梓人遗制》所记的立机子、罗机子和华机上都有"兔耳"。在罗机子上，距"后脚"五寸二分挖"兔耳眼"，眼长三寸六分。兔耳眼中安装"兔耳"，以承卷轴。卷轴圆混，径广三寸四分。在华机子上，情况是这样：机子长八尺至八尺六寸，宽三尺六寸。"机身径广三寸，厚二寸六分。先从机身上向里量八寸，画前楼子眼。前楼子眼合心至中间楼子眼二尺二寸。中间楼子眼合心至兔耳眼合心四尺二寸。兔耳眼合心至后靠背楼子眼合心一尺二寸。内楼子眼各长一寸六分，随材加减；兔而（耳之误——笔者）眼长四寸。"又说："卷轴长随两机身横之外，径三寸四分。兔耳随机身之厚，径广四寸，上訛角。"《梓人遗制》此处把兔耳眼的位置、尺寸，以及兔耳的尺寸、形状，都记得很清楚。由此可知，兔耳是机台上靠近织工左右手的一对小机件，下身圆，径广四寸，卧伏在机身上的四寸长的兔耳眼中；上部露在兔耳眼外，上有"訛角"，形状正像兔子的两耳，用来承架卷轴。王逸赋中的"兔耳"，正是这个兔耳。"兔耳跧伏，若安若危"，正描写兔耳的半隐半现的模样，所以《梓人遗制》中"兔耳"一词，确可溯源到汉代。

③ "猛犬"不详，疑非织机上机件的名称，而只是比喻语。据后世的织机推测，"猛犬"可能指的是《天工开物》中所说的花机上的"叠助木"，亦即杨屾《豳风广义》的花机上的"撞"。叠助木在机台后部，下端接"眠牛儿"，上端的长杆连接织篦的两头。织工向自身方向拉篦打纬时，叠助木的头部即向织工方向猛力一推。它借长杆之力推动织篦两头，这样就加强了织篦打纬的力量。叠助木头部运动的方向总是向织机前方，亦即兔耳所在的方向，猛地一跃，然后当织工推篦（杨屾《豳风广义》曰"推撞"）时它又退还到原位置。它猛地一跃时，很像猎犬"窜身"的模样。在《梓人遗制》中，卧牛儿称"卧牛子"；长杆称"利杆"，长八尺；而叠助木则只就其构造命名，称"立人子"。叠助木上半在机台之上，故织工（或兔耳）得见其"窜身"。其下半在机台之下，织工（或兔耳）看不见，故曰"匿蹄"。又此四句以机身后部之"犬"，对机身前部之"兔"，显然是以校猎的情景来比喻织机上的两对机件。

④ "高楼双峙"系指花楼。《天工开物》卷上，《乃服》，"机式"条曰："凡花机，通身度长一丈六尺，隆起花楼，中托衢盘，下垂衢脚。对花楼下堀上。"花楼，《梓人遗制》曰"楼子"，《豳风广义》曰"提花楼"。机楼扇子立颊从机身后部向上双双耸立，高五尺许。在它的横梁（"遏脑"）中心向上再竖"冲天立柱"，上架"龙脊杆子"。从织工坐处往上看，确似"高楼双峙"。坐在花楼上，按照"花本"提花。他俯瞰机上平滑的经面，确如"下临清池"。

澰灂其陂。①鹿卢并起,纤缴俱垂,②宛若星图,屈伸推移。③一往一来,匪劳匪疲。④

于是暮春代谢,朱明达时,蚕人告讫,舍罢献丝,或黄或白,

---

① "游鱼衔饵"是比喻衢线和衢脚。衢线、衢脚,已见上注引《天工开物》。《豳风广义》"衢"作"渠"。衢线上端系于"文轴子"(《梓人遗制》)或铁环(《天工开物》),纵横排列穿过"衢盘","计一千二百根"(多寡视花需要而定)。衢线下端垂着衢脚。《天工开物》说衢脚"以水磨竹棍为之",垂于对花楼下藏衢脚的二尺许的坑中。坐在花楼上的织工,即依照花本牵提衢脚,给织物提花;他的动作很像垂钓。这里是拿"游鱼"比衢脚。衢脚连着衢线,正像"游鱼衔饵"。"澰灂"是描写衢脚的一上一下。《文选》卷一九,宋玉《高唐赋》:"巨石溺溺之澰灂兮,沫潼潼而高厉。"李善注曰:"澰灂,石在水中出没之貌。"王逸盖本此。

② 鹿卢今通作辘轳,即滑车。古文献中作轳轳(《方言》卷五)、历录(《诗经·春风·小戎》毛《传》)、磨鹿(《墨子·备高临篇》)、历鹿(《一切经音义》卷一四引《方言》)、麻鹿(《广雅·释器》)、缕鹿(《续汉书·舆服志》注引《独断》),皆音近通作,衢线顶端悬在花楼上,牵提时一起一落,虽非真用辘轳,但其形象颇似辘轳。"纤缴俱垂"则是另一比喻,拿弋射所用的矰缴来比喻衢线和衢脚。古代弋射用一种短矢,名曰"矰";矰末端连着一根很长的细丝缕,名曰"缴"。《周礼·夏官》司弓矢:"矰矢、茀矢,用诸弋射。"郑玄注:"结缴于矢谓之矰。"《淮南子·说山训》:"好射者,先具缴与矰。"高诱注:"缴,大纶。矰,短矢。缴,所以系者。缴射之,注飞鸟。"《后汉书·赵壹传》李贤注:"缴,以缕系箭而射者也。"《文选》卷一三,张华《鹪鹩赋》李善注:"缴,系箭线也。"《说文》糸部:"缴,生丝缕也。"王逸正是以矰来比衢脚,以缴来比衢线。这里不是向上弋射,而是垂向织机下方,所以说"俱垂。"《史记·司马相如传·子虚赋》:"微矰出,纤缴施。"是王逸"纤缴"二字所本。

③ 我国最早的可考的星图,大约是山东肥城孝堂山郭巨祠汉画像石所画织女星等星图,与甘公石申《星经》(《汉魏丛书本》)中星图的画法相同,当是汉代人习惯的星图画法。按花机在织作时,衢线、马头(或由马头变化而成的特木儿、老鸦翅)、综绒等各机件牵提不同的经丝,错综曲折,有屈有伸,从侧面看,确如星图。所以"宛若星图,屈伸推移",是一句十分形象化的比喻。

④《列女传》卷一,《鲁季敬姜传》(见本书第417页附录一)说:"推而往、引而来者,综也,综可以为关内之师。"附录一释文已说明这句话里的"综"字皆当作"捆",即是筬。织工推筬(《豳风广义》卷下"织纴图说"条曰"推撞",盖推筬时,筬头长杆所连的撞,即叠助木,必向后退),即"推而往";织工拉筬打纬,即"引而来"。这里所说的"一往一来",即指推筬拉筬。"匪劳匪疲"则言织工操作的熟练自如。

关于这段文字,还有一点可以注意。王逸用了许多比喻来描叙织机。他曾以乾

蜜蜡凝脂,纤纤静女,经之络之。

尔乃窈窕淑媛,美色贞怡,解鸣佩,释罗衣,披华幕,登神机,乘轻杼,揽床帷,动摇多容,俯仰生姿。(《全后汉文》卷五七)

卦,以澹泊的平川,以日月星辰,以辂车的服马,以高楼,以校猎时的犬兔,以钓鱼、缯弋、辘轳,以星图来打比喻。这些都是汉代人常常喜欢提到的事物,在汉代文学作品、画像砖石,以及明器中,随处都可看到。其中高楼、骥马、犬兔、钓鱼、缯弋诸事,反映王逸是拿当时封建统治阶级富贵家族豪奢腐朽的享乐生活中最习见的事物作譬。《盐铁论·刺权篇》描写当时寄生的富贵家族的生活说:"贵人之家……威重于六卿,富累于陶、僭,舆服僭于王公,宫室溢于制度,并兼列宅,隔绝闾巷,阁道错连足以游观,凿池曲道足以骋骛,临渊钓鱼,放犬走兔,隆豺鼎力,蹋鞠斗鸡,中山素女,抚流征于堂上,鸣鼓巴、俞作于堂下,妇女被罗纨,婢妾曳绨纻,子孙连车列骑,田猎出入,毕弋捷健。是以耕者释耒而不勤,百姓冰释而懈怠。"拿这段文字中的"临渊钓鱼,放犬走兔","毕弋捷健","连车列骑"等,和《机妇赋》中的几个比喻来对照,更可看出王逸是如何假借当时统治阶级最习见的事物打比喻来描叙织机了。

附录三

春秋战国秦汉时代纺织品出土的主要地点和发掘或研究报告

近60年来，我国春秋战国秦汉时代纺织品出土的主要地点和发掘或研究报告，重要的大致如下：

（1）1957年，河南省文化局文物工作队在河南信阳长台关发掘了两座春秋末期的大型楚墓，出土了菱花绢及平织的缣绢等丝织品。见河南省文化局文物工作队编：《河南信阳楚墓出土文物图录》(1959年)。

（2）30年代，湖南长沙近郊楚墓出土过一些战国时代楚国的丝织品。如"战国缯书"，见《文化参考资料》1955年第7期，图版24；零星的丝织物残片，见商承祚：《长沙古物闻见记》(1939年)。这些都被美帝国主义所掠去。1949年长沙市陈家大山楚墓出土了"龙凤人物帛画"，见北京历史博物馆：《楚文物展览图录》(1954年)。

（3）1951年，中国科学院考古研究所发掘队在长沙近郊发掘了自战国至唐宋古墓百余座，出土了战国时代楚国的刺绣、绢、纱残片、组带、丝织网络等及麻布残片。见中国科学院考古研究所编：《长沙发掘报告》(1957年)。1956年，长沙广济桥楚墓出土了织饰、丝带和丝袋，见湖南省文物管理委员会：《长沙广济桥第五号战国木椁墓清理简报》(《文物参考资料》1957年第2期)；湖南省博物馆：《长沙楚墓》(《考古学报》1959年第1期)。

（4）1942年，日人水野清一等在山西阳高县窃掘汉代古墓

3座，出土了一些刺绣、锦、绢、罗、纱和麻织物残片。见水野清一、小野胜年、日比野丈夫：《蒙疆阳高县古城堡汉墓调查略报》（1943 年）；小野胜年、日比野丈夫：《蒙疆考古记》（1946年）。

（5）1957—1959 年，甘肃省博物馆在甘肃武威磨咀子发掘汉代古墓 37 座，出土了锦包草盒、绢书、麻布书铭旌，及布帽、布袜、布袋等。见甘肃省博物馆：《甘肃武威磨咀子汉墓发掘》（《考古》1960 年第 9 期）。

（6）1900 年至 1916 年，英人斯坦因（A. Stein）在新疆、甘肃境内进行了 3 次所谓"探险"，到处搜寻盗掠我国古文物，在古于阗、楼兰、高昌等遗址及敦煌、玉门各地，窃掘了许多古墓和古堡，出土了许多刺绣、锦、绢、纱等，和毛毡、毛织物及麻织物残片，其中有些比较完整。见其所著 Sand—Buried Ruins of Khotan（1903 年）；Ancient Khotan（1907 年）；Ruins of Desert Cathay（1912 年）；Serindia（1921 年）；Innermost Asia（1928年）。简要纪录见其所著 On Ancient Central Asian Tracks（1933年。向达译：《斯坦因西域考古记》）。关于这些出土的丝织品的研究，见 F. A. Andrews：Ancient Chinese Figured Silks Excavated by Sir Aurel Stein（Burlington Magazine，July—September，1920年）；Vivi Sylwan：Investigation of Silk from Edsen—Gol and Lop—nor（1949 年）。

（7）1894—1928 年，瑞典人斯文赫定（Sven Hedin）也在新疆西藏等地"探险"，探查地理，搜盗我国古文物。他在新疆古楼兰遗址也窃掘了若干古墓遗迹，出土了一些锦、绣、绢、纱和毛织物残片。见 Albert Hermann：Lon—lan（1931 年）；August Courady：Die chinesischen Handschriften—und sonstigen Kleinfunde Sven Hedins in Lon—lan（Stockhom，1920，No. 6，1；13，2；

14，2）。

（8）1930—1934年，中国西北科学考察团在新疆古楼兰遗址等地发掘，出土了一些丝织品残片、丝织品衣物，及麻织品衣物和毛织品。见黄文弼：《罗布淖尔考古记》（1948年）。

（9）1959年，新疆维吾尔自治区博物馆考古队在民丰县北大沙漠中古遗址墓葬区发掘了一座东汉墓，出土了较完整的锦、绣、绮、缣、绢、布所制衣物。见新疆维吾尔自治区博物馆：《新疆民丰县北大沙漠中古遗址墓葬区东汉合葬墓清理简报》（《文物》1960年第6期）；武敏：《新疆出土汉—唐丝织品初探》（《文物》1962年第7、8期）。

（10）1923—1924年，苏联考茨劳夫（Л. К. KoзHoB）等在蒙古人民共和国诺因乌拉地方发掘汉代匈奴墓10余座，出土了数量较多的各种毛织品和丝织品，包括较完整的锦、绣、绢、纱等。见 Т. И. Боровка：Кuлbтурно—историчёское Энаиенче Архео логических Находок экследичий（Краткие отчеты экеледичий по исследованию Северной Монголии В связи С Монголо—Тиъетской экследичий Л. К. Коздова, лени нгрд, 1926）；W. P. Yetts：Discoveries of the Kozlov Expedition（Burlington Magazine, April, 1926）；C. Trever：Excavations in Northern Mongolia Leningrad, 1932）；梅原末治：《蒙古ノイン・ウラ発见の遗物》（1960年）。

（11）1925—1935年，日人原田淑人等在朝鲜平壤附近发掘汉乐浪郡境内的汉代古墓若干座，出土了一些缯、绢、纱等残片和丝带、丝纽等。见原田淑人、田泽金吾：《乐浪》（1930年）；野守健：《平安南道大同郡大同江面梧野里古坟调查报告》（1935年）；小泉显夫、泽俊一：《乐浪彩箧塚》（1934年）；小场恒吉：《乐浪王光墓》（1935年）；梅原末治：《朝鲜古文化综鉴》第二卷（1948年）；原田淑人：《汉代の缯绢》（《东亚古文化研究》1940年）；原田淑人：《汉六朝の服饰》（1937年）。

（12）1903年俄人阿德里亚诺夫（A. V. Adrianov）在南西伯利亚密奴辛斯克（Minusinsk）附近奥格拉克提村（Oglakty）发掘了两座古墓，出土遗物中有汉代的锦、缟、制袋、薄绢和毛织品，锦上有夔龙纹及"寿"字。见 A. M. Tallgren：The South Siberian Cemetery of Oglakty from the Han Period.（Eurasia Septentrionalis Antiqua, XI, Helsinki, 1937.）

（13）近年苏联考古学家在苏联阿尔泰一带地方发掘若干古墓，出土遗物中有战国或汉代的丝织品和刺绣。见 C. N. 鲁金科：《论中国与阿尔泰部落的古代关系》（《考古学报》1957年第二号）。

（据手稿排印）

关于北宋赋役制度的几个问题

近年来史学界有不少同志运用马克思列宁主义的观点，对我国历代的赋税和徭役制度进行了新的探讨，写出了论著，使我们对我国封建时代历史的这一个方面增进了不少的知识。对其中若干问题，大家也有些不同的看法。有些论著对一代的赋役制度作了全面阐述和较深入的分析。也有的论著，尤其是通史性的著作，可能由于篇幅的局限，仅简单叙述了制度本身而没有来得及作足够的分析。最近阅读了几种论述到北宋赋役制度的著作，感到其中有一些问题值得商讨。本文拟先对以下几个问题提出些个人的不成熟的意见，请同志们指教：一、北宋时代的田赋（二税）到底由谁负担？二、二税有多重？三、北宋的户等制是五等还是九等？四、北宋徭役制度中，职役的内容和性质。五、杂徭的内容和性质。

关于赋役制度

在讨论上述几个问题以前，我想就中国专制主义中央集权的封建国家的赋役制度谈几句粗浅的体会。

拿中国封建社会和欧洲中世纪的封建社会来比较，我们可以看到中国封建社会的主要特点之一，是代表封建地主阶级的专制主义中央集权的封建国家，早在秦汉时代便已形成，并且随着历史的发展，至唐宋以后日益巩固、加强。

在欧洲中世纪封建社会的兴盛期，西欧、中欧各地普遍呈现着显著的封建割据状态，英、法等各国的王权都十分萎缩。欧洲各国经中世纪末期和近代初期几百年的历史发展，王权才逐渐增强起来。王权在其发展过程中，是和城市市民阶级结成联盟，作为一种反对封建领主的力量而出现的，因此它在当时历史上起着积极的进步的作用。[①] 王权真正得到巩固，和日后转而趋向于保守，已是资本主义初期的事了。欧洲中世纪兴盛期的封建社会，既然处在极端的封建割据状态中，王权十分萎缩，所以当时社会生产的担当者——农奴，主要是受封建领主的剥削和压迫。大大小小的各级封建领主，各自在他们直接占有的土地上，通过封建地租和超经济强制，残酷地剥削、压迫并统治着广大农奴。封建庄园是他们对各自占有的土地的主要经营形式。庄园行政机构和庄园法庭是他们压榨农奴的政治机器。萎缩的王权，不管在经济方面或政治方面，基本上不能直接达到农奴群众的头上。英、法等各国的国王，只是在封建领主群中的一个站在封建等级阶梯顶端的较大的封建领主而已。国王的财政收入，主要依靠王室直接控制的若干王室庄园，大小封建领主（陪臣）的各种贡献，以及某些全国性的赋税如关税、罚金等。[②] 因此在他们的封建国家里面，没有和中国同样的，在专制主义中央集权制度下所特有的

[①] 马克思：《资本论》第一卷，第907页。恩格斯：《论封建制度的解体及资产阶级的兴起》（《封建社会历史译文集》所收），第13页。

[②] E. Lipson: The Economic History of England, Vol, I, Chpt, XI.

赋税制度。欧洲中世纪的农奴，对封建领主提供沉重的劳役地租，并且在人身依附的枷锁下忍受着封建领主的各种压榨和役使。在中世纪末期，英、法等各国国王虽然也在全国力所能及的范围内调发一些农奴服兵役，但人数不多，且须通过封建领主们的同意和代征。[①] 因此在他们的封建国家里面，没有和中国同样的，在专制主义中央集权制度下所特有的徭役制度。由于这样的情况，所以我们探讨欧洲中世纪封建社会的社会生产关系时，主要须探讨封建领主对广大农奴强征的地租和超经济的强制与压榨。关于这些，马克思列宁主义经典作家给了我们很多精湛的指示和研究的典范。

中国远在秦汉时代，代表封建地主阶级的专制主义中央集权的封建国家便已形成，并且随着历史的发展，到唐宋以后日益巩固、加强。专制主义中央集权的封建国家的形成和巩固提供了足够的条件，使封建政府能够在全国范围内制订统一的赋税制度和徭役制度；在经济和政治方面，封建政府的剥削和压迫都直接压到广大农民头上。因此在中国封建社会里，广大农民所受的剥削和压迫是双重的。农民一方面受地主阶级的剥削和压迫，另方面又受封建国家的剥削和压迫。毛泽东同志论述中国封建时代的经济制度和政治制度的四个特点时，明确地指示我们说：

> 二、封建的统治阶级——地主、贵族和皇帝，拥有最大部分的土地，而农民则很少土地，或者完全没有土地。农民用自己的工具去耕种地主、贵族的皇室的土地，并将收获的四成、五成、六成、七成甚至八成以上，奉献给地主、贵族和皇室享用。这种农民，实际上还是农奴。

接着又说：

[①] H. S. Bennett: Life on the English Manor, Chpt. V.

三、不但地主、贵族和皇室依靠剥削农民的地租过活，而且地主阶级的国家又强迫农民缴纳贡税，并强迫农民从事无偿的劳役，去养活一大群的国家官吏和主要地是为了镇压农民之用的军队。①

毛泽东同志的这个指示，对我们理解中国封建社会阶级关系具有极重要的意义，他指导我们在一般历史发展规律中具体地认识中国封建社会的特点。因此，我们研究秦汉以后中国专制主义中央集权的封建社会任何一般时期中的阶级关系时，不仅对农民向地主交纳的地租，以及与地租有密切关系的超经济强制须进行分析探讨，而且对封建政府所制订和推行的赋役制度，也必须看作和封建地租具有同等的重要意义而加以分析探讨，揭露其对广大农民剥削和压榨的实质。

对于这一点，近年来史学界许多同志都给予了足够的注意，有不少的论著深入探讨了中国历代赋税与徭役制度，把赋役问题及其剥削实质提到了应有的重要地位，这是十分正确而必要的。

但是，和地主对农民直接征收封建地租与进行超经济的强制这样赤裸裸的"统治与奴役"关系②比较起来，中国封建政府制订和推行的赋役制度所包括的问题却复杂很多。制度往往涉及到全社会各个阶级和阶层的利益。制度的表面常常隐蔽着封建国家对广大劳动人民的剥削和压榨的真实内容和性质。专制主义中央集权的封建国家是代表整个封建统治阶级的。但在它制订和推行赋役制度时，主要是从封建国家的政治、军事、财政以及政府举办的事务的需要出发，来考虑赋役的来源和对象。它首要的目的

---

① 《毛泽东选集》第二卷，第594页。
② 马克思：《资本论》第一卷，第60页；第三卷，第1031页。

在于通过征敛赋税和役使人民来维持封建社会秩序，加强封建国家政权，巩固封建统治阶级——地主、贵族和皇室对广大人民的长期统治。制订和推行赋役制度的封建政府所处的地位，和欧洲中世纪的封建领主不同，和中国封建社会内个别地主或地主集团也不同；它的地位使它更多地从统治阶级总体和政权考虑，而不能单从统治阶级某些阶层或个人考虑。再者，封建政府虽然也知道赋役的真正负担最后必然落在广大人民头上，但为了征敛科派的便利，它往往在制度的表面上，除掉享有免赋免役特权的最高阶层外，却也叫相当大的一部分地主、豪商等统治阶级承担赋役义务。因此，在封建国家所制订的赋役制度下，赋役的承担者，一般来说，并非仅仅是农民——自耕农、佃农和雇农；从制度的表面上看，赋税甚至徭役的承担者，常常也包括着地主阶级的很大部分。（为了把问题的讨论简化，本文拟把各种商人和手工业者以及他们的赋役负担都暂置不论。）在这方面，赋税制度比徭役制度尤为显著。中国自秦汉以后，历代田赋的表面承担者几乎都是土地所有者——地主与自耕农；而其中地主因占有的土地多，看来好像还占最大部分。这就造成了一种假象，仿佛田赋的承担者主要是地主阶级而不是农民。徭役制度也有时呈现出类似的假象，宋代的徭役制度即其一例。

其实，在地主阶级占统治地位的封建社会里，地主阶级的任何阶层都不会真正承担赋税和徭役义务的。制度的表面隐蔽了封建国家对广大劳动人民的剥削和压榨的内容和实质。在制度背后，地主阶级两千年来用各种方法把法定应由他们担负的赋役负担转嫁到农民头上。方法是多种多样的：直接的，间接的；隐蔽的，公开的；奸诡巧诈的，蛮强横暴的；非法的，玩法的，甚至"合法"的。但是，如果仅仅从赋役制度的法令本身和表面上看，却往往揭不穿它的假象，看不透它的剥削实质。

这种情况自然就要求我们对中国专制主义中央集权的封建社会中任何一个时期封建政府所制订和推行的赋役制度须进行必要的分析，认清制度的制订和推行者的用意所在，赋役是什么样的性质，赋役的表面承担者是那个阶级和阶层（是地主阶级还是农民阶级；是地主阶级中的某些特权享有者、大地主阶层还是中小地主阶层；是农民阶级中的自耕农、半自耕农、佃农还是雇农，甚至奴婢等），赋役负担如何从表面承担者最终转嫁到真正被剥削、被压榨的劳动人民头上，以及被转嫁的赋役负担沉重到什么程度。我们对一个时期的赋役制度进行必要的分析探讨后，才能剥开它的外衣，揭穿制度表面的假象，认清其剥削和压榨的实质。

近年来史学界有不少同志的论著讨论到我国历代赋役制度时，对这些问题也给予了相当的重视，因此对我国封建时代历史的这一个方面给我们增加了很多新的知识。但是这些问题比较复杂。就最近阅读的几种论述到北宋赋役制度的著作来说，个别的也有叙述不够完备、明确之处。尤其是通史性的著作，由于篇幅的局限，很难进行较细的分析，遂至容易呈现出把复杂问题简单化，或只停留在制度的表面的叙述而未作足够的分析的情况，从而使读者容易发生疑问或误解。因此，本文打算提出上述几个问题，谈谈个人一些粗浅的看法。

二税由谁负担

在中国专制主义中央集权的封建社会里，社会生产以农业为主，土地是最重要的生产资料，因此，田赋构成封建国家赋税收入的最主要部分。北宋的田赋在全国范围内普遍实行两税法。夏税秋苗（两税，二税）在北宋政府每年税收总额中占最大的比重。两税以外,还有随同两税输纳的"丁口之赋"与"杂变之赋"。① 丁口之赋(丁税)问题简单,它是一种人头税,全国大部分地区民户的丁男都须交纳。② 杂变之赋是各种各样的苛杂捐税,"牛革、蚕盐",以及"和买"、"和籴"、"支移"、"折变"等等。③ 此外,其他赋税,如城市居民的各种赋税、商税和市舶税等,在北宋政府财政收入中都只占比较次要的地位,本文拟暂置不谈。这里只想就最重要的二税稍加讨论。

从制度上看,宋代二税的承担者差不多是一切土地私有者,既包括自耕农、半自耕农等小土地所有者,又包括中小地主和大地主。除了少数享有免税特权的最上层地主家族和寺院、宫观等外,④ 一切土地私有者(主户、税户)都须向政府交纳夏税秋苗。自己没有土地而佃耕地主土地的佃农(客户),从法令上说,不向政府交纳夏秋二税。单从制度的表面上看,情况大致是这样。

但如果我们对北宋时代赋税的考察仅仅停留在制度的表面上,就很容易引起人们一些疑问。宋代是一个土地集中很严重的时代。"势官富姓占田无限,兼并冒伪习以成俗";⑤ "天下田畴

---

① 《宋史·食货志·赋税》。《文献通考·田赋考》。

② 称作丁钱,身丁钱,丁身钱,身丁钱米等。参阅程大昌:《演繁露》卷五,《丁钱》;《宋会要稿·食货·身丁》。

③ 同本书第430页注①。韩琦:《安阳集》附《韩魏王家传》卷八,熙宁三年八月奏疏。

④ 宋代有些寺院、宫观,贵族官僚的恩赐地、墓地,和少数由诏敕特别免除赋税的土地;此外,一般说来,享有免税特权的地主不多。

⑤ 《宋史·食货志·农田》。宋代地主阶级把购置田产、兼并土地看作人生第一重要事。周煇:《清波杂志》卷一一:"人生不可无田,有则仕宦出处自如,可以行志,不仕则仰事俯育,粗了伏腊,不致丧失气节。有田方为福。"晏殊:《晏元献遗文·答赞善兄家书》:"须随宜作一生计,且安泊亲属……置得一两好庄及第宅,免于茫然,此最良图。"

半为形势所占";① "大农之家，田连阡陌，积粟万斛，兼陂池之利，并林麓之饶";② "民田连亘，富拟王公之家";③ 土地的绝大部分都为地主阶级所占有。自己没有土地而不得不佃耕地主土地的客户，约占总户数的百分之三十五左右，④ 有些地区百分比还要更高。⑤ 当时就有人感叹说"产富者弘望之田，贫者无卓锥之地，有力者无田可种，有田者无力可耕"，⑥ "今之耕者皆为人……十室之夫，耕人之田、食人之食者九"。⑦ 兼并炽盛的地区，自耕农人户很少。"天下之民，耕而自为者，十无一二";⑧ 有的地区土著地主即便不多，农民也是"非佃客庄则佃官庄，其为下户自有田者无几"⑨ 在土地兼并如此猖獗，"沃壤咸归于富室"⑩ 的情况下，仅仅停留在制度的表面上谈二税，便容易使读者产生这样的疑问：既然占有土地的民户才纳二税，那么北宋政府征收的二税大部分岂不是由地主阶级提供的么？而"借人之牛、受人之土、庸而耕"，⑪ 只"能输气力为主户耕凿"，"一

---

① 《宋会要稿·食货·农田杂录》乾兴元年十二月（仁宗已即位，尚未改元）。
② 秦观：《淮海集》卷六《安都》。
③ 仲并：《浮山集》卷九《代贺漕除户侍启》。
④ 参阅加藤繁：《宋代の主客户统计》（《中国经济史考证》中译本卷二）。
⑤ 李焘：《续资治通鉴长编》（以下简称"长编"）卷二七，太宗雍熙三年六月赵普上言："邓洲五县，其四在山，三分居民，二皆客户"。李觏：《直讲李先生文集》卷二八《寄上孙安抚书》："今之浮客，佃人之田、居人之地者，盖多于主户矣。"吕南公：《灌园集》卷一四《与张户曹论处置保甲书》："大约今之居民，客户多而主户少。"参阅王存：《元丰九域志》。
⑥ 《长编》卷二七，太宗雍熙三年七月甲午李觉上言。疑"富者"下脱"占"字。
⑦ 陈舜俞：《都官集》卷七《说农》。
⑧ 陈舜俞：《都官集》卷二《厚生》一。
⑨ 陆九渊：《陆象山先生全集》卷八《与陈教授书》之一。
⑩ 杨至质：《勿斋集》卷上《谢郡守潘户部减漕》。
⑪ 石介：《石徂徕集》卷下《录微言者》。

日不任事，其腹必空"①的客户们，真是不承担政府的田赋负担的了？这显然只是假象。实际情况绝非这样。实际情况如果是这样，那就不易理解封建政府是代表地主阶级利益、维护封建剥削制度的权力机关了。

在地主阶级占统治地位的封建社会里，地主们是绝不会真正承担田赋的。他们会用种种方法把法定应由他们承担的田赋转嫁到农民头上。最一般的方法是：地主在决定从佃农身上榨取多少地租时，便早已把田赋混加到地租额中了。所以田赋可以说是封建政府从地主阶级手中瓜分来的地租。② 田赋实际上隐藏在地租之中。因此田赋的征收就必然加重地主对佃农的地租剥削率。宋代农业生产力发展水平已比较高，农田产量已随着普遍提高，但地租率却相当沉重。地主从佃农榨取的地租，一般为收获的四成、五成，③"己（按指地主——笔者）得其半、耕者得其半"④的"主客分"（即对分租）⑤的租率很普遍。如使用地主的耕牛，便须高至六成⑥乃至七成。⑦ 如果再使用地主的农具，则须

---

① 吕南公：《灌园集》卷一四《与张户曹论处置保甲书》。
② 参阅波尔什涅夫：《封建主义政治经济学概要》（1958年三联版），第94页。
③ 王炎：《王双溪集》卷一《上林鄂州书》："有牛具粮种者，主客以四六分，得一斛一斗；无牛具粮种者，则又减一分也。"（后者言对半分。）
④ 苏洵：《嘉祐集》卷五《田制》，又《兵制》言官田租课亦对半分。
⑤ 洪迈：《容斋续笔》卷七《田租轻重》。苏轼：《东坡全集》卷五二《论给田募役状》："富民之家，以二三十向田，中分其利，役属佃户。"《长编》卷三九七，哲宗元祐二年三月上官均上言："役属富民为佃户，中分其利。"
⑥ 洪迈：《容斋随笔》卷四《牛米》："吾乡之俗，募人耕田，十取其五，而用主牛者取其六，谓之牛米。"
⑦ 《淳熙新安志》卷二《税则》："大率上田产米二石者，田主之收什六七。"

高至八成！[1] 宋代地租率如此之高，不能不说与佃农身受地租与田赋双重剥削有关。

地主在加重地租剥削后，还觉得不足以补偿其交纳的二税，他会加重对佃农的高利贷盘剥。宋代地主高利贷剥削之重是骇人听闻的。不管是"举放"还是"课钱"，[2] 利息不到一年就是"不两倍则三倍"，农民们只好"冬春举食则指麦于夏而偿，麦偿尽矣，夏秋则指禾于冬而偿"。[3] "方在耕时，主家有催旧债不已；及秋收时，以其租课充所折债负，乃复索租"。[4] 农民举债，有时须以农器、蚕具作抵押，[5] 乃至以亲生子女为佣质。[6] 高利贷是一条比欧洲中世纪农奴法律更刻毒的锁链，地主拿它把佃户锁死在土地上，使他们永远离不开地主的魔爪，子子孙孙为地主服役。在地租和高利贷的沉重压榨下，农民如果不起义，便只有死和逃亡。但逃是无路可走的，因为封建官府会把逃亡者抓回来交还给地主。[7]

---

[1] 陈舜俞：《都官集》卷二《厚生》一："奈之何生民之穷乎？千夫之乡，耕人之田者九百夫，犁牛稼器无所不赁于人。匹夫匹妇男女耦耕，力不百亩。以乐岁之收五之，田者取其二，牛者取其一，稼器者取其一，而仅食其一。不幸中岁，则偿且不赡矣，明年耕，则称息加焉……"

[2] 文彦博：《文潞公集》卷二〇，奏议《言青苗钱》："此法（指高利贷）于乡村之中，行之惟旧。夏秋成熟，折还斛斗丝帛，即谓之举放；若只令纳本利见钱，即谓之课钱。"

[3] 欧阳修：《欧阳文忠公集》卷五九《原弊》。关于这样愈滚愈重的连环债，又见《韩魏王家传》卷八，和韦骧：《钱塘韦先生集》卷一八《议井田》。

[4] 《宋会要稿·职官·县官》徽宗政和二年四月三日诏。

[5] 陆游：《渭南文集》卷三四《尚书王公墓志铭》。

[6] 《宋史·西蜀孟氏世家》。《长编》卷一三，太祖开宝五年三月；卷一一一，仁宗明道元年十二月己未。蔡襄：《蔡忠惠公文集》卷二三《乞戒励安抚使书》。王珪：《华阳集》卷三八《太常少卿直昭文馆知郑州寇公墓志铭》。叶适：《水心先生别集》卷二《民事》下。

[7] 《宋会要稿·食货·逃移、农田杂录》。

地租和高利贷的压榨仍不能满足其贪欲时，地主们还会用许多其他方法加重对佃农的剥削。如用大斗收租（增加斛面），①强征额外贡纳，②加重无偿的力役，③强制退佃、换佃，④请诉官府使用暴力压榨，⑤派遣豪奴悍仆横行虐待，⑥乃至枉用私刑，逼使自尽⑦等等。关于这些，宋代文献记录很多，此处不拟详谈了。

上述这种地主，从封建政府的眼中看来，却是"守法"的"良民"，因为他们大致能按时向政府交纳二税，没有逋欠。还有很多不甚守法的地主，对佃农绝不减轻剥削，而对政府却尽力逃避二税负担。这般地主诡诈的手法是多端的。他们向政府隐瞒自己所有土地的数量，低报资产，以减低税额。⑧他们把自己所有的土地妄报为逃荒田，从而可以全不纳税。⑨他们把自己所有的土地诡寄在他人名下，自己伪装为佃户，以逃避赋税。⑩他们

---

① 《宋会要稿·食货·宋量》。洪迈：《夷坚志补》卷七《沈二八主管》。
② 陶谷：《清异录》卷上。宋敏行：《独醒杂志》卷一〇。参阅宋濂：《宋学士全集》卷七五《东阳贞节处士蒋府君墓志铭》。
③ 苏洵：《嘉祐集》卷五《田制》。《宋史·食货志·农田》。
④ 陆九渊：《陆象山先生全集》卷八《与苏宰书》。叶适：《水心先生别集》卷一六《后德》。
⑤ 晁补之：《鸡肋集》卷六五《奉议郎高君墓志铭》。苏辙：《栾城集》卷四六《论冬温无冰札子》。胡宏：《五峰集》卷二《与刘信叔书》。《宋史·朱寿隆传、吴元载传》。
⑥ 黄震：《慈溪黄氏日抄分类》卷七〇诸状。
⑦ 周密：《齐东野语》卷七《朱氏阴德》。刘克庄：《后村先生大全集》卷一九三《饶州州院申勘南康卫军前都吏樊铨冒受爵命案》。楼钥：《攻媿集》卷九一《文华阁待制杨公行状》。
⑧ 《文献通考·田赋考》。《新定续志》卷二《税赋》："豪右诡名规避，奸胥舞文变易。"
⑨ 陈舜俞：《都官集》卷七《说田》。
⑩ 王洋：《东牟集》卷九《正ределили法札子》："诡名扶佃，寄托官户，规免等第，减落税钱。"《文献通考·田赋考》。

兼并农民的土地，但令原卖主仍承担纳税义务（产去税存）。[1]他们和地方官府的胥吏勾结。屡改簿书，少纳赋税。[2] 他们虚报灾情，强求蠲免当年的赋税。[3] 愈是地方豪强富室，这类违法、玩法的勾当就愈多，宋代文献记录中真是举不胜举。

地主阶级的这类行为当然损害到封建政府的税收，这就使二者之间产生出一定程度的矛盾。这是统治阶级内部的矛盾，是代表地主阶级总体利益的封建政府和只顾私人利益的地主们之间的矛盾。这种矛盾在北宋时代，有时呈现表面的缓和，有时也引起喧嚣和波澜。地主们不断用各种鬼蜮伎俩来玩法、抗法，以逃避赋税负担。封建政府则用各种办法——括田、均赋、检核版籍、地契，查看灾情，约束胥吏，责成里正、户长担当责任，包赔额税，以及严催逋欠，打击豪强等等——来防止地主们玩法舞弊。这种涉及双方切身利益的矛盾并不容易解决，勾心斗角是多样的、经常的。关于这些矛盾和双方勾心斗角的故事，宋代文献遗留了大量记录。如果把这些记录进行些分析，对我们理解当时封建统治阶级的嘴脸倒是有些帮助的。

上述地主们的奸诡巧诈，到底还是隐蔽的方法。同样普遍的还有公开的方法，即直接迫使佃农交纳田赋。一种办法是在每年秋收以后，令佃农从他们的收获中先公开扣除本来应由地主向政府交纳的二税，然后再"分成"交纳地租以及高利贷利息。欧阳修在《原弊》中说得很清楚：

---

[1] 苏轼：《经进东坡文集事略》卷一七《进策·较赋税》。李新：《跨鳌集》卷二一《上杨提举书》。陆游：《渭南文集》卷三三《傅正议墓志铭》。洪迈《夷坚志》丁集卷二〇。倪朴：《倪石陵书·上杨推官书》。

[2] 胡宏：《五峰集》卷二《与向伯元书》。《长编》卷三四，太宗淳化四年二月。

[3] 晁补之：《鸡肋集》卷六五《奉议郎高君墓志铭》。王栐：《燕翼诒谋录》卷四。

当其（指客户们——笔者）乏时，常举债于主人而后偿之息，不两倍则三倍。及其成也，出种与税而后分之；偿三倍之息，尽其所得或不能足……①

这里说的还仅是先纳税再分成。还有另一办法，索性直截了当地强迫佃农交纳全部赋税。《宋史·刘师道传》：

川陕豪民多旁户，以小民役属者为佃客，使之如奴隶，或数十户，凡租调庸敛，悉佃客承之。

这种佃客为地主承担赋税的事实，甚至连官府的法令中也正式承认。《庆元条法事类》说：

诸税租：形势户入中限全欠，或末限半纳未足；余户入中限半欠、全欠，末限半纳不及九分，或限满有欠，及递年欠户中限半纳不及七分者，听追户头，或以欠家人科校。品官之家，追干办人（已上系佃户纳者止追佃户），并免关禁……②

这里引的虽然是南宋的法令，但北宋大约也有同样的情况。③

还有更露骨的强横办法。品官势家、豪强大姓，有时干脆不肯向政府纳税，催税的里胥根本不敢上门。④ 地方官吏不得已，竟强迫一向在这些衣冠强盗压榨下的佃户们代他们交纳。《宋史全文》卷二六载孝宗淳熙四年臣僚奏：

……有田者不耕而耕者无田，农夫之所以甘心焉者，犹曰赋敛不及也。其如富民之无赖者，不肯输纳，有司均其数于租户，胥吏喜于舍强就弱，而攘肌及骨。

---

① 欧阳修：《欧阳文忠文集》卷五九《原弊》。参阅《江苏金石记》卷一七《平江贡士庄田籍记》，说明南宋也有完全同样的情况。

② 《庆元条法事类》卷四七《赋役门·违欠税租》。首行衍一"限"字，今删。

③ 包拯：《孝肃包公奏议集》卷七《请免江淮两浙折变一》即言客户亦纳夏税。

④ 司马光：《涑水记闻》卷六。曾敏行：《独醒杂志》卷五。

这里说的是南宋的情况，但估计北宋时也一定会有类似的情形。这种令人发指的现象并不奇怪，因为封建政府官吏原是一心为地主阶级服务的。

以上所谈的是地主阶级如何把法定由他们承担的二税转嫁到佃农头上。因此，仅仅说主户承担田赋而客户不向政府交纳夏秋二税，只是当时制度法令所造成的假象。要考察北宋时代封建国家的赋税制度，仅仅停留在制度的表面上是不够的。实际情况是：地主阶级并没有负担田赋，他们的田赋负担全部被转嫁到了佃农头上。在所有地主的土地上，佃农才是二税的真正承担者。

其次谈一下自耕农。在北宋时代的农村里，存在着不少的自耕农，估计北方各地比江淮以南尤多。在当时乡村总人户中，如果地主富农占百分之十，客户占百分之三十五左右，[①] 则自耕农和半自耕农（下户）实占总户数的一半以上；[②] 即便把半自耕农——他们受剥削压迫的情况与佃农相近似，故可与佃农一并考察——暂置不论，自耕农应仍占相当大的一个数目。自耕农这种个体的独立经营"小生产的经济"[③] 的小土地私有者，在封建社会中，在政治上是无权的，在经济上是软弱无力的。天灾、战乱、土地兼并都容易使他们破产。他们经常也受着地主们的奴役、欺凌和高利贷盘剥；又受着贪官污吏、土豪劣绅的勒索和压

---

① 参阅加藤繁：《宋代の主客户统计》（《中国经济史考证》中译本卷二）。按百分之三十五左右显然是过低的估计，实际上宋代有不少的佃户为地主所荫庇成为隐户，不入政府的版籍。举一例：南宋初年淮西地方即有大批流民投依地主为佃客，政府根本无法检括，见薛季宜：《浪语集》卷三五《蒋公行状》；卷一七《奉使淮西与虞丞相书》。

② 张方平：《乐全集》卷二六《论率钱募役事》："万户之邑，大约三等以上户不满千……四等以下户不啻九千……"可见一邑之中，地主和自耕农、半自耕农户比例之悬殊，客户不计。

③ 《毛泽东选集》第一卷，第5页。

迫。他们的境遇实际上并不比佃农好多少。自耕农的小生产经济使他们本身必然分化，他们是农村中很不稳定的一个阶层。

关于北宋时代自耕农在社会中的经济地位和在历史上的作用，问题复杂，超出本文所讨论的范围。今仅就其负担二税这一点来说，情况则比佃农显明。自耕农虽然占有的土地少，① 但他们既是小土地私有者，根据北宋的法律他们便是税户，便须依照其田业资产的多寡向政府按照交纳夏税秋苗。作为整个阶层，他们人数虽多，但在全国垦田面积中，他们占有的土地远比地主阶级少，所以在封建政府的田赋总收入中，他们提供的比重当然就不如广大佃农代地主交纳的那样多。

然而，和地主阶级相反，自耕农确是名符其实的二税的承担者。他们在乡村中的经济、政治、社会地位，使他们无法逃避赋税负担，更无法把赋税负担转嫁给别人。在地方封建政权面前，地主为了自己的利益有时还荫庇袒护佃农；个体的自耕农则没有任何力量，他们的贫弱和分散性使他们经常成为贪官污吏和里正户耆长的欺凌、压迫、催逼、勒索的对象。② 封建国家强迫他们交纳的二税，不交是不行的。

可注意的是自耕农在封建政权的强压下不仅必须担负法定应由自己承担的二税，而且有时还被迫代替地主们承担。按照北宋政府的版簿，州县每年的税收是有定额的。③ 蛮横巧诈的地主们既然避不纳税，地方官府有时便把所亏税额强行分摊在自耕农（以及半自耕农）头上。这样"舞文变易"的结果必然是严重的"赋敛不均"。地主土地多而纳税少，自耕农土地少而纳税反而

---

① 参阅本书第 452 页注②。
② 蔡襄：《蔡忠惠公文集》卷二三《乞戒励安抚使书》。
③ 《长编》卷三八，太宗至道元年六月己卯。

多。"黠姓大家质剂为奸,占田累百,赋无一二,贫者以苦瘠之亩,荷数倍之输";①"跬步之田而受倍蓰之税,连阡陌者以巧幸入轻租";②"或地广而税鲜,赋多而田寡,或不腆受沃衍之征,上腴当淳卤之赋……官府由是生奸,豪右于焉得志,无告之民,积于罢弊";③"豪家富室凭气势而不输官租,下户贫民畏追呼而重纳产税。"④宋代这样的记录是很多的。在地主和封建官吏的勾结下,自耕农和半自耕农代替地主们负担二税,后果是严重的;多年逋税无法督催,富者愈富,贫者愈贫,农业生产萎缩,农民流徙、逃亡,以及各地的农民起义日益增多。北宋政府曾经企图用各种方法使"赋税均平"——检田、"均田"、"方田均税",但没有任何效果。自耕农向政府实际交纳的二税,远超过法定应由他们承担的数额,这情况始终是经常的、普遍的、严重的。

综上所述,我们可以看到,在考察北宋时代专制主义中央集权的封建国家所制订和推行的赋税制度时,我们不能仅仅停留在制度本身的叙述上。我们必须拆穿制度表面的假象,揭露其剥削和压榨的内容和实质。历史事实告诉我们,北宋地主阶级并不负担田赋,二税的真正承担者是自耕农、半自耕农和佃农等广大农民。马克思说过:"赋税是政府机器的经济基础。"⑤ 代表地主阶级利益的北宋封建政权,便是依靠从广大农民直接间接征敛来的赋税为基础的。毛泽东同志教导我们说:"地主阶级的国家又强迫农民缴纳贡税……去养活一大群的国家官吏和主要是为了镇压

---

① 陈舜俞:《都官集》卷二《厚生》二。
② 冯时行:《缙云文集》附录《古城冯侯庙碑》。
③ 夏竦:《文庄集》卷一三《进策·均赋敛》。
④ 袁甫:《蒙斋集》卷二《知徽州奏便民五事状》。
⑤ 马克思:《哥达纲领批判》,人民出版社1955年版,第35页。

农民之用的军队",① 是千真万确的。

二税有多重

我们既然明确了北宋时代的二税是封建政府直接间接强迫广大农民交纳的贡税,那么二税到底有多重,是一个应该具体回答的问题。封建的社会生产关系决定着封建统治阶级必然要从广大农民身上攫取其全部的剩余劳动产品和必要劳动产品的一部分。身受地主阶级和封建政府双重剥削的北宋时代的农民,经常承受着多大的剥削量,是我们应该探讨的。有的同志曾提到,在宋初,一般是按照亩输一斗的定额课取谷物,② 有些地区和江南、福建,税率特别重,每亩每年须纳税三斗。③ 若仅就秋苗而言,宋初的情况大体上可以说是这样。但如此回答稍嫌简略。我们需要进一步问:所谓亩输1斗、3斗,这样的剥削到底有多重?它在农民每年劳动产品总额中占多大比例?

关于封建政府征收田赋的轻重,古代文献中遗存下来不少的议论。文献多半出于地主阶级及其知识分子之手,所以这些议论主要都是从地主阶级的利害出发的。传说古代井田制时代"什一而税",后世推崇三代治世、喜欢是古非今的儒家们,无不认为是理想的税率。汉代文景以后"三十而税一",这个税率确实是轻的,它给当时新兴的地主阶级带来很大的利益。虽然

---

① 《毛泽东选集》第二卷,第594页。
② 张方平:《乐全集》卷一四《刍荛论·食货论·税赋》:"大率中田亩收一石,输官一斗。"沈括:《梦溪笔谈》卷九《人事》:"亩税一斗者,天下之通法。"
③ 沈括:《梦溪笔谈》卷九《人事》。王之道《相山集》卷二四《论增税利害书》。参阅周藤吉之:《宋代の两税负担》(《中国土地制度史研究》所收)。

也偶然有人指出税轻只有利于地主,①但后世地主阶级都为汉代田赋之轻而歌颂、向往。魏晋南北朝时代门阀横暴,干戈扰攘,税率比较混乱。唐代直到两税法推行时,二税税额对地租的比例仍然是轻的。②迨至唐末五代,军阀割据,随着各种赋税征敛的膨胀,二税也加重了很多。地主们的怨言是不断的。宋初全国统一后,为了讨好地主阶级,政府曾进行一定程度的除放苛杂,二税在某些地区(如两浙、两广)也减轻了些。③宋初一般地说,北方诸路及两浙等地秋苗大致亩输1斗,江南或高至亩输3斗。宋初的税率大部分地区比五代时低了,但比唐代中叶显然还高。

1斗、3斗是绝对数字,须与农田亩产量相比才能知其轻重。关于北宋时代农田产量,记录不够充足;而且由于地区不同,土地肥瘠不同,作物不同,很难确言其详。因此我们只能根据仅有的材料估计其大概情况。一般说来,北方多种小麦、杂粮,江南水田以产稻为主,后者比前者单位面积产量高两三倍。农田的年产量,粗略地说,北方每亩收获约1石(一斛)。范仲淹说:"中田一亩,取粟不过一斛";④张方平说:"大率中田亩收一石"。⑤肥沃的土地,产量可超过一石;瘠硗的土地,不足一石。⑥南方稻田或稻麦间作的地方,年产量每亩达二三石。范仲

---

① 《汉书·食货志》董仲舒语。荀悦:《前汉记》卷八。
② 陆贽:《陆宣公奏议》卷二二《均节赋税恤百姓》。
③ 《长编》卷二一,太宗太平兴国五年十二月辛卯。
④ 范仲淹:《范文正公集》卷八《上资政晏侍郎书》。
⑤ 张方平:《乐全集》卷一四《刍荛论·食货论·税赋》。吕陶:《净德集》卷二《奉乞宽保甲等第并灾伤免冬教事状》:"夫有田二十亩之家,终年所收不过二十石。"
⑥ 范纯仁:《范忠宣公集》奏议上《条列陕西利害》。石介:《石徂徕集》卷上《上王状元书》。

淹曾提到苏州一带"中稔之利,每亩得米二石至三石"。① 朱熹说南宋浙东"六县为田度二百万亩,每亩出米二石";② 周弼诗:"长田一亩三石收。"③ 王炎说湖北鄂州一带"膏腴之田,一亩收谷三斛,下等之田,一亩二斛"。④ 根据这些记载,我们可以粗略地说:北方亩一斗、江南亩三斗的秋苗税率,大致约为当时农田产量的十分之一。⑤

就以这样十分之一的实物税来说,已比汉代的"三十而税一"重三倍。但它是否相当于古井田制时代的"什一之税"呢？当然不是。在古井田制时代,农业生产力发展水平低,庶民的劳动产品少,当时地租与赋税合而为一,尚未分化,所以古井田制时代的"什一之税"是庶民被贵族地主榨取的总剥削量。井田制崩溃后,自战国以降,随着小土地私有制的出现和租佃制的发展,地租与赋税已分化为二,农民中出现了自耕农和佃农的显著区分。所以北宋时代这样的十分之一的秋苗税率,对自耕农来说,固然是法定的剥削率,但对佃农来说,却是在地主剥削地租之外,又被封建国家所强迫征收的贡税。因此,二者不能相提并论。韩琦曾说过:"今天下田税已重,固非周礼什一之政。"⑥ 北宋时代农业生产力发展水平比古代高多了,农民的剩余产品多多了,但同时被地主与封建国家双方所榨取的劳动产品,比古井田制时代却重得很多了。

---

① 范仲淹:《范文正公集》奏议上《答手诏条陈十策》。
② 朱熹:《朱子文集》卷一六《奏就荒事宜状》。
③ 周弼:《端平诗隽·丰年行》。陈傅良:《止斋先生文集》卷44《桂阳军劝农文》:"闽浙上田收米三石,次等二石。"
④ 王炎:《王双溪集》卷一《上林鄂州书》。
⑤ 这里须说明一下:这样的税率只是一般的、极粗略的估计,实际上宋代各地区之间田赋率差异很大,极不均平,从宋代残留的方志中的记录已可看出。
⑥ 《韩魏王家传》卷八。

亩输 1 斗、3 斗，只是秋苗。秋苗以外还有夏税。夏税多半纳钱，或折纳䌷、绢、绵、布、麦等。一般说来，夏税比秋苗轻些。例如，宋初以来平江府中田一亩秋苗纳米 8 升，夏税纳 4 文 4 分；下田一亩纳米 7 升 4 合，夏税纳 3 文 3 分。① 这是浙西的较轻的税率。但是，在北宋各地区赋税十分不均的情况下，有些地区夏税很高。《长编》卷二二四载神宗熙宁四年（1071 年）六月庚申杨绘上言中提到夏税："天下之田，有一亩而税钱数十者，有一亩而税数钱者，有善田而税轻者，有恶田而税重者。"《淳熙新安志》卷二《叙贡赋·税则》说徽州的歙县、休宁等 5 县的二税，自五代宋初以来就特别重，农田分上中下三等，其中等之田：

每亩税钱百五十为夏税，䌷三寸，绢一尺二寸五分，布五寸，绵二钱，见钱四十三文七分五厘，盐钱九文，脚钱八文，三色杂钱又折变为绢三尺四寸，绵三钱，麦九合。秋苗则米一斗七升七合，耗米三升五合，盐钱九文，义仓一升九合。

同书又提到宁国府旌德县夏税亩钱 40 至 60 文，秋苗亩纳 1 斗 4 升至 1 斗 8 升 8 合。夏税如果重到数十文至 150 文，那就相当于 1 斗至二三斗以上的粮食价格。按太宗末年成都平年"米斛直钱三十六"。② 真宗景德四年（1007 年）"诸路皆言大稔，淮、蔡间麦斗十钱，粳米斛钱二百"。③ 仁宗时一般"中稔之秋，一斛所售不过三百金（钱）"；④ "今江浙之米石不下六七百文足至

---

① 《淳祐琴川志》卷六《叙赋·税》。
② 韩琦：《韩魏公集》卷三八，《故枢密直学士礼部尚书张公神道碑铭》。范镇：《东斋记事》卷四。
③ 《长编》卷六六，景德四年八月。
④ 范仲淹：《范文正公集》卷八，《上资政晏侍郎书》。

一贯文者";①"今来关中大旱……粟米每斗一百五十文"。②神宗熙宁元年（1068年）"河朔丰熟，常平仓所籴白米每斗不过七十五文至八十五文。"③又"熙（宁）（元）丰以前，米石不过六七百。"④粮价虽然依年成地区丰歉波动很大，但在北宋时大致说来，即便在夏税轻到一二十文的地区，平时也要相当于几升粮食的价格。绸绢价格自五代宋初至神宗时代，大致每匹为五六百钱至一千五六百钱。⑤如果绢价每匹1200钱，夏税折变为三尺绢，就要90钱，相当粮食1至2斗。根据这些我们可以看到，在夏税较高的地区，税率之重并不下于秋苗。因此，夏税秋苗合计起来，北宋时代二税之重实超过亩纳1斗、3斗。北宋晚年晁说之说："今之赋役又几十倍于汉"，⑥并非过分夸张。

综上所述，我们如果粗略地估计说，北宋农民每年向封建政府依照法令规定交纳的二税，大致相当于他们每年农田产量的百分之二十，恐怕不能算是过高的估计。⑦

上文已经说过，北宋自耕农向封建政府交纳的二税，常远超过法定应承担的税额，"贫者以苦瘠之田，荷数倍之输"。换言之，自耕农的二税负担可能重到相当于他全年农田收获的百分之二十的"数倍"。上文又说过，北宋的佃农须向地主交纳的地租，相当

---

① 范仲淹：《范文正公集》卷八，奏议上《答手诏条陈十策》。
② 同上书，奏议上《奏乞差官陕西祈雨》。
③ 《韩魏王家传》卷八，熙宁三年八月奏疏。
④ 《宋史·食货志·盐中》。关于北宋粮价，除上引资料外，可参阅彭信威：《中国货币史》第五章。
⑤ 洪迈：《容斋续笔》卷一六《宋齐丘》。《长编》卷一八，太宗太平兴国二年六月己未；卷二〇，太平兴国四年。《韩魏王家传》卷九。郑獬：《郧溪集》卷一二《乞罢两浙路增和买状》。吕陶：《净德集》卷一。
⑥ 晁说之：《嵩山文集》卷一《元符三年应诏封事》。
⑦ 据岳珂：《愧郯录》卷一五《祖宗朝田米直》，税稍重的江乡田二税额，正相当于年产量的百分之二十。

于他全年农田收获的百分之四十、五十、六十、七十甚至八十。如果佃农被迫在地租之外再替地主向封建政府交纳二税，二税的税额大致相当于他全年农田收获的百分之二十。这就是北宋时代广大农民头上承担的地租与贡税的双重封建剥削的剥削率。这是敲骨吸髓的剥削率！不管是自耕农、半自耕农还是佃农，在这样沉重的封建剥削和压榨下，有什么出路呢？一条路是：勉强忍着苦过奴隶牛马不如的贫困生活，沦入愈陷愈深的高利贷泥坑，卖妻卖儿女，逃徙，流离，死亡。另一条路是：揭竿起义。

五等户与九等户

北宋时代的徭役，问题比田赋复杂些。关于田赋，北宋法律规定没有免税特权的土地私有者都须依其田业资产多寡交纳二税。我们须要根究的是二税的真正承担者是地主还是农民，和他们承担的二税到底有多重。关于徭役，北宋法律的规定却较复杂。政府明定不同的民户承担完全不同的徭役。当时徭役主要可分为两大类：职役（差役）与杂徭（夫役），二者又各包括许多不同的役色。这种情况就要求我们必须根究社会中哪个阶级和阶层承担哪一类的徭役，以及各种徭役的不同的内容和性质。大致说来，除了享有免役特权的官户形势户[①]以外，宋

[①] 宋代官户形势户享有免除徭役的特权。官户指"品官之家"，即自一品至九品的官吏家族及其后裔，以及与此相当者。《庆元条法事类》卷四八："诸品官之家，乡村田产免差科。"李觏：《直讲李先生文集》卷二八《寄上孙安抚书》："今之品官及有荫子孙，当户差役例皆免之，何其优也！"形势户指地主豪族大姓有力之家。《庆元条法事类》卷四七对"形势户"的解说："谓见充州县及按察司吏人、书手、保正、耆户（原误作官）长之类，并品官之家非贫弱者。"《文献通考·职役考》乾兴元年十二月臣僚上言："官员形势、衙前将吏……并免差遣。"又《田赋考》对"形势门内户"的解说是"系见任文武职官及州县势要人户。"

代很多大地主和中小地主都承担职役；自耕农有时须承担某种次要的职役；而自耕农、半自耕农和佃农的绝大部分都须承担杂徭。宋代人和后世封建史学家、资产阶级史学家几乎一致认为宋代"役法"重。宋代"役法"重是事实，但他们不分辨阶级界限和徭役性质，因此常常陷入混乱，乃至有意无意地作出很不正确的论断。

根据北宋的法律，征税和科役都依据州县每三年修造一次[①]的丁产簿（亦称丁中版簿、户账、丁账、户口账等，通称版籍）。[②] 丁产簿是一种户籍，籍中把在当时社会里占有主要生产资料——土地的主户，依资产高下分为五等，故亦称五等簿。[③] 地方政府每年根据丁产簿所载各个民户产业的多寡征收二税，同时根据丁产簿所载各个民户户等的高下和丁口多寡科派差役。因此，丁产簿把民户分为几等和如何分等，是考察北宋徭役制度时必须先解决的问题。

丁产簿把有资产（主要是土地）和丁口（20岁至59岁的男子）的人户都登记在内，包括享有免役特权的官户形势户。关于后者，宋初诸州府都别置"形势版簿"；[④] 南宋时地方官府习惯在版簿上用红笔"硃书"，[⑤] 以示区别于一般承担差役的民户。对北宋时期的五等户制，有的同志已作过确切的阐述和精辟的分析。大致说来，第一等户都是占田在3顷以上以至几十顷、上百

[①] 《长编》卷一，太祖建隆元年十月壬申。《宋会要稿·食货·免役》神宗熙宁四年七月。

[②] 《宋会要稿·食货·版籍》。《山堂考索前集·版籍》。《唐律释文》卷三。高承：《事物纪原》卷一。文彦博：《文潞公集》卷二二奏议《论保马》。吴曾：《能改斋漫录》卷五。

[③] 《长编》卷一七九，仁宗至和二年四月辛亥。

[④] 《长编》卷一二，太祖开宝四年正月。

[⑤] 《庆元条法事类》卷四七《赋役门·违欠租税》。

顷的人家，① 是当时的大地主阶层。第二、第三等户，是指占田在 3 顷以下至不满一顷的人家，是当时的中小地主阶层。第一、二、三等户当时习称"上户"。第四等户是每户的家产大约只值四五十贯上下，占田不过数十亩的自耕农民。第五等户包括些占田更少、仅能勉强自给的自耕农，大多数则是占有小块土地而仍然不能自给的半自耕农。② 第四、五等户当时习称"下户"。③ 北宋中叶，乡村中的上三等户"乃从来兼并之家"，④ 换言之，即是占有相当数量的土地、通过封建地租的征敛和高利贷盘剥来剥削压榨佃农和雇农的地主阶级。因此，上户下户之分具有十分重要的意义。上下户之间的界限，实际上是一条地主与农民两个主要敌对阶级的界限。这界限必须划清。有的同志在论著中已给我

---

① 《长编》卷二二四，神宗熙宁四年六月庚申杨绘上言中提到："假如民田有多至百顷者，少至三顷者，皆为第一等……"

② 自耕农、半自耕农占有土地一二十亩至数十亩。见《长编》卷二五，太宗雍熙元年正月。陶谷：《清异录》卷上。《夷坚志》丁集卷六。吕南公：《灌园集》卷一九《饶寺丞墓志》。黄干：《黄勉斋集》卷六《通孟主管启》。自耕农家所有的土地也有至百亩、百余亩及二百亩者。见陈舜俞：《都官集》卷二《厚生》二。祖无择：《龙学文集》卷一四《西斋话记》。欧阳修：《欧阳文忠公集》卷五九《原弊》。半自耕农所有的土地有少至仅三五亩者。见胡宏：《五峰集》卷二《与刘信叔书》。半自耕农名为主户，但因占有的土地过少，不能自给衣食，生活有时甚至不如客户。见吕南公：《灌园集》卷一四《与张户曹论处置保甲书》。神宗时在苏州"一贯钱典得一亩田"，见岳珂：《愧郯录》卷一五，故四五十贯相当于四五十亩田。

③ 宋代称上三等户为"上户"，下二等户为"下户"，是很常见的习惯用语，参阅司马光：《涑水记闻》卷一四；何蓬：《春渚纪闻》卷二；毕仲游：《西台集》卷五《青苗议》等。间或有言"中户"、"中家"或"中等"者，多指第二三等户，参阅《西台集》卷五《役钱议》；尹洙：《河南先生文集》卷二《息戍》；《长编》卷二二五，神宗熙宁四年七月戊子；陈傅良：《止斋先生文集》卷二一《转对论役法劄子》。

④ 《韩魏王家传》卷八、卷九。神宗熙宁三年韩琦上疏中且言："乡村上三等及城郭有物业之中，非独臣知是从来兼并之家，此天下人共知也。"朱熹：《朱子大全集》卷九九《劝谕救荒》称上户为"有力之家"，家有地客（佃户）。张守：《毘陵集》卷三《论措置民兵利害劄子》："盖有田三五顷者，多系上户。"

们划清了这条界限。宋代文献遗留了不少的记录足以证明这样的论断是正确的。

上述五等户制及其阶级界限，和北宋时代的徭役制度有密不可分的联系，是我们理解宋代徭役制度的关键之一。然而，在当前史学界中，也有个别同志，根据《文献通考》卷一二《职役考》的记载，认为北宋时代在科派差役方面不是根据五等户制而是根据九等户制。为了把北宋徭役制度考察清楚，对这个问题我们这里不能不稍稍进行分辨。按《文献通考·职役考》中有关宋代九等户的记载，主要是太宗太平兴国三年（按"三"为"五"字之误；详下引《长编》）程能上言那一段材料。但细玩这段材料，便会感到孤立地以它为根据而断言北宋时代在科派差役方面推行九等户制，是不很妥当的。

按在我国历史上，封建政府把民户分为九等，可上溯到南北朝晚期。① 唐自武德九年（626年）亦规定民户依资产高下分为九等；至两税法推行后，户等制度仍没有改变。② 但是，在唐末五代军阀割据、战乱频仍的时代，户口丁产难以稽核，版簿遂至十分混乱。③ 版簿混乱使征税和科役都失掉了依据，因而赋役的担负也就很不"均平"。北宋建立了政权以后，重新整顿版籍，大约一开始便放弃了九等户的旧制，而另行建立了五等户制。《长编》卷二，太祖建隆二年（961年）春：

　　诏申明周显德三年之令，课民种植。每县定民籍为五

---

　① 《文献通考》卷一二《职役考》："齐文宣始立九等之户，富者税其钱，贫者役其力。"
　② 《通典》卷六《食货·赋役下》，又卷三《食货·乡党》。《唐六典》卷三《户部郎中员外郎》。《册府元龟》卷四八六《邦计部·户籍》。《唐会要》卷八三《租税上》。
　③ 《文献通考》卷一一《户口考》。

等。第一，种杂木百，每等减二十为差，桑枣半之……①

这个法令虽然只是课民种木，没有提到与赋役的关系，并且最初可能只是权宜之制，②但当时定民籍为五等却是很明确的。两年后，宋政府又督责地方官吏攒造丁口版簿。《长编》卷四，太祖乾德元年（963年）十月庚辰：

诏诸州版簿、户帖、户钞委本州判官、录事掌之。旧无者，创造。始令诸州岁所奏户帖，其丁口男夫二十为丁，六十为老。女口不须通勘。③

诏中特别重视丁口男夫，可能和当时迫切需要科役有关，只是科役与五等籍如何联系，还不明确。10年以后，太祖开宝五年（972年）正月再课民种木时，又重申民籍为五等的原则。《长编》卷一三：

……仍按户籍上下定为五等……④

这定民籍为五等的制度，在太祖时期首先似仅行于华北某些地区，还来不及推广于全国。

到了太宗时，攻灭北汉，全国基本上完成了统一。这时户籍徭役制度尚未完备，程能曾上言主张订立九等户制。《长编》卷二一，太宗太平兴国五年（980年）二月丙午：

京西转运使程能上言：诸道州府民事徭役者，未尝分等，虑有不均，欲望下诸路转运司差官定为九等：上四等户令充役，下五等户并与免。诏令转运使躬亲详定，勿复差官。

---

① 亦见《宋史·食货志·农田》、《文献通考·田赋考》。
② 刘挚：《忠肃集》卷五《论役法疏》："国家承唐末五代熟烂之后，祖宗创制造法，趋时之宜，顺事之变……"
③ 亦见《宋会要稿·食货·版籍》及《山堂考索前集·版籍》。
④ 详《宋会要稿·方域·治河》太祖开宝五年正月诏。

这条记载亦见《文献通考》卷一二《职役考》。① 这里说的似乎只是程能建议仿照唐代旧制，定民籍为九等。政府虽"诏令转运使躬亲详定"，但并未确言其详定结果如何，是否即成为永久的制度。② 主张仿照唐制分民户为九等的意见，后来还有。如真宗景德三年（1006年）夏竦在其《进策》中，从"均平赋税"出发，也曾建议分民户为九等，③ 但这只是议论而已。

程能建议以后，定民籍为九等的实施情况，宋代文献中没有什么记录。④ 相反地，承袭宋初权宜之制，定民籍为五等，并根据五等丁产簿来科派差役的记录却很多。《长编》卷三五，太宗淳化五年（994年）三月戊辰诏：

> ……自今每岁以人丁物力定差，第一等户充里正，第二等户充户长，不得冒名应役。⑤

这里虽未明言户等，但根据稍后的记载推测，当即是五等而非九等货。

真宗、仁宗时代的记录则已明确地说民籍为五等。《宋会要稿·食货·农田杂录》真宗乾兴元年（1022年）十二月（仁宗已即位，尚未改元）：

> 臣僚上言：……以三千户之邑，五等分等，中等以上可任差遣者，约千户……⑥

又《宋会要稿·食货·版籍》仁宗景祐元年（1034年）正月十三日：

---

① 《文献通考·职役考》作太平兴国三年，疑误，应从《长编》作"五年"。
② 《宋史·食货志·役法上》作"诏令裁定"，亦未言裁定的结果。
③ 夏竦：《文庄集》卷一三《进策·均赋敛》。
④ 按梅应发等：《开庆四明续志·排役》曾提到"九等定役"，但玩其意实，实指唐制而非宋制，不能据以证明宋初两浙曾有过九等户制。
⑤ 亦见《文献通考·职役考》，文略同。
⑥ 亦见同上书。

> 中书门下言：编敕节文：诸州县造五等丁产簿并丁口账，勒村耆大户就门抄上人丁。虑灾伤州县搔扰人民。诏：京东、京西、河北、河东、淮南、陕府西、江南东、荆州北路，应系灾伤州军县分，并权住攒造丁产文簿。候丰稔依旧施行。①

王得臣的《麈史》卷上记载仁宗末年：

> 范纯仁于至和（1054—1055年）间宰汝之襄城，民困徭役。……〔朝廷〕又科材木甚众，公敷于五等户，优估以市之，计里之远近，令以次输送……

而科派差役亦早以五等丁产簿为依据。张方平在神宗初年曾说：

> 本朝经国之制！县乡版籍，分户五等，以两税输谷帛，以丁口供力役。②

又说：

> 至于五等版籍，万户之邑，大约三等以上户不满千，此旧制任差役者也，四等以下户不啻九千，此旧制不任差役者也。今令五等一概输钱，是率贫细不足之民而资高强有余之户也……③

既言"本朝经国之制"，则五等版籍一定是实行已很久了。同时期的刘挚也说：

> 天下户籍，均为五等。……上户常少，中下之户常多。上户之役数而重，……中户之役简而轻，下户役所不及。……④

---

① 亦见《山堂考索前集·版籍》。按既言"编敕节文"，当然五等丁产簿制在是年以前必早已通行。
② 张方平：《乐全集》卷二六《论率钱募役事》。
③ 同上书。
④ 刘挚：《忠肃集》卷三《论助役十害疏》。

稍晚，晁补之也说：

> ……朝廷初以〔七十〕五等定家业，均役钱，使者属君立浙西法，而翰林沈公括方察访二浙，遽之于朝，挽与俱，遂推其法浙东。①

李元弼在《作邑自箴》中说：

> 造五等簿，将乡书手、耆户长隔在三处，不得相见，各给印由子，逐户开坐家业，却一处比照，如有大段不同，便是情弊。②

依资产高下定民籍为五等，根据五等簿科派差役的办法，尽管在北宋后期经过募役、差役法的一再改变，但直到南宋，始终作为攒造户籍的基本原则。《建炎以来系年要录》卷一四〇，绍兴十一年（1141年）四月乙亥张竑上书言：

> 四川之利，其兴未尽者有二：乡兵不可不尽教，军粮不可不广籴。大略欲教民兵于内郡，而令五等户粮（量字之讹——笔者）纳夫钱，漕司差官于丰穰之郡买粮，则不患不足……

王洋在南宋初年上言也提到乡村按五等定差徭，与北宋同：

> 今者州县有十等、五等之别……一有差徭，曰上户。为上户者不胜其劳，而下户晏然熟视……③

陈傅良在孝宗时论役法也说：

> 役法者，五等簿长（是字之讹——笔者）也。保甲者，鱼鳞簿是也。五等簿者，以通县计之，自第一至（原缺文，

---

① 晁补之：《鸡肋集》卷六九《朝奉郎致仕陈君墓志铭》。"七十"二字衍。
② 李元弼：《作邑自箴》卷四《处事》。
③ 王洋：《东牟集》卷九《正诡名法劄子》。按宋代坊郭户分十等，见欧阳修：《欧阳文忠公集》卷一一六《乞免浮客及下等人户差科劄子》。

疑脱"第五"二字——笔者），以其户强弱各自为簿……①
这类的记录，在两宋还可列举很多。

根据以上所述，我们可以断定北宋时代在科派差役方面，除掉享有免役特权的官户形势户外，封建政府是把民户依资产高下分为五等，而不是分为九等。政府根据五等丁产簿上登记的户等高下，分别科派各种不同的徭役。上三等户（上户）是"有物力之家"，即地主阶级；第四、五等户（下户）是自耕农和半自耕农。上户下户之间的界限是阶级界限，这界限使不同的阶级所承担的徭役很不相同。地主阶级承担的主要是职役（差役）；农民承担的虽有时也有某种次要的职役（如壮丁），但主要是杂徭（夫役）。职役与杂徭的内容和性质，以及其各自存在的问题，是很不同的。下面我们分别考察一下。

职役（差役）

根据上节所述，我们知道北宋封建政府是根据五等丁产簿来科派徭役的。当时法律规定上三等户（上户）须应差役，而第四、五等户（下户）原则上不应差役。上引张方平的话："万户之邑，大约三等以上户不满千，此旧制任差役者也。四等以下户不啻九千，此旧制不任差役者也。"② 稍晚晁说之说："异时单丁女户无役；第四等户役所不及。"③ 因此，除掉享有免役特权的"品官形势之家"不计外，我们可以断言，宋代职役的承担者基本上不是农民而是地主阶级。这一点在我们考察宋代徭役制度时

---

① 陈傅良：《止斋先生文集》卷一二《转对论役法劄子》。
② 张方平：《乐全集》卷二六《论率钱募役事》。
③ 晁说之：《嵩山文集》卷二《朔问》下。

十分重要。两宋时代的封建地主、官僚、知识分子，以及几百年来的封建史学家，和现代资产阶级史学家，几乎异口同声地喊叫宋代差役"苦"。实际上，他们所诉的"苦"只是地主阶级的职役之"苦"，而不是广大劳动人民的徭役之苦。我们只要稍稍考察一下当时地主阶级所承担的这些差役的内容和性质，那么我们今天便再不要附和前人的滥调为地主们伸"冤"了。

北宋差役的种类很多。《文献通考》卷一二《职役考》：

> 国初循旧制，衙前以主官物；里正、户长、乡书手以课督赋税；耆长、弓手、壮丁以逐捕盗贼；承符、人力、手力、散从官以供奔走驱使；在县曹司至押录，在州曹司至孔目官，下至杂职、虞候、拣、掐等人，各以乡户等第差充。①

这些所谓"职役"，和汉代的徭役、唐代的丁庸很不同，后者是劳动人民在封建政府强制下所提供的无偿的劳役（汉代包括兵役），而前者"实为秦汉郡县掾属、胥吏、及乡官之变相，与旧日兵役、力役什九无干"。②北宋职役的承担者实际上几乎全部都是在封建国家统治机器中充当地方官府的胥吏、仆从和爪牙。他们的"职"和他们的阶级正相吻合，他们明显地处在与广大劳动人民敌对的地位。

关于各种役色，不拟详谈。③这里只打算就其中几种比较重要的差役稍作考察。大致说来，在仁宗至和二年（1055年）以前，所谓差役，主要是第一等户轮充里正衙前，第二等户轮充户长，第一、二等户轮充耆长，第三等户轮充乡书手、弓手、壮

---

① 《宋史·食货志·役法上》文略同。
② 聂崇岐：《宋役法述》（《燕京学报》第33期）。
③ 宋代职役的名目不下二三十种。参阅上引聂崇岐文，及周藤吉之：《宋代州县职役与胥吏之发展》（《宋代经济史研究》所收）。

丁。上引《长编》卷三五，太宗淳化五年（994年）三月戊辰：

> ……自今每岁以下人丁物力定差，第一等户充里正，第二等户充户长，不得冒名应役。①

又《长编》卷七三，真宗大中祥符三年（1010年）四月戊寅乞伏矩奏：

> ……第一、第二等户充耆长、里正，……弓手系第三等户……

里正衙前、户长、耆长责任较重，封建政府法定由"高资"的"有物力之家"差充。弓手、壮丁担任县乡警务，原规定由第三等户轮差，但有的地方第三等户不足时，也会派到第二等户②或第四、五等户头上；而在乡狭户少的贫瘠地区，缺乏第一、二等户，里正和耆长之役也会派第三等户勉强承担。赵彦卫的《云麓漫钞》卷一二记宋初之制：

> 国初里正、户长掌课输，乡书手隶里正。里正于第一、户长于第二等差。乡书手，天圣以来，以上户多占色役，于第四等差。耆长掌盗贼烟火之事，其属有壮丁。耆长差第一、第二等户。壮丁差第四、第五等户。

文彦博的《潞公集》卷一七，《奏里正衙前事》：

> ……里正法用第一等户。乡狭户少者，至差第三等充。……

陈傅良的《止斋先生文集》卷二一《转对论役法劄子》追述真宗熙宁四年行免役法后的情况：

> 耆长于第一、第二等户轮充，一年一替……如本村上等人户数少，即更于第三等内从上轮充。壮丁于第四、第五等

---

① 《宋史·食货志·役法上》文略同。
② 《长编》卷七三，真宗大中祥符三年四月戊寅。

二丁以上轮充，半年一替。

北宋政府如此规定，是从不同的役色、职责和五等民户物力的高下审慎考虑的。晁说之《嵩山文集》卷一《元符三年应诏封书》：

> 国家之有仓场库务，非以自利，所以利斯民，而民以之相生养者也，官为择民之物力最高者为衙前以处之。民之斗讼侵枉不能自直者，来赴愬于官，官为择民之次有物力者为吏，① 以听上之指踪而左右之。其就田野之民，黍稷禾麦之利病，钱镈锛基之好恶，官不能尽治，为择民之物力最高者为户②长以主张之。不幸盗贼为民之害，官为择民之次有力力者为弓手以警捕之。其他各以是为率。③

从制度上讲，不管法令规定怎样因时因地而略有差异，只要民户依照户等确定了轮充的役色，都须严格执行。苏辙的《栾城集》中记其伯父苏涣知祥符县时的一个故事可以说明：

> 乡书手张宗久为奸利，畏公托疾满百日去，而引其子为代。公曰："书手，法用三等人，汝等第二，不可"。宗素事权贵，诉于府。府为符县，公杖之。已而，中贵人至府传上旨，以宗为书手。公据法不奉诏。复一中贵人至，曰："必于法外与之。"公谓尹李绚曰："一匹夫能乱法如此，府亦不可为矣。公何不以县不可故争之？"绚愧公言，明日入言之。上（指宋真宗——笔者）曰："此非吾意，谁为祥符令者？"绚以公对。上称善，命内侍省推之，盖宗以赂请于温成之族。不复穷治，杖矫命者逐之。一府皆震。④

---

① "吏"指耆长。
② 《四部丛刊续编》影印旧钞本衍一"户"字，今删。
③ 此疏奏于北宋末，时里正之役已久罢，以户长代，故疏中不及里正。
④ 苏辙：《栾城集》卷二五《伯父墓表》。

上文简单地叙述了职役诸主要役色和五等户户等的关系。关于职役的内容，下面拟从两方面考察：一方面是职役轮充者和广大农民的关系；另方面是他们和封建政府的关系。

　　根据上引诸资料，我们已可看到里正的职务主要是在乡村里负责为地方官府向税户催征赋税；户长是里正的副贰；乡书手隶属于里正，办理文书计算等事务。他们每次轮充的期限大致是一两年。① 他们的职责既然是"课督赋税"，自然便也参预县乡的户籍攒造、排役、结账等事务。② 在封建社会里，地主阶级出身的这批人，在负责经手这些事务时，必然会营私舞弊，高下其手，贪污中饱，媚势欺贫。③ 这就使里正这种差役成了肥缺。所以韩琦在建议罢里正时上书中说：

　　　　国朝置里正，主催税，及预县差役之事，号为脂膏。④
司马光论里正衙前时也曾说：

　　　　又里正止管催税，人所愿为；衙前主管官物，乃有破坏家产者。然则民之所苦在于衙前，不在里正。今废里正而存衙前，是废其所乐，而存其所苦也。⑤
地主在乡间愿应里正之役，就因为它是"脂膏"，而"脂膏"都是从农民身上吸吮来的。郑獬的诗中曾写出里正的狰狞面貌：

---

　　① 《宋史・食货志・役法上》。《宋会要稿・食货・免役》元丰元年正月十七日。赵彦卫：《云麓漫钞》卷一二。
　　② 参阅前所引李元弼《作邑自箴》。
　　③ 举两个例。龙明子：《葆光录》卷二："衢州民家，里胥至，督促租赋，家贫无以备飱，秖有哺鸡一只，拟烹之……"。李觏：《直讲李先生文集》卷三〇《朝散大夫守尚书屯田郎中江公墓碑铭》："……仁寿洪氏尝为里胥，利邻人田，绐之曰：我为若税，免若役。邻喜，划其税，归之名于公上，逾二十年。且伪为券，茶染纸，类远年者，以讼……"参阅范浚：《香溪集》卷一五《实惠》。
　　④ 《长编》卷一七九，仁宗至和二年四月辛亥。
　　⑤ 司马光：《温国文正司马公文集》卷三八《衙前劄子》。

>……去年六月已大水,居人万类生鱼頾。当时夏税不得免,至今里正排门催。……①

太宗朝姚坦也说过:

>坦在田舍时,见州县督税,上下相急以剥民,里胥临门捕人父子兄弟,送县鞭笞,血流满身,愁苦不聊生……②

不仅里正是这样人物,就连一个隶属于里正办些文书事务的乡书手,也能勾结中贵,"久为奸利。"③ 从这些记录,我们可看到这些职役的承担者原来是怎样一伙人了。

耆长、弓手和壮丁的职责是"逐捕盗贼";换言之,他们是为封建官府在乡村里从事维持"治安"、镇压农民的武装警务人员。他们和负责催税的里正、户长等保持着密切的联系和配合。北宋末李元弼的《作邑自箴》中草拟的《牓耆壮》详细列举了耆长、壮丁的职责。从中看出,耆长和他率领的壮丁们在乡村里经管的事很多。他们侦察、防御并逐捕"盗贼",处理民间斗打,警惕烟火,督修道路桥梁水井,照管无主丘坟,督饬农民捕蝗,在县乡之间解送公事,押解人犯,驱逐流民乞丐出县界,保卫过往官员秀才等等。④ 此外他们还会同户长、乡书手共同攒造五等簿,绘制乡图,纠查寺观、庙宇、酒坊、河渡、巡铺、客店等。户绝户临死时,他们紧守着大门等待把他的资产籍没入官。⑤ 总之,他们在乡村里握有统治、监督和支配农民的广泛权力,是封建官府基层政权的耳目和爪牙。弓手大半住在县府的弓

---

① 郑獬:《郧溪集》卷二五《二月雪》。
② 《长编》卷三五,太宗淳化五年三月。亦见司马光:《涑水记闻》卷二。
③ 苏辙:《栾城集》卷二五《伯父墓表》。
④ 李元弼:《作邑自箴》卷七。参阅黄休复:《茅亭客话》卷一《程君友》、卷二《王客》。
⑤ 李新:《跨鳌集》卷二〇《上王提刑书》。

手营中，由县尉统率，每县10人以上至数十人，①皆选"身手强壮能捉贼盗者"，②他们是县衙门的警卫队。为了使弓手们"习惯武艺，又周知山川道路险易、奸寇窟穴之所，若有盗发，易为擒获"，③规定3年或7年一次轮充。④在封建社会里，地主阶级出身的（或虽系下户而不得不遵从地主出身的耆长指挥的自耕农）这批人，在担任乡村的治安与警务的时候，必然会营私舞弊，滥用职权，勾结豪强势家，欺压贫弱农民。他们的"职"也是颇有油水的，因此自愿差充耆长的也大有人在。⑤不仅耆长，就连弓手对老百姓的为害有时也不减于酷吏黠胥。黄干讲到南宋初农民的苦况时说：

> 今贪吏害之，酷吏害之，黠胥又害之，弓手土兵之追逮者又害之，兼并豪户之徒又害之，懔然何以自立！而中产之家十室九破，小民则今日坏而明日死矣。此臣所谓无一民之得其所者是也。⑥

在封建社会的乡村里，多少年来无一处不是地主、乡绅、土豪、恶霸统治压榨广大农民的黑暗世界。北宋政府是代表和维护地主阶级利益的，它熟识并肯定这种由多年历史发展所形成的阶级间统治与奴役的形势，从而它利用这种形势，把地主们（上

---

① 《长编》卷三，太祖建隆三年十二月癸巳；卷五二，真宗咸平五年八月戊子。《宋会要稿·职官·县尉》。
② 胡宿：《文恭集》卷七《论弓手替换》。
③ 同上注。
④ 同上注。《长编》卷七三，真宗大中祥符三年四月戊寅乞伏矩奏。蔡襄：《蔡忠惠公文集》卷二二《乞诸州弓手依旧七年一替劄子》。
⑤ 王偁：《东都事略》卷一一〇《桑怿传》。
⑥ 黄干：《黄勉斋事》卷六《拟应诏封事》。黄震：《慈溪黄氏日抄分类》卷七〇，《申提刑司乞免一路巡尉理索状》说县尉竟派弓手为地主向佃户催索私租；又《再申提刑司因理索囚死人命状》说弓手竟受地主指使私囚吏人于自己家中，至"饥饿垂死"。这些虽是南宋的记录，但也可据以推测北宋大概也有同样情形。

户）依物力高下分为等级，委以催征赋税和政安警备的广泛权力，叫他们就在本乡本土统治镇压农民。一切依靠地主阶级，正是封建政府统治乡村的阶级路线。有了这般人作爪牙，进士出身的县官们就可以只坐坐官衙，翻翻簿书，饱食禄米，饮酒赋诗，坐待发财升官了。

这是北宋时代职役的基本内容和性质，是我们考察当时职役制度必须注意的一个方面。这也是以往封建史学家和资产阶级史学家们长期以来有意无意地忽略了的一个方面。

我们须再考察北宋职役制度的另一个方面，即职役承担者和封建政府的关系。

上文说过，专制主义中央集权的封建国家虽然是地主阶级的代表，但因其所处地位与个别地主不同，所以它在制订和推行赋役制度时，主要是从封建国家的政治、军事、财政以及政府举办的事务的需要出发，从统治阶级总体利益出发，目的在维持封建社会秩序，加强封建国家政权，巩固封建统治阶级对广大农民的长期统治。因此，封建国家和个别地主或个别地主集团（职役的承担者）之间，在某些问题上，也会发生局部的一定程度的矛盾。这种矛盾是统治阶级内部的矛盾，但有时也会引起不小的喧嚣和波澜。北宋时代，这种矛盾在职役制度中主要曾表现在里正、户长包赔逋欠，衙前之役和耆长、弓手等问题上。

北宋地方政府每3年攒造一次二税版簿，簿中详细注明本州县所管户数，各户田业多寡，当纳税额，科物种类，每年夏秋便据此催科。① 政府从上而下层层督迫，以便保证税收的足额。负催科之责的里正、户长，在乡村里对农民是排门胁索，挨户追

---

① 《长编》：卷三八，太宗至道二年六月己卯。参阅《庆元条法事类》类四八《赋役门》二。

逼，以求凑足官府的额税，同时自己好吞吸"脂膏"。然而，他们有时也会遇到困难。常见的困难有两种。一是遭到品官形势之家、土豪恶霸横蛮恃势，坚不纳税，或故意长期拖欠，弄得里正、户长无法收税。① 二是在地租、高利贷和赋役的压榨下，贫苦农民无法生活而弃产逃亡，因而里正、户长收不到额税，便须担当责任，受官府的惩罚。② 不管哪种情况，催科若不能足额，里正、户长便得自己掏腰包赔垫出来，这就使他们有损失亏累，甚至"破坏家产"的危险。③ 这是地主们，尤其是中小地主人户的职役轮充者常常叫"苦"的原因之一。

他们叫"苦"叫得更喧嚣的是为衙前之役。④ 衙前之役，按照法律由第一等户、家产达二百、三百贯者轮充，⑤ 其主要职责是"主典府库"和"辇运官物"⑥ 等。北宋政府每年从全国人民征敛来的大量物资以及钱币，⑦ 需要一大批人为它储藏、保管、运输乃至经营。这类事务在前代本来是由官府派胥吏办理

---

① 司马光：《涑水记闻》卷六："浮梁县……民有臧有金者，素豪横，不肯出租，畜犬数头，里正近其门，辄噬之。绕垣植橘柚，人不可人。每岁里正常代之输租。"又卷一四："长沙县……有一村多豪户，税不可督，所差户长辄逃去。"参阅曾敏行：《独醒杂志》卷五。王辟之：《渑水燕谈录》卷四。

② 《长编》卷一七九，仁宗至和二年四月辛亥："里正代纳逃户税租，及应无名科率。"《宋会要稿·食货·逃移》太宗至道元年六月开封府上言。

③ 《长编》卷二一九，神宗熙宁四年正月。《宋史·食货志·役法上》。

④ 北宋初年的衙前有将吏衙前、长名衙前（投名衙前）、押录衙前、里正衙前、乡户衙前。将吏衙前是享有免役特权的武吏，长名衙前是投名或雇募的，皆非职役。押录衙前乃吏职。属于差役范围的主要是里正、乡户衙前。关于宋代衙前，记录多，问题复杂，其详拟留待他日另文论述。此处只能简单提一下它的性质。

⑤ 郑獬：《郧溪集》卷一二《论安州差役状》。《淳熙三山志》卷一三《州县役人》，王得臣：《麈史》卷上。

⑥ 《宋史·食货志·役法》。《文献通考》。吕祖谦：《宋文鉴》卷八七钱彦远《奉国军衙司都目序》。

⑦ 《长编》卷四二，太宗至道三年。《宋会要稿·食货·赋税》。

的，但北宋政府为了节省俸禄开支，便从县乡举"有物力者"差充，这样既省了政府财政支出，又可使轮差富户去担当风险。政府原考虑里正本是肥缺，所以第一等户轮充一任里正后，便叫他担任衙前之役，故称里正衙前。① 应役者如果"更重难日久有劳"，便可获得奖励，或"遣赴阙补官"。② 因此，这种差役不但不"苦"，而且颇为有利可图。然而，应役者常常会遇到困难。在保管官物或押送纲运时，如果蒙受损失，衙前须要包赔；损失若较大，确有"被刑破产"③ 的危险。在封建社会里，统治阶级的官僚、胥吏、地主、豪商们，一方面固然相互联合以压榨广大劳动人民，另方面却经常在互相倾轧吞噬以满足私欲，这就使衙前随时随处可能遇到敌手而蒙受损失；势力不够强、物力不够雄厚、社会勾联不够多的中小地主，遇到人地生疏，尤其困难重重。这就是使地主阶级及其代言人常为衙前之役叫"苦"的主要原因。④ 仁宗期中叶，地主官僚们为里正衙前叫"苦"之声甚嚣尘上，到了至和二年（1055年）终于取消了里正，改由户长催科，衙前之役也减轻了些，但没有取消（改为乡户衙前），衙前的问题依然存在。⑤ 衙前之役充分反映了封建政府和地主阶级之间的矛盾。衙前问题直到王安石提出募役法，情况才有了些改变。关于北宋晚年差役、募役诸法的轩轾和争论，

---

① 《长编》卷九三，真宗天禧三年三月甲申；卷一一四，仁宗景祐元年正月癸酉；卷一七九，仁宗至和二年四月辛亥。
② 赵彦卫：《云麓漫钞》卷一二。《淳熙三山志》卷一三《州县役人》。
③ 文彦博：《文潞公集》卷一七《奏永兴军衙前理欠赔备》。
④ 《宋史·食货志·役法》。《文献通考·职役考》。《长编》卷一七九，仁宗至和二年四月。司马光：《温国文正司马公文集》卷三八《衙前劄子》；卷四七《乞罢免役状》；卷四九《乞罢免役钱依旧差役劄子》。刘挚：《忠肃集》卷五《论役法疏》。苏辙：《栾城集》卷四四《论衙前及诸役人不便劄子》等。
⑤ 《长编》卷一七九，仁宗至和二年四月辛亥。《文献通考·职役考》。

这里不拟多谈了。①

职在"逐捕盗贼"、维持"治安"的耆长和壮丁们，在乡村中掌握相当广泛的权力，平时在农民面前自然是耀武扬威。但是果真遇到了"盗贼"，却不一定就能"逐捕"。宋代的习惯，有了"盗贼"须悬赏逮捕，不悬赏就无人肯出力，悬重赏捕到了，赏钱须由耆长掏腰包付给，这就使耆长不仅责任重大，而且有"卖田"、"破家"的危险。② 由第三等户差充的弓手，问题和耆长不同。弓手是在县尉率领下的县衙门的警卫队，不负独当一面的责任。小地主出身的弓手们厌恶这种差役，是因为一充当弓手便得在县府留住好几年，且须自备衣装弓弩；③ 同时"逐捕盗贼"、看守牢狱等工作当然是很辛苦的。④ 而且，北宋政府在边防紧张时，常强迫使北方诸路弓手刺了手背，大批改作正规军（禁军与厢军），或作屯田兵，这是应弓手之役的小地主人户很不情愿，常常叫"苦"的。⑤

由于上述这些情况，地主们常常用各种办法来逃避或减轻差役的责任和负担。最普通的方法是设法降低户等。他们隐瞒田业，低报资产丁口，既可降低户等，又可逃避税课。⑥ 他们"亲族分居"，⑦"诡名挟佃"，分散资产丁口以"规免等第"。⑧ 他们勾结官僚胥吏，在攒造版簿时设法减低户等。⑨ 又有些地主索性

---

① 参阅本书第459页注②。漆侠：《王安石变法》。
② 李觏：《直讲李先生文集》卷二八《寄上孙安抚书》（皇祐四年）。
③ 尹洙：《河南先生文集》卷二四《申乡兵弓手输番教阅状》。
④ 《重修琴川志》卷六《县役人》。
⑤ 司马光：《涑水记闻》卷九、卷一二。《韩魏王家传》卷六。
⑥ 《文献通考·职役考》。杨冠卿：《客亭类稿》卷八《役法》。
⑦ 《长编》卷一七九，仁宗至和二年四月辛亥。
⑧ 王洋：《东牟集》卷九《正诡名法劄子》。
⑨ 苏辙：《栾城集》卷二五《伯父墓表》。

虚报逃移，或寄田在官户形势户之下，以躲避差役。仁宗初年三司上言：

> 准农田敕：应乡村有庄田物力者，多苟免差徭，虚报逃移；与形势户同情启幸，却于名下作客户，隐庇差徭，全种自己田产。今与一月自首放罪。……又准敕：应以田产虚立契典卖于形势豪强户下，隐庇差役者，与限百日，经官首罪，改正户名。①

另一种方法是设法使自己上升成为能享受免役特权的官户形势户。上升的主要办法是走科举的道路。只要一入科第，补上一官半职，便成了官户，子子孙孙永免差役。② 其次是立军功。假使在战场上立了军功，或立了"捕盗"之功，乃至作一名衙前将吏，都可获得免役特权。③ 又有些地主为了避免差役，设法攀援权贵，娶个宗室之女，④ 或在太常寺挂名作个乐工，⑤ 也都勉强算是个官户，获得免役特权。有的地主甚至于冒认已故县令为祖先，假造墓碑，冒充官户，以骗取免役特权。⑥ 此外，高资的富户可以通过"进纳"（买官），⑦ 或趁政府困难时出资"慷慨

---

① 《文献通考》卷一二《职役考》。参阅《宋会要稿·食货·农田》，又《免役》。《长编》卷九九，真宗乾兴元年十二月乙卯。《宋史·食货志·农田》，又《役法上》。

② 据岳珂：《愧郯录》卷一五《祖宗朝田米直》，税稍重的江乡田二税额，正相当于年产量的百分之二十。《长编》卷一一八，仁宗景祐三年二月癸酉。

③ 《文献通考》卷一二《职役考》。杨仲良：《通鉴长编纪事本末》卷一三二，徽宗宣和七年六月甲子。《宋会要稿·食货·免役》。

④ 晁补之：《鸡肋集》卷六二《朝散郎充集贤殿修撰提举西京嵩山崇福宫杜公行状》。张邦基：《墨庄漫录》卷一〇引《金华神记》。朱彧：《萍洲可谈》卷一。

⑤ 《琬琰集删存》中篇卷一六，范镇《石工部杨休墓志铭》。

⑥ 刘攽：《彭城集》卷三五《故朝散大夫给事中集贤院学士权判南京留司御史台刘公行状》。

⑦ 《宋会要稿·食货·免役》。刘攽《彭城集》卷三七《赠兵部侍郎王公墓志铭》。杨冠卿：《客亭类稿》卷九《革滥进》。

协助,也可以升为官户,免去差役。一个地主出身的民户若能上升为官户,不仅享受到了免役特权,而且社会和法律地位都大大提高了,家门"光彩"了,见人"体面"了,算是在统治阶级里爬上了更高的一个阶层。李昭玘曾生动地记载了一个名叫傅思齐的大地主,因出资协助政府塞决河而混成个官户以后洋洋得意的丑态:

〔覃州鱼台人傅思齐之〕父永锡以治产起家,三世皆不仕。君,永锡之次子也。……河决澶渊,经费未给。君曰:"畎亩不忘君,卜式独何人哉!"因辇薪刍千万,愿济其役。朝廷嘉之,授太庙斋郎,调剑州梓潼县主簿。以母老无壮子弟就养,不赴。未几母卒,号毁屡绝,几不终丧。服既除,或劝从仕。君曰:"家世仕族,不幸绪业中堕,转而为民。①吾志学无所成,且复孤弱,无力起门户;岁时徭赋,吏作威特檄诟呼当关不置,窃耻之。今日举手板长揖县令史,过庭下无或睥睨,子弟去丁籍,免给事公上,自幸多矣,不愿仕也。家君无奔走自效,犹能坐里门劝人为善,裨风数万一,无苟也。"②

大地主们为了逃避差役,或设法上升为官户形势户,或用种种伎俩减低户等,结果在州县版籍上必然是"上户寖少,中下户寖多"。③ 大地主们既然逃避了,差役负担必然落到中小地主身上。中小地主势力资力都较薄弱,有时确不易承担重难之役。于是,在个别地方也的确可能产生一些如下的现象。如:州县官吏为科派衙前,到中小地主家里"依条估计家活,直二百贯以

---

① 意指祖上原是官户,后来由于某种原因而成了客户。
② 李昭玘:《乐静集》卷二九《傅主簿墓志铭》。傅思齐死于哲宗元符三年。参阅冯时行:《缙云文集》卷四,《张廷臣墓志铭》,也记有类似情况。
③ 《宋史·食货志·役法上》吴充言。

上定差，应是在家之物，以至鸡犬箕帚七筋已来，一钱之直，苟可以充二百贯，即定差作衙前"。① 中小地主们"为生计者，尽不敢满二百贯，虽岁丰谷多，亦不敢收畜，随而破散，惟恐其生计之充，以避差役"。② 中小地主们不敢为生计，因为"今欲多种一桑，多置一牛，蓄二年之粮，藏十匹之帛，邻已目为富室，指抉以为衙前矣；况敢益田畴、葺庐舍乎？"③ 甚至为逃避里正衙前之役，"至有孀母改嫁，亲族分居，或弃田与人以免上等，或非命求死以就单丁，规图百端，苟脱沟壑之患"。④ 甚至于有"自缢而死"，"嫁其祖母及其母，析居以避役者。"⑤ 这些都是以往史学家们喜欢引用来说明北宋差役尤其是里正衙前之"苦"的材料。但是，如果我们把北宋职役问题全面考察，便会感到其中显然有不少以偶然当常见、以个别当一般、片面夸张之处。说这些话的人都是代表地主阶级，尤其是中小地主阶层利益的官僚知识分子，说这些话的目的只是为了向封建政府乞求减轻地主阶级的差役负担。他们希望改良"役法"，以缓和在"役法"中存在的封建政府与地主阶级之间的矛盾。他们真正的期望并不是全部取消职役，而是保留职役轮充者对广大农民的统治压榨，而减轻对封建政府承担的义务。⑥ 神宗初年以来募役、差役法的轩轾和争论，实际上都是从这里出发的；至于广大农民真正的徭役之苦，他们却丝毫没有放在心上。

总括起来说，北宋职役制度所产生的问题是复杂的。它包括

---

① 郑獬：《郧溪集》卷一二《论安州差役状》。文彦博：《潞公集》卷一七《秦理里正衙前》也谈到类似情况。

② 郑獬：《郧溪集》卷一二《论安州差役状》。

③ 司马光：《温国文正司马公文集》卷三八《衙前劄子》。

④ 《长编》卷一七九，仁宗至和二年四月辛亥韩琦上言。

⑤ 《宋史·食货志·役法上》。

⑥ 司马光的《衙前劄子》清楚地反映了这一点。

着封建政府和地主阶级之间的矛盾,地主阶级与广大农民之间的矛盾,地主阶级里大地主阶层与中小地主阶层之间的矛盾;但封建政府和地主阶级之间的矛盾是主要的。封建政府为了节省财政开支,保证赋税足额,官府物资和保管运输不受损失,维持乡村封建秩序,统治镇压农民,它严格地推行差役制度,不惜损害个别地主和地主集团的利益。这是专制主义中央集权的封建国家已进一步巩固、加强的具体反映。地主阶级为了自身的利益,充分利用了职役制度以统治压榨本乡本土的农民;职役制度是封建乡村阶级结构的产物,所以地主阶级企图保留职役制度对自己的有利面。但地主阶级不愿承担因职役制度而存在的对封建政府的义务,因此他们用种种方法企图减轻、逃避乃至取消职役制度对自己的不利面。这就使北宋封建政府与地主阶级之间的矛盾经常在鼓荡着波澜。王安石站在地主阶级改良主义的立场,曾企图缓和这个矛盾;然而这个矛盾却不是募役法那样不彻底的法令所能解决得了的。

杂徭(夫役)

最后简单谈一谈杂徭。和主要是地主阶级承担的职役不同,宋代的杂徭是广大农民被封建政府强迫从事的无偿的劳役。从制度表面看,除了享有免役特权的官户形势户和已承担职役的人户外,凡家有一丁(20岁至59岁的男子)以上的民户,都须承担杂徭。[①] 地主阶级的一部分因此也须从事杂徭,但实际上他们从

[①] 《长编》卷一二,太祖开宝四年七月己酉;卷四八,真宗咸平四年二月。《宋会要稿·方域·治河》哲宗元祐五年二月九日吴安特上言:"州县夫役,旧以人丁户口科差……"

不亲身应役，他们或是出些钱雇人代替，① 或是强迫自家的佃户代为应役。② 再者，杂徭的义务原则上城市居民（坊郭户）也都须承担，③ 不过坊郭户照例是出钱代役，很少亲身充应。至于客户，除了须向政府交纳丁税（身丁钱）外，正如有的同志已经指出，凡修治城池、河渠、堤坝等徭役，也常常直接加派在他们身上。因此，杂徭这种义务实际上完全落在了广大农民头上。

北宋的杂徭多种多样，主要的是防治黄河，修筑堤堰，疏浚运河，修路造桥，筑城挖壕，运输军粮马草，辇送上供钱帛官物，乃至为官府盖房、开矿等等。④ 这些都是十分沉重而艰苦的劳役。应役期间，官府有时也发给一点口粮钱物，但不仅不足以维持生活，而且大部分都入了督役官吏的腰包。在虎狼一样的封建官吏的督迫与虐待下，从事这些杂徭的农民要经常冒着生命的危险。每逢塞决河或馈运军需，几乎总有大批役夫死亡。在我国封建时代的历史上，这类强制的劳役本来自古即有，秦汉的徭役，唐代的丁庸杂徭，都属于这一类。但随着北宋专制主义中央集权的封建国家进一步强化，这类强制的劳役比前代是大大加重了。因此，在北宋时代，杂徭（夫役）才真正是广大农民所身受的徭役之苦。这种苦存在于当时社会历史的现实之中，不是宋代封建国家的法令诏书所能充分反映得出来的。

广大农民虽身受杂徭之苦，但自宋末以来，封建史学家都没有挂在心上。反之，他们的记录对后世反而造成了一种误解，好像宋代的"役法"主要只是职役，宋政府只使用兵士而不役使人民。章俊卿的《山堂考索后集》卷四一《兵制门·州兵》：

---

① 苏辙：《栾城集》卷三五《自齐州回论时事书》。
② 《宋史·刘师道传》。参阅张守：《毘陵集》卷三《论措置民兵利害劄子》。
③ 《宋会要稿·方域·治河》神宗元丰元年八月二十六日。
④ 宋初曾承袭五代遗制，调发农民担任"铺夫"，但后来逐渐由兵士代替了。

>　　古者，凡国之役，皆调于民。宋有天下，悉役厢军，凡役作营缮，民无与焉。

《文献通考》卷一二《职役法》：

>　　宋朝凡众役，多以厢军给之，罕调丁男。

《宋史·食货志·役法上》也随着说自太宗时期以降：

>　　众役多调厢军。

从此以后，这种误解使得几百年来的封建史学家以及现代资产阶级史学家们，一谈到宋代的"役法"便首先只注意职役和地主阶级承担的职役之"苦"，而真正广大农民的杂徭之苦却被"罕调丁男"、"悉役厢军"几句话给隐蔽、抹杀了。

　　事实当然不是这样。按自唐代初年，封建政府已把徭役分为正役与杂徭。① 正役是法定每个丁男为国家（主要指中央政府举办的事务）从事的正规的劳役，而杂徭则指地方性的、临时性的、非正规的调发民夫。迨至德宗时代两税法建立后，正役的代役钱已并入两税征收，但非正规的杂徭却依然存在。唐代调发民夫从事杂徭已遇到若干困难，所以有时即改为强迫农民出代役钱（资课），由政府另行召雇人工。在唐末五代封建割据的局势下，各个封建政权自然对人民的役使日益加重。北宋建立了政权以后，为削弱藩镇，大力改革了兵制，地方的厢军已丧失作战能力，仅能从事些许力役。② 自北宋初年以来，中央政府确曾制订过这样的政策，即在需要大量人工从事大规模徭役，如治河、浚汴等工程的时候，先尽力使用厢军，③ 而不单纯调发农民。④ 然而，北宋的厢军长期以来都只是些"糜费廪食"的老弱残兵，

---

① 《唐六典》卷三《户部郎中》。
② 张方平：《乐全集》卷一三《刍荛论·民兵》。《宋史·兵志·厢兵》。
③ 《宋史·兵志·厢兵》、《宋史·河渠志》。《长编》卷二五，太宗雍熙元年三月。
④ 《长编》卷二四，太宗太平兴国八年五月丙辰；卷一〇一，仁宗天圣元年八月。

真正遇到大的工程，他们不仅效率有限，而且常常要求政府多颁给"月钱"、赏赐，① 役重时又常逃亡或叛变。② 仁宗时宋祁就曾指出这样情况：

> 今天下厢军，不择孱小尪弱，悉皆收配，才图供役，本不知兵；亦且月费廪粮，岁费库缣，数口之家不能自庇，于是相挺逃匿，化为盗贼者不可胜算。朝廷每有夫役，更籍农民以任其劳。假如厢军可令驱以就役，方且别给口券，间望赐钱，二端相率，不便明甚。③

在这样的事实面前，北宋政府每逢需要人工，在"役卒"、"兵士"之外，经常不得不大量调发农民从事杂徭。又按，北宋初年，除坊郭户和乡村地主私自雇人代役外，政府调发丁夫一般很少实行令民户出钱免役的办法。哲宗时苏辙曾说："祖宗旧制，河上夫役，止有差法，原无雇法"④ 自神宗熙宁年间以来，在王安石推行"募役法"以后不久，对夫役也推行了征收"免夫钱"的办法，政府拿这笔钱另雇人工充役（"和雇"）。⑤ 然而这办法很快便弊端百出。交纳免夫钱的民户负担很重，官府则常把此款移作他用，真正需要夫工时，仍不得不强迫广大农民出来从事杂徭。"名为和雇，实多抑配"，⑥ 免夫

---

① 月钱三百或五百，见《长编》卷一〇六、一八九。
② 《长编》卷六六，真宗景德四年七月；卷一七二，仁宗皇祐四年四月。《宋会要稿·方域·治河》。
③ 宋祁：《景文集》卷二六《上三冗三费疏》（宝元元年）。王偁：《东都事略·宋祁传》。
④ 《长编》卷四四四，哲宗元祐五年六月。
⑤ 《长编》卷三四七，神宗元丰七年七月丁未。
⑥ 《长编》卷四四四，哲宗元祐五年六月苏辙上言。《长编》卷三九六，元祐二年三月己卯诏："以和雇为名，差雇百姓。"又卷四二一，元祐四年正月辛卯："虽以差雇为名，其实抑而强雇。"

钱实际上成了一项额外的苛税，而杂徭依旧被强制执行。以上说的主要还是中央政府。至于地方政府，厢军难用，和雇无钱，比中央政府更为严重。因此地方州县每逢遇到重要工程——修堤、浚渠、筑城、修路，乃至建筑廨宇，修饰亭台，几乎无不大量调发民夫。尤其在需要馈运军粮、辇送官物等紧急任务来时，州县官吏更是不顾一切地驱使农民从事无偿的劳动。在这样情况下，说宋代"罕调丁男"、"民不与役"的话，便成为封建史学家们的一个弥天大谎了。

杂徭本是唐代的习用语，① 北宋时仍沿袭使用，② 但宋代更习见的名称是夫役或丁役。夫役的承担者叫做丁、夫、丁夫、役夫、民夫、人夫、丁男等。③ 由于调发多在春季春耕以前，故亦曰"春夫"；有时因工事急迫，调发顾不及影响农事，故亦曰"急夫"。④ 夫役的种类是多种多样的。让我们略述北宋几种主要的夫役。

最重要的常役之一是防治黄河。北宋时代，黄河几乎连年决口。自宋初以来，从汴京到海口沿河府州县都以河防为一项重要任务。⑤ 政府几乎年年需要调发大批厢军和丁夫堵塞决口或培修堤坝。尤其在仁宗庆历八年（1048年）黄河改道前后，河防十分紧张。河工每次需要的丁夫，少则数千，多则数万乃至十余

---

① 《唐六典》卷三《户部郎中》。《通典》卷三五《禄秩》。《唐会要》卷八四《租税》大中六年三月敕。
② 尹洙：《河南先生文集》卷二《息戍》。
③ 这些名称散见于宋代各种史料，亦多自唐代沿袭而来。
④ 春夫、急夫也是常见的名称。晁说之：《嵩山文集》卷一《元符三年应诏封事》："岁有常役则调春夫，非春时则调急夫，否则纳夫钱。"
⑤ 《宋史·河渠志一》太祖乾德五年正月。《长编》卷一五，太祖开宝五年三月丙子。

万,① 政府虽然也调用厢军、修河卒,但人数不足,必须调发大批丁夫协助。丁夫多从沿河诸路各州县调发而来,但有时也调发到河东、京西、淮南诸路。② 丁夫的家乡有时去役所远至数百里乃至千里以上。③ 役期少则一个月,④ 多则可达五六十日,甚至更多。⑤ 河防是极艰苦的劳役,主要的工作是堵塞决口,或疏浚河道,修筑堤坝,或是入山采斫山梢用制河埽。⑥ 役夫采不到山梢须自己赔钱买纳。⑦ 修堤取土,有时须到30里外掘运。⑧ 在应役期间,自宋初以来曾规定"一夫日给米二升",⑨ 然而在层层督役官吏的克扣下,这份口粮不会足额发给,役夫们的"供送裹费"实际上仍需自己供给。⑩ 这种沉重的徭役给农民带来很大

---

① 所用人数见《长编》、《宋会要稿·方域·治河》及《宋史·河渠志》,人数多者例如太宗雍熙元年"塞房村决河,用丁夫凡十余万,自秋徂冬,既塞而复决。"真宗天禧四年用军士67000人,丁夫20000人,神宗熙宁五年"岁调夫动及四五万"。

② 文彦博:《潞公集》卷二二,奏议《乞免夫》。《长编》卷二八五,神宗熙宁十月十日乙卯。

③ 同上。又《长编》卷四四四,哲宗元祐五年六月。《宋会要稿·方域·治河》仁宗天圣八年十月。

④ 《宋会要稿·方域·治河》哲宗元祐八年九月十三日。

⑤ 《长编》卷八,太祖乾德五年正月戊戌:"分遣使者发畿县及近郡丁夫数万治河堤,自是岁以为常,皆用正月首事,季春而毕。"

⑥ 《宋会要稿·方域·治河》仁宗天圣八年十月。范纯仁:《范忠宣公集·奏议·条列陕西利害》(熙宁二年)。

⑦ 同上注。

⑧ 刘敞:《公是集》卷五一《先考益州府君行状》。

⑨ 《长编》卷一,太祖建隆元年正月:"先是岁调丁夫,开浚淤浅,糇粮皆民自备。丁未诏悉从官给,遂著为式。"王曾:《王文正公笔录》:"春夫不给口粮,古之制也。太祖恻其劳苦,特令一夫日给米二升,天下诸处役夫亦如之,迄今遂为永式。"

⑩ 文彦博:《潞公集》卷二二,奏议《乞免夫》(熙宁六年)。

的痛苦，常使农民"败家破产"、①逃移，②乃至大批地死亡。③黄河河防是经常性的较大的工事，但其他河流的浚治往往也需要大量役夫。例如，真宗时治滹沱河、漳河，役夫达217000人。④再如荆南监利县"濒江汉筑堤数百里，民恃堤以为业，岁调夫工数十万。"⑤仁宗嘉祐四年（1059年）"凿京北孟阳河，盛冬兴役，死者数百人……而河讫不成。"⑥关中修治三白渠，"所役沿渠之民，计田出丁，凡调万二千人"，而流弊百出，没有效果。⑦这类的例子还可举出很多。

运河的疏浚修治所需要的夫役，不亚于黄河。北宋时以汴京为中心辐射出一个运河网。不论在经济上或政治上，这几条运河——汴河、山阳渎、江南河、广济河（五丈渠）、惠民河（蔡渠）、金水河——多年是汴京的命脉，每年几百万石漕粮和物资通过运河集中到汴京。大部分运河（尤其是汴河）经常需要疏浚或修堤，这就需要大量的人工。和黄河的河防一样，运河的修治主要依靠调发沿河诸路府州县的农民，每次调发也是少则几千

---

① 《宋史·河渠志》大观三年："黄河调发人夫，修筑埽岸，每岁春首，骚动数路，常至败家破产。"

② 李昭玘：《乐静集》卷三〇《赵知录墓志铭》："民为薄，岁役河上，多窜避……"

③ 范仲淹：《范文正公集》卷一一《宋故同州观察使李公神道碑铭》："……大河决于无棣，将汜其城，时以数州丁力昼夜营护，役死者相枕藉，而水不降……"

④ 《宋史·河渠志》真宗大中祥符五年正月。

⑤ 刘攽：《彭城集》卷三五《故朝散大夫给事中集贤院学士权判南京留司御史台刘公行状》。

⑥ 《通鉴长编记事本末》卷一一，皇甫选、何亮奏。参阅陆游：《老学庵笔记》卷五。

⑦ 《宋史·河渠志·汴河》神宗熙宁四年。《长编》卷一，太祖建隆元年正月、二年正月、二月；卷一九，太宗太平兴国三年正月。《玉海》卷二二，仁宗天圣九年正月庚申；嘉祐六年。

人，多则几万人。① 神宗熙宁八年（1075年）汴口之役用役夫55000；② 元丰元年（1078年）"塞汴河，诏发民夫50万，役兵20万"。③ 修治运河的工事情况和役夫的困苦，和河防基本上相同。遇到淋雨天气，役夫的苦况更10倍于平日；④ 至于督役官吏"多任喜怒，非理箠挞役民"，⑤ 更是经常的现象。

另一种杂徭是修治城池。"今用民之力无休年……城郭沟洫之缮完，宫庙游观之兴作……一皆用民"。⑥ 修治城池是地方的一项重要的徭役。南宋政权在北方受着辽人的威胁，西北方受着西夏的威胁，边疆的防御和战争成为北宋的严重负担。北方边疆在澶渊之盟以后，虽能维持和平，并为避免引起辽人的疑忌，不多作防御工事；但暗中的防御措施仍经常在进行。西北方则百余年来始终是北宋边防的重地。防御的措施之一是修城立寨。修城需要大批人工，重要的工程需要数千至数万人。⑦ 地方政府修城虽也使用厢军和戍兵，或强迫城郭人户出钱雇工，但主要劳动力则仍须依靠调发民夫。⑧ 修城是一种繁重的劳役。仁宗时西北沿边"修城……工役辛苦，地又恶寒，日有逃亡"。若是督修的官吏再贪贿欺压，民夫就更不堪其苦。南宋初年记饶州修城时的情况说："饶州城壁系一面边大溪，每至春月，必为大水所侵，以

---

① 《长编》卷二六四，神宗熙宁八年五月。
② 司马光：《涑水记闻》卷一五。
③ 苏轼：《东坡集》卷四《汤村开运盐河雨中督役》。
④ 吴曾：《能改斋漫录》卷一二《斥中贵》。
⑤ 陈舜俞：《都宫集》卷二《厚生》三。
⑥ 尹洙：《河南先生文集》卷四《秦州新筑东西城记》。李新：《跨鳌集》卷一三《进潼川府修城图状》。《长编》卷五〇，真宗咸平五年正月丙午。《宋会要稿·方域·修城》靖康元年三月二十二日。
⑦ 《宋会要稿·方域·修城、诸寨杂录》。
⑧ 范仲淹：《范文正公集》年谱补遗，康定元年十月。

是前后屡修屡坏；加以官吏因缘作过，六县之民困于此役，愁叹之声不可闻。"①

另一种杂徭是修路造桥。北宋交通多靠水运，但华北各地为了行军、运输、驿递和商旅往来，修路仍是很重要的一项工事。修路造桥平时是州县长官的责任，有时中央也派专使督责。修路多半由州县调发民夫，官府稍稍发给口粮，但在官吏贪婪的克扣下，口粮的颁发不会足额。"吏缘为奸，多私取民课，所发不充数，道益不修"，② 这是常见的情况。修路照规定也是利用农闲期，但遇到特殊情故，如军运紧张、皇室安葬等，官府"率民除道"，是不管是否会影响农功的。③ 最艰苦的修路工程是自陕西经利州通成都的一路，为运川茶和通驿递，这条路的维修常需要大量人工。④ 修造桥梁、浮桥本是技术性较强的工程，但间或也须调发丁夫。⑤

官物的运输也需要大批的民夫。自北宋初年以来，政府本不断有诏书说辇送上供钱帛和各种官物，"不得差编户民"。然而这只是空文，地方州县几乎无不用种种借口发民负担辇送。⑥ 例如由四川北运的纲物，一路州县照例是借口递铺不能承担而"差借人夫"。⑦ 神宗元丰以后，川茶从成都经利州运往陕西，因路途艰苦，用厢军和和雇都行不通，便仍须强差人夫。⑧ 再例如神宗时打算在汴河通冬运，调民夫驾船以巨碓捣流水，

---

① 《宋会要稿·方域·修城》绍兴十六年十一月二十二日张杓上言。
② 《长编》卷八，太祖乾德五年十二月。
③ 《长编》卷六五，真宗景德四年五月戊午。《宋会要稿·方域·道路》。
④ 《宋会要稿·方域·道路》。
⑤ 《宋会要稿·方域·桥梁》。
⑥ 《宋会要稿·食货·陆运》。
⑦ 同上书，仁宗天圣八年五月六日。
⑧ 苏辙：《栾城集》卷三六《论蜀茶五害状》。

"役夫苦寒，死者甚众。"① 被调来从事运输的役夫，也和河防役夫一样，每天人给口粮米2升，遭到艰苦路程附加三五十文；②但在官吏的层层克扣下，钱米很难颁发到役夫手里。

最艰苦的是在边防紧急时，调发大批丁夫辇送军粮马草。尤其是对西夏用兵时，地理条件和战争局势都使运输粮饷成为可怕的苦差。成千上万的丁夫，在官吏的督催胁迫下，担刍负粟，跋涉几百上千里路，是封建时代典型的大徭役。例如在太宗朝晚年，李继迁在西北挑起战争时，邠州役夫不堪困苦，"数千人入州署号诉，且曰：'力所不逮，愿就死矣'"。③ 田锡上疏报告这时西北"馈送粮草，死者十余万人"，"饥饿既众，死亡遂多"，能送到前线的只有三分之一。④ 到了仁宗、神宗朝西北用兵时，馈运的艰苦仍不亚于太宗时，陕西的农民在重役负担下，有"劳于调发至破产"的，⑤ 有逃亡流徙的，也有"相聚立栅于山泽不受调"，公开抗拒调发的。⑥ 再例如神宗元丰二年的泸南之役，馈送军粮的困难又有不同。吕陶叙述当时的情景时说，在较能干的督役者指挥下，数万民夫"死于病者十犹二三。明年再用兵，夫粮之任非其人，颠暗乖紊，无复统纪，先期不戒以集，讫事不释以归，万众暴露，瘴疠大起，相枕藉而死者十凡八九。或强而归，则疫及其家，血属皆亡，又不知几千人"。⑦ 再举稍

---

① 魏泰：《东轩笔录》卷七。
② 《宋会要稿·食货·陆运》仁宗天圣八年五月六日；又同书，神宗元丰四年十一月十九日、五年五月十六日。
③ 《长编》卷三五，太宗淳化五年三月。
④ 《长编》卷四一，太宗至道三年七月丙寅。
⑤ 王偁：《东都事略·杜衍传》。
⑥ 司马光：《涑水记闻》卷一四。
⑦ 吕陶：《净德集》卷二四《朝散郎费君墓志铭》。

晚的一例。南宋初年，金兵已据中原，信阳成为前线，武昌常调发大批丁夫输送军粮。"诸将出师部勒无法，或侵苦之，道殣相望；文吏董役者则又甚焉。民见调辄与亲戚为死诀"。① 而这样的夫役，差调 1800 人跋涉数百里路，仅能送米 900 石。当然，在边防紧急时，农民为保卫国土而提供力量是应该的。但徭役困苦的原因，既非作战的敌方，又非馈运本身，主要是由于封建政府官吏的"部勒无法"和"颠暗乖紊"。

　　以上所述是北宋时代最重要的几种杂徭。这些杂徭才是广大农民身受的徭役之苦。广大农民被迫从事这些沉重的无偿的劳役而无法摆脱，这是由当时封建社会生产关系所决定的。只要封建社会生产关系存在，只要地主阶级在剥削、压迫、统治着农民，无偿的劳役便必然以这种或那种形式压到农民头上。这是不以人们的意志为转移的。人身的依附关系是封建社会的基础，② 徭役正是封建社会中赤裸裸的"统治与奴役"关系③的表现。在欧洲中世纪封建社会的兴盛期，这种关系在地租以外表现于封建领主对农奴的各种各样的超经济强制。在我国古代井田制时代，在代耕以外也表现于贵族地主对庶民的种种役使。战国以后，随着专制主义中央集权的封建国家的建立，土地所有制与社会阶级结构的变革，地租与赋税（均以实物为主）分化了，徭役也分化了。前者分化的结果是，封建地主攫取地租，而封建国家攫取赋税。后者分化的结果是，封建地主在他们自己的田庄上"役属佃户有同仆隶"，④ 而封建国家则另外安排各种徭役来役使人民。自耕小农不交纳也不征收任何地租，但不能摆脱对国家的赋税和徭

---

① 吕祖谦：《吕东莱文集》卷七《薛常州墓志铭》。
② 马克思：《资本论》第一卷，第 60 页。
③ 马克思：《资本论》第三卷，第 1031 页。
④ 苏轼：《东坡全集》卷五二《论给田募役状》（元丰八年十二月）。

役负担。农民被迫为封建国家从事的徭役不是劳役地租,也不是劳役地租的变相。在专制主义中央集权的封建社会里,徭役是代表地主阶级的封建国家对农民的超经济强制的一种形式。既然如此,那么只要专制主义中央集权的封建国家存在,强迫农民从事无偿的劳役的徭役制度也就必然存在,因为,正如列宁所指出的,超经济的强制是封建社会经济形态的四个主要条件之一。[①]上述北宋时代广大农民被封建政府强迫从事的沉重的杂徭,其实质就在这里。

(《历史研究》1964年第2期)

[①] 列宁:《俄国资本主义的发展》(人民出版社1956年版),第143—144页。

作者主要著述

《抗戈集》，中华书局，1981年版。

《孙毓棠学术论文集》，中华书局，1995年3月初版，2005年10月再版。

作者年表

孙毓棠，江苏无锡人，1911年出生于天津。

1933年
毕业于北平清华大学历史系。

1933—1935年
天津河北省立女子师范学院史地系讲师。

1935—1937年
肄业于日本东京帝国大学文学部大学院。

1937—1943年
昆明西南联大师范学院史地系讲师、副教授。

1943—1945年
清华大学历史系教授。

1945—1947年
英国牛津大学皇后学院客座研究员（VISITING FELLOW）。

1948年
美国哈佛大学访问学者。

1948—1952年
清华大学历史系教授。

1952—1958年
中国科学院经济研究所研究员。

1958—1985年
中国科学院及中国社会科学院历史研究所研究员。

1981—1982年
美国得克萨斯州立大学及华盛顿威尔逊中心客座研究员。

1985年
因病去世。

（1978年以后，历任中国社会科学院历史所中外关系史研究室主任和中国经济史研究室筹备组主任、《中国大百科全书》总编委会委员、《中国大百科全书·中国历史卷》编委会副主任兼《秦汉史卷》主编）